高职高专旅游类专业系列教材

旅 游 中 外 民 俗

主　编　李雪琴
副主编　张香荣
编　者　刘瑞娟　李晓亚　张嵩

南开大学出版社

天　津

图书在版编目(CIP)数据

旅游中外民俗 / 李雪琴主编.—天津:南开大学出版社,2013.9(2021.8 重印)

高职高专旅游类专业系列教材

ISBN 978-7-310-04279-1

Ⅰ.①旅…　Ⅱ.①李…　Ⅲ.①风俗习惯－世界－高等职业教育－教材　Ⅳ.①K891

中国版本图书馆 CIP 数据核字(2013)第 193246 号

旅游中外民俗
LÜYOU ZHONGWAI MINSU

南开大学出版社出版发行

出版人:陈　敬

地址:天津市南开区卫津路 94 号　　邮政编码:300071

营销部电话:(022)23508339　营销部传真:(022)23508542

http://www.nkup.com.cn

北京虎彩文化传播有限公司印刷　全国各地新华书店经销

2013 年 9 月第 1 版　　2021 年 8 月第 4 次印刷

260×185 毫米　16 开本　15 印张　376 千字

定价:40.00 元

如遇图书印装质量问题,请与本社营销部联系调换,电话:(022)23508339

前　言

　　旅游是当今世界经济发展的主要产业之一，无论是旅游业人士还是旅游业相关人士，了解并掌握中外旅游民俗是大势所趋。"旅游中外民俗"被列为旅游管理相关专业的必修课，同时，也是酒店管理专业的选修课。我们编写这本《旅游中外民俗》，它既可以作为高职高专院校旅游管理、景区管理、导游服务、酒店管理专业的教材，也可以作为通俗读物供旅游爱好者阅读。

　　本书在编写过程中，力求简明扼要、内容广泛、重点突出，尽可能使用较为全面的资料，客观、真实、全面地反映旅游中外民俗。

　　本书编写分工如下：

　　第一章、第七章由刘瑞娟（河南职业技术学院）撰写；

　　第二章、第六章由张嵩（河南商业高等专科学校）撰写；

　　第三章、第四章、第五章由张香荣（河南农业职业学院）撰写；

　　第八章、第十二章由李晓亚（河南商业高等专科学校）撰写；

　　第九章、第十章、第十一章由李雪琴（河南职业技术学院）撰写。

　　本书涉及内容庞杂，在编写过程中作者参考了诸多文献，并在本书最后列有参考书目，对于相关作者，深表感谢。对书中纰漏之处，敬请专家、学者批评指正。

编　者

2013 年 4 月

目　　录

前言………………………………………………………………………………… 1

第一章　绪论……………………………………………………………………… 1

　第一节　民俗概述……………………………………………………………… 2
　　一、民俗的定义及分类……………………………………………………… 2
　　二、民俗的特征与功能……………………………………………………… 7
　第二节　民俗与旅游…………………………………………………………… 11
　　一、民俗对旅游的作用……………………………………………………… 11
　　二、旅游对民俗的影响……………………………………………………… 12

第二章　中国民俗概述…………………………………………………………… 14

　第一节　中华民族概况………………………………………………………… 14
　　一、中华民族概况…………………………………………………………… 14
　　二、中华民族的基本特征…………………………………………………… 17
　　三、中国少数民族的分布状况……………………………………………… 18
　第二节　中国地理特征对民俗形成的影响…………………………………… 19
　　一、自然地理环境是民俗形成与演变的基础……………………………… 19
　　二、地理环境制约着我国民俗的传播与扩散……………………………… 20
　　三、地理区域差异反映了民俗区域差异…………………………………… 20
　第三节　中国民俗的类别与特征……………………………………………… 21
　　一、中国民俗的类别………………………………………………………… 21
　　二、中国民俗的特征………………………………………………………… 23

第三章　中国汉族民俗…………………………………………………………… 27

　第一节　汉族概述……………………………………………………………… 27
　　一、汉族的源流及形成要素………………………………………………… 27
　　二、汉族的分布特征………………………………………………………… 28
　第二节　汉族民俗……………………………………………………………… 29
　　一、汉族服饰民俗…………………………………………………………… 29
　　二、汉族饮食民俗…………………………………………………………… 30
　　三、汉族居住民俗…………………………………………………………… 32
　　四、汉族宗教与世俗信仰…………………………………………………… 34

五、汉族人生礼仪民俗 ···36

六、汉族社交礼仪民俗 ···38

七、汉族游艺民俗 ···40

八、汉族岁时节日民俗 ···41

九、汉族传统节日 ···42

十、汉族禁忌 ···43

第四章　中国西北地区少数民族民俗 ···46

第一节　西北地区少数民族概述 ···46

一、西北地区少数民族的形成 ···47

二、西北地区少数民族概况及人口分布 ·······································47

第二节　西北地区少数民族民俗 ···48

一、回族民俗 ···48

二、维吾尔族民俗 ···51

三、哈萨克族民俗 ···55

第五章　中国东北、内蒙古地区少数民族民俗 ···································62

第一节　东北、内蒙古地区少数民族概述 ·····································63

一、东北、内蒙古地区少数民族的形成 ·······································63

二、东北、内蒙古地区少数民族概况及人口分布 ·······························63

第二节　东北、内蒙古地区少数民族民俗 ·····································64

一、满族民俗 ···64

二、朝鲜族民俗 ···70

三、蒙古族民俗 ···74

第六章　中国西南、青藏地区少数民族民俗 ·····································82

第一节　西南、青藏地区少数民族概述 ·······································82

一、西南、青藏地区少数民族的形成 ···83

二、西南、青藏地区少数民族概况及人口分布 ·································86

第二节　西南、青藏地区少数民族民俗 ·······································87

一、苗族民俗 ···87

二、藏族民俗 ···91

三、彝族民俗 ···96

四、侗族民俗 ··100

五、白族民俗 ··104

六、傣族民俗 ··106

第七章　华南、东南地区少数民族民俗 ··112

第一节　华南、东南地区诸少数民族 ··113

　　一、华南、东南地区诸少数民族的形成……………………………………………113

　　二、华南、东南地区诸少数民族的概况及人口分布………………………………114

　第二节　华南、东南地区诸少数民族民俗………………………………………115

　　一、壮族民俗………………………………………………………………………115

　　二、瑶族民俗………………………………………………………………………118

　　三、黎族民俗………………………………………………………………………122

　　四、土家族民俗……………………………………………………………………126

第八章　亚洲民族民俗……………………………………………………………131

　第一节　亚洲民族概况……………………………………………………………131

　第二节　亚洲各国民俗……………………………………………………………132

　　一、日本民俗………………………………………………………………………132

　　二、韩国民俗………………………………………………………………………135

　　三、泰国民俗………………………………………………………………………138

　　四、新加坡民俗……………………………………………………………………141

　　五、印度尼西亚民俗………………………………………………………………144

　　六、印度民俗………………………………………………………………………147

第九章　欧洲民族民俗……………………………………………………………152

　第一节　欧洲民族概况……………………………………………………………152

　第二节　欧洲各国民俗……………………………………………………………153

　　一、英国民俗………………………………………………………………………153

　　二、法国民俗………………………………………………………………………157

　　三、德国民俗………………………………………………………………………160

　　四、意大利民俗……………………………………………………………………164

　　五、西班牙民俗……………………………………………………………………167

　　六、荷兰民俗………………………………………………………………………169

　　七、丹麦民俗………………………………………………………………………173

　　八、俄罗斯民俗……………………………………………………………………175

第十章　美洲民族民俗……………………………………………………………183

　第一节　美洲民族概况……………………………………………………………183

　第二节　美洲各国民俗……………………………………………………………185

　　一、美国民俗………………………………………………………………………185

　　二、加拿大民俗……………………………………………………………………190

　　三、墨西哥民俗……………………………………………………………………198

　　四、巴西民俗………………………………………………………………………202

第十一章　大洋洲民族的民俗 …………………………………………………… 207

第一节　大洋洲民族概况 ………………………………………………………… 208

第二节　大洋洲国家民俗 ………………………………………………………… 210

一、澳大利亚民俗 ……………………………………………………………… 210

二、新西兰民俗 ………………………………………………………………… 216

第十二章　非洲民族民俗 …………………………………………………………… 221

第一节　非洲民族概况 …………………………………………………………… 221

第二节　非洲各国民俗 …………………………………………………………… 222

一、埃及民俗 …………………………………………………………………… 222

二、南非民俗 …………………………………………………………………… 225

参考文献 ……………………………………………………………………………… 230

第一章 绪 论

学习目标

知识目标：了解有关民俗的基础知识，了解民俗的概念、分类。

技能目标：掌握民俗的特征和功能，理解民俗与旅游之间的关系。

【引例】国内外民俗文化旅游开发的六种模式

1. 集锦荟萃式

集锦荟萃式是指将散布于一定地域范围内的典型民俗集中于一个主题公园内表现出来，如深圳中国民俗文化村和美国佛罗里达州锦绣中华、北京中华民族园等集中表现了中国的民族民俗文化，台湾九族文化村集中表现了高山族、格鲁族等分布于台湾附近的九个民族的民俗文化，云南民族文化村集中表现了云南境内的少数民族的民俗文化。这一模式的优点是可以让游客用很短的时间、走很少的路程就能领略到原本需花很长时间、走很长路程才能了解到的民俗文化。其缺点是在复制加工过程中会损失很多原有的民俗文化信息内涵，如果建设态度不够严谨，可能会歪曲民俗文化。

2. 复古再现式

它是对现已消失的民俗文化通过信息搜集、整理、建设、再现，让游客了解过去的民俗文化。如美国的"活人博物馆"，员工装扮成几百年前抵美"移民"的样子出现，身着16、17世纪美国劳动人民的服饰，向游客表演用方形的扁担挑水、用原始农具耕作、用独轮车运输等古老的传统习俗以及各种民间舞蹈，吸引了大量国内外游客。杭州和香港的宋城、无锡的唐城、吴文化公园也属此类。这种模式的优点是可以令时光"倒流"，满足游客原本不能实现的愿望，但也存在着与集锦荟萃式共同的缺点。

3. 原地浓缩式

一些少数民族村落或民俗文化丰富独特的地区由于时代的发展已在建筑、服饰、风俗等方面有所淡化，不再典型；或者民俗文化的一些重要活动（如节庆、婚嫁）原本在特定的时期才会呈现，令游客不能完全体味到当地民俗文化的风韵，故当地政府或投资商在当地选择合适地段建成以当地民俗文化为主题的主题园，集中呈现其民俗精华，如海南中部的苗寨和黎寨风情园均属此类，其优点是便利了游客充分了解当地或该民族的民俗文化精髓。其缺点是在真迹旁边造"真迹"，令游客自然形成对比，但对有些游客不能构成吸引力。

以上三种形式可以归并为一个大类，即博物馆类，以丰富的民俗文化知识为特征，其员工都是专门的旅游业从业人员。

4. 原生自然式

这种模式是在一个民俗文化相对丰富的地域中，选择一个最为典型、交通也比较便利的村落向旅游者展开宣传，以村民的自然生活、生产和村落的自然型态为旅游内容，除了必要的基础设施建设外几乎没有加工改造，如广东连南三排瑶寨、夏威夷毛利人村落等，其优点是投资很少，让游客有真实感，能自然地与当地居民交流，甚至亲身参与劳作，有很大的活动自由度。其缺点是难以将旅游开发带来的利益公平地分配给村民，村民的正常生产生活受到干扰后可能产生抵触或不合作，难以保证村民们在接待游客时保持热情、友好、不唯利是图。

5. 主题附会式

主题附会式是指将民俗文化主题与某一特定功能的旅游业设施结合起来，形成相得益彰的效果，如苏州名园"网师"传统上仅白天对外开放，让游人欣赏江南园林的造园艺术和文化内涵，夜间不对外开放，但近期"网师"园推出了"古典夜园"活动，利用园内各厅堂分别表现一两段苏州评弹、昆曲等各种类型的文化艺术，游客同时可以领略苏州园林在夜景下的意境，很受好评。

6. 短期表现式

以上五种模式均为长期存在、旅游者可随时前往欣赏的旅游开发形式。但也有一些特定的民俗文化只存在于一段很短的时间内，激发短暂的旅游人流。主要有两种情况，一是出于民族民俗传统的节庆活动，如内蒙古的"那达慕大会"、回族的"古尔邦节"、白族和彝族的"火把节"等，其本意并非为了发展旅游业，故不会长年存在，但在节庆期间会吸引大量的旅游者；二是流动性的民俗文化表演活动，如贵州组织民间表演队到国外演出松桃苗族花鼓、滩堂戏、下火海等，展现了民间文化的艺术风采，每到一处也吸引了不少外国民众远途前来欣赏（这本身即是旅游行为），进而吸引游客前往贵州旅游。

分析提示：民俗文化是重要的旅游资源，是推动旅游发展的重要动力，不仅能够满足旅游者的多种需求，丰富旅游活动，还能促进地方经济的发展。通过对民俗文化的丰富内涵进行精选和加工，激发人们前来观赏民俗表演、了解民族文化。

民俗来源于生活，是一个国家、一个民族或一个社会群体在长期的共同生产实践、社会生活和历史发展过程中创造、享用和传承的一种较为稳定的生活文化。它是一个国家、一个民族或一个社会群体社会生活真实而直观的写照，是活生生的社会生活现象。

俗话说"十里不同风，百里不同俗"。中华大地疆域辽阔，民族众多，在悠悠五千年的历史进程中形成了丰富多彩的民风民俗，形成了"多民族的一国民俗学"（钟敬文语）。它流传在老人们的口中，存活在孩子们的童年游戏中，反映在人们日常平凡而普通的生活中，体现着一个民族的远古、今朝和明天。

第一节   民俗概述

一、民俗的定义及分类

民俗起源于人们满足生存的需要，起源于人类社会群体生活的需要，是人们在与自然环境、社会环境相互适应的过程中应运而生的传统文化，并伴随着这个国家或民族的民众生活继续传承和发展。民俗是历史发展的产物，它形成于过去，是一个国家或民族人们生活文化的重要组成部分；它发生并存在于每个人的生活之中，深刻影响并支配着人们的生活与社会的运转。

（一）民俗的定义

民俗，即民间风俗，是指一个国家或民族中广大民众所创造、享用和传承的生活文化。它源于人们生活的需要，为人们的日常生活服务，并在人们一代代的传承过程中不断地形成、扩展和演变。比如，北方过年时会吃饺子，而南方则会吃年糕。当然，虽然民俗在不断地改变着，但是却有着明确的类型和模式，如黄土高原的窑洞和南方的吊脚楼就是两种不同的民居民俗。

由于不同历史时期的学者们研究民俗的角度、方法以及研究对象和范围的不同，一直以来关于民俗的概念和内涵的讨论就没有中断过，中外学界对民俗概念有不同的表述。民俗作为一种伴随人类生活产生的文化现象存在的年代相当久远，但民俗一词作为专门学科术语，是在 1846 年，英国学者威廉·汤姆斯使用撒克逊语的"folk"（民间、民众）和"lore"（风俗、知识、学问）的合成词 folklore，成为研究民俗的专用名称，这样民俗学作为一门近现代社会科学的地位才正式被确定下来。但是，对于什么是民俗，在许多民俗学者中，还没有一个普遍一致的定义。

在不同的国家里，民俗学学者们对民俗有不同的定义，即使同一个国家的民俗学学者，对民俗的定义也是不同的。在美国《民俗、神话与传说的标准辞典》的第一卷中，就列举了二十一条关于民俗和民俗学的简明定义，反映了各国学者所处的文化传统的背景不同和研究民俗的角度不同。

中国民俗学有自己悠久的本土起源，考察相关文献资料发现，民俗一词在中国大致经历了俗—风俗（民风、习俗）—民俗这样一个发展过程。《礼记》中说："礼从宜、事从俗。"宜是方便的意思，俗是土俗的意思。也就是说，一个受命出使"外国"或负有战争使命的将领，在执行任务时，要考虑该国的礼仪和土俗。

到了汉代，风俗一词已很通用。《汉书·王吉传》中说："是以百里不同风，千里不同俗。户异政，人殊服，诈伪萌生，刑罚亡极，质朴日消，恩爱浸薄。"这是讲社会风俗的变化，"百里不同风，千里不同俗"在汉代是非常流行的谚语。

《毛诗·序》还提到了"风教"问题，说："风，风也，教也。风以动之，教以化之。"《毛诗》还认为"风"是一种传达意见的手段："上以风化下，下以风刺上。主文而谲谏，百之者无罪，闻之者足戒，故曰风。"这里的"上"是指统治者，包括君王和官吏，"下"是指平民百姓。意思是说，上面的君王和官吏通过风这种手段来教育感化平民百姓，平民百姓通过风这种手段来谲谏（即以文辞拐弯抹角提意见的方式）讽刺上面的君王和官吏。用风（这里主要是指民谣）这种方式提意见，不点名道姓，可以收到言者无罪、闻者足戒的效果。就像吹风一样，所以叫风。这里所说的风，对于君王和官吏来说，主要是倡导一种文化模式；对于平民百姓来说，主要是指反映生活和思想的民歌民谣。之后在历代史书、稗官野史以及私人著作中，"民风"、"风俗"基本成了习惯用语。

1919 年"五四"新文化运动后，1920 年北京大学成立"歌谣研究会"，1922 年创办《歌谣》周刊，这时对歌谣的研究已具有民俗文化的性质，并且民俗一词被直接应用到中国学术界。1927 年广州中山大学创办《民俗》周刊，"民俗"成为一个固定的学术名词。

综上所述，中国人对民俗的定义是：民俗是民众的风俗习惯，是一种悠久的历史文化传承，是一种相沿成习的文化现象。

（二）民俗的分类

为了建立认识民俗、描述民俗的理论框架，我们必须确定民俗的范围与分类。自然状态的民俗千头万绪，民俗的内容丰富广博，不同的民俗又属于不同的民族群体，这使得整个人类的民俗更加繁杂。实际上，将内容庞杂的民俗事象归纳成类，并得到认可并非易事。国内外民俗学界对民俗的分类有多种见解，主要有四分法和三分法。四分法是将民俗划分为经济民俗、社会民俗、信仰民俗、游艺民俗；三分法是将民俗分为心理的民俗、行为的民俗和语言的民俗三大类。结合民俗"生活文化"的属性与旅游业的实际进行划分，我们认为可以分为四大类。

1. 物质民俗

物质民俗是指人们在创造和消费物质财富过程中所形成的民俗，主要包括物质生产民俗与物质生活民俗两大类。

（1）饮食民俗。"民以食为天"，饮食是人们赖以生存的基础，它不仅能满足人们的基本生理需求，在一定程度上还能满足人们的精神需求，也是人们社交的手段之一，在人们的生活中占有极为重要的地位。饮食民俗具有很强的地方性、民族性和特色性。以中国各地区的饮食民俗为例，我国幅员辽阔，各地的地理气候、物产等条件各异，因而各地饮食民俗也不相同。西北地区、内蒙古地区气候比较干燥寒冷，大部分地区宜放牧牛、羊，也有一部分地区生产粮食。当地各族人民喜欢食用牛羊肉和奶制品，饮砖茶、奶茶、马奶酒，也吃面食。黄河中下游地区土壤肥沃，农业发达，出产麦类农作物，当地各族人民习惯食用面食。江南广大地区（包括台湾岛和海南岛）气候温暖潮湿，盛产稻谷，当地各族人民习惯吃大米。东北地区普遍出产高粱、玉米、大豆等，当地各族人民习惯吃杂粮和大米，例如清代宫廷御膳中就有袖珍玉米团窝窝头。西藏高原主要的粮食作物是耐寒、耐旱、生长期较短的青稞，畜牧业发达，藏族饮食文化的特色食品是糌粑、酥油茶、青稞酒。

（2）服饰民俗。不同国家、不同民族的民众穿戴衣服、鞋帽与佩戴装饰的风俗习惯不同。服饰和饮食一样，在人们的日常生活中不可或缺。一般来说，服饰受地理环境、经济水平、社交场合、性别、年龄等因素的影响。服饰的基本功能是防暑御寒、遮羞避体，但同时也反映一种文化内涵及思想观念。特别是传统服饰，它是一个民族的形象特征，有人称它为一个民族的族徽，是识别民族的标志之一。

【微型资料 1-1】中国服饰民俗的特点

服饰民俗首先是地理环境的产物，但在其发展演变的过程中，要受到历史传统、宗教信仰、社会风尚和经济条件的制约。中国复杂的地理气候、众多的民族、悠久的历史与厚重的文化，共同铸就了中华民族服饰的独特风格。

1. 多样性

就地域而言，南方人注重单衣的穿着，注意色彩的变化，衣料颜色多为不宜吸热的浅色，衣服形制多为短衣和裙类，服饰呈现"轻、浅、薄"的特征；北方人则注重棉衣与皮衣的穿着，衣料多为容易吸热的深色，衣服形制多为长衣和袍类，服饰具有"重、深、厚"的特点。从沿海到内陆，服饰变化也非常明显：沿海地区气候湿度大、温差小，因而服饰多为便于蒸发体表热量的开放宽敞型；内陆湿度小、温差大、多风沙，故其服饰多为封闭包裹型。

就民族而言，各民族按自己的民族生活与文化传统形成了各异的审美标准和服饰习惯，民族服饰显示出鲜明的特色。我国56个民族各自有自己的民族服饰，同一民族内部又因民族支系和地域不同而服饰亦有所不同。

就季节而言，由于我国大部分地区地处亚热带和温带，东部季风气候显著，四季分明，温度、湿度差别明显，服饰相应地带有明显的季节性，体现为春装、夏装、秋装、冬装四大类别。

2. 阶段性

中国服饰文化源远流长，从第一根骨针到现代的服饰潮流，经历了近两万年的发展历程，期间经历了华夏各族、东西南北、古今中外的不断融合。我国服饰虽然在风格上经历了不同的时代特点，但蕴含在风格之下的服饰文化和内涵却总保持着传统继承性，渗透出求吉趋福心理、崇宗敬祖与礼仪常伦观念以及某些政治思想、民族自我意识，呈现出端庄、儒雅、含蓄和潇洒的民族风格，如中山装与旗袍。

3. 兼容性

中华民族服饰定型是兼收并蓄、不断融合的。在古代，由于华夏各族服饰的相互吸纳，使汉族服饰经历了由上衣下裳，到胡服，再到袍的流变轨迹；到近代，汉族服饰出现了新的变化，产生了中西合璧的中山装等服饰；现代，中外服饰交流更是很平常的事，中国服饰正同世界服饰走向一体化发展的道路。

（3）居住民俗。各民族、各地区民居建筑风格、房屋朝向以及与其他建筑物和环境的关系的处理等都体现了不同地区、不同生态环境、不同民族民众的地域文化和人文特点，反映了他们顺应自然、利用自然的智慧，也反映着他们的宇宙观、世界观、人生观、价值观和审美观。

（4）交通民俗。在交通设施和交通工具的创造及使用过程中产生了与交通有关的民间习俗与惯制，包括道路与航线的开辟、桥梁的建筑、车船的制造和使用、交通信仰、交通动力的使用等。例如，现存最古老的拱桥赵州桥；侗族的风雨桥是石桥的变异形式，它既有拱桥，又有梁桥，上有亭廊，可以避风雨；另外还有浙江绍兴所特有的乌篷船，因船篷用烟煤和桐油漆成黑色而得名。

2. 社会民俗

社会民俗是指人们在特定条件下所结成的社会关系的惯制，主要包括社会制度民俗（岁时节日民俗、人生礼仪民俗、社交礼仪民俗等）与社会组织民俗。

（1）岁时节日。如春节、端午节、中秋节、祭敖包（蒙古族）、那达慕（蒙古族）、泼水节（傣族等）、刀竿节（傈僳族）、花儿会（土族、回族等）、丰收节（高山族），等等。

【微型资料1-2】压岁钱的来历

传说，古时候有一种身黑手白的小妖，名字叫"祟"，每年的年三十夜里出来害人，它用手在熟睡的孩子头上摸三下，孩子会吓得哭起来，然后就发烧、讲呓语而从此得病，几天后热退病去，但聪明机灵的孩子却变成了痴呆疯癫的傻子了。人们怕"祟"来害孩子，就点亮灯火团坐不睡，称为"守祟"。

在嘉兴府有一户姓管的人家，夫妻俩老年得子，视为掌上明珠。到了年三十夜晚，他们怕"祟"来害孩子，就逼着孩子玩。给孩子用红纸包了八枚铜钱，拆开包上，包上拆开，一直玩到睡下，包着的八枚铜钱就放到了枕边。夫妻俩不敢合眼，挨着孩子长夜守"祟"。半夜里，一阵巨风吹开了房门，吹灭了灯火，黑矮的小人用它的白手摸孩子头时，孩子枕边迸裂出一道亮光，"祟"急忙缩回手尖叫着逃跑了。管氏夫妇把用红纸包八枚铜钱吓退"祟"的事告诉了大家，大家也都学着在年夜饭后用红纸包上八枚铜钱交给孩子放在枕边，果然以后"祟"再也不敢来害小孩子了。原来，这八枚铜钱是由八仙变的，在暗中帮助孩子把"祟"吓退，因而，人们就把这钱叫"压祟钱"，又因"祟"与"岁"谐音，随着岁月的流逝而被称为"压岁钱"了。

（2）人生礼仪。如诞生礼、成年礼、结婚礼、祝寿礼、丧葬礼等。

（3）社交礼仪。古代的五礼包括：吉礼（祭礼）、嘉礼（冠礼、婚礼）、宾礼（宾客迎送往来之礼）、军礼（军旅之礼）、凶礼（丧葬之礼），以及日常交往礼节等。

社会组织民俗包括以地缘关系为纽带的同乡会组织，以血缘关系为纽带的亲属组织，以职业为纽带的行会组织等。

3. 信仰民俗

信仰民俗是指在物质文化与制度文化基础上形成的有关意识形态方面的民俗，主要包括民间信仰、民间巫术、民俗观念、民间禁忌等。

如古代视宇宙的构成为天、地、人"三才"观的民俗。自然崇拜，如古代祭天（尚存天坛遗迹）、祭地（尚存地坛遗迹）。各地汉族祭土地庙、城隍庙，蒙古族祭敖包等；祭日（尚存日坛遗迹）、祭月（尚存月坛遗迹）等；祖先崇拜（祭祖），图腾崇拜等；方向神的崇拜（北方玄武、南方朱雀、东方青龙、西方白虎）等。迷信：如谐音（六与顺溜谐音，以六表示顺利。八与发谐音，以八表示发展。九与久谐音，以九表示长久等）。

4. 游艺民俗

游艺民俗是口头文艺活动、民间歌舞、民间戏曲与曲艺、民间竞技与游戏等文化娱乐活动的模式与传承行为的总称。游艺民俗与生产劳动紧密相连，是一种以一定模式进行的，以娱乐、消遣、竞技、陶冶性情、塑造人格、表达思想、抒发感情、锻炼身体、调剂身心为主要目的的复杂的民俗事象。民间游艺能够给人们的生活增添情趣，获得心理的愉悦与满足。

（1）口头文艺。口头文艺包括歌谣、民间故事、神话、传说、叙事诗等，另外如方言、俗语、谚语、歇后语、成语、谜语等，也是以口头形式流传和保存的民间文学，伴随着人们的生活、生产劳动和其他民俗活动产生和发展，反映了人们的生活和思想感情。绚丽多彩、灿烂辉煌的口头文艺民俗是民族民俗文化宝库的重要组成部分。

【微型资料 1-3】什么是歌谣？

歌谣是民间文学体裁之一，又是民歌、民谣和儿歌、童谣的总称。歌谣一般是为孩子编唱的，有时也会编唱反映自己民族的风土人情的歌谣。歌谣同歌曲的不同之处是，歌谣一般比较押韵，往往演绎了一些有趣的小事，有时也阐述一个深刻的道理，但都是简短的，很少有很长的歌谣。

（2）民间歌舞。民间歌舞包括流传于中国北方汉族地区的民间歌舞，如山东秧歌、东北秧歌、陕北秧歌等，还有南方汉族地区的歌舞，如花鼓、花灯、采茶等民间舞蹈。

（3）民间曲艺。民间曲艺又称民间说唱，它是以说唱为主，包括一些表演因素的口头艺术形式，按表演手段不同，曲种可分成说、唱、数、说唱兼有四大门类。

（4）民间竞技与游戏。民间竞技与游戏包含了拔河、接力赛、龙舟竞渡、放风筝、跳绳、跳皮筋、踢毽子、荡秋千等各类竞技比赛，还包含了具有助兴、体能练习、智能练习的各类游戏。

对于民俗的分类，永远都只能是相对的，既不可能穷尽所有的民俗事象，也不可能完全准确清晰地把哪一种民俗事象归入某个类型。比如上述游戏娱乐民俗既是社会民俗的构成，又是精神民俗的体现，只不过我们从旅游业的角度将之单独分立出来而已。在实际生活中，民俗的承载者、创造者和传承者更不会有意去区分民俗的各种类别，对他们而言，所有的民俗都是生活的一部分。因而，与其说它们是四大类，不如说它们是民俗的四个方面，它们之间相互关联、相互制约、相互促进、相互影响，并随着社会生活的发展而发展。

二、民俗的特征与功能

（一）民俗的特征

所谓特征即一事物区别于他事物的标志。民俗特征的表现多种多样，不同区域与民族的民俗既有共性也有个性，要全面指出民俗的所有特征是很困难的。我们这里所说的民俗的特征，主要是指各类民俗的共有特征，即基本特征。民俗是一个民族在长期历史发展过程中约定俗成的一种文化现象。作为一种文化现象，从其内涵分析，民俗有七个基本特征。

1. 民族性

民俗的民族性是指民俗事象中所体现出来的民族特色，民族性是民俗的首要特征。民俗与民族密切相关，这是因为民俗的形成首先是以民族为依托的，民俗是民族的标志，每个民族都有自己特殊的民俗。早在古代原始氏族、部落时期，各部、族就有了自己的习俗、图腾、祭奠方式等。之后，民族形成，各民族创造了不同的民俗。这些不同的民俗经过不断发展与完善，形成了不同的民俗事象，并在各自的民族中世代传承。同一类民俗事象在不同的民族中又具有不同的特点和表现方法。例如很多民族都过年，但是过年的时间、活动的内容却不一样。生活在云南的苦聪人在每年的 6 月 24 日过年；东北的满族过年则是"汉族节日，满族过法"；有些民族则过"赶年"，即提前几天过年；回族则是"只过节，不过年"。如人生礼仪，虽然其主要目的是确定人的身份，完成人生角色的转变，但举行这些礼仪的特定的仪式活动和方法因民族不同而不同。这些不同之处就是民俗的民族性属性的具体表现，也就是民俗的民族性特征。

【微型资料 1-4】蒙古族的婚礼

蒙古族的婚礼起源于氏族社会。抢婚习俗在古代蒙古族中十分盛行，《蒙古秘史》中记载有成吉思汗的父亲抢夺异部落的柯额伦为妻的故事。而作为现代的婚礼习俗，《婚礼歌》的传唱则是有由成吉思汗传下来的。

翻开古老的典籍，追溯那悠久的历史，圣明贤帝成吉思汗，把才貌出众的李儿贴哈顿娶为结发妻子之际，缔造了最初的婚仪，奠定了迎亲的大礼。王公贵族的规矩，由全牛开头，九九八十一件聘礼；平民百姓的规矩，从全羊开始，五九四十五件聘礼。

2. 地域性

民俗的地域性又称地方性，是指民俗在空间上所显示出来的地理特征和乡土气息。风俗习惯，因地所生。与民族的地域分布相适应，民俗有自己存在的自然和地理环境背景。民俗的形成与演变的自然基础是地理环境，民俗传播与扩散受地理环境的制约。各个民族因地理空间上的隔离，在不同的自然生态环境中形成了各具特色的民俗事象。人们常说的"十里不同风，百里不同俗"指的就是民俗在地域上的差异，即民俗的地域性特征。

地理环境、气候条件的不同，导致不同民族之间生产活动、经济活动、生活方式的不同。不同地域的居住民俗、饮食民俗、服饰民俗、婚姻民俗以及人生礼仪民俗等都具有鲜明的差异。例如"南甜、北咸、东辣、西酸"大致反映了我国饮食上的地域特色。我国的八大菜系，即鲁菜、川菜、粤菜、苏菜、浙菜、湘菜、闽菜、徽菜，各有特点，也都是从地域特色饮食中发展起来的。从生产方式来说，由于不同的环境所致，我国不同的地域人群的生产方式有很大差别。东北一带民族多以游猎方式生存，西北则以游牧为主，西南一带又以游耕为主，汉族所生存的地区长期以来则以定居农耕为主。定居农耕又有江南淮北之别：江南多以稻米为主，淮北地区则以种植麦子为主。而俗语中的"靠山吃山、靠水吃水"则更为简洁地表达了同样的意思。某一地域内的民俗事象为本地区所独有，不同地域所创造的民俗环境和民俗氛围，是在任何其他地域都无法模仿出来的。

3. 群体性

民俗是一种约定俗成的社会创造物，各种礼仪、生产和生活方式、民间交往等民俗都是特定族群广大民众在长期的共同生产生活中创造、积累、传承下来的，并非是某个人意志的结果。民俗是群体的生活文化，是一种群体智慧的结晶，具有强烈的社会群体性特征。

在一个地区如果只有一个或几个人按某种方式生活与生产，那么这仅是某些人个人的爱好，而不是民俗。就一个民族来说，某一种民俗事象的来源可能是族内某些成员，但它必须得到集体的承认和传承，否则是不可能形成民俗的。因此，民俗的群体性是指民俗为族群所共有，群体共参与。民俗作为一种模式、准则和行为规范，长期为族群内民众共同遵守，使群体成员之间能够有效地进行社会交往与合作。

4. 传承性

民俗的传承性是指民俗代代相传、延续不绝的特征，也是民俗最为鲜明的基本特征之一，同时，它也是民俗文化的一种传递方式。民俗的传承性，表现在时间上是久远的，今俗袭古，古俗沿今。那些在我们今天的生活中依旧被遵循的各类民俗事象，除了部分属于现实生活中形成的新的民俗内容之外，绝大多数是传承前人的。如除夕和春节放爆竹这个古老的民俗，至少传承了两千年。

民俗一旦产生，且得到社会的认可之后，就具有了很强的稳固性，约束着人们的行动和意识，并被人们所传承，不会因朝代的更替而立即中断。人是社会人，出生后就生活在民俗中，受周围的民俗事象的浸染和熏陶。人们穿衣、说话、观念、意识、行为方式等受长辈的影响，在无意之中接受了这些风俗习惯，之后，又以同样的方式将这些风俗传给下一代。民俗事象就这样一代一代传承、沿袭下来了。

5. 扩散性

民俗的扩散性是指民俗在空间上的横向传播过程。一个新的民俗在一个民族、一个地区形成，在经历了一段时间的完善之后，它的功能和价值被充分展现出来，它不仅被该民族的民众所接受，而且也会向其他地区渗透。民俗纵向的传承和横向的扩散相结合，使民俗占有广阔的时间和空间，形成了民俗文化多元化的互相撞击与吸引、融合和发展。各民族各地区之间的民众通过文化交流、民族融合，实现相互交流和影响，互相吸收对方的优秀部分，并融进到各自的民族文化之中。例如，西式快餐在进入中国市场后，迅速被人们所接受，同时也渗透了中国饮食文化的内容。

6. 稳定性

民俗是在一定的政治、经济、社会和文化的基础上形成的，因此民俗具有很强的稳定性，一种民俗事象一旦形成，便会长期相对地稳定下来，成为人们日常生活的一部分。在人们的生活中，很多民俗核心部分往往多年不变或变化很小。

中国经历了无数次的朝代更替，有些民俗随着经济基础的消失和生活方式的改变而自然消失，但有些民俗则经过某些完善和补充，一直传承至今。存在于现代社会的种种民俗事象，大都是从古代传承下来的，有的历经千百年而不改变或很少变化。由民俗的传承性决定，民俗的稳定性又不是绝对的。有些民俗事象在漫长的流传过程中，受到诸如人群生息地的迁移、自然力对生态环境的影响、历史条件变化、异文化渗入、观念改变、社会变革、科技进步等因素的影响，从内容到形式都会有不同程度的变化，但这种变异不是一蹴而就的，它有一个漫长的演变过程。有些民俗经过流传变化，虽已不是原来最初的形态，却还保留着古老的遗风，万变不离其宗。积久成习的东西，是不易泯灭的。

7. 变异性

民俗的变异性是指民俗文化在传承和扩散过程中引起的内容和形式上的变化。自古以来，人们所处的自然环境和社会环境都在不断地发生着变化，环境的变化必然导致民俗的变异，适应新环境条件的民俗总是在不断地产生，不适应发展变化的旧民俗总是不断地消亡。民俗在变异的过程中，大多是以在自发状态中"渐变"的方式自然而然地完成的，但是也有一些变异是人为、有意识地改革，是各种政权或团体移风易俗而进行改革、改造引起的"突变"结果。例如，古代有人殉人葬的习俗，在春秋时期，中原各国之间的竞争激烈，为了立足，各国纷纷变法，都在寻找发展生产、富国强兵、增强综合国力之路。由此产生珍视人力的社会认识，人殉人葬的习俗受到批判，最后归于消亡，代之以俑（木俑、陶俑）作陪葬。再如，庙会，在产生之初，主要是祭祀神灵，但长期的传承过程致使不少其他类的活动也加入了进来。而如今的庙会，在"文化搭台，经济唱戏"的社会背景下，祭祀活动多为程式化的表演，弥漫着娱乐的气息，最终达到招商引资的目的，如三月三的皇帝故里拜祖大典。变异实际上是民俗文化的自身调整，存在于现实生活中的种种民俗事象，大都是古代民俗变异传承的结果。不发生任何变化的民俗是很难存在的，从某种意义来说，变异是民俗的一种生存策略或者保存、发展的内在动力。

（二）民俗的功能

民俗的功能是指民俗在社会生活与文化系统中的位置。民俗是一个群体在社会生活中世代传承的生活文化，具有广泛的社会基础，在社会生活中发挥着不可替代的作用。它的社会功能主要有四个方面：教化功能、规范功能、维系功能、调节功能。

1. 教化功能

民俗的教化功能是指民俗在人类个体的社会化过程中所起到的教育作用。这种作用就个体而言，主要表现在个人的道德品质、知识经验、行为方式、生存智慧的启迪、获取与塑造等方面。教化功能是民俗的一项重要功能，个人走向社会一般是从入俗开始的。在一个人成为具体社会群体成员的过程中，他从长辈那里通过口耳相传、观察、模仿而逐渐习得的行为方式、思想意识、伦理道德、价值观等，潜移默化地教育和塑造着他，并在不自觉中成为他个人的生活方式和行为准则。正是民俗的这种教化功能使一个民族的民众建立起同样基调的文化背景、观念体系和思维方式，使族群成员在特定的环境和交往中能够互相预知对方的行为，并且彼此能够作出相应的反应。

【微型资料 1-5】鄂伦春族的习俗

居住在东北地区的鄂伦春族，对老人十分尊敬。人们不但不直呼长辈的名字，办理重要的事情也要先征求老人的意见；在老人面前说话语气温和，不指手画脚或高谈阔论，更不使用不礼貌的语言；不论什么场合，都让长者坐在正位，饮酒由老人开杯，吃肉吃饭要等老人动刀举筷。

民俗的教化作用不仅体现在教化族民行为方式、思想意识、伦理道德、价值观等方面，一些民俗还具有培养族民的道德情操与识辨真、善、美的功能，培养族民的民族自豪感和民族自信心的功能，并且起着传播文化知识与帮助族民学习有关生产、生活的基本知识的作用。

2. 规范功能

民俗一旦受到社会认同而形成，便成为人人要遵守的行为准则，因此民俗在整个社会生活中起着重要的规范作用。

虽然民俗在社会生活中不是成文法律，不具有强制性，但民俗以其约定俗成的力量约束、规范着一个族群中每个成员的行为方式，统一着他们的思想。从生老病死到婚丧嫁娶，从社会交际到精神信仰，每个人都会自觉不自觉地将自己的行为置于民俗的约束之下，比如结婚要遵守婚俗，交际要遵守礼俗。这种强烈的规范约束作用，是族群意识的共同体现。民俗的这种规范功能可以维护族群和个人、个人和个人之间的利益，使得群体生活和整个社会生活井然有序。

3. 维系功能

民俗的维系功能主要表现在沟通了族群与个人之间的关系，使族群成员紧紧地团结在一起，和谐相处，使社会保持稳定与协调。除此之外，民俗还具有使个人与族群保持一种认同感、归属感的作用。共同的语言、共同的信仰、共同的价值观、共同的历史加强了族群内人们的亲切感和安全感。通过共同的民俗活动，又增强了民族意识，强化了民族的聚合力。一般来讲，民俗越鲜明强烈，就越富有个性，越历史悠久，就越丰富多彩，它所产生的群体黏合作用和凝聚力就越大，维系功能就越强。

4. 调节功能

民俗具有调节功能，具有娱乐、宣泄、补偿与慰藉的作用。在忙忙碌碌的生活中，人们在身体上和精神上承受着各种各样的压力，需要开展一些活动来调节。传承于民间的许多民俗事象，如游戏、故事、舞蹈、竞技活动、节日等，都带有极其浓厚的娱乐性，供人们劳作之余享受和利用，以调节人们的生活，使人们处于张弛有度的生活状态。

一些传统节日民俗不仅可以使人们暂时远离繁杂的日常工作，还可以通过相聚沟通感情；一些民俗活动，打破了平时生活中的各种禁忌和限制，人们可以尽情欢乐，抒发感情，释放压力。民俗的这种调节功能可以强化人们之间的关系、缓和工作压力、减轻焦虑、宣泄情绪、增强体质、有益健康，使人们得到精神上的慰籍和满足，从生理和心理上获得轻松感。

第二节 民俗与旅游

民俗是一种文化，它是自然因素和人文因素相结合的产物。许多民俗事象直观地表现了一个民族在经济、历史、艺术、宗教、建筑等方面的特点，比较全面地反映了一个民族的历史和现实生活，从不同的侧面体现着这个民族的心理和气质。

旅游者不远千里来到旅游地，除了想领略异地的风光外，他们还想了解异族民众的生活，观赏不同民族的奇风异俗，体验异地的民族文化，通过对一种与自身的生活不同的真切体验，通过对一种异文化的美感的亲身感受，通过在异地获得平时不易得到的新鲜感，来满足求知的欲望与求新、求奇的心理，获取精神上的享受和快乐。

因此，民俗是重要的旅游资源，随着人们求新、求异、求乐、求奇、求知等旅游需求的增长，以民俗为内容开展的各种旅游活动已成为当今世界旅游的一大热点，在经济全球化的今天，民俗旅游已成为弘扬世界各民族民俗文化的窗口。

一、民俗对旅游的作用

（一）民俗是重要的旅游资源

旅游资源是旅游和旅游业赖以生存的基础。民俗旅游资源归属在人文旅游资源内，是一座取之不尽、用之不竭的宝库。许多民俗旅游资源以其丰富的人文内涵独具魅力，从而造就了今日规模越来越大的民俗旅游。奇巧精妙的建筑和居住民俗，隆重热闹的节庆民俗，优美动人的游艺民俗，别具风味的饮食民俗等，都是可以开发利用的旅游资源。目前，国际旅游市场消费正向高层次发展，旅游者已不再满足于观光度假式的旅游，他们更注重旅游活动的参与性，民俗旅游恰恰能够满足旅游者寻求异域情趣的需求。所以，观赏乡土风光、考察风土人情的各种特色旅游应运而生，并日益受到旅游者的欢迎。

（二）民俗能充实旅游活动内容，提高旅游地的经济效益

民俗旅游是民俗在旅游业中的运用与发展，也是利用民俗为经济建设服务的具体体现。作为人文旅游资源重要组成部分的民俗旅游资源，具体是指可供旅游业开发利用和旅游者参观考察的，由自然环境、历史发展、社会生产或生活所形成的具有传统性的民族文化，包括节庆游乐、婚丧嫁娶、文娱体育、神话传说、宗教仪式、民间文学、音乐舞蹈、戏曲艺术、雕刻绘画、建筑形式、民族工艺、服装、饮食、待客礼仪等。这些丰富多彩、千姿百态、独特灿烂的民俗有极高的旅游功能，在旅游活动中具有观赏、娱乐、休闲、认知、文化交流等价值。另外，从民俗旅游资源的存在形态和表现形式上看，民俗旅游的范围十分广泛，形式也千差万别，以民俗为资源开展的旅游活动带给游客的享受是其他旅游资源不可替代的。民俗旅游在经济效益方面已经取得了良好的成绩，甚至成为了不少民族地区进行扶贫开发的一种方式，旅游地利用民俗不仅为经济建设服务、提高经济效益，而且也弘扬了民俗文化。

（三）具备相应的民俗知识是做好旅游工作的重要前提与必备条件

入境知俗、入乡随俗是旅游工作的一项重要原则。对于当地民俗的透彻了解无疑有助于

避免无知犯忌的出现，更可以对相关民俗巧加利用做好相应工作。旅游接待者一方面要熟悉本地的民俗，以便回答游客随时可能提出的问题；另一方面要了解主要客源地的有关民俗，因为不同地区、不同民族、不同国度的游客对旅游服务会有不同的需求，而需求的不同很大程度是由他们所在地不同的生活民俗所造成的，所以作为接待者，要使自己的服务令游客满意，一个重要的前提是要了解客源地的有关民俗。只有熟悉客人的民俗背景，才能保证并提高服务质量让游客满意。

通过学习不同民族的民俗知识，我们不仅可以汲取各民族创造的优秀文化，了解大众心理，更能使我们在工作和生活中尊重交际对象的生活习惯，更好地交流思想、开展工作。

二、旅游对民俗的影响

（一）旅游对民俗的积极影响

1. 旅游有助于民俗的传播与交融

旅游是人们在不同地区的暂时流动，在流动过程中既带来了游客所在地区的某些风俗习惯，也认识了旅游地的一些民俗内容，两地之间的民俗必定会发生接触、碰撞，进而渗透、融合。旅游者无意中就成了民俗文化沟通交流的使者。每一次旅游活动，实际上都是一次文化交流与文化传播。现代旅游者多以体验感受异域文化为目的，对旅游地的民俗文化尤感兴趣。旅游正是以文化事象作为吸引物和承载物，激发游人兴趣，通过游人的体验参与，达到旅游主客体双向交流，满足旅游者休闲、探奇、求知等目的。因此，旅游对民俗文化的传播与交融起着越来越重要的作用。旅游活动的开展还有利于促进民族地区与发达地区的跨文化交流，开拓人们的眼界，增进市场经济意识，促使民族地区生活方式的变迁，提高民族地区文明的程度。一旦一个地区的民众在频繁和长期的旅游活动中形成模式化的思维和行为，并为大多数人所遵从，那么这种旅游习惯就变成了新的生活民俗，进而推动这一地区生活民俗的发展和演变。

2. 旅游能促进民俗文化的保护和发展

现代旅游业的发展，要求人们不仅要开发新的旅游资源，而且要保护、挖掘和恢复原有的文化资源。许多国家对民俗文化都采取了保护、开发、利用一体化的科学举措，使本国旅游业更具特色、更具魅力。所有这些，对民俗文化均起到积极的保护和促进作用。在云南丽江等地，旅游业的发展对保护、发掘和复兴东巴文字、纳西古乐等起到了积极的作用。同时，旅游也会使旅游地居民产生文化自觉，促进民俗文化保护和复兴，并促进旅游地居民对包括民俗在内的本地文化重新做出思考与选择，优化文化氛围与文化环境。滇西北香格里拉地区的藏民，在发展旅游过程中，对本民族传统文化的认同非常明确，而且高度一致；丽江的纳西人民更是积极主动地投身于保护和弘扬民族文化的活动之中。

（二）旅游对民俗的消极影响

旅游对民俗的消极影响主要表现为旅游地民俗受到冲击，民俗生态环境被破坏，民俗被商品化甚至被殖民化。由于大量旅客涌入，旅游地的民俗可能会因商品化而受到歪曲以致贬值。大量异地的文化、思想意识、生活习俗的引入可能致使旅游地的民俗逐渐被同化、淡化、庸俗化甚至消失。在民俗文化资源的开发过程中，往往出现民俗文化仅仅被视为满足旅游需求的旅游产品的情况，出现一些职业土著造就的"伪民俗"。生搬硬套、肆意拼合、随意表演，不仅扭曲了民俗文化的真正意义和价值，使其沦为表演的工具或噱头，屈从于旅游者自以为是的文化想象；有时甚至出现为了迎合一部分客人而着力渲染一些低俗、色情的东西，使民俗文化庸俗化。另外，在旅游过程中还有可能出现旅游地民众价值观退化、淳朴民风丧失的情况，致使民俗本身及其生存的生态环境受到难以弥补的毁坏，甚至影响旅游地社会的稳定。对于这些消极的影响，我们应积极采取防范措施和相应对策，努力减少或最大限度地限制这些不良影响，使民俗文化资源得以长期利用并弘扬光大。

本章小结

民俗是民间的风俗习惯，是一个国家、地区或民族中广大民众所创造和传承的文化现象。民俗可分为物质民俗、精神民俗、社会民俗和游艺民俗四大类。民俗具有民族性、地域性、群体性、传承性、扩散性、稳定性和变异性等特点。民俗在社会生活中具有教化功能、规范功能、调节功能和维系功能。民俗是重要的旅游资源，能满足旅游者的多种需求，充实旅游内容，丰富旅游活动，为旅游目的地带来经济效益，推动旅游业的发展，增进民族间的了解，消除民族间的隔阂，有利于民族的团结和繁荣。但是，如果民俗旅游资源开发不当，也会给民俗文化带来消极影响。

主要概念

民俗　民俗旅游

复习思考题

1. 什么是民俗？民俗可分为哪几类？

2. 民俗有哪些基本特征？

3. 试阐述民俗文化在旅游中所起的作用。

4. 民俗具有哪些社会功能？

5. 请收集民俗旅游开发的相关资料，举例分析旅游对旅游接待地民俗所产生的影响。

案例分析

不到草原，想象不出草原的风光。草原上古老的传说、迷人的神话，会勾起你无穷的遐想；源远流长的民族文化、别具一格的风土人情，会让你流连忘返；美味的奶茶、喷香的羊肉，先抓住你的胃，再留住你的心；还有那澄澈的碧空、悠闲的牛羊、驰骋的骏马、热情好客的眼神和拂过发际的微风……这的确是一块令人神往的地方——美丽的草原就是我们共同的家园！

阅读以上材料，回答问题：

1. 这是诗歌《敕勒川》中描写的风土人情吗？

2. 根据你所掌握的知识，说说你的家乡都有哪些民俗习惯（从衣、食、住、行及节日几方面进行分析）。

第二章　中国民俗概述

学习目标

知识目标：理解中华民族的含义，了解中华民族的基本特征，了解少数民族的分布状况。

技能目标：能根据民俗的特点，对民俗现象进行类型区分及特征分析。

能力目标：具有对各种民俗现象辨别、判断、分类的能力，具有将中国民俗相关特征、功能与旅游相结合的能力。

【引例】民俗文化是重要的旅游资源

我国是一个多民族国家，56 个民族共同创造了中国悠久的历史和灿烂的文化。汉族和各少数民族的服饰饮食、婚葬嫁娶、待客礼仪、节庆游乐、民族工艺、建筑形式等，都各有特色，形成了我国丰富多彩的民俗文化景观。这些民俗文化现象，以其丰富的内容，浓厚的地方色彩、鲜明的民族特点，构成我国民俗旅游开发的丰富资源，吸引着大量的国内外游客，具有极高的旅游价值。

第一节　中华民族概况

一、中华民族概况

中华民族是生活在大中华地区境内的人民及海外华人的统称。起初是指汉族，与炎黄遗族、华夏族等同义，都是对汉民族的称呼。例如，辛亥革命时用的十八星旗仅代表汉族生活的十八行省。辛亥革命后，宣传五族共和，中华民族一词的含义扩大到包括汉族以外的中国境内的认同中华意识的其他民族，而汉族则是中华民族的基干和主体。孙中山于三民主义中提倡将汉、满、蒙、回、藏五族归成一个中华民族，其内涵是要以汉族为主体融合同化中国境内其他少数民族，形成一个统一的中华民族。中华民国时期以国家认同为主的方式来取代民族认同，中华人民共和国建立后进行了民族识别工作，显示现今有 56 个民族，包括汉族和 55 个少数民族。

（一）中华民族的含义

"中华"一词出现甚早，源自于中国古代华夏民族，起源于黄河流域一带，居四方之中，文化、科技发达，历史悠久，因此称该地为中华，此区后来被称为中原或中国。《资治通鉴》记载唐太宗说："自古皆贵中华贱夷狄，朕独爱之如一，故其种落皆依朕如父母。"明太祖朱元璋起兵反元时也曾提倡"驱逐鞑虏，恢复中华"。

至于"中华民族"一词，乃由近代的梁启超首先提出，之后，杨度等诸多学者进行了进一步阐释并得到政府认可。1902 年，梁启超在《中国学术思想变迁之大势》指出："上古时代，我中华民族之有海思想者厥惟齐。故于其间产出两种观念焉：一曰国家观，二曰世界观。"1905 年梁启超在《历史上中国民族之观察》一文中，使用了"中华民族"七次（简称为"华族"），并明确表示"今之中华民族，即普遍俗称所谓汉族者"，它是"我中国主族，即所谓炎黄遗族"。由此可知，梁启超认为中华民族就等于汉族，他将中华民族认定为汉族与其前身华夏族，而不是认定中华民族为中国各民族的统称。之后，杨度也多次使用了"中华民族"一词，与梁启超不同的是，杨度提倡中华民族为中华文化之族名，将中国全体人民尽称为中华民族。

辛亥革命以后，孙中山提倡"五族共和说"，后来又提倡把汉、满、蒙、回、藏五族归成一个中华民族，并组成一个民族国家。中华民族被孙中山使用在其政治主张中，其概念随着时间的演变不断扩大，并最终演变成建立在文化认同基础上的国族团体。中华民族概念的形成，是中国现代民族主义的形成过程，从这个角度来看，是先有了中国民族主义，然后才有中华民族概念之形成。

中华民族既是一个政治概念，也是民族学范畴，因为其是中华人民共和国内 56 个民族的统称，由此可以认为，中华民族是历史上起源于中华大地，在追求共同的经济生活的基础上形成的，具有通用的语言文字和共同的文化心理素质的人们的稳定的共同体。

（二）中华民族的形成与发展

中华民族起源于先秦华夏族，汉魏之时，华夏族发展为汉族，至宋元时期终于形成了以汉族为主体的、包括众多少数民族在内的中华民族。清末民初，中华民族在反抗外来民族侵略与压迫的斗争中，逐渐从自发的民族发展成为自觉的民族。

1. 中华民族的形成条件

（1）中华大地是中华民族形成与发展的外部载体

坐落在亚洲东南部，太平洋西岸，包括黄河南北、长江上下、长城内外、五岭表里的广大地区，就是中华民族在形成过程中逐渐开拓出来的家园。黄河中下游流域是中华民族的发源地，秦汉时期"广开三边"，逐渐发展到河西走廊、松辽平原、长江流域和五岭以南；至清代初年，北达大沙漠、南抵南沙群岛、西起帕米尔高原、东到太平洋的中华大地终于最后确定下来。这就是中华民族世世代代生于斯、长于斯的家园，是中华民族的载体。离开了它，中华民族就不可能形成和发展。

（2）追求共同的经济生活是中华民族形成与发展的内在驱动力

中华民族是一个复合民族，除主体民族汉族之外，还有众多的少数民族。在中华民族的滥觞时期，汉族主要居住在黄河中下游流域和长江流域，自秦汉以来逐渐形成和确立了以防旱保墒或水利灌溉为核心、以精耕细作为特点的集约型农业经营方式，在古代世界农业史上独占鳌头，长期处于领先地位。少数民族大多居住在周边地区，自然条件和经济发展不如汉族。北方少数民族大多住在荒漠地区，过着"逐水草迁徙"的游牧生活或从事畜牧业。南方少数民族在高山丘陵地带生活，从事旱作农业，有的还长期停留在"刀耕火耨"的原始农业阶段。他们不仅在汉族王朝统治时期"嗜汉财物"，追求汉族的农耕生活，就是在军事上征服了汉族，在入主中原以后，也逐渐被汉族的较高文明所征服，用"汉德"代替"旧法"，即用汉族的农业经济代替他们原来的游牧、畜牧经济。这样，精耕细作的小农经济就成为包括汉族和少数民族在内的中华民族全体成员所共同追求的经济生活。中华民族就是在这一共同的物质基础上形成的。

2. 中华民族的起源

中华民族起源于中华大地，具有鲜明的本土特点，而且华夏文明是多源的。传统的汉文文献认为，中华民族起源于黄河中下游，继续在中原发展者为华夏，华夏的后延即汉族；流徙于边疆发展者为四裔各民族。远古各部落集团斗争与接近，结果产生了这些部落集团的融合与分化。这是同一演化过程的两个侧面。比如，起源于黄河中上游以炎、黄为代表的部落集团东进与北上，分布到燕山南北及古黄河中下游（先秦黄河下游，包括今河北省南部与中部）；而以泰山为中心的海岱地区以两昊（少昊、太昊）为代表的部落集团同时西进和北上。这两大集团在古黄河下游、燕山南北、河济之间斗争与融合的结果，形成了夏、商、周三族；又通过夏、商、周千余年的进一步发展，三族融合形成了华夏民族的雏形；进而经过春秋、战国的大融合，并吸收了众多新民族成分和文化因素，形成了华夏民族，即汉族的前身。另一方面，黄河中上游以炎、黄为代表的部落集团，向陇山以西及黄河上游发展，结果形成了夏、商、周及后世的氐羌各族。其中有些又从西北出发向西南迁徙，形成了藏缅语族属氐羌苗裔的各民族。以泰山为中心的两集团中，泰山以东至海、以南至淮的各部落，形成了夏、商、周时期的东夷各族。历史记载和考古发现还证明，华夏的形成也吸收了长江流域的部落及其文化。由此可见，华夏民族是大融合的产物。正因它具有对各种民族成分与文化因素兼容并包的特点，才使之具有强大的涵化力，不仅使其族体的后世发展越来越大，并且成为中华民族凝聚结合的核心。

考古发现的材料还说明，边疆许多民族是在当地起源、形成，在其发展过程中越来越紧密地与中原产生联系的。早在夏、商、周时期已与"四夷"各民族发生多层次联系，春秋、战国时期进一步形成了华夏居中并称为"中国"，夷、蛮、戎、狄配合东、南、西、北"五方之民"构成"四海"之内统一的"天下"，并且形成了"修其教不易其俗，齐其政不易其宜"，在统一国家中因俗而治，"五方"构成整体格局的政治理想和地理观念，表明华夷统一已成为历史的大趋势。于是中华民族从起源到孕育大一统的历史阶段宣告完成。

3. 中华民族发展的阶段

中华民族的发展变化又可细分为以下几个时期：

（1）秦汉时期

这一时期民族构成变动的主要内容是"秦人"，亦称为"汉人"。当秦统一中国后，中国境内的各个民族被包容进来，"秦人"遂成为整个中华民族的代称。秦虽短，但秦人作为民族称号，不仅没有消亡，而且由于文化的惯性，至少到汉中期还被使用。汉人作为中华民族的别称，大约从汉武帝时期始，至唐人形成为止。秦汉四百多年间，国家安定，政治统一，先秦时期剧烈的民族构成变动，至此时相对平静下来，得到消化和积淀。

（2）**魏晋南北朝隋唐时期**

汉末以降，匈奴、鲜卑、羯、氐、羌"五胡乱华"，相对沉寂了几百年的民族构成一下子进入了空前激烈变动的新时期。在长达数百年的悠悠岁月中，周边胡族不断涌进中原，打破了汉代胡汉各民族居住空间上的限制，与中原汉族人民杂居混处，通婚混血，渐渐融为一体，形成新的民族共性。在大一统的历史条件下，唐代崭新的胡汉民族构成又继续剧烈变动，尤以民族间的通婚混血、诞育杂种最为典型。混血的结果，最终形成多民族一体化的新的民族共同体——唐人。

（3）宋辽夏金时期

这一时期，民族政权对峙，民族战争不断，民族偏见强烈，民族隔阂严重。即使在同一政权统治之下的各个民族之间，关系也相当紧张，族际间通婚混血的现象大大地减少。因此，这一时期民族构成的变动不大。

（4）元明清时期

元代以后，民族构成的变动便相对固定下来，基本形成了今天的民族格局。

二、中华民族的基本特征

中华民族的特征是中华民族本质属性的体现，是区别于其他民族的主要标志。中华民族的基本特征表现为"同种"、"同根"、"同文"几个方面。

（一）"同种"——以中华民族为种族

中华大地上的中国人以及在国外的华人都以"中华民族"为自己种族的称谓，它所强调的是中华民族的民族认同感。在中华民族形成发展的过程中，中华民族的先民祖辈就有强烈的中华民族认同感。中华民族起源于先秦华夏族，当轩辕氏、神农氏、东夷族、九黎、三苗等族群活动在中华大地时，"中华一体"的观念就已萌芽，汉魏之时，华夏族发展为汉族，至宋元时期终于形成了以汉族为主体的、包括众多的少数民族在内的中华民族。清末民初中华民族在反抗外来民族侵略与压迫的斗争中，逐渐从自发的民族发展成为自觉的民族。当代的我国各族人民以及在国外的炎黄子孙对中华民族的共同族名"中华民族"，怀有特别的亲切感、自豪感，也是"以中华民族为种族"的一种反映。

（二）"同根"——以炎黄二帝为始祖

中华各民族儿女以及海外华人都以炎、黄二帝为祖先、祖根，称自己为"炎黄子孙"，这一事实是客观存在的。尽管民族学和历史学已经证明华夏民族并非单一祖先，而后人却一直把炎、黄二帝作为中华民族始兴和统一的象征。从历史上看，由于经济文化联系的加强和建立"大一统"国家的需要，在中华儿女的心目中，逐渐形成了同祖共亲的意识，即共同人文祖先的观念。炎帝（神农氏）、黄帝（轩辕氏）是中华民族最著名的人文始祖；此外，还有太昊、少昊、燧人、女娲、祝融、蚩尤、盘古、后羿、颛顼，以至唐尧、虞舜、夏禹等，他们都是中华民族滥觞时期的英雄人物和部落首领，后来被中华各族追认为祖先。由于有了共同的人文祖先，中华各族逐渐形成了"胡汉一家"的血肉亲情。

（三）"同文"——以中华文化为纽带

中华各民族都以中华文化作为自己的文化。中华民族文化源远流长，它以汉文化为基础、融汇56个民族的文化精华而成，具有兼容并蓄、与时俱进的品质。它反映并塑造了中华民族普遍的价值观念、社会伦理、心理素质、思维方式、行为模式和生活方式，能够超越地域、阶级（阶层）、时代的界限，为中华民族内部不同成员的文化认同。此外，中华民族文化所蕴含的集体主义、民本主义、贵和尚中、宽厚兼容、仁义道德等价值取向和文化特质，使中华民族成员始终把维护民族团结、捍卫国家统一看作神圣的目标和光荣的职责，从而为中华民族共同的发展提供了良好的社会和文化氛围。之所以如此，在于中华文化是中华各族人民共同创造的。

【微型资料 2-1】中国崇龙的文化内涵

中国的龙以东方神秘主义的特有形式，通过复杂多变的艺术造型，蕴涵着中国人、中国文化中特有的基本观念：

龙的观念——从中国龙的形象中蕴涵着中国人最为重视的四大观念，天人合一的宇宙观，仁者爱人的主体观，阴阳交合的发展观，兼容并包的多元文化观。

龙的理念——在中国龙的形象、龙的观念背后，包含着中国人处理四大主体关系时的理想目标、价值观念，追求天人关系的和谐、人际关系的和谐、阴阳矛盾关系的和谐、多元文化关系的和谐。

龙的精神——多元一体、综合创新的中国文化基本精神，这是中国龙形象、龙文化的最深层的文化底蕴。发掘中国龙文化的深层内涵，有助于解决当代世界的一些文明冲突。

三、中国少数民族的分布状况

（一）我国少数民族概况

少数民族指的是多民族国家中人数最多的民族以外的民族。在我国指汉族以外的民族，如蒙、回、藏、维吾尔、哈萨克、苗、彝、壮、布依、朝鲜、满等民族。中国自古以来就是一个统一的多民族国家。新中国成立后，通过识别并经中央政府确认的民族共有 56 个。由于汉族以外的 55 个民族相对汉族人口较少，习惯上被称为"少数民族"。

在中华人民共和国成立前，中国历代政府（无论是汉族还是少数民族建立的中央政权）虽都有一套关于民族事务的政策和制度，但民族间却无平等可言。新中国成立后，根据大多数少数民族地区人民的意愿，中国政府采取不同方法，先后在少数民族地区逐步实行民主改革，并在 20 世纪 50 年代末完成。这场改革，废除了领主、贵族、头人等特权者的一切特权，消灭了人剥削人、人压迫人的旧制度，使千百万少数民族群众翻身解放，获得人身自由，成为国家和自己命运的主人。建国 60 多年来，中国各民族结成了平等、团结、互助的社会主义民族关系，曾经长期被压迫、遭歧视的少数民族真正成了国家的主人。在中国共产党的领导下，一些新中国成立前社会形态尚处于原始社会末期、奴隶制度或封建农奴制度下的少数民族，在短短的几十年里跨越了数百年乃至数千年的历史鸿沟，跨入了现代社会。

（二）我国少数民族分布情况

中国少数民族人口虽少，但分布很广。汉族地区有少数民族聚居，少数民族地区有汉族居住。这种分布格局是长期历史发展过程中各民族间相互交往、流动而形成的。全国各省、自治区、直辖市都有少数民族居住，绝大部分县级单位都有两个以上的民族居住。中国的少数民族主要分布在内蒙古、新疆、宁夏、广西、西藏、云南、贵州、青海、四川、甘肃、黑龙江、辽宁、吉林、湖南、湖北、海南、台湾、重庆市等省、自治区。中国民族成分最多的是云南省，有 25 个民族。少数民族分布的具体情况如下：

1. 东北、内蒙古地区（7 个民族）

满族、朝鲜族、蒙古族、达斡尔族、鄂温克族、鄂伦春族、赫哲族。

2. 西北地区（14 个民族）

回族、维吾尔族、哈萨克族、东乡族、土族、锡伯族、柯尔克孜族、撒拉族、塔吉克族、乌孜别克族、俄罗斯族、裕固族、保安族、塔塔尔族。

3. 西南地区（25 个民族）

苗族、彝族、藏族、布依族、侗族、白族、哈尼族、傣族、傈僳族、仡佬族、拉祜族、佤族、水族、纳西族、羌族、景颇族、布朗族、普米族、阿昌族、怒族、基诺族、德昂族、独龙族、珞巴族。

4. 中南、东南地区（9 个民族）

壮族、土家族、瑶族、黎族、畲族、高山族、仫佬族、毛南族、京族。

第二节　中国地理特征对民俗形成的影响

民俗是人类文化的重要构成因素，是历代相沿积久而形成的风尚、风俗，民俗作为反映人类在长期的生产实践和社会生活中稳定传承的历史文化现象，在其形成、发展、演变和传播过程中，不仅政治、经济、宗教等因素起着十分重要的作用，自然地理环境也对其产生重要的影响，是形成民俗事象地域差异的重要原因。

一、自然地理环境是民俗形成与演变的基础

我国是世界上农业历史最悠久、农业资源最丰富、农产品种类最多的国家之一。农业生产受地理环境的影响是不言而喻的。对农业生产来说，地理环境不仅提供了农业生产所必需的原料与场所，而且作为农业生产力的一部分参与了农业生产过程。地理环境还是农业社会分工和农业生产地域分工的自然基础，传统农业的季节性、不稳定性以及生产周期长、劳动时间不均衡等特点，也是在地理环境的影响下形成的。

我国饮食的种类繁多，不同的菜系就是因为地域性强，根据菜系所产生与流行的地区物产、自然环境、社会经济文化条件等来选料和决定烹饪方式与口味。

我国的民族众多，各民族的服饰各具特色。同一个民族的服饰在不同地区也有差异。服饰的主要功能是抵御寒冷和保护人身安全。在不同的地理环境中，人们对服饰的功能要求是有差异的。气候炎热地区人们的服饰薄而透气且宽松，气候寒冷地区人们的服饰则厚实，注重防寒；长夏无冬地区的人们不需要准备冬衣，四季分明地区的人们要根据季节的变化而进行春、夏、秋、冬衣物的更替；地形复杂地区因气候的多样性与多变性，当地人们的服饰也必须适应多变的气候特点。

我国民居的种类繁多，从主要类型来讲有东北等地区的口袋式民居、华北地区的四合院式民居、黄土高原地区的窑洞式民居、草原游牧民族的帐幕式民居、长江中下游地区的两面坡式民居、西南地区的干栏式民居、林区的干井式民居，等等。这些民居不仅在造型、结构、布局、材料、建筑工艺、功能等方面有着极大的差异，而且在选址、建造程序、建房禁忌等方面也有很大的差异。形成这些差异的原因可能有很多，但有一点是肯定的，即这些差异大都与地理环境有关。

我国地域辽阔，地形复杂多样，为了解决不同地区人与人之间的交往，就产生了各种形式的交通。交通民俗的形成与演变受地理环境的影响与制约极为明显。河网密度、河流的水文特征等对水上交通方式产生极大的影响。平坦的地形是交通理想的地形，崎岖陡峭的地形是交通的障碍。不同的地理环境将会产生具有不同特色的交通方式。以桥为例，有东部平原地区的拱桥和梁桥，有西南地区山区的索桥等；以水上交通为例，有适合水深、河宽环境的

船，有适合山区流急滩多、水浅环境的排或筏等。

简而言之，百姓习尚，民间习俗。民俗是经过千百年来劳动人民对生产与生活的经验总结而产生的。人们的生产与生活都离不开其生存的地理环境，因此，我们可以这样认为：传统民俗的形成与演变，是以地理环境为基础的。

二、地理环境制约着我国民俗的传播与扩散

就民俗传播与扩散的方式来讲，主要有两种。

（一）大量人口迁徙造成的传播

历史上无论是战争、灾害还是其他原因，迫使某个民族或某个地区的人群发生大规模且较长距离的迁徙，作为民族文化重要组成部分的民俗，也随着人口的迁徙而迁移。在迁移过程中，有的民俗因为失去了存在的自然基础或社会背景而逐渐消亡，有的民俗则经过改造或与移入地区当地原有民俗相互交融，形成新的民俗。但是新的民俗必须与当地的自然环境和社会经济条件相适应，否则就不具备新民俗形成的基本条件。

（二）采借方式使某一民俗向不同的地区和民族扩散

这种传播方式比较简单，不需要人口的大量迁徙，而是在各民族、各地区之间生活较为稳定的情况下进行民俗文化的交流。民俗的这两种传播方式都需要一个前提，即人们的交往比较方便，从地理环境的角度来说，也就是地形较为平坦，交通较为方便。

有些民俗事象在我国分布比较广泛。例如，在长江中下游地区和珠江流域的一些地区都有端午节赛龙舟的习俗，有的地区赛龙舟还成了一项常年固定的民俗盛会。赛龙舟分布比较广泛的原因是屈原是伟大的民族英雄，受到广大人民的崇敬，人们在端午节举行纪念屈原的活动；更重要的是因为长江中下游地区和珠江流域的地形以平原和丘陵为主，地势平坦，河湖众多，水面开阔，水流平缓，有举行龙舟比赛的良好的自然条件。而有的民俗事象的分布范围非常狭小。例如云南，少数民族众多，是我国少数民族分布最多的省份，云南少数民族的分布往往成岛屿状，作为民族文化重要组成部分的民俗的分布，也成岛屿状。形成这种现象的重要的原因之一是云南地处云贵高原和横断山地区，区内地形崎岖。"地无三尺平"是其地形条件的真实写照。崎岖的地形不仅阻碍了交通，更阻碍了不同民族或不同地区人们的交往与融合。

三、地理区域差异反映了民俗区域差异

"百里不同风，千里不同俗。"由于所处的地理环境不同而形成不同的民俗，这表现出民俗对地理环境有很强的适应性和选择性。在我国民俗的地理分布上，有几条大的民俗分布的区域界线，即大兴安岭—长城—青藏高原东缘、秦岭—淮河、昆仑山—阿尔金山—祁连山。这几条界线两侧的民俗有着明显的差异，这种差异可以认为是地理环境差异在民俗上的具体反映。

大兴安岭—长城—青藏高原东缘一线基本上与我国季风区与非季风区的分界线一致，也是我国牧业地区与农业地区的分界线。此线的西部地区，地形以高原、山地、盆地为主，气候干燥，草原广布，是我国主要的草原牧区、高山牧区和高寒牧区。该地区人口稀少，以少数民族为主，他们在长期的牧业生产和生活中形成了独特的牧业民俗文化。此线的东部地区，地形以平原和丘陵为主，气候湿润，土地肥沃，光、热、水、土条件配合较好，是我国重要

的农耕地区，人口密集，也是我国农耕文化的主要分布地区。东西两部分地区的人民在生产、居住、服饰、饮食、婚姻、丧葬、工艺、竞技、交通等方面都有较大的差异。就生产而言，西部地区人们以牲畜为主要生产对象，生产方式以放牧为主；东部地区人们则以土地为主要生产对象，生产方式以耕作为主。就居住而言，西部地区的人们由于生产需要逐水草而居，所以居住在容易搬迁的帐篷式住房里；东部地区的人们一般比较固定，没有十分特殊的原因他们不会弃地而去，其住所就以固定的房子为主。就饮食而言，西部地区的人们以肉、奶为主食；东部地区的人们以米、面等为主食。就服饰而言，西部地区的人们以"袍"为主，而东部地区的人们以"衫"为主，等等。

秦岭—淮河一线是我国东部地区南方与北方的分界线。在东部地区，南北之间的民俗也有较大的差异。我们常说的"南人吃米，北人食面"、"北车南楫"是东部地区南北之间最典型的民俗区域差异，这种差异正是南北之间地理环境差异的反映：南方气候温暖湿润，河网密布，水资源比较充裕，可以广种水稻并以大米为主食；传统的交通工具也以船为主。北方气候较冷，干旱少雨，河流稀少，水资源不足，因而以旱地作物为主，主食以面粉为主；传统的交通工具以车、马为多。

昆仑山—阿尔金山—祁连山一线是我国西部地区民俗的一条重要界线。该线以南的民俗文化主要适应了青藏高原高寒的地理环境和牧业为主的生产、生活方式，受藏传佛教的影响较大。该线以北的民俗文化以干旱半干旱地区的牧业民俗为主，在绿洲地区有部分农耕民俗文化，受伊期兰教的影响深刻。

第三节　中国民俗的类别与特征

一、中国民俗的类别

民俗涉及的内容很多，直至今日它所涉及的范围仍在不断地拓展，就今日民俗学界公认的范畴而言，中国民俗包含七大类。

（一）服饰冠履民俗

中国民间服饰主要包括下述四类：衣着，包括用不同的质料如棉、麻、丝绸等制作的衣、袍、裤、裙、鞋、袜等。附加的饰物，头发的饰物如夹、簪、钗、梳；耳部饰物如耳环、耳坠；颈部饰物如项圈、项链；胸腰部饰物如胸针、腰佩等。人体自身饰物，如梳各种发式、画眉、描唇等。其他具有装饰作用的如生产工具、护身武器和日常用品。

服饰民俗体现着人们的社会观念，在传统的中国社会中，服饰体现着中国人崇宗敬祖，强调礼仪伦常。例如生日礼、成年礼、婚礼、丧礼，四种重大礼仪产生四种服装，每种服装体现了不同的礼仪伦常和敬祖观念，例如婚礼喜用红色等。服饰冠履表现民族的自我意识，表现在各民族服饰都有自己的显著特点。

（二）岁时节日民俗

岁时节日，主要是指与天时、物候的周期性转换相适应，在人们的社会生活中约定俗成的，具有某种风俗活动内容的特定时日。节日的形成与发展，经历了十分漫长的历史。在这期间，形成的节日民俗不仅记载着我们祖先对自然运动规律的认识与把握，也显现出各个不同历史时期的社会、经济、科技发展的水平；同时，还反映了我国民众张驰有度、应时而作的自然生活节律。

【微型资料 2-2】冬至习俗

冬至作为一个节日，至今已有 2500 年以上的历史。

据记载，周秦时期以冬十一月为正月，以冬至为岁首过新年。《汉书》有云："冬至阳气起，君道长，故贺……"也就是说，人们最初过冬至节是为了庆祝新的一年的到来。古人认为自冬至起，天地阳气开始兴作渐强，代表下一个循环的开始，是大吉之日。因此，后来一般春节期间的祭祖、家庭聚餐等习俗，也往往出现在冬至。冬至又被称为"小年"，一是说明年关将近，余日不多；二是表示冬至的重要性。

冬至是养生的大好时机，主要是因为"气始于冬至"。因为从冬季开始，生命活动开始由盛转衰、由动转静。此时科学养生有助于保证旺盛的精力而防早衰，达到延年益寿的目的。冬至时节饮食宜多样，谷、果、肉、蔬合理搭配，适当选用高钙食品。

各地在冬至时有不同的风俗，北方地区有冬至宰羊、吃饺子、吃馄饨的习俗，南方地区在这一天则有吃冬至米团、冬至长线面的习惯，而苏南人在冬至时吃大葱炒豆腐。

（三）居住民俗

居住民宿是指一个国家、民族或地域的广大民众在居住活动中所创造、享用和传承的属于本群体的独特的民俗习惯模式。即使同一民族，具有相同的文化底蕴，如果受各自所处的特殊地域环境限制，也会呈现出各种不同的居住民俗式样。如汉族民居中，北方以北京的四合院为主要代表；在黄土高原上则是错落有致的窑洞最具特色；南方由于多雨潮湿而以天井式瓦房占多数。

（四）人生礼仪民俗

人生礼仪是指在人的一生中几个重要环节上所经过的具有一定仪式的行为过程，主要包括诞生礼、成年礼、婚礼和葬礼。此外表明进入重要年龄阶段的祝寿仪式和一年一次的生日庆贺活动，亦可视为人生礼仪的内容。

（五）游艺竞技民俗

游艺民俗是一种以消遣休闲、调剂身心为主要目的，而又有一定模式的民俗活动。它是人类在具备起码的物质生存条件基础上，为满足精神的需求而进行的文化创造。

从简单易行、随意性较强的游戏，到技艺精巧、有严格规则的竞技；从因时因地、自由灵便的戏耍，到配合各种特殊需要的综合表演，都属于游艺民俗的范围。

（六）饮食民俗

民以食为天，饮食在人们的生活中占有十分重要的位置。它不仅能满足人们的生理需要，而且具有十分丰富的文化内涵。饮食民俗又可分为：日常食俗、节日食俗、祭祀食俗、待客食俗、其他特殊食俗等。各民俗在食品方面常有不同于其他民族的地方，常常与他们的生产条件、自然环境、组织形式有关，如侗族人喜食腌制的生肉等。

（七）生产民俗

生产民俗是在各种物质生产活动中产生和遵循的民俗。这类民俗伴随着物质生产的进行，多方面反映了人们的民俗观念，在历史上对保证生产的顺利进行有一定的作用。

我国的劳动生产民俗方面比较广泛，大体分为农业民俗、牧业民俗、渔业民俗、林业民俗、养殖民俗、手工业民俗、服务业民俗、江湖习俗等。

二、中国民俗的特征

（一）原始信仰长期留存

原始信仰习俗在数千年的历史发展中长期传承和流行，是中国传统民俗的一大特点。自然崇拜、动植物崇拜、图腾崇拜、祖先崇拜以及巫术、占卜、祈禳、祭祀、禁忌等习俗，不但在人们的信仰活动中集中地表现出来，而且贯穿于人们物质生活和精神生活的各个方面。从中国的传统节日看，大多源于上古祭祀，尽管不少节日在后世的演变中，或融合成多重内容的综合节日，或发生了性质上的变化，但祭祀的内容仍或多或少地保留着，如中元节、冬至、除夕，都有祭祀祖先的仪式。

原始信仰习俗在传承中始终表现出浓厚的神秘性，人们觉得这些习俗是不可捉摸和无法解释的，在神秘莫测的气氛中产生的恐惧、敬畏心理便导致了盲目信从的民俗行为。这与世界上许多国家和民族的民俗深受宗教影响的状况，形成了明显的差异。

【微型资料2-3】十二生肖的寓意

十二生肖，是中国传统文化的重要部分，由12种源于自然界的动物鼠、牛、虎、兔、龙、蛇、马、羊、猴、鸡、狗、猪组成，用于记年，顺序排列为子鼠、丑牛、寅虎、卯兔、辰龙、巳蛇、午马、未羊、申猴、酉鸡、戌狗、亥猪。在中华文化圈内被广泛使用。

我们国家的十二生肖两两相对，六道轮回，体现了祖先对我们中国人全部的期望及要求。

第一组：鼠和牛。鼠代表智慧，牛代表勤劳。两者一定要紧密地结合在一起，如果只有智慧不勤劳，就变成了小聪明；光是勤劳，不动脑筋，就变成了愚钝。所以两者一定要结合，这是我们祖先对中国人的第一组期望和要求，也是最重要的一组。

第二组：老虎和兔子。老虎代表勇猛，兔子代表谨慎。两者结合在一起，才能做到所谓的大胆心细。如果勇猛离开了谨慎，就变成了鲁莽；而一味谨慎就变成了胆怯。这一组也很重要，所以放在第二位。

第三组是龙和蛇。龙代表刚猛，蛇代表柔韧。所谓刚者易折，太刚了容易折断；过柔易弱，太柔了就容易失去主见，所以刚柔并济是我们历代的祖训。

第四组是马和羊。马代表一往无前，向目标奋进，羊代表团结和睦。中华民族是一个大家庭，我们更需要团结和睦的内部环境，只有集体的和谐，我们才能追求各自的理想。如果一个人只顾自己的利益，不注意团结、和睦，必然会落单。所以，个人的奋进与集体的和睦必须紧紧结合在一起。

第五组是猴子和鸡。猴子代表灵活，鸡定时打鸣，代表恒定。如果只有灵活，没有恒定，再好的政策最后也得不到收获；但如果只有恒定，则是一潭死水、一块铁板，那就不会有我们今天的改革开放了。只有它们之间非常圆融地结合，一方面具有稳定性，保持整体的和谐和秩序，另一方面又能不断变通地前进。

第六组是狗和猪。狗是代表忠诚，猪是代表随和。一个人如果太忠诚，不懂得随和，就会排斥他人；而反过来，一个人太随和，没有忠诚，这个人就失去原则。所以无论是对一个民族国家的忠诚、对团队的忠诚，还是对自己理想的忠诚，一定要与随和紧紧结合在一起，这样才容易真正保持内心深处的忠诚。这就是我们中国人一直坚持的外圆内方、君子和而不同的处世之道。

中国人每个人都有自己所属的生肖，有的人属猪，有的人属狗，这意义何在？实际上，我们的祖先期望我们要圆融，不能偏颇，要求我们懂得到对应面切入。比如属猪的人能够在他的随和本性中，也去追求忠诚；而属狗的人则在忠诚的本性中，做到随和。

（二）宗法观念影响深远

建立在农业经济基础上的以父系家长为中心的宗法制度是中国传统文化所依托的社会结构。在漫长的历史进程中，中国社会虽发生过种种变迁，但以血缘纽带维系着的宗法制度及其遗存和变种却长期保留着。这种以宗法为特征的社会结构定势，对民间风俗产生了长期的、重大的影响。中国的亲属称谓系统十分繁复精细，它不仅与其他国家和民族一样，纵向分上下辈分，而且在父母系、嫡庶出、年长幼等同辈横向方面，也有极其严格细致的规定。如某人上一辈的男性长辈有伯父、叔父、舅父、姑父、姨父等，女性长辈就有伯母、婶母、舅母、姑母、姨母等。这种称谓方式，实际上是由着意强调血缘亲疏和系别的宗法社会派生的。在社会生活中，家庭成员的权利和义务、相互之间的关系、财产的继承和分配等，正是由称谓表示出来的血缘关系以及由此确立的尊卑、男女、长幼的不同地位而排定的。孔子强调"正名"，要求人们严格遵守"君、臣、父、子"的等级秩序，立意也在于此。

宗法制度和宗法观念的影响还通过礼仪制度的形式，在人们物质生活和社会生活的各个方面表现出来。历史上，等级礼制不仅以"三纲五常"的规范作为道德的内涵，而且还以消费品的等级分配作为实质性的内容。在礼制的约束下，人们不能超越自己的身份享用不该享用的物品，做出不合礼仪的举动，于是塑造了循礼蹈规、安分守己的民族性格，形成了拘谨、守成、俭约、古朴的民俗风情。

（三）民族和地区间存在明显差别

中国是个统一的多民族国家，生活在这块土地上的各个民族统一于整个中华民族之中，各民族丰富多采的民俗风情构成了中国民俗的整体。各民族民俗的差别是因各民族不同的自然环境、经济方式、社会状况、文化特点等造成的。从各民族所处的地理环境看，有平原、深山、密林、水乡、沙漠、海岛，东、南、西、北各地气候条件也相差极大。从文化上看，各民族在民族性格、社会心理、审美情趣、传统惯制等方面，也有所不同。文化上的差别使各民族在衣食住行、社会交往、人生仪礼、游戏娱乐等各个方面都形成了差别明显、各具特色的民俗风情。

（四）既一以贯之又不断变迁

中华民族具有十分悠久的历史，在漫长的历史进程中，中国古代文化曾经历了多种变革，并不断地吸收和融合了许多外来文化，却又始终保持着一脉相承、连绵不断的发展系统。从物质生产和物质生活方面来看，中国与其他民族一样，是经过了原始的采集、渔猎经济后进入农耕时代的。在农业生产中，生产工具和生产技术不断进步；与此相应，人们的衣、食、住、行、运输、贸易等不断地从蒙昧向文明发展。就社会状况而言，中国亦经历了由低级向高级的进化，在此期间，具体的经济、政治、社会制度曾发生过多种变化。以饮食为例，《礼记·内则》中记载的周代佳肴仅"炮豚"、"牛炙"、"濡鱼"等数种，做法都很简单，而且当时的平民很难享用肉食，故春秋时的曹刿有"肉食者鄙"的说法。到了唐代，情况大不一样了，仅据韦巨源《食谱》和谢讽《食经》所载食品名目统计，就有100多种。与此同时，胡饼、乳酪之类的胡食也在中原地区日益流行。宋代食品花式之丰富，制作之精美，已到了令人叹为观止的地步。吴自牧《梦粱录·分茶酒店》记载的各式菜肴将近300种，《面食店》一篇记载的佐酒菜肴和花式面有100多种。又据周密《武林旧事》记载，杭州市场上出售的食品，小吃类有41种，糖果类有42种，菜蔬类有20种，粥类有9种，凉水类有17种，糕类有19种，蒸食类有57种，名酒类有54种。仅上述记载，便足以使人目不暇接了。明清以来，各地的名菜佳肴和风味小吃更是数不胜数。

本章小结

　　本章首先介绍了中华民族的起源、形成与发展的历史过程以及中华民族的基本特征，其次介绍了中国地理特征对民俗形成的影响，最后介绍了中国民俗的类别与特征。从中华民族形成的条件来看，主要是依托中华大地追求共同的经济生活；而华夏文明多元特征成为中华民族凝聚结合的核心。中华民族的发展变化又可细分为秦汉、魏晋南北朝隋唐、宋辽夏金和元明清四个历史阶段。中华民族有"同种"、"同根"、"同文"三大基本特征。中国地理特征对民俗形成的影响主要在于自然地理环境是民俗形成与演变的基础，地理环境制约着我国民俗的传播与扩散，地理区域差异反映了民俗区域差异。从旅游资源的角度出发，中国民俗包含服饰冠履民俗、岁时节日民俗、居住民俗、生活礼仪民俗、游艺竞技民俗、饮食民俗和生产民俗等。原始信仰长期留存，宗法观念影响深远，民族和地区间存在明显差别，既一以贯之又不断变迁是中国民俗的基本特征。

主要概念

　　中华民族 同种 同根 同文 饮食民俗

复习思考题

　　1. 从旅游资源的角度出发，中国民俗包含_____民俗、_____民俗、_____民俗、_____民俗、_____民俗、_____民俗和_____民俗等。

　　2. 中国地理特征对民俗形成的影响有哪些？

　　3. 中国民俗的基本特征是什么？

案例分析

　　根据民族学工作者的调查，彝族、藏族、土族、侗族、普米族等多个民族崇拜松柏并奉为图腾，我国西南的藏族、纳西族、普米族和羌族，特别崇拜松树，认为松树有他们民族的灵魂，藏族人还多用松木、柏木做成宗教圣物。在闽台地区的百姓心中，榕树最具灵气，最能庇荫造福乡人。他们尊奉榕树为神树，端午节习惯用榕枝蘸雄黄酒，喷洒庭院以驱"五毒"；向亲友贺婚，礼品上要放一束粘贴红纸的榕枝；老人寿终，习惯敬献用榕枝扎制的花圈。竹图腾崇拜是中国南方民族普遍的一种文化现象。他们以竹作为氏族或部族族称，存在不少以竹作为图腾标记的文化现象。"宁可食无肉，不可居无竹"，宋代大文学家苏东坡对竹的执著偏爱，反映了历代文人墨客对植物审美与居住环境的精神追求，也成了江南私家园林或村旁民居庭院的首选种植物种。

问题：案例当中我国南方居民为什么会产生不同的植物崇拜？这些不同信仰间是否存在民俗文化共性，体现了我国民俗的哪些特征？

实践训练

根据上述案例中提到的西南彝族、东南黎族和汉族不同的植物崇拜，设计不同风情的森林旅游导游词。

第三章　中国汉族民俗

学习目标

知识目标： 了解汉族的基本发展概况，掌握汉族的民族习俗特色和传统节日习俗。

技能目标： 了解中国汉族的分布特征，学会汉族民俗礼仪的运用。

能力目标： 能够搜集中国汉族、民俗文化知识，制作与旅游相关的中国汉族民俗的 PPT 专辑。

【引例】四喜丸子

我国各地名菜大都有其各自发展的历史，不仅体现了精湛的传统技艺，还有种种优美动人的传说或典故，成为我国饮食文化的一个重要部分。

"四喜丸子"是一道吉祥菜，它有一段动人的传说。相传，四喜丸子创制于唐代。某年开科大考，一位衣着寒酸的青年张九龄中了头榜，皇帝见他才貌双全，决定把女儿许配给他。大婚之日，九龄父母寻儿到京，全家团圆，喜上加喜，张九龄非常高兴，忙令厨房做个"吉祥"菜祝贺。聪明的厨师用猪肉馅制作了四个色泽金黄油亮的大丸子，周围用鲜嫩的小油菜心相衬端上来。张九龄一看极为高兴，忙问此菜何意？厨师答：一曰老爷您金榜题名，二曰您大喜完婚，三曰您攀龙快婿，四曰您合家团圆，故此菜名"四圆"。张九龄听后笑曰，"四喜"岂不更具吉祥含义，干脆就叫"四喜丸子"吧。从此这"四喜丸子"就流传开来并延续至今，它代表着"福禄寿喜"，人们每逢有喜庆盛宴都把此菜列为首选吉祥菜。

"四喜丸子"属于中国四大菜系之鲁菜，鲁菜是中国美食众多菜系中的一支。"四喜丸子"鲜明地体现了鲁菜的特点：咸鲜为主，用葱香调味，菜品高雅大方。

"四喜丸子"荤素搭配合理，色泽金黄油亮，质地软嫩鲜滑，味咸鲜浓香，可谓色香味齐全，五味调和。菜肴造型美观，饮食器具衬托和谐，体现了中国的美食和传统文化的完美结合。

第一节　汉族概述

汉族，在东南亚被称为华族，又称华人或唐人，是中国的主要民族。"汉"原指天河、宇宙银河。《诗经》云："维天有汉。"华夏族称为"汉人"，始于汉朝。汉族是一个历史从未中断过的、历史悠久的民族，也是世界上人口最多的民族。目前，汉族人口约为 13 亿，占世界总人口的 19%，分布于世界各地。除中国外，汉族在东南亚和北美洲也有较多分布。

一、汉族的源流及形成要素

汉民族是中华民族的主体民族，达 12.5 亿人，占全国人口的 94%，也是世界上人口最多的民族，约占全球人口总数的 1/5。中华民族以及世界各地的华侨、华裔人口估计达 16 亿。

约公元前 5000 年，当今汉族的主体华夏族在黄河流域起源并开始逐渐发展，进入了新石器时期，并先后经历了母系和父系氏族公社阶段。公元前 2700 年，活动于陕西中部地区的一个姬姓部落，首领是黄帝，其南面还有一个以炎帝为首的姜姓部落，双方经常发生摩擦，两大部落终于爆发了阪泉之战，黄帝打败了炎帝，之后两个部落结为联盟，并攻占了周边各个部落，华夏族的前身由此产生。

公元前 21 世纪，中原地区的原始公社制时代走到了历史的尽头，阶级社会已经出现在黄河中、下游平原的土地上。之后，相继出现了夏（约公元前 21 世纪～前 16 世纪）、商（约前 16 世纪～前 11 世纪）、西周（约公元前 11 世纪～公元前 771 年）几个王朝。首先在黄河及其支流渭、汾、伊、洛下至河济之间以及淮河支流汝、颍上游，继而发展至淮河、泗水、长江、汉水的广大地区。西周时，已出现华、夏单称或华夏连称的族名，以与蛮、夷、戎、狄相区别。但是，这时华夷之辨尚不甚严。

春秋（公元前 770～公元前 476 年）时期，华夷贵贱尊卑的观念已很强烈，秦、楚不仅与齐、燕、韩、赵、魏同称诸夏，而且是两个最强大的华夏诸侯。七雄合纵、连横、兼并、争战，但族体相同，形成诸夏统一趋势；于是华夏成为稳定的族体，分布区域也已达东北辽河中下游、西北洮河流域、西南巴蜀黔中、东南湖湘吴越等广大地区。

公元前 221 年，秦国完成兼并六国统一诸侯大业，建立了统一的中央集权的封建国家。在秦汉国家统一的条件下，汉族形成了统一的民族。汉族是以先秦的华夏族为核心，在秦汉时期形成统一民族。汉族的族称谓，是在中国统一的多民族国家形成、发展过程中确立的。

秦统一以后，华夏的族称仍然沿用。公元前 206 年汉朝建立后，在四百余年间沟通西域，屯田湟中，设立护乌桓校尉，降服匈奴，征服西南夷并设立郡县，平定赵氏南越及东瓯、闽越，统一的多民族国家有了新的发展。

从汉朝以后，华夷同居中国，特别是东晋十六国和南北朝（317～589 年）时期，"五胡"在中国北部建号立国，成为统治民族，以据有两京（长安、洛阳）而自居中国正统。这些民族对于原先称为"华夏"的中原居民，因其行汉礼仪、服汉衣冠而渐称其为"汉人"。在以后的历史发展中，"汉人"逐渐成为华夏这一中国主体民族的族称。该族历代均占全国人口的绝大多数，在社会经济、文化及政治制度等方面的发展中起了主导作用。

二、汉族的分布特征

汉族人口曾经有过几次大规模的迁移。秦统一六国时，将关东强宗大量迁入关中。西汉（公元前 206 年～公元 8 年）时也有过类似的移民活动。当时黄河中下游各郡为全国人口最稠密的地区。从东汉（公元 25～220 年）末年起，北部割据混战，人民开始南迁。西晋（公元 265～317 年）末年"永嘉之乱"，更使黄河流域人民大规模南迁至长江流域及汉水流域。南北朝时期，继续有人口南移。唐末藩镇割据及五代（公元 907～960 年）混战频仍，北宋末年金兵南犯，又导致两次北部人口的大规模南迁。因此，南方人口不断增加，主要集中在四川盆地以及洞庭、鄱阳、太湖等大湖周围和长江、珠江三角洲地区，使之成为人口稠密之处。南部经济自东晋以后迅速发展。到两宋时，中国的经济重心已由北部移向南部。至明清时，南部汉族人口的总数超过了北部。

　　自秦汉到清朝，历代都有不少汉族人通过屯垦、移民、流亡等方式从内地移居边疆各处，与边疆少数民族杂处，共同开发边疆。两千多年间，移居边疆的汉族人有不少融入了当地的少数民族之中；而边疆各民族内迁，与汉族杂处，也有不少融入了汉族之中。

　　汉族经历了长达数千年的迁徙及与中国境内各民族的共处，形成了如下的分布特点：在松辽平原及黄河、淮河、长江、珠江等大河流域农业最发达的地区和城市集中分布，在边疆与当地各民族交错杂居。

　　此外，在长期的历史发展过程中，汉族有相当数量的人口移居海外。他们有的在移居国取得国籍，成为华裔外国人；有的则保持中国国籍，成为散布在世界各地的华侨。

第二节　汉族民俗

一、汉族服饰民俗

　　汉族传统的民族服装，从黄帝"垂衣裳而治天下"开始，延续了超过 3700 年的时间。纵观几千年的历史，汉族的服饰，在式样上主要有上衣下裳和衣裳相连两种基本的形制，不同朝代、不同历史阶段，又各有不同的特点。

（一）古代服饰

1. 服装

　　从形制上看，汉族古代服装主要有裙服（上衣下裳，裳在古代是裙）、袍服（即深衣，把上衣下裳缝连起来）、襦（短衣）裤服等类型。其中，裙服中的冕服为帝王百官的上等礼服；袍服有长衫袍式及衣连裙式，前者为百官朝服及庶人礼服，后者为王后贵妇的礼服；襦裤服为平民常服。

2. 头饰

　　古代男子头饰为束发冠笄。冠的形制有高冠、弁、梁冠、笼冠、小冠、幞头、帻、帢、帽等。其细别的各种冠帽之名，如委貌冠、通天冠、远游冠、进贤冠、大帽、圆帽、鹅帽、唐巾、席帽等，可达数十种；也戴各式头巾，如四方头巾、万字巾、云巾、软巾、幅巾、葛巾、华阳巾等；还有的地区农民戴笠帽。

　　古代汉族妇女头发多挽成髻。髻形有双髻、垂髻、偏髻、螺髻、飞天髻等。具体名称则有数十种，如丛梳百叶髻、朝天髻、宝髻、花髻等。发髻上的饰物则有梳、篦、簪、钗、步摇、翠翘、珠翠金银宝细、珠冠、凤冠，以及金银珠玉精制的鸾凤、珠滴等。鬓发两侧饰博鬓，也有戴帷帽、盖头的。

（二）近现代服饰

1. 辛亥革命后的服饰

　　辛亥革命以后，汉族服饰大变，作为封建统治者上层最高礼服的冕服、男子广袖裙服以及清代官服已完全被淘汰。男子礼服则简化成了传统长衫（深衣），保留了满族的马褂，穿布袜子、布鞋，戴呢帽或皮帽，同时引进了西式礼服。女子礼服初为简化的上衣下裙，后又流行改良旗袍。同时，公职人员与知识分子开始穿中山装（以孙中山倡导并首服而得名）。城市工人及乡村农民则上穿短衫袄，下穿长裤。

2. 解放后的服饰

1949 年以后，服装趋于统一。城市各阶层男子不分礼服与常服，一律穿干部服，有帽子，形制同解放战争时期解放军军装，上衣有四个口袋，有袋盖，只是变军装的草绿色为青色、蓝色、灰色、黑色，并且减少了腰间系束的宽皮带。此外，青年人中流行过"青年装"及夹克。城市各阶层职业妇女服装一律也是干部服，只是领口不同于男装，衣服上的口袋减为三个或两个，一般没有口袋盖。夏季男子穿白色或浅灰色衬衣，妇女穿半腰裙或连衣裙。农村干部及青年学生一般也穿干部服，农民仍穿对襟或大襟（限于女装）的短衫袄，下穿长裤。

3. 改革开放以来的服饰

20 世纪 80 年代以来，不论是城市还是农村，各行各业都流行穿西装、风衣、呢大衣、夹克衫、羽绒服、运动服等新式服装。青年女子的服装更是款式新颖多样。但中年以上仍普遍穿干部服。服装的质料也从棉布（手工织布与机织布）向化纤、呢、毛皮、丝绸等多元方向发展。

二、汉族饮食民俗

汉族以粮食作物为主食，以各种动物肉制品、蔬菜作为副食。这与西方诸民族和中国藏、蒙等民族的饮食结构形成了鲜明的差别。此外，在长期的民族发展中形成了一日三餐的饮食惯制。一日三餐中主食、菜肴、饮料的搭配方式，既具有一定的共同性，又因不同的地理气候环境、经济发展水平、生产生活条件等原因，形成了一系列的具体特点。

（一）主食

米食和面食是汉族主食的两大类型，南方种植稻类，以米食为主，北方种植麦类，以面食为主。此外，各地的其他粮食作物，例如玉米、高粱、谷类、薯类等也都成为不同地区主食的组成部分。现在，中国东南方仍以米食为主，大米制品种类繁多，如米饭、米糕、糍饭、汤圆、粽子等；东北、西北、华北则以面食为主，馒头、包子、面条、饺子等都为日常喜爱食物，其他如山东煎饼、陕西锅盔、山西刀削面，以及西北和华北的抻面、四川担担面、江苏过桥面等都是有名的面制风味食品。

（二）菜肴

汉族在饮食习俗方面形成了众多不同类型的菜肴，例如，东南沿海的各种海味食品、北方山林的各种山珍野味和广东一带民间的蛇餐蛇宴。因分布地区广泛，汉族人在长期的社会生活实践中形成了不同的地方风味，以炒、烧、煎、煮、蒸、烤和凉拌等各种烹调方式，创造了鲁、川、苏、粤、浙、闽、湘、徽等著名菜系，每一菜系均有独到的烹饪手法和上百种名品菜肴，形成"南甜、北咸、东辣、西酸"的风格。中国传统菜系早已闻名于海内外，并享有"食在中国"的美誉。

【微型资料 3-1】中国八大菜系

八大菜系是鲁菜、川菜、浙菜、苏菜、徽菜、粤菜、湘菜、闽菜的总称。

（1）鲁菜。鲁菜是山东菜的总称，主要由济南和胶东地方菜组成。济南菜擅长爆、烧、炒、炸，以清、鲜、脆、嫩著称，特别讲究清汤和奶汤的调剂。胶东菜擅长爆、炸、扒、蒸，以鲜为主，偏重清淡。名菜有九转大肠、糖醋黄河鲤鱼、德州扒鸡、油焖鱼、清汆赤鳞鱼、煎白条鱼饼、韭青炒海肠子、福山烧小鸡、烤小雏鸡等。春秋战国时期，鲁地就以治馔著名，历经汉唐，成为"北菜"主角。宋代所谓"北食"，主要指鲁菜。元、明、清均为御膳支柱，现代仿膳仍保留鲁菜特色。

（2）川菜。川菜是四川菜的总称，以小煎、小炒、干烧、干煸见长，又以味多、味广、味厚著称，且有"一菜一格，百菜百味"之誉。调味多用三椒（辣椒、胡椒、花椒）和鲜姜，故味重麻、辣、酸、香。以成都风味为正宗，包含重庆菜、东山菜、江津英、自贡菜、合川菜等。名菜有回锅肉、鱼香肉丝、灯影牛肉、夫妻肺片、水煮牛肉、清蒸江团、干煸鱿鱼丝、宫爆鸡丁、麻婆豆腐、怪味鸡块等。相传在汉魏六朝川菜即具特色，已有一千多年历史。

（3）浙菜。浙菜是浙江菜的总称，以杭州菜、宁波菜、绍兴菜三种地方风味为代表。杭州菜以爆、炒、烩、炸为主，工艺精细，清鲜爽脆；宁波菜"鲜咸合一"，以蒸、烤、炖制海鲜见长，讲究嫩、软、滑；绍兴菜擅长烹饪河鲜家禽，入口香酥绵软，汤味浓重，富有乡村风味。名菜有西湖醋鱼、龙井虾仁、赛蟹羹、香酥焖肉、清汤越鸡、浓香嫩鸡、花生肚、湖式剪羊肉、丝瓜卤蒸黄鱼、三丝拌蛏、西湖莼菜汤（多年生水草，叶子椭圆形，浮在水面，茎上和叶的背面有黏液，花暗红色，嫩叶可以吃）、油焖春笋等。浙菜有两千年历史，南宋时在"南食"中居主要地位，明、清时大为发展。

（4）苏菜。苏菜是江苏菜的总称，擅长炖、焖、蒸、烧、炒，重视调汤，保持原汁，风味清鲜，浓而不腻，淡而不薄，酥松脱骨而不失其味。主要由南京菜、扬州菜、苏州菜组成。南京菜口味和醇，玲珑细巧；扬州菜清淡适口，刀工精细；苏州菜口味趋甜，清雅多姿。名菜有烤方、水晶肴蹄、清炖蟹粉狮子头、金陵丸子、白汁鳖（剖开晾干的鱼）、黄泥煨鸡、清炖鸡孚、盐水鸭、金香饼、鸡汤煮干丝、肉酿生麸、凤尾虾、三套鸭等，早在二千多年前，吴人即善制炙鱼、蒸鱼和鱼片。一千多年前，鸭已为金陵美食。唐宋时，苏菜与浙菜同为"南食"两大台柱。

（5）徽菜。徽菜是安徽菜的总称，以皖南菜、沿江菜、沿淮菜三种地方风味构成。徽菜以烹制山珍野味著称，特点是重油、重酱色、重人工。多用砂锅木炭煨炖，故有"吃徽菜，要能等"之说。皖南菜擅长烧、炖，芡大油重，朴素实惠。沿江菜以芜湖、安庆为代表，善烹活鲜、家禽，讲究刀工，注意形色，尤以烟熏技术见长。沿淮菜由蚌埠、宿县等地方风味构成，咸中带酸，汤汁浓重。相传徽菜起于汉唐，兴于宋元，盛于明清。今流传南方各地，为安徽传统风味。名菜有无为熏鸭、毛峰熏鲥鱼、清蒸鹰龟、奶汁肥王鱼、蜂窝豆腐等。

（6）粤菜。粤菜是广东菜的总称，主要由广州菜、潮州菜、东江菜三种地方菜组成。广州菜善变，配料多，讲究鲜、嫩、爽、滑，擅长爆、炒，菜以烹制海鲜见长，以汤菜最具特色，刀工精细，口味清纯。潮州菜最大特点是注重生猛海鲜。潮州菜注重刀工，拼砌整齐美观。在讲究色、味、香的同时，还有意在造型上追求赏心悦目。潮州菜还较讲究调料，各样菜肴上席时，必配上酱碟佐食。东江菜下油重，味偏重，朴实大方，有乡土味。煎、炸、烧、烩，均属精湛。名菜有片皮乳猪、冻肉、东江盐鸡、满坛香、鼎湖上素、大良炒牛奶等。

（7）湘菜。湘菜是湖南菜的总称，以湘江流域、洞庭湖区、湘西山区三种地方风味为主。手法以熏、蒸、干炒为主，重辣、酸。辣味菜和烟熏腊肉是湘菜独特风味。湘江流域菜，油重色浓，讲究实惠，注重香鲜、酸辣、软嫩，以煨、炖、腊、蒸、炒见长。腊味包括烟熏、卤制、叉烧等。洞庭湖区菜，以烹制河鲜、家禽、家畜见长，多用炖、烧、腊等法，芡大油厚，咸辣香软。湘西菜，擅长山珍野味、烟熏腊肉和各种腌肉。重咸、香、酸、辣，常以柴炭烹制，有浓厚乡土味。名菜有腊味合蒸、吉首酸肉、荷包肚、宝塔香腰、麻辣仔鸡、炒腊野鸭条、东安鸡等。

（8）闽菜。闽菜是福建菜的总称，以福州菜、漳州菜、厦门菜、泉州菜等地方菜为主。烹调方法以清汤、干炸、爆炒见长，调味常用红糟，口味偏重甜酸。名菜有佛跳墙、闽生果、七星丸、桔烧巴、太极明虾、烧生糟鸭、高丽海蚌、梅开二度、白炒鲜竹蛏、菊花鲈鱼球、干炸三肝花卷、淡糟炒鲜竹、桔汁加吉鱼、雪花鸡等。

（三）饮料

茶和酒是汉族主要的两种饮料。中国是茶叶的故乡，中国也是世界上发明酿酒技术最早的国家之一。茶文化和酒文化在中国源远流长，数千年来，是汉族饮食习俗不可缺少的部分，形成了多种享誉中外的名茶和名酒。除茶和酒两种主要饮料以外，某些水果制品也成为不同地区、不同季节人们的饮料。

【微型资料 3-2】中国茶叶的分类及名茶

根据茶的制作来划分有：不发酵者为绿茶，绿茶中的珍品包括江苏太湖洞庭山的碧螺春，浙江杭州西湖的龙井，安徽黄山的毛峰，湖南洞庭湖君山的银针，江西庐山的云雾茶，四川蒙山的蒙顶茶，安徽太平县猴坑的猴魁等；发酵的是红茶，红茶名品包括安徽祁门红茶、云南凤庆红茶等；半发酵的是乌龙茶，乌龙茶的珍品包括福建的武夷岩茶、铁现音、大红袍、武夷水仙、佛手等。

（四）节日食品

节日食品往往是丰富多采的。它常常将丰富的营养成分、赏心悦目的艺术形式和深厚的文化内涵巧妙地结合起来，成为比较典型的节日饮食文化。

节日食品大致可分为两类：

一是用作祭祀的供品。在旧时代的宫廷、官府、宗族、家庭的特殊祭祀、庆典等仪式中占有重要的地位。在当代汉族的多数地区，这种现象只在少数偏远地区或某些特定场合，还残存着一些象征性的活动。

二是供人们在节日食用的特定的食品，是节日食品和食俗的主流。例如春节除夕，北方家家户户都有包饺子的习俗，而江南各地则盛行打年糕、吃年糕的习俗。汉族许多地区过年的家宴中往往少不了鱼，象征"年年有余"。中秋节吃月饼，寓含了对人间亲族团圆和人事和谐的祝福。其他诸如开春时食用的春饼、春卷，正月十五的元宵，农历十二月初八喝腊八粥，寒食节的冷食，农历二月二日吃猪头、咬蚕豆，尝新节吃新谷，祝寿宴的寿桃、寿糕等，都是节日习俗中的特殊的食品和具有特殊内涵的食俗。

三、汉族居住民俗

我国是多民族的国家，但汉族人口众多，分布于大江南北，因各地的历史文化传统和生活习惯不同，形成了多种不同特征的居住民俗。最常见的有以下五种。

（一）四合院

四合院是北京及华北地区传统住房样式。砖木结构，有抬梁式木构架的外围砌砖墙，屋顶以硬山式居多，次要房屋则用平顶或单庇顶，墙壁和屋顶都比较厚重，房屋和院落按南北纵轴线对称布置，大门多位于住宅东南角，分内、外院。内院北面正房供长辈居住，东西厢房供晚辈居住，周围以走廊贯通，正房左右，附有耳房和小跨院，设厨房、杂屋和厕所等。住宅四周，由各座房屋的后墙所封闭，一般不对外开窗，院内则栽植或放置盆景。室内设有炕取暖，内外地面铺方砖。除贵族府第外，不得使用琉璃瓦、朱红门墙和金色装饰；一般住宅色彩，以大面积灰青色墙面和屋顶为主，在大门、二门、走廊、影壁、墀（台阶上面的空地；台阶）头、屋脊等处略施色彩或加若干雕饰。如图3-1所示。

图 3-1　北京四合院

（二）客家围楼

围楼是当地人的俗称，亦称围屋，为土木、砖木、方木结构建筑。从建筑形式看，是模仿古代城堡建筑演变而来的。主要标志是，四面建有高大厚实的围墙环绕，四角建角楼，又称箭楼、炮楼。墙壁上下布满圆形、三角形、方形等各瞭望孔和射击孔，用于监视围楼外动态和便于用弓箭、土枪、土炮等武器抗击敢于围攻者。围屋由门厅、天井、正堂、走廊、侧厅等组成，围屋的后部由一二排或三排半圆形围屋环绕，俗称"围龙屋"。

围屋的"心脏"是供有列祖列宗的正堂，也叫祖堂。这里是族人最重要的集体活动场所，各种祭祀、红白喜事均在此进行。一般的围屋前常有一半圆形的池塘，供族人洗刷、养鱼。客家人造屋的传统建筑材料是木、瓦、三合土（石灰、黄泥、沙土），使用土坯或古老的板筑式造墙。虽没现代的钢筋、水泥，客家工匠建造的不少房屋已历经四五百年的沧桑，迄今仍坚固整齐。一般围屋有二三十间房，可住七八十人，多则七八十间房可住二百多人，甚至还有四五百间房，可住千八百人的大围屋。如图3-2所示。

图 3-2　福建客家围楼

（三）窑洞

窑洞主要分布在我国西北、华北的黄土高原上，比较集中的地区是豫西、晋中、陕北和陇东。

窑洞有靠崖窑和地坑院、锢窑之分。靠崖窑是在垂直的崖面上开挖的土窑，可以向纵深发展，深可达20米，也可以向两侧发展，形成并列的窑洞，靠崖窑还可以向上发展形成层叠的窑洞，在上的窑洞称为"天窑"。层与层之间，由木梯上下。在靠崖窑前面加地面建筑和围墙，形成庭院，是最普遍的窑居形式。

地坑院，又称天井窑、地阴坑、地窑，是在平坦的岗地上所凿的窑洞。在没有垂直崖面的地区，选取黄土高岗向下挖掘深坑，坑平面为方方形、长方形、丁字形等多种。坑的大小和形状都根据地形和需要而定。挖下去的坑即形成低于岗地的庭院。在庭院四周的人工崖面上开挖崖面窑洞，和靠崖窑相似。地坑一般深5米，在坑的周围筑上矮墙作为标志。锢窑是在平地上用土坯、砖石砌筑的拱顶房屋，锢窑的室内房顶为拱形，与窑洞相似。锢窑是平地上完全由人工建造的窑洞式房屋，它的布局像其他房屋一样展开。锢窑有一层的、二层的，也可以构成四合院。如图3-3所示。

图3-3　陕西窑洞

（四）一颗印

"一颗印"是汉族传统居民之一，流行于陕西、安徽、云南等地，尤其以云南最为盛行。"一颗印"也是围绕天井布置房屋，北面正房大都为三间，东西两侧为厢房，南面为厅房，也是大门所在的地方。"一颗印"的东、南、西、北房屋全部相连围合，既防风又避日晒。由于它的外观犹如印鉴，所以俗称"一颗印"。如图3-4所示。

图3-4　一颗印

（五）四水归堂

江南民居普遍的平面布局方式和北方的四合院大致相同，只是一般布置紧凑，院落占地面积较小，以适应当地人口密度较高、要求少占农田的特点。住宅的大门多开在中轴线上，迎面正房为大厅，后面院内常建二层楼房。由四面房屋围成的小院子通称天井，仅作采光和排水用。因为屋顶内侧坡的雨水从四面流入天井，所以这种住宅布局俗称"四水归堂"。如图3-5所示。

图3-5　四水归堂

四、汉族宗教与世俗信仰

宗教对许多民族有重大影响，在汉族中没有产生全民族必须信仰的完全意义上的宗教。汉族自古以来就有其自己的原始宗教信仰，在这基础上还产生了中国土生土长的世界性宗教——道教。但不论是原始宗教信仰还是道教，都不是全民族每个成员的集体信仰。汉族自古对各种宗教信仰采取兼容并蓄的态度。

（一）原始信仰

原始信仰是原始人类的普遍信仰。在原始人看来，世界上的一切事物无论人、动物、植物都有灵魂。自然界所发生的许多现象，诸如日出日落、山崩水涨、生育死亡等，都有一种超自然的力量在起作用。他们把自然力视为有灵性、有神威的对象，并通过一定的仪式求得它的保护，从而产生了自然崇拜、图腾崇拜、祖先崇拜等信仰形式。

1. 自然崇拜

自然崇拜是把自然物和自然现象当作有生命、有意志而且有威力的对象加以崇拜，是最原始的崇拜，也是持续时间最久的，直到今天各地仍能见到它的遗存。原始人由于社会生产力的低下，对自然界的各种自然灾害又不能给予正确的理解和解释，由此产生对自然物和自然力的神化，把日月星辰、山川湖泊等作为自己的主要崇拜对象，求其免灾降福。

2. 图腾崇拜

"图腾"一词来源于印第安语"totem"，意思为"它的亲属"、"它的标记"。在原始人信仰中，认为本氏族人都源于某种特定的物种，大多数情况下，被认为与某种动物具有亲缘关系。图腾崇拜与其说是对动物、植物的崇拜，还不如说是对祖先的崇拜，这样更准确些。

在中华民族的发展史上，龙、凤、蛇、鹿、鸟类、虎、麒麟等动物都曾作为图腾崇拜物。龙原为古代一个氏族的图腾，但后来其范围逐渐扩大，成为整个中华民族的标志，现在就称中国人为"龙的传人"。此外汉族的百家姓，有些也与图腾信仰有关。

3. 祖先崇拜

祖先崇拜是在鬼魂观念的基础上发展起来的，属鬼魂崇拜的一种。随着人类征服自然能力的提高和人的地位的上升，人们逐渐把氏族祖先从动植物转移到人自身，形成鬼魂形式的祖先崇拜。对祖先崇拜的仪式是多种多样的，每家每户都设有祖先灵台，日月拜祭。全国还有一个大范围的民间祭祖习俗，即农历三月间的清明节，这一节日已经从汉族地区传播到了少数民族地区，影响极为深远。

（二）宗教信仰

1. 儒教

儒教是在先秦时期以孔子、孟子为代表的儒家思想的基础上发展起来的本土宗教。以孔子为代表的儒学继承了商代的天命神学和祖宗崇拜等思想，在历史发展中经过汉代和宋代两次大的改造后，孔子被视为宗教教主，儒家学说被改造成了儒教。

儒教以天、地、君采、师、圣贤为崇拜对象，以六经为经典。儒教没有入教的仪式，没有精确的教徒数目，但在中国社会的各阶层中有大量信徒。儒教把宗教社会化，使宗教生活渗入到社会的每一个角落，在儒教的影响下，汉族形成了温和、宽容、敬让、讲究礼节的民族性格。经过两千年的传播，儒教的众多思想至今已经潜移默化为汉族的日常生活习俗。

2. 佛教

佛教产生于古印度，已经有了两千多年的历史。创始人乔达摩·悉达多，后被佛教徒尊称"释迦牟尼"，也被尊称为"佛陀"。意为觉悟者，简称"佛"，所传宗教被称为"佛教"。

佛教的基本教义是四谛、八正道、十二因缘等，宣扬世界虚幻不定、人生充满苦难。要摆脱苦难，唯有依佛教经、律、论三藏，修持戒、定、慧三学，洞察人生病苦的本源，断除生老病死的根本，使贪、嗔、痴等烦恼不再起于心头，超脱生死轮回，从而得到根本的解脱。两汉之际，佛教开始在中国传播。佛教的修行场所称为寺院，出家信徒男称为僧，女称为尼，俗称和尚、尼姑，不出家信徒则称为居士。

3. 道教

道教是中国土生土长的宗教，是汉族传统宗教信仰之一。它源于古代的巫术、秦汉时期的神仙方术以及阴阳五行学说等，形成于东汉时期。在发展过程中，还柔和了儒家和佛教的某些理论和教规、仪式，形成了十分庞杂的思想体系。1957年，中国道教协会在北京成立。

道教的基本信仰和教义的核心是"道"，认为"道"是天地万物的本源或法则，是"虚无之系，造化之根，神明之本，天地之元"，"万象以之生，五行以之成"，认为人通过修炼得道，就可以"形体得之永固"，成为长生不死的神仙而永存天地。"德"是道教教义核心的另一面，指具体事物从"道"所得的特殊规律或特殊性质，认为凡是符合"道"的准则，即为"有德"

的思想，并加以衍化，主张人皆应修道德，使"道普德溢"，乃可国泰民安。道教中还有"玄"的概念，指精神性的宇宙本体，认为"玄"是宇宙万物的本原、超乎物质的精神体。道教还提倡"无为"与"清净"，这是该教对社会政治和人生处世的基本态度。

五、汉族人生礼仪民俗

汉族作为中华民族的主体部分，其主要人生礼仪包括诞生礼仪、成年礼仪、婚姻礼仪和丧葬礼仪。

（一）诞生礼仪

诞生礼仪是人一生中的开端礼，它受到人们的普遍重视，尤其是在我国这样一个重视子嗣的国家。可以说从婴儿未出生之前一直到成年，人们都会举行一系列的仪式。因此，诞生礼仪大体上包括求子仪式、孕期习俗、庆贺生子三个阶段的内容，其中又以庆贺生子为中心部分。

1. 求子仪式

"不孝有三，无后为大"的思想观念，深深根植于受封建制度影响的中国。在我国，已婚妇女在未怀孕之前，民间有种种企盼怀孕得子的习俗，并且其仪式多带有神秘色彩。求子仪式主要有：

（1）向神灵祈子。这是最普遍的一种求子方式。在民间建有许多寺庙，供奉送子观音、碧霞元君、金花夫人、子孙娘娘等虚造主管生育的神灵、偶像。未孕妇女或未生儿子的妇女带香烛、纸钱等到神像前默祷以求怀孕生子。

（2）由旁人送子。最突出是麒麟送子仪式。所谓麒麟送子，是指亲戚朋友给尚无子嗣的人家送特定的子嗣象征物。如偷瓜送子风俗，在湖南衡阳一带，送的是冬瓜，时间在中秋晚上。冬瓜在几天前就偷来了，并且用彩色绘成面具，用衣服裹成人形，由年长命好的老人抱着，爆竹噼啪地送去。送到家时，把冬瓜放在床上，用被子盖住，老人念祝吉词："种瓜得瓜，种豆得豆"。与这种送子风俗相似的还有"拍喜"、"棒打求子"等习俗。

2. 庆贺生子

（1）"洗三"。在婴儿出生后第三天举行洗浴庆贺仪式，谓之"洗三"或"三朝"。

【微型资料3-3】何谓"洗三"

"洗三"是家庭庆贺添人进口的仪式，也是标志新生儿脱离母体降生人世的象征性仪式。北方多用热水浸泡艾叶、花椒等，由老年妇女为婴儿擦身，认为这样做可以去胎气。有的地方在给婴儿洗澡时还要唱喜歌，预祝他长大成人之后能够读书做官、出人头地。

（2）"满月"。诞生礼的一项重要仪式是在婴儿满月的时候进行。在这一个月内，产妇须"坐月子"，不能出门。在满月这一天就可以为婴儿举行有亲朋好友参加的庆贺仪式。满月之后还有在一百天时所举行的庆贺仪式，称"百岁"，含义是祝福小孩能够健康长寿。

（3）"抓周"。这是预卜小孩前程的仪式。小孩周岁生日，可看作小孩诞生礼的最后一个高潮。届时在桌子上摆着文房四宝、糕点果品、玩具等物，让小孩坐在桌子中央，任他伸手去抓，人们相信，小孩抓到的第一件东西就预示了他日后的志趣。不管他抓到什么，在场的亲朋好友都会说祝福的话。

（二）成年礼仪

成年礼仪是为承认年轻人具有进入社会的能力和资格而举行的礼仪，它在人的一生中具有重要意义。历史上，汉族有男子二十岁行冠礼、女子十五岁行笄礼的规定。它意味着冠者从此有了治人的权利、服兵役的义务和参加祭祀活动的资格。而女子从此结束了少女时代，可以嫁人了。

如今，现代社会中学校教育在很大程度上代替了传统的成年礼仪过程。在学校主要通过正规教育使青少年定型化，在形式上有脱离父母的入学仪式、平时的学习过程和考试以及毕业后进入社会等。

【微型资料3-4】冠、笄之礼

所谓"冠礼"，指男子成年时所行的礼仪。如流行在我国朝鲜族中的"三加礼"形式。它是指初加、二加、三加。初加时，即给男子结发髻，加网巾，加冠；几天后，取下冠巾，换上纱帽；三加时，加上幞头。所谓"笄礼"，是女子成年时所行的礼仪。笄是簪子，女子到了十五六岁，在头顶上盘成发髻，用簪子插住，表示成年。

（三）婚姻礼仪

汉族旧时婚姻礼仪习俗主要经过以下几个过程。

1. 相亲、定婚阶段。这一阶段包括媒、帖、聘，媒，即媒人，她是使婚事得以成立的关键人物。有女之家到了婚嫁年龄尚无婆家，有儿之家到了迎娶年纪尚未娶亲，媒人就从中介绍、从中牵线，男女双方的家长才能进入议婚的阶段。帖，即问名、纳吉礼。媒人把男女双方的生辰八字讨来，看是否相合。若相合，男方即"下帖"，"帖"中有男女双方的姓名、生辰八字，把它送往女家。女家接下，表示答应这门亲事。聘，即男方把彩礼送往女家，表明聘定女方为妻。这是婚礼前最后的也是最重要的环节。

2. 迎娶阶段。迎娶之前，女方家要准备嫁妆，在结婚前一天把嫁妆送到男方家。结婚当天，新郎、新娘梳洗打扮，脸上喜气洋洋。男方多用花轿接亲，接回后进行拜常仪式：新郎、新娘胸佩红花，手牵红绢带，在主持人的高声中，一拜天地，二拜高堂，三是夫妻对拜，此后是"闹洞房"。"闹洞房"的人闹得越厉害、越放肆，意味着新婚夫妇日后的生活就越红火。

3. 认姻亲关系。顾名思义，是指婚礼后，男女双方互认各方的宗亲、近亲。如今，提倡婚姻自由。大多数青年人都是自由恋爱而结婚，婚礼仪式更为简单，没有古时的繁琐了。

【微型资料3-5】结婚纪念日

结婚纪念日在我国古俗中并不注重，近代欧美结婚周年纪念有特定周期，婚礼后一年为"纸婚"，五年为"木婚"，十年为"锡婚"，十二年为"麻纱婚"，十五年为"水晶婚"，二十年为"瓷婚"，二十五年为"银婚"，三十年为"珍珠婚"，四十年为"红宝石婚"，五十年为"金婚"，六十年至七十五年为"钻石婚"。

（四）丧葬礼仪

丧葬礼仪是人的最后的"脱离仪式"。其仪式主要有：初终、设床、沐浴和报丧等。

1. 初终。初终是指弥留之际。此时主要是确定死者是否已死，如死者确已停止呼吸，围坐在四周的亲属一般都会嚎啕大哭，然后进行招魂。

2. 设床。招魂以后，即设床停尸。一般是不能让死者躺在原先床上的。

3. 沐浴、更衣。对死者的遗体进行清洗装扮。一般是把死者全身擦洗干净，穿上一年四季的衣服。

4. 报丧。把死讯及时报告给亲朋、邻居和有关部门。

5. 大殓。把死者的遗体抬入棺材的仪式。

6. 选择墓地及下葬日。选择墓地时一般讲究风水，应选块好墓地，目的是希望亡者的灵魂保佑生者。下葬日一般是在死者死后的第三天埋葬。但也有存放一个礼拜，甚至一个月的，主要是看日期是否适宜安葬。

至于葬式，在我国主要采取土葬和火葬两种。土葬，即把死者放入棺木中埋在墓穴里的一种安葬方式。火葬，一般是寺庙中的和尚圆寂后所采用的葬式。目前，我国大多数地区以火葬为主要安葬方式。

（五）祝寿礼仪

祝寿是一种庆贺老人生日的活动。在中国，民间以 50 岁以下为"做生"，50 岁以上为"做寿"。民间做寿形式大同小异，一般根据家境贫富而酌情定之，大部分在家中举行。正厅设寿堂、贴寿字、结寿彩、燃寿烛，宴请宾客。宴席中必有面条，称为"寿面"，取其福寿绵长之意。往来贺者的贺礼多有寿桃、寿章、寿联等。受贺者身着新衣端坐堂中，接受贺者的作揖之拜及贺礼。如遇平辈拜寿，受贺者应起身请对方免礼；若遇晚辈小儿叩拜，受贺者须给些赏钱。如今做寿，受西方影响，一般来说有生日蛋糕和生日蜡烛等。

六、汉族社交礼仪民俗

（一）古代礼仪

几千年来，中国汉族的社交礼仪提倡以仁为中心，重视伦理教育，由孔子、孟子思想体系形成的儒家学说对汉族产生了深刻的影响。古代中国素有"礼仪之邦"的美称，在相互交往中，古代汉族对不同的对象均有适当的礼节，分为稽首、顿首、空首、振动、吉拜、凶拜、奇拜、褒拜、隶拜九种，称"九拜"。后经发展，演变成最常见的打拱、作揖和跪拜三种。

1. 打拱。打拱就是右手在内、左手在外，两手合抱以示敬意。古俗，男子吉拜尚左，而女子吉拜尚右，称之"纳万福"。凶拜，即不友好的拜见礼则相反。作揖，除拱手外，还要弯腰鞠躬。揖有高揖和长揖之分。高揖即双手高举，长揖除拱手高举外，还要自上而下，行鞠躬礼。打拱和作揖往往连用，大约是古"九拜"中之"振动"演化而来。这种礼节无尊卑上下之分，为平辈之间的常礼。在古代汉族民间，友人相遇往往边说"谢"，边打拱作揖相让，以示尊重。

2. 跪拜。跪拜是汉族的一种庄重的礼节，主要包括稽首、顿首、空首等形式。稽首是叩头至地并停顿一段时间，原是"九拜"中最恭敬的一种礼节，常作臣对君之拜。顿拜，即头叩地，通用为下辈对上辈、下级对上级的拜礼。空首，是手着地，拜头至手。此外还有只屈一膝的"奇拜"，清朝时极流行。

辛亥革命后，随着封建君主制度的废除，跪拜礼遂渐被废止，可并未绝迹，直到解放后才彻底摒弃，但民间晚辈对长辈有时也偶用此礼以示敬重。同时，打拱作揖的礼节也渐被握手礼、举手礼、注目礼、问好礼以及点头招呼所代替，但绝非完全绝迹。

（二）现代礼仪

1. 握手

握手多数用于见面致意和问候，也是友人相见或辞别时的礼节，还是一种祝贺、感谢对方，希望或为达成亲善友和而祝贺用礼。

握手时要面带微笑，身体前倾。有的向对方点点头表示敬意；或用力摇几下，以表热情，但用力要适当，握痛对方或握不住对方的手都被视为失礼。在不同的场合握手有不同的要求，如果客人来访，要主动伸手行握手礼。如果是作客，应等主人伸出手后，再马上伸手相握，这同时也延伸到外交场合。一般握手时，握手的顺序是：先贵客、老人，后同事、晚辈，先女后男。同时，要注意握手时目光应注视对方的眼睛，目光闪烁不定被认为是不礼貌的。

【微型资料 3-6】握手的礼节

握手是中国人所用最多的见面礼与告别礼。在握手时，要注意如下几条禁忌：一忌不分顺序。握手讲究以"尊者决定"来确定伸手的先后顺序，即女士、长辈、老师、职位高者先伸出手来之后，男士、晚辈、学生、职位低者方可与之相握。客人来访时，应由主人先伸手；客人告辞时，则应由客人先伸手。二忌心不在焉。在握手时，务必要双目正视对方双眼，以示尊重。此刻左顾右盼，或者忙于招呼其他人，都是对握手对象的失敬。三忌用力不当。握手时用力过重，会弄疼对方；而用力过轻，则有敷衍了事之嫌。用力适当，不轻不重才好。四忌时间过长。与人握手，特别是与异性或初识之人握手，不宜过久，一般有 3 秒钟即可。要不然就会显得热情过头，令人莫名其妙，甚至产生误会。五忌用手不对。若非故友重逢或表示慰问，不宜同时用自己的双手去握别人的一只手，尤其与异性握手，更应该忌这一点。六忌不摘手套。握手时依旧戴着手套是不尊重对方的表现，所以握手前务必要摘下自己的手套。

2. 鞠躬

鞠躬是现在中国流行甚广的交际礼节，先秦时已有。鞠躬包括两种程度稍微有异的礼节：一种是表示恭敬的样子，上身微前倾；二是身体向前弓弯的礼节，弯曲得越深，礼越重。演员谢幕、讲演、学生对老师、举行婚礼中的新娘新郎之间都用程度较深的第二种方式表达对对方的尊敬、感谢等情感。

3. 磕头

磕头是从旧时的跪拜礼沿袭下来的，现在仍流行于汉族各地区。磕头时，两手扶地，伏身跪下，以头近地或着地。以头着地有声者称为"响头"。过年过节时，家中小辈向长辈拜年、请安多用此礼，用得最多的地方是寺庙、道观之中。不过，现在的磕头礼已经比较少见了。

4. 拥抱

从动作上看，它是双臂张开，以毫不设防的方式来表示对对方的坦诚。汉民族是一个非常内向的民族，异性间的拥抱与接吻一样，主要用于情侣或夫妻、父母对儿女等。研究表明，对人类来说拥抱是传递感情的一种举动。夫妻间的拥抱是爱的表示，婴儿一出世就接受拥抱是本能的纯洁反映，而同性之间的拥抱则是友谊的表达。拥抱作为表现情感程度比较深的礼节，只要不把对方弄痛弄伤，而又能恰如其分地表达出双方的心情，动作上的些许夸张是不过分的。

5. 微笑

微笑是一种交际应变的语言，它在交际中被普遍使用。大多数时候善良的微笑表达的是尊敬、友爱、关怀、认同、欢迎、祝贺之类的意思，而对方会从微笑中感到亲情、爱情、友情、师生情等各种各样的情谊。微笑是沟通心灵的桥梁，同时也是交际场所常备的礼节，它最大的特点是可以同上面所述的任何一种礼节共同使用。

七、汉族游艺民俗

（一）民间口承文学

民间口承文学是劳动人民的集体口头创作，并在广大群众当中流传，主要反映大众的生活和思想感情，表现大众的审美观念和艺术情趣的一种文学。它的主要特点是口传性，这一特点使这种文学天然地具备了表演娱乐性质，也是民间口承文学民俗性的主要标志。民间口承文学包括民间歌谣、民间故事、民间传说、谚语与谜语、民间小戏和民间曲艺等类型。

（二）民间歌舞

民间歌舞是指载歌载舞或乐舞的民间游艺活动。民间歌舞的产生与生产实践、宗教祭祀有关，最早的民间舞蹈是原始的劳动舞和仪式舞，在长期的社会发展过程中，民间歌舞艺术得到逐步完善与发展，形成今天娱乐性的活动，主要有民间歌舞、民间乐舞、民乐三种具体表演形式。

民间歌舞一般是指以唱歌和舞蹈二因素为主的各种舞蹈表演形式，包括载歌载舞和歌舞相间两类，以载歌载舞形式表演的舞蹈占绝大多数。汉族在表演性歌舞中，如秧歌、采茶、花鼓、花灯等，常穿插民歌小调，并辅以简单舞步。

民间乐舞是指以乐器和舞蹈二因素为主的舞蹈表演形式。在表演性舞蹈中较为多见。乐器的使用上以打击乐、吹管乐、弹拨乐较为多见。按乐、舞结合的方式，分为边奏边舞、奏乐伴舞两类。汉族歌舞中，像花香鼓舞、陕北腰鼓舞、晋西花鼓、山东花鼓、单鼓、太平鼓等，皆是挎鼓、背鼓或持鼓而舞，为边奏边舞类型。而秧歌、花鼓戏、花灯的大场舞蹈，常用固定的锣鼓队或吹打乐队在一旁伴奏，是奏乐伴舞类型。

民乐是用各种类型的打击乐器、管乐器、弦乐器的演奏配合而成的表演形式。民乐在多数场合用于伴唱、伴舞。在民间，歌、舞、乐是三位一体的游艺民俗形式。

（三）民间小戏

民间小戏是指劳动人民口头创作、民间演唱的戏剧艺术。它也可称为地方小戏，非指一般的京、川、评、越、昆、梆、闽、粤等剧种。民间小戏是一种综合艺术，它是在民间曲艺和民间歌舞的基础上发展起来的，一般都以歌舞形式出现，带有浓厚的歌舞成分。我国民间小戏种类繁多，大体说来，可归为花灯系统、花鼓系统、采茶系统和秧歌系统。北方地区多为秧歌戏，南方地区多为花鼓戏。此外还有宗教戏剧、傀儡戏、皮影戏等。

（四）民间曲艺

民间曲艺又称民间说唱，它是以说唱为主，包括一些表演因素的口头艺术形式。在中国，曲艺是与戏曲同源异流的姊妹艺术。据不完全统计，全国有300多个曲种。曲艺是以说、唱、数为手段，生动、通俗、富有趣味地叙述故事情节、刻画人物性格的艺术。其特点是故事内容与各地方言相配合，与地方乐调相结合，是提炼了的语言和活泼灵巧、优雅动听的民间音乐（曲调和乐器，包括打击乐器）的完美结合。由此，形成了我国南北曲艺刚健柔媚的不同风格。现有外国学子，学习中国的相声表演，说明了中国曲艺的地位与影响不容忽视。

（五）民间竞技

民间竞技是一种以竞赛体育、技巧、技艺为内容的娱乐活动。争强斗胜是民间竞技的根本特性。"竞"是比赛争逐的意思，"技"则指技能、技艺或技巧。它包括三大类，即赛力竞技、赛技巧竞技和赛技艺竞技。

（六）民间杂艺

民间杂艺古代称为"百戏"、"把戏"，是流传于民间以杂耍性表演为主的娱乐活动，它包括民间艺人的杂手艺、动物表演及诸种斗戏。

民间杂艺是以观赏为主的表演性娱乐活动。在民间拥有大量观众，它适应了社会中、下层民众的欣赏口味，观赏杂艺表演无疑是他们的一种休闲方式。

（七）民间游戏

民间游戏是指流传于广大人民生活中的嬉戏娱乐活动，俗语称"玩耍"。游戏是游艺民俗中最常见的、最普遍的、最有趣味的娱乐活动。它是一种积极的参与性的娱乐，这里不需要观众，需要的是参与，注重情感的调适，身心的愉悦。人们只有全身心地投入，才能获得乐趣。民间游戏种类很多，大致可划分为助兴游戏、体能游戏、智能游戏等。

八、汉族岁时节日民俗

汉族岁时民俗的最初来源与古代天文、历法知识有关。自古以来，我国民间就传承着仰视天象以观测寒暑季节并为衣食住行作准备的习俗。如农谚所说"天河朝东西，收拾穿冬衣；天河朝南北，收拾把麦割"。由此可见季节时序，对人们的生产、生活关系极为重大。

人们对天文、历法的认识经过了一个漫长的过程。在殷周时代，历法尚疏，农事活动主要靠观察日月星辰来进行。到了春秋时代，历法制度逐渐完善，农事活动有了更可靠的依据。另外，根据天象推算时序节令的变化是一种古老的习俗。有些古俗一直延续至今。如根据北斗辨方向、定季节。斗柄指东，天下皆春；斗柄指南，天下皆夏；斗柄指西，天下皆秋；斗柄指北，天下皆冬。

随着社会的不断发展、生产水平和人们认识能力的不断提高，产生了历法。有了历法，人们从事各种生产和安排生活就方便多了。由于季节变换和气候变化有一定的规律，为了反映四季、气温、降雨（雪）、物候变化，我国古代将一年分为四季十二个月，并把周岁365日分为立春、雨水、惊蛰、春分等二十四个节气，它与农业生产习俗的形成有着直接的关系，许多农业谚语反映了这方面的内容。

我国岁时和岁时民俗的形成与发展，经历了十分漫长的历史时期，实际上是人们生产和生活经验的体现，也是民族文化发展史的重要组成部分。

九、汉族传统节日

1. 春节

春节又称过年，是汉族最隆重的传统节日。从农历正月初一开始，至十五日结束。古代的春节叫元旦、元日、新年。新中国成立后，将正月初一正式定名为春节。各地民间过年有守岁、吃年饭、贴灶公、贴"福"字、贴对联、贴年画、拜年、放鞭炮、放焰火、走亲戚、包饺子、剪纸、耍社火等习俗。人们以此来驱邪消灾，祈望五谷丰登、六畜兴旺。

2. 元宵节

正月十五元宵节，又称上元节、元夕节、灯节，是汉族传统的节日，每年农历正月十五日举行。元宵节起源于汉朝。在这一天活动很多，有吃元宵、打太平鼓、观花灯、耍社火、猜灯谜、踩高跷、小车会、舞狮子、扭秧歌、唱大戏等。节日里，除吃元宵外，各地还有许多不同的饮食习惯，如陕西人吃"元宵菜"，河南洛阳、灵宝一带吃枣糕，云南昆明人多吃豆面团等。它寄托着人们祈求新一年圆满顺遂的心愿。

3. 清明节

清明是我国历法中的二十四节气之一，节期在公历每年的四月五日前后，它也是汉族传统节日。古时候，清明这天，人们有禁火寒食、上坟扫墓、踏青春游的习俗。人们这天打扫墓地，剪除杂草，供上祭品，焚化纸钱。如今，在南方一些地区，清明前还把井沟整理得干干净净，并在井边插上杨柳枝。此外，各地在节日中还有斗鸡、荡秋千、作假花、放风筝、拔河等活动。

4. 端午节

农历五月初五，是"端午"或"重五"。在古代，"五"与"午"相通，因此，"端五"亦称为"端午"、"重午"。因古人有用兰草汤沐浴的习俗，故又称"沐兰节"。唐宋时期，此日又叫"大中节"、"端阳节"，明清时期北京人称其为"五月节"、"女儿节"。道教称此日为"地腊节"。端午节约始于春秋战国之际，其来源有四种说法，其中在民间流行最广、最有影响的说法是为了纪念屈原于五月初五投汨罗江。这天，人们会举行各项活动，如吃粽子、赛龙舟、迎火船、戴艾蒿、挂菖蒲、带香包、挂葫芦、驱五毒、饮雄黄酒、悬钟馗等。

5. 中秋节

农历八月十五为中秋节。八月为秋季第二个月，故亦称"仲秋节"。又因此日恰值中秋之半，且月色倍明，故又称"秋节"、"月夕"、"月节"。在中国人心目中，中秋是一个象征团圆的传统节日。中秋节的起源，与古代秋祀、拜月习俗有关。如今，每当中秋之夜，一轮皓月当空，亮如明镜，圆似玉盘。家家户户设供桌于庭，上有西瓜、香瓜、葡萄、枣子、苹果、石榴等各样时鲜果品，一边赏月，一边分食月饼。人们借助各种象征团圆的节物与活动，表达一个共同的心愿：祈愿家人团圆、生活美满。"每逢佳节倍思亲"，这是中国人特有的传统情感。对于炎黄子孙来说，即使远在天涯海角，中秋节的明月，也能带去亲人的缕缕相思与祝福。

十、汉族禁忌

（一）饮食禁忌

在旧时代，汉族多在正月初一、初二、初三忌生，即年节食物多于旧历年前煮熟，过节三天只需回锅。以为熟则顺、生则逆，生食品尤其主食为炊则意味全年办事不顺。因而有的地方在年前将一切准备齐全，过节三天内不动刀剪。

又如，河南某些地区以正月初三为谷子生日，这天忌食米饭，否则会导致谷子减产；而江苏南京等地则以正月初二为米娘娘生日，因而被认为是人类的一件大事；有的地区在妇女生育期间的饮食禁忌较多。

古代人们常认为事物之间存在一种神秘的相互感应。这类信仰、禁忌观念有形无形地渗透在汉族的某些饮食习惯中。随着社会的进步和人们科学文化素质的提高，残存在饮食习俗中的一些迷信成分已经或正在被淘汰，合理和有益的经验正在与科学知识相结合而使汉族的饮食文化水平不断得以提高。

（二）其他禁忌

农历大年初一至初三，忌踢门槛、扫地、抹灰、倒垃圾、挑水、劈柴、动用刀斧锄、动土和打骂人等；"白露"节令时，忌人体各部位沾水；每天早间忌说梦、鼠、虎、鬼怪等；农历无立春节气为"哑年"，忌结婚、做屋、砌灶、迁居、发蒙等。

过年和立春日，出嫁女儿忌在娘家住宿；已婚女婿女儿忌在娘家同床；出嫁女儿忌在娘家分娩；产妇坐月子期间，房间忌外人入内；忌人踏门槛、倚门框。每逢七、八日，忌办喜庆和去亲友家做客；年节喜庆时宰杀牲畜，忌说"杀"，应说"放"；几户同住一幢屋，忌在一年内连续举办几桩婚嫁喜事；送客饯行忌说不吉利的话，在农家做客忌说"谢谢"；在船筏民家中吃饭忌说"翻"字。

本章小结

本章介绍了汉族的源流及形成要素，介绍了汉族的分布特征，并详细介绍了汉族的服饰民俗、饮食民俗、居住民俗、礼仪民俗等。通过本章学习，学生应了解汉族的形成和分布情况，掌握汉族的各种民俗和禁忌。

主要概念

一颗印　祖先崇拜　民间歌舞

复习思考题

1. 填空题

（1）汉族作为中华民族的主体部分，其人生礼仪主要有＿＿＿＿＿＿、＿＿＿＿＿＿、＿＿＿＿＿＿、＿＿＿＿＿＿。

（2）汉族民居的常见类型有_____、_____、_____、_____、_____。

（3）按表演的形式划分，民间歌舞包括_____、_____、_____三种具体表演形式。

2．简答题

（1）汉族的服饰有什么特点？

（2）汉族的主要节日有哪些？这些节日各有什么礼俗？

（3）汉族主要有哪些禁忌？

案例分析

材料一

增设清明、中秋为法定节日。

在北京出席全国政协十届二次会议的百余名香港特区全国政协委员在一份提案中建议，增设清明、中秋等民族节日为法定假日。

这一提案的发起人是香港理工大学校长潘宗光委员、香港文汇报社社长张国良委员、香港旭日集团主席杨钊委员，得到出席会议的香港委员踊跃联署。

提案指出，清明扫墓祭祖、端午悼念爱国先人、中秋阖家团圆、重阳登高敬老，这些传统节日，在增强中华民族凝聚力方面已经发挥并继续发挥着作用，这是有目共睹的。法定这些节日为假日，其实就是肯定民族传统、弘扬民族精神。

据介绍，在香港，这4个节日当天或翌日已都是法定假日。

——摘自《文汇报》（2004-03-08）

材料二

长期以来，美国就是通过广电报刊、软件网络等途径，向第三世界灌输它的价值观和生活方式，不动声色地使目标国家"西化"。美国一名社会学家声称：美国流行文化的传播是长久以来人们为实现全球统一而作出的一连串努力中最有效的一次行动。美国兰德公司也在一份战略研究报告中称，受过西方生活方式熏陶的外国留学生回国以后，"其威力将远远胜过派几十万军队去"。洋节在中国盛行，可谓得其所愿。

——摘自《我们为什么要过"圣诞节"》一文

问题：1．请大家结合自己的亲身经历和感受，谈谈你对中国传统节日现状的认识。

2．为什么你们觉得传统节日会永远继承发扬下去，传统节日中究竟蕴涵着哪些文化精神？节日在今天看来具有哪些社会功能？

实践训练

[实训项目]中国美食特产实训

[实训准备]

知识准备：中国八大菜系的特点和代表菜肴。

场地准备：旅游酒店或校内具备网络的实训室。

[实训要求]

1．能够运用调查、搜集资料的方法，编写美食文化、风物特产和旅游资源专辑。

2．通过调查，能够分析汉族地区的美食文化、风物特产的构成情况。

[实训步骤]

1．学生 4~5 人为一个小组。

2．浏览中国美食网，收集名点、名菜资料，挖掘其美学价值。

3．利用电子阅览室查阅中国特产网，收集汉族的相关风物特产。

4．到相关市场、旅游饭店调查八大菜系情况。

5．以小组为单位递交一份书面调查结果，编辑《中国美食风物特产》专辑。

6．用 PPT 制作河南风物特产介绍，相关资料作为《河南民俗》专辑的一部分内容。

7．班级交流汇报，每组由 1 位学生代表小组汇报调研情况。

8．教师总结。

[实训考核办法和评分标准]

1．测试评分：根据学生对河南风物特产内容的了解、调研报告的写作、各小组汇报 PPT 等进行评分，按优、良、中、差记分。

2．学生活动评价表

评价内容		自 评	小组评	专家评	师 评
活动参与情况	活动参与热情	☆☆☆	☆☆☆	☆☆☆	☆☆☆
	与人交流合作	☆☆	☆☆☆	☆☆☆	☆☆
	实地调查访问	☆☆☆	☆☆☆	☆☆	☆☆☆
活动过程	资料收集整理	☆☆	☆☆☆	☆☆☆	☆☆☆
	动手制作情况	☆☆	☆☆☆	☆☆	☆☆
	研究汇报形式	☆☆☆	☆☆☆	☆☆☆	☆☆☆
活动效果	观察视点	☆☆	☆☆☆	☆☆☆	☆☆☆
	学习习惯	☆☆☆	☆☆☆	☆☆☆	☆☆☆
	探究能力	☆☆	☆☆☆	☆☆☆	☆☆☆
三颗星表示"优"，两颗星表示"良"，一颗星表示"一般"					

第四章　中国西北地区少数民族民俗

学习目标

知识目标：认识西北地区少数民族的基本概况，掌握回族、维吾尔族、哈萨克族的习俗特色和传统节日习俗。

技能目标：了解中国西北地区少数民族的概况和分布情况，学会回族、维吾尔族、哈萨克族等民族民俗礼仪的运用。

能力目标：能够搜集中国回族、维吾尔族、哈萨克族的民俗文化知识，制作与旅游相关民俗的 PPT 专辑。

【引例】新疆百年老街——二道桥

新疆二道桥是一条一直进行商业贸易的百年老街，在历史上，是现解放路和天池路交汇处的一座跨越防洪渠的木桥。清朝光绪七年（1881 年），二道桥就成为乌鲁木齐的重要"贸易圈"，是各国洋货和国内杂货的固定集贸点，如同现在的农贸市场。

120 年以来，新疆二道桥发展成为乌鲁木齐各民族经济、文化发展的重要组成部分，商贾云集，民族特色商品琳琅满目，民族风情浓郁。简而言之，新疆乌鲁木齐二道桥是集观光、购物、餐饮、娱乐、休闲、民族风情体验为一体的大型伊斯兰风情专业旅游购物市场。如今已不是一座桥，而是一片街区、一个乌鲁木齐最富民族特色的商圈，还是著名的新疆旅游景点。

在民间素有"不到二道桥，就等于没到乌鲁木齐"之说。无论从哪里来新疆旅游的朋友，只要到了乌鲁木齐，就一定要去二道桥走一圈，感受一下新疆独特的民族风情。如今的新疆二道桥，已经成为乌鲁木齐市一张闪亮的城市名片，当您走进乌鲁木齐二道桥时，仿佛一幅色彩斑斓的民俗风情画卷在您面前徐徐展开。

上述案例讲述的新疆二道桥百年老街被称为"新疆民俗博物馆"。

二道桥是闻名的民俗风情博物馆、民族文化之街、民族饮食之街、民族旅游之街、民族商贸之街。二道桥被众多的游客和专家公认为是维吾尔文化表现最集中、保存最完整的地方，每一位来到这里的人都能感受到古朴的民族文化气息。二道桥集中了许多既有鲜明特色风格的建筑，每当日落月明，二道桥欢歌如旧，街头的小摊子就变成了人们品尝夜宵的餐桌。

第一节　西北地区少数民族概述

西北地区是我国少数民族分布较多的地区之一，仅新疆就有 47 个少数民族。世居少数民族有回族、维吾尔族、哈萨克族、东乡族、柯尔克孜族、土族、撒拉族、锡伯族、塔吉克族、乌孜别克族、俄罗斯族、保安族、裕固族、塔塔尔族等。西北大部分少数民族热情奔放，能歌善舞，居住、饮食、婚姻、传统节日等都富有独特的民族风情。本章主要介绍回族、维吾尔族和哈萨克族的民俗。

一、西北地区少数民族的形成

（一）回族的形成

公元 7 世纪中叶，大批波斯和阿拉伯商人经海路和陆路来到中国的广州、泉州等沿海城市以及内地的长安、开封等地定居。公元 13 世纪，蒙古军队西征，中亚的穆斯林（伊斯兰教徒的通称）大批迁入中国，以这些信仰伊斯兰教的中亚移民、波斯人、阿拉伯人为主，通过婚姻等多种因素，后又吸收汉、蒙古、维吾尔等民族生活习俗，逐渐形成了一个统一的民族——回族。

（二）维吾尔族的形成

"维吾尔"是本民族的自称，维吾尔族，可以追溯到公元前 3 世纪，他们是游牧于匈奴之北的丁零人的后裔。4 世纪时，维吾尔族正式出现在汉文史籍，那时译作"袁纥"、"回纥"，是高车的一部，游牧于鄂尔浑河流域。唐贞元四年（788 年），经唐朝中央政府批准改"回纥"为"回鹘"，取"回旋轻捷如鹘"之意。元代官书中称"畏兀尔"。辛亥革命后有人译作"威吾儿"、"畏兀儿"。1935 年新疆省政府以"维吾尔"三字作为维吾尔族的正式名称，沿用至今。"维吾尔"意为"团结"、"联合"的意思。"畏吾尔"、"维吾尔"都是"回鹘"的汉字音译。中华人民共和国成立后，建立了新疆维吾尔自治区，维吾尔族的发展进入了一个新阶段。

（三）哈萨克族的形成

哈萨克族主要聚居于新疆北部，哈萨克族的历史可以追溯到西汉的"乌孙"。"哈萨克"这一族称最早见于 15 世纪中叶，是从金帐汗国分裂出来的一些游牧部落。"哈萨克"这一族称一直沿用至今。"哈萨克"意为"战士"或"白色天鹅"。

二、西北地区少数民族概况及人口分布

（一）回族

回族是在中国形成的民族。小集中、大分散、愈来愈分散是回族分布的特点。从与其杂居的民族来看，在全国，回族主要与汉族杂居；在边疆地区，回族则与当地民族杂居。从聚居特点来看，回民多分布在沿水、陆交通线上；在农村，回民往往自成村落；在城镇，则多聚居关厢或若干条街巷。为了宗教活动和生活的便利，回民习惯在住地修建礼拜寺。这些寺院明末清初统称清真寺，回民多围寺而居。

根据第六次全国人口普查发布的最新数据，中国大陆 31 个省、自治区、直辖市中，回族人口为 1058.61 万人，是我国少数民族中散居全国、分布最广的民族。主要分布在我国西北、华北、东北，由西向东人口数大致呈递减状态。回族主要聚居区是宁夏回族自治区，此外，散居较多的省份还有甘肃、青海、河南、河北、山东、云南等。回族使用汉族的语言文字。

（二）维吾尔族

维吾尔族人口 840.54 万人，主要聚居在新疆维吾尔自治区天山以南的喀什、和田一带和阿克苏、库尔勒地区，其余散居在天山以北的伊犁等地，少量居住在湖南桃源、常德等地。维吾尔族使用维吾尔语，属阿尔泰语系突厥语族；文字系以阿拉伯字母为基础的拼音文字。

新中国成立后，推广使用以拉丁字母为基础的新文字，现两种文字并用。维吾尔族有自己独特的文化艺术，故事集《阿凡提的故事》、音乐舞蹈史诗"十二木卡姆"、维族舞蹈等闻名中外。维族传统舞蹈有顶碗舞、大鼓舞、铁环舞、普塔舞等；维族民间舞蹈有赛乃姆、夏地亚纳；民间乐器有"达甫"（手鼓）、"都他尔"和"热瓦甫"等。维吾尔民族医学是祖国医学的重要组成部分。维吾尔族信奉伊斯兰教。

（三）哈萨克族

哈萨克族人口 125.10 万人，主要居住在新疆维吾尔自治区的伊犁哈萨克自治州、木垒哈萨克自治县和巴里坤哈萨克自治县，其余分布在甘肃、青海等部分地区。

哈萨克族有自己的语言和文字。哈萨克语属于阿尔泰语系突厥语族。曾使用过"突厥文"、"回纥文"等文字，现通行以阿拉伯字母为基础的哈萨克文。哈萨克族多从事畜牧生产，信仰伊斯兰教。

第二节　西北地区少数民族民俗

一、回族民俗

（一）服饰民俗

伊斯兰教崇尚黑、白、绿三色，中国史书上有"白衣大食"、"黑衣大食"和"绿衣大食"之称，"大食"是古代波斯人对阿拉伯人的称谓的汉语音译。至今世界各国穆斯林仍崇尚黑、白、绿三色。

回族服饰一般以白、黑、绿为主，崇尚白色源于中世纪阿拉伯人的风俗，我国回族视白色为最洁净、最喜悦和最清白的颜色；回族把绿色视为神圣的颜色，显示青春和活力，认为黑色象征持重，给人以高雅、大方、庄严的感觉。

回族男子穿长裤、长褂，外罩深色背心，白衫外缠腰带，下着长裤，脚穿布鞋、皮鞋或胶鞋。老年人蓄长须者较多。回族男子服饰的一个典型标志就是头戴白色小圆帽，有的在帽上还绣有阿拉伯文吉祥语。它既有保暖的实用意义，还具有圣洁高尚的含义。如图 4-1 所示。

图 4-1　回族服饰

女子一般蓄发，挽髻或编辫，上顶一块白盖头。盖头斜角对折，露出面孔，将两角拉拢扣在下颌下，让其自然垂下披在身上。盖头，旨在盖住头发、耳朵、脖颈，回民认为这些部位是妇女的羞体，必须全部护严。青年妇女一般戴绿色的，盖头较短，只披到肩上；老年妇女一般戴白色的，盖头较长，直披到腰际。女子大都穿大襟衣服，中老年妇女有穿坎肩的习惯，但一般不穿短袖衫、短裤和裙子，即上衣露不过肘，裤子露不过膝，忌赤脚走路。

（二）饮食民俗

由于回族分布较广，各地自然条件、经济发展差异很大，各地回族的食俗、食品结构及烹调技法也不完全一致。宁夏回族偏爱面食，喜食面条、面片，还喜食调合饭。甘肃、青海的回族则以小麦、玉米、青稞、马铃薯为日常主食。

1. 主食

面食的制作方法很多，常见的有蒸馍、花卷、烧锅、面条、烧麦、包子、烙饼及各种油炸面食。油香、馓子是各地回族喜爱的特殊食品，是节日馈赠亲友不可少的。民间特色食品有酿皮、拉面、打卤面、肉炒面、豆腐脑、牛头杂碎、臊子面等。多数人家常年备有发酵面。肉食以牛、羊肉为主，食用各种有鳞鱼类，如北方产的青鱼、鲢鱼、鳇鱼等。

2. 菜肴

回族长于煎、炒、烩、炸、爆、烤等各种烹调技法，风味迥异的清真菜肴中，既有用发菜、枸杞、牛羊蹄筋、鸡鸭海鲜等为主要原料，作工精细考究，色香味俱佳的名贵品种，也有独具特色的家常菜和小吃。西北地区的回族民间还喜食腌菜。

3. 饮料

回族饮料比较讲究，凡是不流的水、不洁净的水均不饮用。忌讳在人饮水源旁洗澡、洗衣服、倒污水。回族喜饮茶也喜用茶待客，西北地区回族的盖碗茶很有名。宁夏回族还饮用八宝茶，罐罐茶也很有特色。

4. 典型食品

回族的典型食品主要有：清真万盛马糕点、羊筋菜、金凤扒鸡、翁子汤圆和绿豆皮等。青海省西宁市回族著名的万盛马糕点影响很大。河北石家庄的金凤扒鸡、保定的马家卤鸡和白运章包子，辽宁沈阳市的马家烧麦、义县的伊斯兰烧饼，陕西的牛羊肉泡馍，湖南常德市的翁子汤圆、绿豆皮、牛肉米粉等在当地都很有名气。盛行于宁夏南部的清真筵席菜五罗四海、九魁十三花、十五月儿圆等套菜驰名全国。"五罗"是指五种炒菜同时上齐，"四海"是指四种带汤汁的菜肴一次上桌。"九魁"、"十三花"、"十五月儿圆"分别是九碗、十三碗、十五碗菜的溢美之词。

（三）居住民俗

与汉族基本相同，回族建筑多为砖木结构瓦房。较有特点的是在商店门前或一些住屋门头、客房里，时常可见用阿拉伯文字写的招牌、门额、条幅、中堂等。有的地区在屋内不挂人像，喜挂花草和山水画。

（四）社交礼仪民俗

1. 见面礼

俗话说"见面三分亲"。回族无论男女老少，他们见面彼此问候时，通用一种祝安词，也叫见面语。祝安词一般都是致者先说"安色俩目阿来库木"，意为"求主赐你们平安"。而回答者则说"吾阿来库木色俩目"，意为"求真主也赐你平安"。宁夏、甘肃、青海等地也有把祝安词简称为"色俩目"，致者说"色俩目"（平安，您好），回答者则说"安色俩目"。随着历史的发展，回族群众已经把它算作普通的祝安问候语，相当于汉语的"您好"或"您也好"。

2. 待客礼

回族人民待人诚实，和蔼可亲，有礼有节。当家里来客人时，走出大门外去迎接。客人进屋时，要主动揭开门帘，让客人先进屋。客人入座后，马上沏茶、备饭。送客人的时候，不能沉着脸，要和颜悦色，经一再挽留而不止步则送出大门。

（五）游艺民俗

回族善于发挥自己独特的创造才能，在文学艺术上取得了突出成就。民间歌谣以"花儿"为主体，也有的采用汉族传统歌谣的各种形式，并有用"宴席曲"形式传唱的叙事诗。近年在"花儿"基础上形成的，集文学、戏曲、音乐、舞蹈于一身的花儿歌舞剧，受到人们的欢迎。回族的传统体育活动有爬木城、掼牛、打木球、举石锁等。

1. 花儿

"花儿"又名"少年"，是回族人民喜爱的一种民歌。它具有高亢、豪放、优美、悠扬的特点，有着强烈的艺术魅力和浓郁的回族特色。花儿发源于回族聚居的宁夏回族自治区，经过数百年的发展演变，现在已形成河州花儿、莲花山花儿、宁夏花儿等不同的流派和风格，不同地区的花儿，有不同的曲调，形式有四句花儿、六句花儿（折断腰）和三句花儿。每一种形式的花儿都有一定的格律，非常讲究节奏。花儿的内容极其丰富，包括天文、地理、山川、草木、人物、民俗等，主要表达爱情、农事、时政、仪式、生活等，大多以反映普通男女之间的爱情为主，真实地反映了回族人民的生活。除平时唱，各地还逐步形成了一些歌唱花儿的大聚会——花儿会。

2. 宴席曲

宴席曲又称"家曲"，与"花儿"（野曲）相区别，是回族的民歌形式之一。西北地区的一些回族把举行婚礼或办喜事称作"宴席"，把参加婚礼、送亲叫做"吃宴席"，因此，就把在喜庆场合演唱的曲调叫宴席曲。演唱者一般不要任何乐器伴奏，全凭漂亮的声音、丰富的表情取得感人的效果。演唱方式有独唱、对唱、齐唱、合唱、随唱、问答独唱加合唱、齐唱加合唱等。宴席曲现有90余种曲调，代表作有《十里亭》、《纺四娘》、《尕志汉》、《五更月》、《四季青》、《八大光棍宴席曲》等。

（六）岁时节日民俗

回族有三大节日，即开斋节、宰牲节、圣纪节。这三个节日都是宗教节日，均源于伊斯兰教。

1. 开斋节

开斋节，是阿拉伯语"尔德·菲士尔"的意译，所以也叫"尔德"节，在新疆，称肉孜节或芦仔节，是波斯语的音译，即斋戒封斋的意思。

一般把每年的九月一日至十月一日定为斋月。在斋月里，人们只能在每天日出前和日落后进食，整个白天不能吃饭喝水，称为守斋。此外，还要做到清心寡欲。按规定，老弱病残及儿童可以不守斋，但也要节制食欲。斋日期满之日，即伊斯兰教历的十月一日为开斋节。届时，所有虔诚的穆斯林都要沐浴更衣，身着节日盛装，到清真寺做礼拜，人们走访亲友，互相馈赠礼品，互相祝福。

2. 宰牲节

宰牲节，即古尔邦节，也称忠孝节。开斋节后第 70 天，即伊斯兰教历的 12 月 10 日，是古尔邦节。伊斯兰教规定，教历每年 12 月上旬是教徒履行宗教功课、前往麦加朝觐的时期。在朝觐的最后一天（教历 12 月 10 日），要沐浴净身，室内焚香，斋戒半日。上午人们要去清真寺参加会礼，向麦加叩拜，请阿訇宰牲，将所宰牛、羊肉的一部分分赠亲友、济贫施舍，这就是古尔邦节。世界各地的穆斯林都十分重视这一节日，要举行宗教祈祷，宰牛羊献祭，表示对安拉的顺从。节日这天，中国穆斯林也身着新衣相互拜节，互致节日祝贺。

3. 圣纪节

圣纪节，是伊斯兰教三大节日之一，是纪念先知穆罕默德诞生的日子，这天是伊斯兰教历 3 月 12 日，也是穆罕默德逝世的日子。纪念活动一般在清真寺举行，在活动中要诵经演说，讲述圣绩。有的地方还在这天举行盛大的尔麦里会（善事宴会），宴请宾客。回族过圣纪节的特点是众人赞圣、众人捐散、众人一起吃饭，表现了回族人民团结、友爱的精神和喜悦的心情。

二、维吾尔族民俗

（一）服饰民俗

维吾尔族传统的民族服装为男子穿绣花衬衣，外套斜领、无纽扣的"裕拌"，裕拌身长没膝，外系腰带。在北疆因天气较寒冷，外套常常有纽扣。妇女则喜欢穿色彩艳丽的连衣裙，外面往往还套穿绣花背心。男女皆喜欢头戴绣花小帽，脚穿长筒皮靴。维吾尔族在服装用料上喜欢选用纯毛、纯棉、真丝、真皮，妇女喜欢艳丽的衣物，并以耳环、戒指、手镯、项链等饰物点缀。手工刺绣是维吾尔族的传统工艺，衬衣、背心及小圆帽上均绣有花纹图案。如图 4-2 所示。

图 4-2　维吾尔族服饰

维吾尔族的服饰不仅花样较多，而且非常优美，富有特色。维吾尔族妇女喜用对比色彩，使红的更亮、绿的更翠。维吾尔族男性讲究黑白效果，这样显得粗犷奔放。

维吾尔族是个爱花的民族，人们戴的是绣花帽、着的是绣花衣、穿的是绣花鞋、扎的是绣花巾、背的是绣花袋，衣着服饰无不与鲜花息息相关。

（二）饮食民俗

维吾尔族的风味饮食花样繁多，十分丰富。

1. 主食

主食类有馕（馕是用面粉制成的大小厚薄不等的各种烤饼，有的还加入白糖、鸡蛋、奶油或肉，美味可口。其种类有大馕、薄馕、油馕、肉馕等），其他主食还有苏油喀食（带汤的翰面）、拉面、揪片子面、汤面、曲曲来（馄饨）、油塔子、烤包子、朴劳（抓饭）。待客、节日和喜庆的日子，一般都吃抓饭。近年来，维吾尔族与汉族在饮食方面互相借鉴，米饭、馒头等食物已进入维吾尔族家庭。

2. 菜肴

维吾尔族吃的菜里必须有肉，多为牛肉、羊肉、鸡肉，烹调方法常用烤、煮、蒸、焖，习惯用胡椒、辣椒面、孜然、洋葱等调料，还喜欢用黄油、蜂蜜、果酱、果汁、酸奶、马奶等以提味增香，常辅以胡萝卜配制。主要名菜有烤全羊、卡瓦甫（烤肉，包括整烤、串烤、锅烤、馅饼烤）、烤疙瘩羊肉、羊肉丸子、羊肉羹、羊肉桃仁、手抓羊肉、手抓桃仁、烤南瓜等。

3. 饮料

维吾尔族传统的饮料主要有茶、奶子、酸奶、各种干果泡制的果汁、果子露、多嘎甫（冰酸奶，酸奶加冰块调匀制成，是维吾尔族最喜欢的饮料）、葡萄水（从断裂的葡萄藤中流出来的水，味酸，可做药引）、穆沙来斯等。维吾尔族在日常生活中尤其喜欢喝茶，一日三餐都离不开茶，茶水也是维吾尔族用来待客的主要饮料。

【微型资料 4-1】维吾尔族的手抓饭

抓饭，是维吾尔族的特色佳肴。做法是把牛肉或羊肉切好放在羊油锅里炸干，加上洋葱、胡萝卜、葡萄干或杏干合炒，再添水煮沸，20 分钟后加大米用文火焖后，40 分钟后就成了香味扑鼻的抓饭了。吃饭前要洗手三下，用手帕或布擦干；不能顺手甩水，否则会被认为对主人不敬。洗手后行谢主礼，然后吃饭。

在新疆维吾尔、乌孜别克等民族地区，逢年过节、婚丧娶嫁的日子里，都必备抓饭待客。他们的传统习惯是请客人围坐在桌子旁，上面铺上一块干净的餐巾。随后主人一手端盘，一手执壶，逐个让客人净手，并递给干净毛巾擦干。然后主人端来几盘抓饭，置餐巾上（习惯是二至三人一盘），请客人直接用手从盘中抓吃，故取名为"抓饭"。维吾尔族抓饭的种类很多，花色品种十分丰富。

（三）居住民俗

1. 建筑特点

维吾尔族传统建筑具有明显的干旱地区建筑特点，多以土坯为原料；少用甚至完全不用木料。屋顶多弯窿或平顶，墙壁较厚，窗口少而且小，天窗较大，用以采光。传统建筑为方形，室内一般砌实心土炕，亦有可取暖的空心炕，高约 30 厘米，供起居坐卧。墙上开壁龛，放置食物和用具，有的壁龛还构成各种几何图案，并喜在墙上挂壁毯和石膏雕饰。在南疆，维吾尔族住所多有院落，呈方形。大门忌向西开，喜在房前屋后种植果树、花木。有些住室还有较宽的前廊。如图 4-3 所示。

图 4-3　维吾尔族民居

2. 装饰风格

维吾尔族传统建筑装饰，是一项很有特色的装饰技艺，是整个维吾尔族传统文化体系的重要组成部分。维吾尔族通常用石膏浮雕、彩漆绘制、木刻图案、木雕组合、砖雕组合与金属花窗等来装饰建筑物，图案有几何图形组合、风景画等多种形式，选用的题材、构图方法、纹样组合、调配色彩等皆独具匠心，丰富多彩，个性鲜明。

（四）人生礼仪民俗

1. 出生礼

（1）分娩礼

在维吾尔族人的习惯中，妇女临产时，要举行分娩礼。这对妇女来讲是件大事，妇女分娩不仅标志着一个新的生命来到人间，是全家之喜，同时也意味着一场不可捉摸的生命灾难。所以，维吾尔人在孕妇临产前要举行一次分娩仪式，祝愿产妇能顺利地分娩，新的生命能平安降生。

（2）命名礼

伊斯兰教承认父母对子女人格的形成具有决定性的影响，认为从婴儿生下来就要施加影响，把他们引入正道。因此命名礼是维吾尔族礼仪文化中重要的礼仪之一。婴儿出生几天后，要请阿訇当主持人给小孩举行命名仪式，一般只有婴儿父母和近亲长辈参加，维吾尔族称"阿塔托义"。

（3）摇床礼

维吾尔语称"毕须克托依"，意为"入摇篮礼"，因为此仪式后婴儿开始被缚于摇床里养育而得名。孩子出生满 40 天时，当天请剃头匠给孩子剃去胎毛，给婴儿穿上漂亮的衣服，把孩子放在摇床里，开始摇床生活。当孩子举行完摇床礼意味着孩子可以脱离母亲的怀抱，开始"摇床生活"直至一两岁，维吾尔族的摇床是仅次于母亲的第二个怀抱。现在维吾尔族的摇床礼有一定的简化，但还保留了传统摇床礼的基本特征。

2. 婚礼

青年男女成亲之前，都要举行提亲和定亲仪式，这反映了维吾尔族对婚姻的慎重。

小伙子看上了谁家的姑娘，或是男方家长准备物色一位姑娘为儿媳，事先都要履行提亲的手续。男方向女方家提亲之前，要经过一番调查，女方家姑娘的年龄、家庭情况、长相、人品等情况都要进行了解，认为合适时才会提亲。也有男女青年早已热恋，双方私下商定婚事后，再请家人去提亲，以达到双方关系公开化和合法化。提亲时，男方要准备给姑娘一套质量较好的衣料、一些盐、方块糖和 5 个馕（有的地区带 7 个或 9 个馕）作为见面礼。提亲被同意后，紧接着是准备彩礼和举行定亲仪式。

定亲仪式结束后，双方商定吉日正式举行婚礼。其婚礼分两天进行。第一天在女方家举行出嫁仪式，由阿訇居中主持婚礼。念《古兰经》，然后问新郎新娘是否愿意结婚，得到肯定的回答后，阿訇将一块馕掰成两块，蘸上盐水分别送给新郎新娘，让两人当场吃，以表示同甘共苦、白头偕老。这时出嫁仪式进入高潮，在琴声、歌声中，众宾客齐声赞道"美满婚姻，地久天长"。婚礼的第二天，在男方家举行"揭盖头"仪式，不论是出嫁仪式还是揭盖头仪式，都具有浓郁的维吾尔族风情，不仅都有规定程序和动作，琴瑟吹奏，欢歌曼舞，气氛热烈，还要宴请宾客。

3. 丧祭礼

维吾尔族先民曾实行火葬，维吾尔族信仰伊斯兰教以后，葬礼仪式皆按照伊斯兰教的礼仪举行，盛行土葬。按照伊斯兰教规定，子女对父母要厚养薄葬，父母在世时子女要赡养他们，使其安度晚年，父母去世没有物品陪葬，做到来去无牵挂。

（五）社交礼仪民俗

1. 称呼礼

维吾尔族人的亲属称谓一般只限三代，而且只用于直系亲属。他们称父亲"大大"，称祖父"群大大"，称母亲"阿娜"，称祖母"群阿娜"。除直系亲属的三辈以外，对比自己年长的男性称"阿卡"（维语"哥哥"），对比自己年幼的男性称"吾康"（维语"弟弟"）；对比自己年长的女性一般称"阿洽"（维语"姐姐"），年幼的则称"泰额"（维语"妹妹"）。

2. 见面礼

维吾尔族人待人接物颇重礼貌。他们对长者非常尊重，走路、说话让长者先行、先说。入座时，也要礼让长者坐上座。在北疆，还禁止在长辈面前说不敬、粗鲁和揶揄的话。亲友相见，握手问候，互道"撒拉木"（意为"你好"或"你们好"）或"牙可西姆塞斯"（意为"您好"），然后双手摸须，恭身后退一步，右手抚胸，再问对方家属平安。妇女在问候之后，双手抚膝恭身后退。

3. 生活礼节

维吾尔族待客和作客都有讲究。如果来客，要请客人坐在上席，摆上馕、各种糕点、冰糖等，夏天还要摆上一些瓜果，先给客人倒茶水或奶茶。待饭做好后再端上来，如果用抓饭待客，饭前要提一壶水，请客人洗手。吃完饭后，由长者领作"都瓦"，待主人收拾完餐具，客人才能离席。吃饭时，客人不可随便拨弄盘中食物，不可随便到锅灶前去，一般不把食物剩在碗中，同时注意不让饭屑落地，如不慎落地，要拾起来放在自己跟前的"饭单"上。公盘吃抓饭时，不得将已抓起的饭粒再放进盘中。

（六）游艺民俗

维吾尔族有丰富的民间故事、寓言、笑话、诗歌和谚语，并以口承文学形式代代相传。流传最广的是《阿凡提的故事》和音乐舞蹈史诗《十二木卡姆》。

维吾尔族能歌善舞，舞蹈的种类很多，分为自娱性舞蹈、风俗性舞蹈、表演性舞蹈。主要特点是身体各部位的动作与眼神配合，传情达意；擅长移颈、翻腕和旋转；从头、肩、腰、臂与脚趾都有大小不一的动作；微颤（膝部）、旋转是维吾尔族民间舞蹈中富有特色的表演风格。"赛乃姆"、"多朗舞"、"夏地亚纳"是著名的民间舞蹈。

伴奏乐器有弹拨、吹奏和打击乐等数十种，拉弦乐器"萨他尔"，弹拨乐器"热瓦甫"、"独他尔"，打击乐器"达甫"（手鼓）最常用。

竞技娱乐活动有高空走绳（"达瓦孜"）、摔跤、赛马、叼羊、射箭等项目，技艺高超，反映出该民族浓郁的生活气息和健康之美。

（七）维吾尔族岁时节日民俗

维吾尔族的传统节日有：肉孜节、库尔班节。这两个节日均源于伊斯兰教，日期是按伊斯兰教教历计算的。肉孜节，也叫开斋节，节庆习俗与回族的开斋节基本相同。库尔班节，也叫古尔邦节，节庆习俗与回族的占尔邦节基本相同。此外还有诺鲁孜节（或译为努鲁斯节），意为"新日节"，节期半个月，开始于公历3月21或22日。这是维吾尔族的迎春节日。节日期间，人们互相拜节、聚餐，并开展歌咏等群众性文艺活动。

三、哈萨克族民俗

（一）服饰民俗

哈萨克族是以草原游牧文化为特征的民族，服装便于骑乘，其民族服装多用羊皮、狐狸皮、鹿皮、狼皮等制作，反映了山地草原民族的生活特点。

男子冬季一般头戴用黑羊羔皮、狐狸皮或水獭皮做里，外覆各色鲜艳绸缎，有两个耳扇，后面有一个长尾扇，顶饰猫头鹰毛的四棱尖顶帽（"吐马克"）或尖尖帽。夏天一般戴用白毡和黑平绒制作的分瓣翻边帽。上身内穿高领花边衬衣或条格衬衣；衬衣外穿坎肩，坎肩外穿短上衣，再套长袷袢。下身内穿白布长裤。外衣，冬春多穿用老羊皮缝制的皮大衣和大裆皮裤；夏秋多穿用棉布或毛布制作的长襟大衣和大裆皮裤与条绒夹裤。腰扎镶嵌有金、银、珊瑚、珍珠、玉石等饰物的腰带。腰带左侧多挂皮囊，存放杂物，右侧佩戴小刀，脚穿长筒皮靴。骑上俊马，英武洒脱。如图4-4所示。

图4-4　哈萨克族服饰　　　　　　　图4-5　哈萨克族女性头饰

哈萨克族女子的服饰，多姿多彩。她们喜用白、红、绿、淡蓝色的绸缎、花布、毛纺织品等为原料制作连衣裙，姑娘婚前打扮得比较艳丽，喜穿紫红色连衣裙，黑色和紫红色的坎肩，坎肩胸前还缀满了彩色的扣子、银饰等装饰品。走起路来叮当作响，饶有风趣。年轻的姑娘还戴一种圆形花帽，帽上缀满了珠子和金银片，帽顶插一撮猫头鹰羽毛，作为吉样的标志，十分美丽，如图4-5所示。婚后妇女的装饰就比较朴素一些，但仍穿花色连衣裙和坎肩，不过胸前不戴任何装饰品。到了中年以后，头上要戴头巾，头巾多用白布做成，除了脸露在外面以外，脖颈、前胸和后背都遮盖得严严的，年纪稍轻的妇女所戴的头巾还有花纹，年纪大的多为白布。所以，从哈萨克族的妇女装束上也可以分辨出婚否和年龄。

（二）饮食民俗

哈萨克族的饮食有着浓厚的游牧生活特点，主要食物都取自牲畜，以食肉、奶为主。由于条件所限，哈萨克人的饮食中很少吃蔬菜。

哈萨克的主食主要是牛、羊、马肉，其次是用面粉制成的馕（一种烤制的面饼）、面条以及抓饭等。哈萨克人最喜欢的食物有"金特"，用奶油混合幼畜肉，装进马肠里，蒸熟后食用。还有"那仁"，用碎肉、洋葱加香料，搅拌蒸熟。马奶酒和茶在哈萨克族的饮食中占有特殊地位。哈萨克人多喝砖茶，次为茯茶。茶中加奶称为奶茶；加少量酥油，更是香味扑鼻。　受其他民族影响，哈萨克人亦吃"包尔沙克"（油炸面疙瘩、散子）、汤面片、拉条子、米粥以及其他饭食。

（三）居住民俗

哈萨克族是典型的游牧民族，他们主要从事畜牧业，过着逐水草而居的游牧生活，因此，哈萨克族的居住以及居住习俗都具有浓郁的游牧特色。哈萨克族的民居主要有两种：一种是春、夏、秋转场迁徙时居住的毡房，另一种是过冬用的土房或木房。公元前105年嫁给乌孙昆弥王的汉朝细君公主在《黄鹄歌》中写到，"穹庐为室兮旃为墙，以肉为食兮酪为浆……"，其中提到的穹庐就是哈萨克族的毡房。

1. 毡房

哈萨克族的毡房具有典型的民族风格，被人们称为"草原上的白宫"。毡房是哈萨克族民间建筑，实际上就是移动的家园，适宜于春、夏、秋季转场搬迁的一种简易住房。毡房有围墙、房杆、顶圈、房毡、门组合而成。房高一般在3米左右，占地面积二三十平方米，四周是环形的毡墙，上面是圆形的屋顶。毡房的骨架是戈壁滩上的红柳木做的；外围的墙笆是用芨芨草编的；横竖交错成菱形的围墙也是用细红柳木做的，毡房的制作需要大量的毡子和毛绳。

毡房一般分为四种：简易小毡房，以及4块、6块、8块房墙的毡房。毡房内的陈设与布置都有一定的讲究，一般分住人、待客、堆放物品与做饭等几个部分。进入毡房中间对着天窗处是做饭的地方。毡房上半部铺有一块大地毯，地毯上面的撑杆上挂有帷帘，地毯上白天是吃饭和接人待客的地方，晚上用帷幕分开，作为卧室。

毡房的大小取决于房墙块数的多少，一般以4块房墙为最多。4块房墙当作4间房子来使用，进门靠右的第1块房墙是厨房，第2块是主人的卧室，第3块是客室或礼拜处，第4块是儿媳的床位。

2. 冬房

哈萨克牧民一般从11月至来年4月住在冬牧场，冬牧场的房屋一般建在避风雪的河谷或山谷中。这种房屋结构结实耐用，形状是圆顶式样，哈萨克语称之为"雪夏拉"，多用木料或石料制成。房屋外形是四方平顶，屋内有铁皮炉子或土砌炉灶。一般正房为三间，正中一间为客厅，客厅左首一间一般是儿子、儿媳的卧室，客厅右首一间为家中长辈的卧室。每间房2/3的面积是炕。城市中的哈萨克族的家中已很难见到炕，家中的摆设也趋于现代化。

（四）人生礼仪民俗

哈萨克族的人生礼仪既有浓郁的草原生活特点又有伊斯兰教特色，独具一格。他们主要有诞生礼、摇篮礼、满月礼、婚礼和葬礼等。

1. 出生礼

哈萨克族十分重视新生命的诞生。婴儿出世后往往举行三天庆祝活动，视为出生礼。哈萨克族的婴儿一般是在摇篮里长大的，所以哈萨克人在婴儿出生7~10天后要举行将婴儿放入摇篮的仪式。届时，主人家宰一只羊，邀亲友、邻居家的妇女参加，同一天还举行命名仪式。来参加这两个仪式的妇女每人都要将一件自己亲手制作的衣服送给婴儿，还要给孩子起一两个名字供主人选择。主人热情招待来宾，大家围坐在一起边吃边向孩子祝福。与汉族人的满月礼有所不同，哈萨克族的满月礼是在婴儿出生后的第40天举行。在这一天，要专门给洗净后的婴儿全身擦上羊油并剃发。

【微型资料4-2】哈萨克族"还子"习俗

基层牧区的哈萨克族家庭中，至今还保留着一种被称为"还子"的习俗。"还子"是指每对新婚夫妇要把婚后所生的第一个孩子送给男方的生身父母。祖父母会把这个孩子当作自己亲生的最小的儿女来对待。从小到大，不论在家里还是在外面，彼此之间都以父（母）子相称。孩子对他（她）真正的亲生父母则以哥嫂（或姐）相称，父母对自己的这个儿女也同样要以弟妹相称。这种习俗在其他民族当中实不多见。

2. 婚嫁习俗

过去，哈萨克人的婚姻大多数是由父母包办的，属明显的买卖婚姻。缔结婚姻的成功与否往往取决于彩礼的多少，在过去的哈萨克族民间有这样一句俗话"美丽的姑娘值八十匹骏马，一个人生下几个女儿，就可以成为一个'大巴依'（即大地主、大富豪）"。如今，这种习俗和观念有了很大转变，但在结婚择偶方面仍然十分讲究门当户对。按照哈萨克的习俗约定，同一部落特别是七代以内的近亲不能通婚。哈萨克族的结婚仪式十分隆重，结婚前都要举行一系列走访和喜庆娱乐活动，他们对族内的任何一家婚事都像自家办喜事一样热情参与、欢乐与共。婚礼这天，男女双方以及双方的歌手都要唱许多传统的婚礼歌。其中新娘在最后离开父母家人时，要唱与父母亲人的哭别歌。姑娘出嫁后，第一次回娘家，娘家还要给姑娘送一份厚礼。哈萨克族结婚后的男女在日常生产生活上的分工是十分明确的，属于典型的"男主外、女主内"。

3. 丧葬习俗

在哈萨克民族中，存在着灵魂不灭的观念，他们认为人死后，灵魂会离开人体而独立存在，所以特别注重死后的葬礼。葬礼基本上是按照伊斯兰教规进行的。与其他一些民族有所不同的是，每当有人前往吊唁与遗体告别的时候，通常由死者的女亲属相互拥抱，一起哀唱挽歌，并通过这种哭唱的方式，告诉人们死者的生平。吊唁结束后，按规定由宗教人士"依麻木"用清水为亡者净身，再用白布裹身，最后举行祷告仪式进行土葬。在一年内，死者全家的人不娶、不嫁、不摆宴。妇女40天不出门，男子外出不参加对歌等活动。

（五）社交礼仪民俗

哈萨克族是一个热情、淳朴、真诚、好客的民族，在礼仪中也得到充分的体现。

1. 见面礼仪

哈萨克族的见面礼简朴而真诚。凡遇到熟人和长辈，总是以右手贴胸，稍稍欠身问好。见面时，都要伸出手握住对方的手，表示尊重和热情，并说"萨拉木来坤"，同时还要问七八个"阿曼"（"平安"之意）。其内容要问到老人、父母、妻子、兄妹、儿女、牲畜等。

妇女们见面时，一般是点头问侯。若两人较长时间没有见面，那么见面时就显得格外热情并要拥抱，表示亲昵和思念。

即使对素不相识的过路人，如遇天黑、下雨或有其他困难的人，也都热情招待，不取分文。哈萨克族谚语说："只要沿途有哈萨克人，哪怕你走一年的路，也用不着带一粒粮、一分钱。"

2. 待客礼仪

哈萨克族尊敬老人，喝茶吃饭要先敬老人，一般在进餐时习惯长辈先坐，其他人依次围着餐布屈腿或跪坐在毡子上。在用餐过程中，要把最好的肉让给老人。在进餐之前，要请最主要的客人举行一种叫做"巴塔"（祈祷）的宗教仪式，就是把将要宰的羊牵进毡房，或是在毡房门口，请客人过目和允许；客人要对主人表示感谢和祝福。这时主人才把羊拉去宰了。吃肉之前，主人和客人都要先洗手。进餐时，主人要把羊头放在主要客人的面前，以示尊敬。客人在吃肉之前，先用小刀削下羊头脸面的一块肉，送给主人，或是放在盘中；再割一只羊耳朵给主人的孩子，或是座中的最幼者，意思是希望晚辈听长辈的活，然后把羊头还给主人，等这些礼节结束后，大家才开始吃肉。

哈萨克族热情好客，待人真诚。对登门投宿的人，主人都要拿出最好的食品招待，哈萨克人说"祖先遗留下来的财产中，一半是客人的"，因此，对于前来拜访或投宿的人，不管曾经相识与否，他们都热情接待。

（六）游艺民俗

哈萨克族有句谚语"歌曲和骏马是哈萨克的两只翅膀"，因此有"歌唱的民族"之称。哈萨克音乐反映了民族的游牧生活，主要是有关马的题材。乐器种类繁多，有口弦、笛子、号、鼓，以及各种弹拨乐、拉弦乐、摇摇乐、复合演奏乐等，一般比较小巧，其中最流行的乐器是"冬不拉"。哈萨克的诗歌、谚语、寓言、民间文学等比较发达。赛马、叼羊、姑娘追等，是哈萨克富有民俗特点的文娱体育活动，民族风情浓郁。

1. 舞蹈

哈萨克族民间音乐和舞蹈都充满了草原游牧文化气息，反映哈萨克族牧业生产的舞蹈有"挤奶舞"、"剪羊毛舞"、"织花毯舞"、"擀毡舞"等，这些舞蹈都反映了新疆当代哈萨克族人民的生产情景。"哈拉卓尔噶舞"，是用一首叫《黑马马》的乐曲伴奏的，表演者多为一二人，二人表演时一饰马、一饰骑手，做骑马动作。其艺术特点为腰、肩部协调扭动，间或模仿各种动物形象，随冬不拉演奏舞蹈。

2. 孔额尔

"孔额尔"是哈萨克族最古老、最完整的乐曲形式。"孔额尔"是哈萨克语，意即"好听的、优美的旋律"。孔额尔有古老的历史、系统的套数和丰富的节奏、曲调。据说哈萨克民间原有62首孔额尔，现已调查收集到的有"加衣孔额尔"、"阿勒孔额尔"、"铁勒孔额尔"、"玛依德加孔额尔"等10首孔额尔。

3. 冬不拉

冬不拉是哈萨克族传统的弹拨乐器，流行于新疆阿勒泰、伊犁、巴里坤等。它由音箱、琴杆、琴头等部分构成。传统冬不拉为整块松木或桦木凿成，雕刻精细，多数为两根弦，亦有人使用三根弦。冬不拉常作自娱或为演唱歌舞伴奏，多以坐姿演奏，琴体斜抱怀中，右手手指拨弦，左手扶琴杆按弦取音，运用下弹和上挑两种手法，多弹双弦，偶尔弹单弦。

4. 叼羊

叼羊即抢山羊之意，是哈萨克等民族的男子集体马上角力的游戏，多在节日举行，人数不定，两队骑手聚集在开阔场地，率先将宰并去掉头、蹄的 2 岁白山羊颈部扎紧，放在数百米外。一声令下，众人开始争夺，以先持羊到达终点的队为胜者。也可由一人骑马持羊冲出，众人再开始争夺的，以最后抢得山羊者为胜。

5. 姑娘追

"姑娘追"是喜庆节日里哈萨克族男女青年的一种马上游戏。男女青年骑手各成一组，每次各派一人并辔奔向远处的目标。这时小伙子可以开各种玩笑挑逗姑娘或表示爱慕之意，姑娘一般不做反应，到达预定地点后开始折返，这时小伙子要打起精神打马回奔，姑娘则扬鞭紧追，如果追上就抓住小伙子衣襟并用马鞭抽打，以报来时路上他开的过头玩笑。要是姑娘喜欢那小伙子，往往只是佯舞马鞭、轻轻落下。

（七）岁时节日民俗

哈萨克族主要节日有肉孜节（开斋节）、古尔邦节。除此之外还有哈萨克族重要的节日那吾鲁孜节。

1. 肉孜节

根据伊斯兰教规定，每年封斋 30 天后欢度 3 天，这个节日又称为"开斋节"。

2. 古尔邦节

肉孜节之后 70 天就是古尔邦节。古尔邦节是回历的新年。过节时，必须宰羊作为祭献。在这个节日里，家家户户都要准备丰盛的食品，大家相互拜年，彼此祝贺。

3. 那吾鲁孜节

那吾鲁孜节是哈萨克族的传统节日，也是历史最为悠久的节日，相当于汉族的春节。时间在哈萨克族民间历法元月元日（公历 3 月 22 日前后）。"那吾鲁孜"，哈萨克语为"辞旧迎新"之意。按照哈萨克族的民间历法，这个节日表明新年春节来临了，哈萨克族人民把从这一天开始的月份叫做那吾鲁孜月。过节这天，身着鲜艳民族服装的人们欢聚在一起，在"独他尔"、"热瓦甫"、"过甫"、"冬不拉"等弹拨乐器的伴奏声中翩翩起舞，欢歌笑语连绵不断，充满了辞旧迎新的喜悦气氛。热情的主人们用自己制作的各种鲜美的食品来款待客人。这一天，各家各户都吃一种用小麦、小米、大米、面、盐、肉、奶子 7 种食品做成的那吾鲁孜饭。这种饭香味扑鼻，咸淡适宜，营养丰富。在一些地区，人们还要宰牲畜，以祈求新年里获得更大的丰收。

【微型资料 4-3】哈萨克猎犬

塔兹犬是干净整洁的狗，是纯粹的哈萨克本土品种。如图 4-6 所示。塔兹犬吃东西的时候不会从嘴角撒漏汤汤水水。游牧民族很尊敬它们，让它们和人一起住在帐篷里。这种狗还有一大优点：不挑食。

有句老话说得好"一条塔兹犬养活全家人"。这种猎犬曾经是哈萨克族人家的重要财产，从上世纪下半叶以来，它们的数量开始减少。时至今日，真正的塔兹犬不超过三百条，好比"斯巴达三百勇士"。

图 4-6   哈萨克猎犬

本章小结

本章首先介绍了西北地区各少数民族起源、人口分布以及概况，然后又重点介绍了回族、维吾尔族、哈萨克族的饮食民俗、服饰民俗、居住民俗、人生礼仪、社交礼仪、岁时节日、民间娱乐等内容。通过本章学习，让学生了解西北地区少数民族的形成和分布情况，掌握这些民族的各种民俗。

主要概念

开斋节   宰牲节   圣纪节

基础训练

1. 填空题：

（1）回族是中国少数民族中散居全国、分布＿＿＿＿＿＿＿的民族。

（2）回族有三大节日，即＿＿＿＿＿＿、＿＿＿＿＿＿、＿＿＿＿＿＿。

（3）维吾尔族著名的民间舞蹈有＿＿＿＿＿＿、＿＿＿＿＿＿、＿＿＿＿＿＿。

（4）＿＿＿＿＿＿是哈萨克族的传统节日，也是历史最为悠久的节日。

（5）花帽又名＿＿＿＿＿，是维吾尔族服饰的重要组成部分，也是维吾尔族的重要标志之一。

2. 简答题：

（1）目前回族在中国分布的主要特点是什么？

（2）维吾尔族的"抓饭"主要有什么特点？

（3）在维吾尔族家中作客应注意哪些礼节？

（4）哈萨克族的传统节日有哪些？

（5）怎样从服饰判断哈萨克族女性的年龄及婚姻情况？

案例分析

哈萨克族人在数字方面很重视单数，尤其是"7"，被他们崇尚敬重。在哈萨克的民间文学作品中，7 是出现最多的一个数字，泛指数目之多，如 7 天、7 年等，多半是比喻征途的漫长。在生活习俗上也和 7 结下了不解之缘，如哈萨克人在婴儿出生后的第 7 天要举行命名礼；7代内不准通婚，而婚姻的人家必须隔7条河，娶妻的彩礼也多是77匹马，中等户47匹马，下等户17匹马；人死后，把死者放入墓穴后，每人必须铲7掀土，第7天为死者祭祀，还要在死者生前居住的毡房里点燃7盏油灯等，甚至有7个客人一同前往，主人都特别高兴，并认为这是吉祥的征兆。

问题：请大家结合所学的知识，分析为什么哈萨克族人喜欢数字"7"，并且分析哈萨克族的其他民族风俗。

实践训练

[实训项目]中国西北地区少数民族风情实训

[实训准备]

知识准备：回族、维吾尔族、哈萨克族民俗知识。

场地准备：校内具备网络的实训室。

[实训要求]

1. 了解中国西北地区少数民族概况、民风民俗。

2. 掌握西北地区少数民族的民俗风情及其发展状况。

[实训步骤]

1. 学生4~5人为一个小组。

2. 观看回族、维吾尔族、哈萨克族等相关影视资料。

3. 利用互联网和图书馆收集回族、维吾尔族、哈萨克族的民风民俗的资料、图片。

4. 以小组为单位制作每个少数民族民俗的PPT，编辑《XX民族的民俗》专辑。

5. 以小组为单位，讨论交流，对西北地区少数民族民俗风情旅游资源的进一步开发进行探索和思考。

6. 教师总结。

[实训考核办法和评分标准]

1. 测试评分：根据学生对各民族民俗内容的了解、各小组汇报PPT等进行评分，按优、良、中、差记分。

2. 学生活动评价表如下

评价内容		自 评	小组评	专家评	师 评
活动参与情况	活动参与热情	☆☆☆	☆☆☆	☆☆☆	☆☆☆
	与人交流合作	☆☆	☆☆☆	☆☆☆	☆☆
	实地调查访问	☆☆☆	☆☆☆	☆☆	☆☆☆
活动过程	资料收集整理	☆☆	☆☆☆	☆☆	☆☆
	动手制作情况	☆☆☆	☆☆☆	☆☆	☆☆
	研究汇报形式	☆☆☆	☆☆☆	☆☆☆	☆☆☆
活动效果	观察视点	☆☆	☆☆☆	☆☆☆	☆☆☆
	学习习惯	☆☆☆	☆☆☆	☆☆☆	☆☆☆
	探究能力	☆☆	☆☆☆	☆☆☆	☆☆☆
三颗星表示"优"，两颗星表示"良"，一颗星表示"一般"					

第五章　中国东北、内蒙古地区少数民族民俗

学习目标

知识目标：了解满族、朝鲜族、蒙古族的基本发展概况，掌握满族、朝鲜族、蒙古族的民族习俗和传统节日习俗。

技能目标：了解中国东北、内蒙古地区少数民族的概况和分布情况，学会满族、朝鲜族、蒙古族等民族民俗礼仪的运用。

能力目标：能够搜集满族、朝鲜族、蒙古族的民俗文化知识，制作与旅游相关民俗的专辑。

【引例】民族风情——东北三大怪

东北民间流传着这样一句谚语："见怪不怪，东北三大怪，窗户纸糊在外，姑娘叼个大烟袋，养活孩子吊起来。"生活在这片土地上的人们，有着许许多多抵抗严寒的故事。它们是那么奇特，那么有趣。

"窗户纸糊在外"就是其中一怪。

风雪交加的东北地区，过去没有玻璃，居民用纸糊窗。南方把纸贴在窗里面，而东北却把窗纸糊（贴）在外面。传说是东北人好面子，也有人说是东北人把好处让着外人，实际上他体现了东北人的聪明。一是因东北冬季寒风凛凛迎窗扑来，如果把纸贴在里面就会吹掉；二是因东北冬季窗纸上结霜，白天太阳一出，霜化成水，会把窗纸弄湿掉下来；三是东北冬季下雪，纸贴在里面，窗棂积雪融化，润湿了窗纸也会掉下来。

东北地区天寒地冻，室内全靠火炕取暖。由于屋内火炕（往往是南北大炕）都是靠窗子，这就和窗外有较大的温差，如果把窗户纸糊在里边，就容易缓霜，使窗户纸经常脱落。

不难看出，东北人把窗户纸糊在外，是为了使室内火炕发出的热气得以保持，并与寒冷的外面形成温差，使屋里保持暖和而窗纸又不至于损坏。

另外，这种糊窗子用的纸与一般的纸不同，这种东北民间的麻纸，又粗又厚，上面再用胶油勒上细麻条，刷好桐油，典型的"窗纸"就做成了。这种纸不怕雨水和潮气。潮气在上面一打，会化成水珠，雨水打在这样的窗纸上，也无法浸入到里边，而是滴落下来。如果把窗纸糊在里边，水就会顺窗纸流下，积存在下部的窗框子上，久而久之，窗框便会被浸烂。

在东北，冬季风大雪硬。将窗纸糊在外，有窗板做窗纸的后支撑，狂风再大，也不易把窗纸吹裂吹坏。春天风起，狂风尘土也不易把窗纸打碎。这是东北人生存的经验积累。冬夜，当北风扬起砂雪，"哗哗"地击打在窗子上，像千军万马在奔腾追逐，像战鼓在"咚咚"地擂响，可是屋内却温暖宁静，窗纸抵挡住了寒风冷雪的袭击，东北父老暖暖和和地睡在火炕上……

上述案例讲述的东北人的这一"怪"——窗户纸糊在外，说怪也不怪。它是东北人聪明和智慧的记载，实际上讲的是他们如何因地制宜生活的情况。

　　过去东北地区的居民十分贫穷，住房大多数是土垒草房，其窗户大多数是木棂格子窗，因买不起玻璃，只好用纸糊在窗外面，以挡风御寒。窗纸糊在外面可以保护木制窗棂不受雨水腐蚀和风吹日晒，延长窗户的使用寿命。糊的方法是：将两张窗户纸中间夹上网状麻绳，粘在一起，然后再糊到窗棂上，再在窗纸上均匀地涂上豆油，纸干后，挺阔结实，既不怕雨淋，又不怕风吹，经久耐用。现在绝大多数的居民居住条件改善了，都换成了明亮的玻璃窗，很难看到"窗户纸糊在外"的现象了。

第一节　东北、内蒙古地区少数民族概述

一、东北、内蒙古地区少数民族的形成

（一）满族的形成

　　满族是中国最古老的民族之一，可追溯到两千多年前的肃慎人，其后裔一直生活在长白山以北、黑龙江中上游、乌苏里江流域。黑水靺鞨是满族的直系祖先，后发展为女真。12 世纪，由阿骨打建立了金朝。1583 年起，努尔哈赤统一了女真部落，建立了军政合一的八旗制度。1635 年 10 月 13 日，皇太极继位称帝，改国号清，废除女真旧称，改族名为满洲。1644年，清军入关，统一了中国，形成满汉长期杂居的局面。1911 年辛亥革命后，满洲族改称满族。

（二）朝鲜族的形成

　　中国朝鲜族的先民，多是 19 世纪 70 年代自朝鲜半岛迁入我国东北地区定居，有一部分在明末清初即已定居在东北境内，如辽宁省盖县林家沟村姓朴的朝鲜族，在当地定居已有 300多年的历史。到 1931 年以后，在日本帝国主义殖民统治和强迫同化政策下，大批朝鲜人移入中国东北各地，他们在我国东北地区定居下来后，逐渐发展成为当代中国的一个少数民族。

（三）蒙古族的形成

　　蒙古族始源于古代望建河（今额尔古纳河）东岸一带。"蒙兀"是"蒙古"一词最早的汉文译名，蒙古的称谓最早见于唐代，那时只是蒙古众多部落中的一个部落的名称。这个部落的发祥地在额尔古纳河东岸一带，以后逐渐西移。大约 7 世纪，蒙古部落开始向西部草原迁移，到 12 世纪已经散布在今天的鄂嫩河、克鲁伦河、土拉河三河的上游和肯特山以东一带，并分衍出许多部落，之后又逐渐结成以"塔塔尔"为首的联盟，称雄一时。"塔塔尔"或"鞑靼"曾一度成为蒙古草原各部的通称。

　　13 世纪初，成吉思汗统一了蒙古族各部落，建立了蒙古国，从此中国北方第一次出现了一个强大、稳定和不断发展的民族——蒙古族。"蒙古"也就由原来的部落名称变成民族名称了。

二、东北、内蒙古地区少数民族概况及人口分布

（一）满族

　　清朝定都北京后，原来世代居住在东北各地的满族兵民除小部分留守外，绝大多数都相随入关，分驻各军事要地。由于长期驻防，子孙繁衍，这样满族便遍布全国了。满族有 1200

多万人，主要分布在东北三省，以辽宁省为最多，占满族总人口的51%。其余散居在河北、内蒙古、宁夏、甘肃、福建、山东、新疆等省区，以及北京、天津、上海、成都、广州、杭州、银川、西安等大中城市。其分布特点是，在大分散中有小聚居。

满族的语言是满语，属阿尔泰语系，满文是在蒙文字母基础上拼写而成的。满族人在入主中原之后，在经济、文化、生活上与汉族交往密切，逐渐学习汉族年代久远的语言、文字。对汉字学习和应用的普遍性，使提高书写艺术性成为必然趋势，一批满族书画爱好者随之出现。到了康乾盛世，直至嘉庆年间，满族上层社会书法家以群体规模登上文坛。后经辛亥革命、新中国建立至今，满族书法作为中国多民族大家庭文化的一部分，长盛不衰。

（二）朝鲜族

朝鲜族主要分布在吉林省，其次是黑龙江、辽宁、内蒙古等省区，其余散居各地。最大的聚居区是吉林省延边朝鲜族自治州，这里的朝鲜族居民占了朝鲜族总人口的近一半。此外还有位于长白山怀抱中的长白朝鲜族自治县，也是朝鲜族的主要聚居区。

朝鲜族有自己的语言文字。朝鲜语，一般认为属阿尔泰语系。朝鲜文属音位文字类型。1441年在李氏王朝主持下创制的，称"训民正音"，简称"正音"，为方块状拼音文字。

朝鲜族以能歌善舞而著称。男子喜欢摔跤、踢足球，女子喜欢压跳板和荡秋千。朝鲜族舞蹈包括长鼓舞、刀舞、扇舞、巫舞等。

（三）蒙古族

蒙古族的分布几乎遍及全国各地，主要聚居在内蒙古自治区，少数聚居或散居在新疆、辽宁、吉林、黑龙江、青海、甘肃、宁夏、河南、河北、北京等北方地区，西南地区的四川、云南等地也有少量的蒙古族居住。"蒙古"，是蒙古人的自称，其意为"永恒之火"。

蒙古族有自己的语言和文字。蒙古语有内蒙古、卫拉特、巴尔虎布利亚特三种方言。现在通用的文字是13世纪初用回鹘字母创制的，这种文字经蒙古学者却吉·斡斯尔对原有文字进行改革，成为至今通用的蒙古文。

第二节　东北、内蒙古地区少数民族民俗

一、满族民俗

（一）服饰民俗

满族历史悠久，文化发达。满族服饰高雅华丽，在中国民族服饰文化中独树一帜，并对中国的服饰文化发展产生过很大影响。

1. 旗装

由于寒冷的生活环境和射猎生活的需要，过去满族人无论男女，多穿"马蹄袖"袍褂。努尔哈赤建立八旗制度以后，"旗人"的装束便成为"旗袍"（满语称"衣介"）了。

清初，旗袍的式样一般是无领、大襟、束腰、左衽、四面开衩。穿着既合体，又有利于骑马奔射。一般人还习惯旗袍的外面套一件圆领、身长及脐、袖长及肘的短褂。因这种短褂最初是骑射时穿的，既便于骑马，又能抵御风寒，故名"马褂儿"。清初，马褂儿是八旗士兵的"军装"，后来在民间流行起来，具有了礼服和常服的性质，其式样、面料也更加繁多。满

族人还喜欢在旗袍外穿坎肩。坎肩一般分为棉、夹和皮三种，为保暖之用。样式有对襟、琵琶襟、捻襟等多款。

而作为清代"时装"的满族女式旗袍，则多有发展。经过不断改进的旗袍，一般样式大致为：直领，窄袖，右开大襟，钉扣绊，紧腰身，衣长至膝下，两侧开叉；讲究做工和色彩搭配，大多在领口、袖口和衣边上绣有各色图案的花边。如此既衬托出女性身材之美，又显得文雅大方。具有东方色彩的旗袍现已成为中国妇女普遍喜爱的中式服装。

2. 旗头

旗头指的是一种发式，也称发冠。类似扇形，以铁丝或竹藤为帽架，用青素缎、青绒或青纱为面，蒙裹成长约 30 厘米、宽约 10 多厘米的扇形冠。佩戴时固定在发髻上即可。上面还常绣有图案、镶珠宝或插饰各种花朵、缀挂长长的缨穗。旗头多为满族上层妇女所用，一般民家女子结婚时方以为饰。戴上这种宽长的发冠，限制了脖颈的扭动，使身体挺直，显得分外端庄稳重，适合于隆重场合。

3. 旗鞋

旗鞋款式独特，是一种高木底绣花鞋，又称高底鞋、花盆底鞋、马蹄底鞋等。其木底高跟一般为 5～10 厘米左右，有的可达 14～16 厘米，最高的可达 25 厘米左右。一般用白布包裹，然后镶在鞋底中间脚心的部位。跟底的形状通常有两种，一种上敞下敛，呈倒梯形花盆状；另一种是上细下宽、前平后圆，其外形及落地印痕皆似马蹄。花盆底和马蹄底鞋由此而得名。高底旗鞋多为十三四岁以上的贵族中青年女子穿着。穿这种高底鞋走起路来显得姿态优美。老年妇女的旗鞋，多以平木为底，称平底鞋，其前端着地处稍削，以便行走。妇女除旗鞋和平底便鞋外，还有一种千层底鞋。千层底鞋用多层袼褙做鞋底，故得此名。鞋面多为布料，一般不绣花卉等图案，多在劳动中穿用。

4. 帽饰

满族的帽子种类较多，主要分为凉帽和暖帽两种。过去，满族人常戴一种名为"瓜皮帽"的小帽。瓜皮帽，又称"帽头儿"，其形状上尖下宽，为六瓣缝合而成。底边镶一约 3 厘米宽的小檐，有的甚至无檐，只用一片织锦缎包边。冬春时一般用黑素缎为面，夏秋则多用黑实地纱为面。帽顶缀有一个丝绒结成的疙瘩，黑红不一，俗称"算盘结"。帽檐下方的正中钉有一个"标志"，称"帽正"，有珍珠、玛瑙的，也有小银片、玻璃的。相传这种帽最早始于明代初期。因其为六瓣缝合，取"六合"，即天地四方"统一"之意，故盛行起来。满族入关以后，受中原文化影响，也取其"六合统一"之意，开始戴用此帽，而且颇为流行。现在，在有关清代和民国时期的电影、电视剧中，我们仍能经常看到它的影子。

（二）饮食民俗

满族饮食与汉族有相似之处，但仍有自己的特点，比如喜欢吃甜食、过节时吃饺子。而且还保留了饽饽、酸汤子、萨其玛、火锅、杀猪菜等有民族特色的食品。

1. 主食

满族民间农忙时日食三餐，农闲时日食二餐。主食多是小米和高粱米、粳米干饭，喜在饭中加小豆或粑豆，如高粱米豆干饭。有的地区以玉米为主食，喜以玉米面发酵做成"酸汤子"。东北大部分地区的满族还有吃水饭的习惯，即在做好高粱米饭或玉米馇子饭后用清水过一遍，再放入清水中泡，吃时捞出，盛入碗内，清凉可口。这种吃法多在夏季。

满族的饽饽历史悠久，清代即成为宫廷主食。其中最具代表性的是御膳"栗子面窝窝头"，也称小窝头。满族点心萨其玛现也成为全国著名糕点。较著名的还有清东陵糕点，也称清东陵大饽饽；北京小吃墩饽饽；河北承德小吃油酥饽饽；湖北荆州小吃猪油饽饽等。

2. 菜肴

满族人特别喜欢吃猪肉、酸菜，而且烹调方法很多。比较有特点的菜肴有吃肉大典、白肉酸菜血肠、火锅、酸汤子等。

3. 饮料

在满族饮料中，酒居首席。满族酿酒一般有清酒、烧酒、黄酒、汤子酒、松苓酒，其中以松苓酒最为著名。酿时，山中觅一古松，伐其本根，将上好的白酒装在陶制酒坛中，埋在树下，数年后掘取，那时酒色如琥珀，故名"松苓酒"。

满族故乡盛产名贵药材，其中著名的人参酒、参茸酒等已畅销世界。满族喜用的饮料还有豆汁、豆浆、奶茶、酸茶、蜂蜜水、山楂片水、煳米水等。

4. 饮食禁忌

满族的进餐习俗和饮食礼仪很多。如祭祀用过的神糕、神肉，路人可以分享，但一般不能带走，吃完后不允许擦嘴；家中人就餐，长辈不动筷，晚辈人绝不动筷；过年杀年猪时，有把亲友、邻里请来同吃白肉血肠的习惯。满族忌杀狗、吃狗肉和用狗皮，不戴狗皮帽子。

【微型资料 5-1】满汉全席

满汉全席是我国历史上著名的筵席之一，也是清王朝最高级的筵席。它是由满点汉菜所组成。满点又称"满洲饽饽席"，以点心为主，菜肴品种并不丰富，烹调方法也较简单。后来在满席基础上加入一些汉族菜肴，使其在原料、品种、制法、口味、形象上都更加丰富多彩，称为满汉全席。

此席在满族入关以后逐渐形成。创始于康熙年间，相传清圣祖玄烨在皇宫内首尝，并御书"满汉全席"，使满汉全席名噪一时。当时满汉全席有官内和官外之别，官内的满汉全席专供天子、皇叔、皇兄、皇太后、妃子、贵人等享用；近亲皇族子嗣、功臣（汉族只限二品以上官员和皇帝心腹）才有资格参加官内朝廷的满汉全席。官外满汉全席，常常是由满族一二品官员主持科考和地方会议时，以满汉全席招待钦差大臣，入席时要按品次、佩戴朝珠、着公服入席。

满汉全席分节令宴、廷臣宴、万寿宴、千叟宴等多种。通常规定菜肴总数为108件，其中，南菜54件，北菜54件，分三天吃完。满汉全席菜式有咸有甜、有荤有素，取材广泛，用料精细，山珍海味无所不包；一席使用面粉44斤8两，从主副食品种上可见满汉全席的规模了。

（三）居住民俗

满族的居室构造和习俗很适于北方气候的特点。由远古时期"夏则巢居，冬则穴处"发展而来，大约在辽金时期，始由地穴发展为地上居住，这一革新的关键在于火炕的发明与普及。

满族早期的住宅，多坐北朝南，东南向开门，形如口袋，俗名"口袋房"或"斗室"。清代中叶，长春一带典型的满族住房已发展成四方形的院落，坐北朝南的正房一般三间或五间，正房中央开门，进屋为堂屋，两侧置灶，隔墙各与东西屋火炕相连，是为卧室。结构与汉族一样。不同的是以西屋为上屋，由长辈居住。西墙上供祖宗板，上放祖匣，故西炕不能坐。东屋一般由晚辈居住。房少人多的人家，置南北炕（小辈睡北炕），南北有窄炕相连，统名曰"万字炕"，或"匚字炕"（三面炕），炕上置炕桌和炕柜。灶间烧火通过炕面散热，人在炕上活动、睡眠。烟筒在窗外，炕烟通过"烟筒桥子"送进烟筒，散入空中。

【微型资料 5-2】何谓"万字坑"

　　万字炕又称"转圈炕"、"拐子炕"、"蔓字炕"等，满语叫"土瓦"。一般南、北为大炕，东端接伙房炕灶，西炕是窄炕，下通烟道。按满族习俗，西炕上供着神圣的"窝撒库"祖宗板，因此不要说堆积杂物，就连贵客至友也不能坐西炕。南炕温暖、向阳，一般由长辈居住；晚辈则住北炕。火炕既住人又取暖，深得满族群众喜爱。满族入关后，火炕在北方得到了更加广泛的推广。

（四）人生礼仪民俗

1. 诞生礼仪

满族的育儿习俗比较特殊。生男在门左挂弓箭，生女在门右挂彩色布条，娘家要送一个悠车。生儿三天时，亲朋送贺礼，俗称"下奶"；并举行洗礼，称"洗三"。满月时要请客人来"做满月"，并将弓箭或布条取下挂在"子孙绳"上。百日时，要用从各家要来的彩布条编成锁，称挂锁。周岁时要举行较为隆重的仪式，让孩子"抓周"。

2. 婚姻礼仪

满族传统的婚姻仪式较为复杂，大致经过通媒、放定、纳彩、过箱、迎亲、拜堂、拜祖、分大小、回门等程序。

这些繁杂的婚娶程序在今日满族聚居地区已经简化，并且融合了现代形式。比如插车，演变为男女青年骑自行车或摩托车，各自由婚庆队伍陪伴，从各自的家里出发，行进至中途相遇时，两人交换自行车或摩托车，再一同到新郎家。还有拜祖宗，有的地方演变为新人拜双方父母。虽然有变化，但仍然具有浓厚的民族特色。另外，满族的婚姻仪式因居住地区不同而略有变化，并非完全一致，但主要程序大致相同。

3. 丧葬礼仪

满族的丧葬以土葬、火葬为主，土葬和火葬历史都很久远。在满族入关前以火葬为主，这主要是由于他们经常迁移；另外，八旗将士在清初战死较多，尸骨不便送回故里，所以多用火葬。满族入关后逐渐发生变化，从火葬与土葬并用发展为以土葬为主。死者临终前穿寿衣，多为长袍、马褂，为单数，屋内停灵，头西脚东。一般在 7 日之内，用木板做成灵床，灵幡用 3 尺左右的红布制成，上缀以黑穗，悬挂在院中高杆上。满族人用的棺具形状特别，上部隆起，上宽下窄，称"旗材"。

近 30 年来，满族的丧葬改为以火葬为主。但祭奠亲人的仪式仍然保留了许多古老传统，如清明节烧口袋、插佛托、烧七、烧百日、烧周年等。

（五）社交礼仪民俗

1. 称呼礼仪

在日常交往中，满族人习惯称名，不称姓。尊称或尊官衔时，常以名字的第一个字代姓，如首任黑龙江将军富察·萨布素，人们敬称为"萨大人"。满族有敬老之俗，不分贵贱，呼年老者"玛法"。

2. 见面礼

一般满族人家有对老人三天请小安、五天请大安的礼俗。请大安又称"打千儿",满语称"埃拉搭拉米"。其动作是:先掸箭袖,袖头伏下,左膝前屈,右腿后弯,头与上身稍微向前俯倾,左手贴身,右手下垂。边动作边唱喏:"请某某大人安。"受礼者应稍弯腰,两手略向前伸,掌心向上,稍低头,表示还礼。请小安就是问安,垂手站立,低头唱喏:"问某某好。"平时平辈相见,也常用此礼。妇女请安礼仪与男子不同,双腿平行站立,两手扶膝一弓腰,膝略屈如半蹲状,俗称"半蹲儿礼"。

抱腰礼是满族大礼。至亲相见、久别重逢、贵宾来临或重要的外交场合,都施这种礼节。行礼人右腿抢上一步,双手张开,左膝着地,双手抱住受礼者的腰部,头轻轻顶于受礼者胸下,受礼者略弯腰,双手轻抚施礼者的头。对长者、尊者施此礼时,必须取得对方点头示意后方可。一般平辈之间,常彼此相抱,然后执手问安。今天,满族社交礼仪大为从简,晚辈对长辈多以鞠躬致礼,平辈以握手礼为常见。在至亲中,妇女还行"半蹲儿礼"。

3. 生活礼仪

满族重客,客人来时,年轻媳妇赶紧迎出施礼,把烟袋接过来请到屋里。到屋后,先敬烟,年轻媳妇背着客人装好烟,双手递给客人后,稍稍弯腰点火,然后倒茶。往昔客人就餐,由族中长辈陪同,晚辈人一般不同席,年轻媳妇在旁边站立侍候,装烟倒酒,端茶盛饭,十分周到。进餐时,由主人先向客人斟第一杯酒,喝酒用小盅,没有干杯、碰杯的习惯,客人喝酒必须留点底子,俗称"福底"。盛饭也用小碗,而且只盛多半碗。上菜以双为上礼。每逢大宴,主人家必跳"空齐舞"。如今满族礼节已经简化,但崇长者、敬宾客的风尚仍赫然可见。

(六)游艺民俗

满族是能歌善舞的民族,经常举行群众性的歌舞活动,男女对舞,旁人拍手而歌,有多种舞蹈形式。

1. 八角鼓

八角鼓是满族在民间说唱演出中用来伴奏的一种乐器。八角鼓的构制形状,又和满族的八旗军事组织寓意相关,八角鼓是用八块硬木镶银边、蒙蟒皮面制成。八边象征着清代的八旗,鼓下方挂一个流苏穗。鼓无柄把,取意永罢干戈。八角鼓这一民间说唱形式,不仅在满族中广为流传,同时也受到汉族人民的欢迎和喜爱。

2. 莽式舞

莽式舞是满语"玛克式"的音译,是舞蹈之意。其功能是每逢喜事或新岁喜庆,众人便聚于一处以"莽式"自得其乐,其形式是载歌载舞,其中有群舞,有一人领唱、众人相和的"莽式空齐";也有男女相对而舞,旁人拍手而歌的形式。其动作特点是"举一袖于额,反一袖手背,盘旋作势"。其中单奔马和双奔马为男子舞蹈,前者以"捕杀"、"弓引"等动作,揭示猎民跃马山林捕获野兽的雄姿;后者在"狂踢"、"扎刺"的舞蹈中再现满族健儿出征杀敌的英勇气概。

3. 满族秧歌

满族秧歌又称为"地秧歌",俗称"鞑子秧歌"。每逢年节举行跳秧歌活动,其舞队的人物有:"达子官"(俗称二老爷)负责指挥秧歌队的活动,另有俗称"克里吐"或"赫尔图"

（满语意为牛头、马面、蛇身的怪鲁）负责开路打场。余者不分角色，男着生活服装，女头戴缀有 3~5 只蝴蝶装饰的花冠。每人斜披一块黄、白、蓝、红不同颜色的绸带，以表明属于八旗中的哪一旗。入场时先以 2 横排或 4 行队形拜茶桌，行 3 次满族"请安礼"，然后开始走"阵"和跑"圈场"，阵式有"六和阵"等 20 余种。男角步法有"矮蹲步"、"出溜步"等，双臂大悠大晃，多模拟雄鹰飞翔以及拉弓射箭的姿势。女角为作挺拔洒脱，手中绢、扇飘动，悠然自得，突出了骑射民族天足妇女的形象。

（七）岁时节日民俗

满族在岁时节日风俗上受汉族影响最多，因而其节日与汉族节日大同小异。但满族人民的节日还是有自己民族特色的，最具民族传统的是颁金节、端午节、添仓节、开山节等。

1. 颁金节

满族节日最具民族传统的是颁金节，即农历十月十日，是满族"族庆"之日。1989 年 10 月，在丹东"首届满族文化学术研讨会"上，正式把每年的 10 月 3 日定为"颁金节"。各地满族同胞在农历十月十三日满族命名日自发地举行纪念活动，以示纪念满族的诞生。但活动时使用的名称不尽相同，或称"命名日"，或称"诞生日"，或称"纪念日"等。

2. 春节

农历正月初一，为一年之首，停止劳作，合家同庆。家家门上贴对联，按旗属分别挂红、黄、蓝、白不同颜色的彩笺。至夜，祭祀神佛、祖先。年三十家家包饺子，讲究有褶子。码放饺子要横竖成行，意味来年财路四通八达。除夕的饺子有的里边包上铜钱，谁吃到了预示谁将有好运气。初一早起大人孩子换上新衣放鞭炮，相互拜年祝福。

3. 端午节

满族过五月端午是祈福消灾。届时，满族人家的房檐上都插上艾蒿，以防治病邪侵入；有的人还会到郊外踏露水，据说用这天的露水洗脸、头和眼，可以避免生疮疖、闹眼病。孩子颈腕拴五色丝绳，穿绣五毒的鞋和背心。

4. 添仓节

每年正月二十五，满族农村家家讲究煮黏高粱米饭，放在仓库，用秫秸棍编织一只小马插在饭盆上，意思是马往家驮粮食，丰衣足食。第一天，再添新饭，连着添三回。也有的人家用高粱秸做两把锄头插在饭上。这个节至今在东北农村依旧保留着。

5. 开山节

开山节是满族人民在每年秋季中秋以后，或农历 9 月中旬（具体时间不定）为采集草药获得丰收而进行的祝福活动。在过去东北满族村落中每年开山节都要面对长白山，进行祝福祷告，感谢山神给予采药人的丰富恩赐，在这一时期采到的人参要供奉在自家的神龛中。

（八）满族禁忌

1. 礼仪忌讳

满族人忌害乌鸦、喜鹊、狗，并有崇鸦、鹊、狗的习俗。不准打狗、杀狗，不吃狗肉，不穿用狗皮。服孝中男不剃发，女不簪花，三年内不穿红。送葬后，亲人不许在家哭，否则会再死人。禁外人（包括亲友）穿孝进入孕妇住宅。

2. 室内禁忌

满族将西墙作为供奉祖先的神圣部位，不准在此挂衣物、张贴年画；西炕俗称"佛爷炕"，供有"祖宗板子"。忌讳人们尤其是女人随便坐卧。通常客人也不得在西炕休息，更不许将狗皮帽子或鞭子放在这里。不许从锅灶、火塘的三脚架上越过，不能用脚蹬踏或者随便坐在锅灶上或火塘边；不准在锅灶口或火塘上烤脚、袜子、鞋靴；禁止将吃剩下的食物、骨头、鱼刺等扔进锅灶或火塘里。

二、朝鲜族民俗

（一）服饰民俗

1. 服饰特点

白色是朝鲜族最喜爱的服装颜色，象征着纯洁、善良、高尚、神圣。朝鲜族一向喜欢穿素白衣服，着装整齐、干净，并认为这是一种美德，故朝鲜族自古有"白衣民族"之称。

朝鲜族服装的特点是斜襟、无纽扣，以长布带打结。其结构自成一格，上衣自肩至袖头的直线同领子、下摆、袖肚的曲线有机组合，没有多余的装饰，体现了"白衣民族"古老袍服的特点。

2. 服装款式

（1）传统男装

朝鲜族传统男装一般是素色短上衣，朝鲜语也叫"则高利"，外加坎肩，下着裤腿宽大的裤子。外出时，多穿以布带打结的长袍。成年男子的上衣衣长较短，斜襟、宽袖、左衽、无纽扣，前襟两侧各钉有一飘带，穿衣时系结在右襟上方。传统男裤形状似灯笼，这种"灯笼裤"裤长腰宽，且白色居多。"巴基"是指传统的朝鲜族裤子，其裤裆、裤腿肥大，裤脚收口。

（2）传统女装

短衣长裙是朝鲜族妇女服饰中最具传统的服装。传统的女装，上穿则高利，则高利外结带，多用花色绸缎做成长带，垂于胸前，鲜艳、漂亮，下身一般是裤外穿裙子，青年妇女常穿筒裙；中老年妇女常穿开衩缠裙。

（3）传统童装

朝鲜族的童装，不论男女，以颜色绚丽为特色。童装的款式与大人的基本相同。童装的面料多用粉、绿、黄、蓝等色彩的锦缎。幼儿上衣的袖筒多用"七色缎"，穿在身上好像身披彩虹一般，因此这种衣服被称做"彩虹袄"。朝鲜族一向认为彩虹是光明和美丽的象征，用"七色缎"给幼儿做衣服，意在让幼儿们更加美丽和幸福。如图5-1所示。

（4）婚礼服

朝鲜族女子婚前穿鲜红的裙子和黄色的上衣，衣袖上有色彩缤纷的条纹；婚后则穿红裙子和绿上衣。男子的服装仍然以灯笼裤为主要特点。女子脚穿"船形鞋"，"船形鞋"是朝鲜族独有的鞋，鞋样像小船，鞋尖向上微翘，用人造革或橡胶制成，柔软舒适，女鞋多为白色、天蓝色、绿色；男鞋一般是黑色。如图5-2所示。

图 5-1　朝鲜族儿童服饰

图 5-2　朝鲜族婚讯服饰

（二）饮食民俗

1. 主食

朝鲜族多以大米、小米为主食，喜欢食米饭，故而擅做米饭，而各种用大米面做成的片糕、散状糕、发糕、打糕、冷面等也是朝鲜族的日常主食。

2. 菜肴

朝鲜族日常菜肴有"八珍菜"和"酱木儿"（大酱菜汤）等。"八珍菜"是用绿豆芽、黄豆芽、水豆腐、干豆腐、粉条、桔梗、蕨菜、蘑菇八种原料，经炖、拌、炒、煎制成的菜肴。大酱菜汤的主要原料是小白菜、秋白菜、大兴菜、海菜（带）等即可食用。

泡菜是朝鲜族日常不可缺少的菜肴。泡菜做工精细，享有盛誉，是入冬后至第二年春天的常备菜肴。朝鲜族吃泡菜有悠久的历史，有"男人可以没老婆，但不可以没泡菜"的俗谚。

朝鲜族节日菜肴品种繁多，并备时令名菜。朝鲜族名菜、名点很多，主要有神仙炉、补身炉（又称补身汤）、冷面、打糕、朝鲜泡菜等；另外还有酱牛肉萝卜块、铁锅里脊、生拌鱼等朝鲜族风味菜肴。

3. 饮料

除白酒外，朝鲜族还有民间酿造的米酒、浊酒、清酒等。逢年过节、红白喜事、接待亲朋好友时都不能缺酒。饮酒时，大家往往即席唱歌或跳舞。浊酒是用粮食酿造，朝鲜语称"麻克里"，酿造简便，酒精度不高，现在乡村仍然流行，多作为清凉饮料。

4. 饮食禁忌

朝鲜族的餐桌上，匙箸、饭汤的摆法都有固定的位置。如匙箸应摆在用餐者的右侧，饭摆在桌面的左侧，汤碗摆在右侧，带汤的菜肴摆在近处，不带汤的菜肴摆在其次的位置上，调味品摆在中心等。

（三）居住民俗

朝鲜族的文化受汉族影响较深，房屋建筑与汉族多有相似之处，不过为适应民族生活习惯的要求，也有其自身的特点。朝鲜族多居马尾式住宅，建于近水源之处。房屋以木搭架，用拉哈辫抹泥为墙，屋顶四面坡，用稻草覆盖。每间房均有四扇或五扇门（同时也是窗），室内通屋为炕，进屋脱鞋，盘腿而坐。农村在房屋东端室内养一头大黄牛，院内放牛车及捣米用的杵臼。

住房的平面多数为矩形，也有 L 形的，有的设外廊。内部布局，主房间为居室，牛棚和储存柴草杂物的"草房"在房屋的一端，以灶间与居室隔开。居室多少、大小可视需要，由推拉门分隔，比较灵活方便。居室内靠墙设推拉门壁橱，供存放衣物、被褥之用，使室内显得宽敞雅致。家人和来客进门就上炕，鞋要脱在门口，以保持室内清洁。

（四）人生礼仪民俗

朝鲜族自古以来非常重视人生礼仪。从出生到死亡有许多礼仪，其中主要礼仪有出生礼、婚礼、寿礼、丧礼与祭礼等。

1. 出生礼

朝鲜族把出生礼视为人生的开端礼，非常讲究。出生礼中有"忌绳"、"百日"、"抓周"等。

（1）"忌绳"，是朝鲜族一种特殊的风俗。婴儿一降生，就在房檐下大门上方挂一条"忌绳"（草绳），以告婴儿出世，禁止外人出入。在"忌绳"上，如生男孩就把辣椒和木炭插入绳内；如生女孩则插上松叶、松枝条。"忌绳"挂 21 天。

（2）"百日"，是婴儿出生后一百天举办的小宴礼，全家人共庆婴儿健康成长，还给婴儿照百日纪念相。

（3）"抓周"，是朝鲜族格外讲究的一周岁生日仪式。"抓周"，就是在周岁生日席上摆各种物品，让孩子任意抓自己心中之物。男孩席上摆米、打糕、水果、钱、弓箭、书、笔、纸等；女孩席上摆针线、尺、剪子等物品。这种习俗古朴而真实地再现了天下父母心，预祝孩子未来幸福快乐，这一民俗至今仍在保存和延续。

2. 婚礼

婚礼是朝鲜族人生礼仪中最重要的一件大事。过去，围绕着婚礼制定了许多繁文缛节；20 世纪 50 年代以来，新式婚礼逐渐替代旧式婚礼。尽管随着时代的演变，其规模大小、繁简程度以及具体方式都有些许变化和发展，但婚礼的基本内容与程序没有显著的变化。婚礼仍按"婚议"、"纳彩"、"纳币"、"迎亲"等顺序进行。

朝鲜族还有一种非凡的婚礼，称为"归婚礼"，也叫"回婚礼"。回婚礼是为纪念结婚 60 周年而举行的贺礼。不过，举行回婚礼须具备三个条件：其一，结婚 60 周年；其二，须是原配夫妻；其三，所生子女都健在，且无犯法服刑者。

3. 寿礼

朝鲜族还特别讲究为老年人操办"寿礼"。寿礼有六十"花甲"、七十"古稀"等。

【微型资料 5-3】花甲宴

"花甲宴"是朝鲜族为六十岁老人举办的生日宴席。按传统历法天干地支推算法，六十年被看做一个循环单元。因此，朝鲜族把六十周岁看成人生道路上的分水岭，尤为讲究。到花甲宴那天，儿女们为老人换上一身特制的礼服，并在大厅里大摆寿席，广邀亲朋欢聚一堂，感谢父母养育之恩。献寿是基本的仪式：花甲老人入坐寿席正中，献寿便开始。其顺序要按儿女长幼之序、亲戚远近之别，乃至宾客，依次敬酒献寿。

4. 丧祭礼

朝鲜族自古以来，将孝道视为万行之首，非常重视丧礼和祭礼。丧礼主要包括临终、招魂、小敛、大敛、出殡、埋葬、立碑等程序进行。安葬时要请风水先生选择墓地，棺材放入墓穴时，在山坡墓穴里，头部朝山顶；而平地则头部朝北。

祭祀桌上食物的摆放顺序非常讲究，是按照红东白西、鱼东肉西的顺序摆放的，而且视单数为吉祥的。

（五）社交礼仪民俗

朝鲜族人文雅、礼貌、好客，十分重视礼节，讲究仁爱礼让；在朝鲜族聚居地区，邻里关系非常和睦融洽，大家彼此互相帮助，并有民族自豪感。

尊老是朝鲜族最具民族特色的风尚。讲话时晚辈对长辈必须用敬语，平辈之间初次见面也用敬语，以示敬意。饮酒、吸烟父子不同席，晚辈不在长辈面前喝酒、吸烟，无法回避时，晚辈背席而饮，以示尊敬。路遇亲戚长辈时要恭候请安并让路。

陪客人吃饭时，如果主人先把匙子放下，便是失礼。节日的饮食，不管多少，多邀邻居一同品尝。

（六）游艺民俗

朝鲜族能歌善舞，民歌以《道拉基》、《嗯嘿呀》最为有名，歌词朴实，曲调优美，主要用伽耶琴伴奏；舞蹈有农乐舞、假面舞、刀舞等。妇女有跳踩板和荡秋千的习俗；男子喜欢足球和摔跤。文学、艺术有悠久的传统，音乐、舞蹈、戏剧深受群众喜爱。

1. 长鼓舞

朝鲜族传统民间舞蹈，历史悠久，在敦煌北魏（公元386～534年）壁画中，已有类似长鼓的击鼓舞乐图。所用的长鼓长约70厘米，鼓身木质呈圆筒形，鼓的两端粗空，鼓面蒙皮，鼓腰细小而中实。以铁圈为框，系皮条或绳索，可以调整鼓的音高。舞蹈演奏时，一般将鼓挂在舞者身前，右手执细竹条敲击，左手敲击另一鼓面。两手节奏交错，边击边舞，舞姿优美，技法丰富，技巧性强。

2. 跳踩板

跳踩板是朝鲜族妇女喜爱的传统体育游戏活动。跳板，类似跷跷板，用木架支住一块长木板中心，两人分别站在木板两端，彼此轮番跳起，借一方跳起后下落的重力，将另一方弹起腾跃空中。如今不少杂技团已将它列入传统杂技表演节目。

3. 荡秋千

荡秋千是朝鲜族妇女传统娱乐活动，活动的形式有多种，朝鲜族民间称为"打秋千"或"荡秋千"。秋千架有10多米高，两架顶端横架一梁，上系两股绳，离地面1尺高处分别拴于一横板两端。每逢节日或喜庆时，朝鲜族妇女就会聚集一起，进行荡秋千比赛。

（七）岁时节日民俗

1. 春节

春节除夕时朝鲜族家家守岁通宵达旦，古老的伽耶琴（一种乐器）和洞箫的乐曲声，将人们带入一个新的境界。节日期间，男女老少纵情歌舞、踩跳板、拔河、荡秋千等，竞赛场上，热闹非凡，人们扶老携幼争相观看。

2. 正月十五

正月十五又称上元节。上元节，朝鲜族人们要吃"药饭"或"五谷饭"，早晨还喝"聪耳酒"。据说"聪耳酒"可使人耳聪目明，因此，每人都喝，哪怕只喝一口或只尝一口。药饭，是以江米、蜂蜜为基本原料，外加大枣、松籽等混合煮成。五谷饭，是以大米、小米、大黄米、糯米、饭豆五种谷物混做而成。上元节吃五谷饭，意祝当年五谷丰登。这天，也要举行文娱体育活动，其中"迎月"、"踏桥"等项目是最具民族特色的娱乐活动。

3. 老人节

老人节是朝鲜族人民的节日。因地区不同，时间也不同，有的在农历六月二十四日，有的在农历八月十五日。届时，凡六十岁以上的老人都要佩带大红花，接受全村人的祝福。身着鲜艳亮丽服装的朝鲜族妇女和身穿浅色上衣、深色坎肩、肥大长裤的朝鲜族男子依偎在老人身旁，与老人们共享天伦之乐。人们尽情地歌舞、踩跳板、荡秋千、打球、摔跤，竭尽全力让老人们享受节日的欢乐。节日里，有老人的家庭都非常恭敬地备制"麻格里"（一种米酒）、打糕、冷面、狗肉和大酱汤等食品，尽其享用，对老人多半生的辛勤劳碌表示尊重、感谢。

（八）朝鲜族禁忌

朝鲜族忌讳人称"鲜族"。

忌不敬老人。该族有尊老习俗。晚辈不能在长辈面前喝酒、吸烟；吸烟时，年轻人不得向老人借火，更不能接火，否则便被认为是一种不敬的行为；与长者同路时，年轻者必须走在长者后面，若有急事非超前不可，须向长者恭敬地说明理由；途中遇有长者迎面走来，年轻人应恭敬地站立路旁问安并让路；晚辈对长辈说话必须用敬语，平辈之间初次相见也用敬语；吃饭要先给老人盛，并为其摆单桌，待老人举匙就餐了，全家才能开始吃饭。

三、蒙古族民俗

（一）服饰民俗

蒙古族传统服饰包括长袍、腰带、靴子、首饰等，因地区不同在式样上有所差异，尤其女子长袍的款式差异较大。蒙古族男装多为蓝色、棕色，女装喜欢用红、粉、绿、天蓝等颜色。腰带是蒙古族服饰重要的组成部分。蒙古族靴子做工精细，分皮靴和布靴两种。佩挂首饰、戴帽是蒙古族习惯，男子腰带多挂刀子、火镰、鼻烟盒等饰物，各地区的帽子也各具地方特色。另外蒙古族摔跤服也比较独特。

（二）饮食民俗

1. 主食

蒙古族以肉食为主，主要是牛肉、绵羊肉，其次为山羊肉及少量的马肉，在狩猎季节也捕食黄羊肉。羊肉常见的传统食用方法就有全羊宴、嫩皮整羊宴，以及烤全羊、烤羊心、炒羊肚、羊脑烩菜等 70 多种，最具特色的是蒙古族烤全羊（剥皮烤）、炉烤带皮整羊或称阿拉善烤全羊，肉香味美，鲜嫩异常。"全羊"也叫"羊背子"，是上等食品，做法和吃法都比较讲究。

【微型资料 5-4】蒙古族的"全羊席"

全羊席，又称整羊席（蒙语为"布禾勒"），是蒙古人招待贵宾的传统佳肴，也是蒙古民族最古老、最隆重的一道宴席，一般只在盛大宴会、隆重集会、举行婚礼或接待高级贵宾时摆设。将整羊加工后摆在长方形的大木盘里，像一只卧着的活羊，肉味鲜美，香飘满堂，浓郁扑鼻。宾客在进餐前，还要举行一定的仪式，高唱赞歌，朗诵献整羊的祝词等。据文献记载，成吉思汗曾设过全羊宴；忽必烈登基时，也设全羊宴祭神祇、待宾客。到了清代全羊宴更加盛行，现已成为内蒙古各地接待贵宾的驰名中外的名贵菜肴。

在日常饮食中炒米也占有重要位置。西部地区的蒙古族还有用炒米做"崩"的习俗。炒米是蒙古族人的主食，在日常生活中，牧民们不可一日无茶，也不可一日无米。面粉制作的各种食品在蒙古族日常饮食中也日渐增多，最常见的是面条和烙饼，并擅长用面粉加馅制成别具特色的蒙古包子、蒙古馅饼及蒙古糕点新苏饼等。

2. 饮料

蒙古族每天离不开茶，除饮红茶外，几乎都有饮奶茶的习惯，每天早上第一件事就煮奶茶，煮奶茶最好用新打的净水，烧开后，冲入放有茶末的净壶或锅，慢火煮2~3分钟，再将鲜奶和盐兑入，烧开即可。蒙古族的奶茶有时还要加黄油或奶皮子或炒米等，其味芳香，咸爽可口，是含有多种营养成分的滋补饮料。有人甚至认为，三天不吃饭菜可以，但一天不饮奶茶不行。

蒙古酒是蒙古族人的主要饮料之一，蒙古酒是从牛奶中提炼而成的，故称"牛奶酒"。蒙古酒绵厚醇香，无色透明，少饮延年健体、活血补气，男女老幼皆可饮之。蒙古族人制作"牛奶酒"历史悠久，每逢节日或客人朋友相聚，都有豪饮的习惯。马奶酒是鲜马奶经发酵制成，不需蒸馏。

3. 典型食品

蒙古族富有特色的食品很多，例如烤羊、炉烤带皮整羊、手扒羊肉、大炸羊、烤羊腿、奶豆腐、蒙古包子、蒙古馅饼等。民间还有：稀奶油、奶皮子、煺毛整羊宴、熟烤羊、白菜羊肉卷、新苏饼、烘干大米饭。

（三）居住民俗

蒙古包是一种天幕式的住所，呈圆形尖顶。通常用羊毛毡子一层或二层覆盖。蒙古包是满族对蒙古族牧民住房的称呼。"包"满语是"家"、"屋"的意思。古时称作"穹庐"、"毡包"。

蒙古包分两种。一种是牧区夏季用的，为移转式的；一种是冬营地，为半固定式的。蒙古包大小不定，由木栅栏和白毛毡构成。周围的栅栏用红柳枝做成，呈斜方格，可以折叠。栅栏外用白羊毛毡包裹。圆形顶棚上开有直径约80厘米的天窗，上面覆一块可以移动的毛毡，白天打开采光和通风，晚上和雨雪天可以遮盖。蒙古包还有一扇高80厘米、宽150厘米左右的小门。包内中央为炊饮和取暖用的炉灶，烟筒从天窗伸出。炉灶的周围铺牛皮、毛毡或地毯。正面和西侧为长辈的起居处，东面为晚辈的起居处。周围摆设的家具主要有木质的碗柜、板柜、板箱、方桌等，其特点是小、低、占地少，搬挪方便，不易损坏。蒙古包的门一般朝向东南方向。

现在游牧生活逐渐被定居所代替，草原上富裕起来的牧民建起砖瓦房，蒙古包越来越少了。为纪念和显示蒙古包的民族特色，现在内蒙古的好多城镇用水泥和砖瓦建造蒙古包用做开饭店或酒店。

（四）人生礼仪民俗

1. 喜庆满月

婴儿满月，一般都举行"乃日"，即庆祝满月的活动。参加"乃日"的客人，要带衣服、哈达、玩具等礼物，也有送活羊的，献礼品的客人要在喝完茶后参加庆祝仪式。满月的孩子被洗得干干净净，并烧香净身，头顶涂黄油、奶子，以示祝福。参加"乃日"的长者要致祝词，同时，请多子多女的老人用胡须触碰孩子的脸颊。

2. 婚嫁习俗

结婚一般是女到男家，同一血缘的男女不能结婚。通常是男方"朱查"（媒人）拿哈达、美酒等礼物去女方家说媒，如女方同意，即作为定婚。但男方须多次上女方家求婚，男方逢年过节一般都要赴女方家问候。

男女到了结婚年龄后，证婚人前往女方家商定结婚日期。礼成后男方举行宴会款待亲友，在蒙古包内男女老少围坐一堂，桌子上摆满酒肉奶食，未来的新郎手执酒壶，未来的新娘捧盘逐一敬酒，如图5-3所示。年轻小伙子们拉琴唱歌。

双方共同约定的结婚日期临近时，男女方的亲友主动把自己的蒙古包搬到距男方家四五十里的地方。这些亲友一是帮助筹备婚礼，二是扎结婚用的新蒙古包。新娘父母的蒙古包要扎在位置显眼的地方，新郎还请能说会道的人担任"合乐睦沁"（即说客）。梳洗打扮一新的新娘，在十几名青年姑娘的陪伴下，单独在一顶蒙古包里。看到男方接亲的队伍来后，陪伴的姑娘们都守护在蒙古包外，用身体掩挡住蒙古包，不让男方的人看见新娘。女方也请一名说客，接亲队伍在女方亲人引导下进入女方父母的蒙古包。新郎首先向岳父敬酒，然后向其他主要长辈和亲友敬酒，敬酒后向岳父献哈达和礼物，接着开始喝酒唱歌，双方表示祝贺之心情。酒后新郎、新娘在迎亲送亲队伍的簇拥下开始启程，几十甚至上百匹骏马狂奔在草原上，情景颇为壮观。

图5-3　蒙古族婚礼

迎送队伍到男家住地后，还要受到男家的接应，新娘也依次向长者及亲友敬酒。这时古老的诵词和劝酒歌此起彼伏，整个婚礼进入高潮。傍晚的时候送亲的队伍要返回了，男方将这些亲友一一送上马，客人走后，男方家继续唱歌、喝酒，悠扬的长调，回荡在草原夜空。

3. 丧葬习俗

由于草原蒙古族人历史上形成的生存环境和生活方式所决定，葬礼也极为简单，一般不设灵床、不摆供品、不穿孝服、不烧纸钱、不用哀乐。葬礼一般分为野葬、火葬或土葬。

野葬，又叫天葬。人死后用白布裹身，或穿原服装，用车拉死者颠落在荒山野甸中。野葬后，死者子孙在49天或百天内不剃头、不饮酒、不作乐、遇宾客不寒暄，以示哀悼。

火葬，是随着藏传佛教进入草原后出现的一种丧葬形式，一般都是野外火葬，火化的同时立墓。

土葬大凡和汉族人的挖坑埋葬一样，土埋后立坟、立碑。随着科学文化的进步，葬礼中的封建迷信也已消失。蒙古族人也开始火化，开追悼会，悼念死者，寄托哀思。

4. 祝寿习俗

蒙古族以虚岁计算年龄，13、25、37、49等本命年时都要举行庆贺。首先为73岁、85岁的高龄者祝寿，时间在腊月二十五或二十六日；二十七至除夕的前几天里为49、61岁的人祝寿。对不足49岁的本命年人，均在除夕那天庆贺。小孩到13岁时，父母要为其备新马鞍、马嚼，以祝贺他"手及马鞍，脚及马镫"。孩子自己骑马到亲戚长辈家敬酒听祝词，并接受长辈的礼品。61岁、73岁、85岁时要大办庆宴，赠送礼物主要有哈达、头巾、德勒、特尔力克、靴子、绸缎以及牲畜等。

（五）社交礼仪民俗

蒙古族是一个性格豪放，为人善良、忠厚的民族，他们有着很多本民族的传统礼仪和风俗习惯。

1. 敬茶与敬酒

蒙古族牧民对来客，无论是熟人还是生人，一见面先是热情问候，随后主人把右手放在胸前，微微躬身，请客人进蒙古包，全家老少围着客人坐定后，便煮奶茶招待。然后，主人把香甜的黄油、奶皮，醇香的奶酒，酥脆的油炸馃子、炒米、奶酥以及独具草原风味的"手扒羊肉"一一摆在客人面前，请客人痛饮饱餐。主人若对客人表示特别敬意，常把奶壶、酒壶托在哈达上端出来，有时还唱一些表示欢迎和友谊的歌曲来劝酒。客人接杯畅饮，主人格外高兴。主人对客人的食宿常不取酬谢。

2. 幸福吉祥哈达飘

蒙古族在迎送、馈赠、敬神、拜年以及喜庆时均使用哈达。哈达有的是布做的，有的是绸或帛做的；其颜色多是白色，也有黄色、浅蓝色的。在不同的情况下，哈达代表着不同的意义。如节日之际，人们互相敬献哈达，表示大家共同庆贺佳节，祝愿节日愉快，生活幸福；举行婚礼呈献哈达，是祝愿新婚夫妇恩爱似海、白头偕老；在迎接贵宾时奉献哈达，表示对远方来客的热烈欢迎和崇高敬意；佛法圣会上向活佛敬献哈达，表示对活佛的无限敬仰和信教的一片诚心，也希望菩萨保佑万事吉祥如意；在举行葬礼时敬献哈达，表示对死者的沉痛哀悼和对其亲属的关怀安慰。献哈达的方式十分讲究，献者必须将哈达叠成双楞，并把双楞的一边对着客人，鞠躬俯首，双手奉献，以示恭敬。通常在给活佛及长辈献哈达时，要求鞠躬九十度，双手捧哈达必须过头顶。同辈之间相互赠献哈达，弯腰幅度就没有那么大了，只要把哈达呈送到对方手掌或手腕上即可。对晚辈或下属，可以将哈达搭在对方肩上，或双手递于对方手臂上。

3. 尊贵礼节敬献鼻烟壶

敬鼻烟壶是蒙古族牧民的一种日常见面礼，是牧民的传统习俗。敬献鼻烟壶之礼应在献哈达之后进行。平常日子，不献哈达，也可用敬献鼻烟壶或换鼻烟壶来代表尊敬之礼。敬鼻烟壶一般是相互交换，有客来则从长者开始，依次与客人递换鼻烟壶。接过对方的鼻烟壶后，打开壶盖，将鼻烟取出少量，轻轻地闻一闻，盖好再把鼻烟壶归还原主。

4. 互道祝福鞠躬礼

鞠躬是蒙古人常用的一种礼节。在过年过节的时候，人们常用鞠躬礼来表示对亲戚朋友的尊敬和祝福。鞠躬礼一般是用在晚辈和长辈之间的见面礼上。逢年过节，或是婚丧嫁娶的日子，晚辈要对长辈行叩头礼，双膝下跪，双手伏地，头垂下，表示虔诚的敬畏，这时长辈则一定要祝福下跪的晚辈，说一些吉语。

（六）游艺民俗

蒙古族历史悠久，游艺民俗发达丰富，民间口头文学著名的有在那达慕演唱的蒙古民歌《赞歌》、英雄史诗《格斯尔》和《江格尔》。《江格尔》由专门的民间高手"江格尔奇"演唱，共 70 章、60 余部，长 20 万行以上，与藏族的《格萨尔王传》和柯尔克孜族的《玛纳斯》并称中国"三大史诗"。

曲艺有蒙古说书"乌力格尔"、蒙古说唱"好来宝"。好来宝是一种由乐队伴奏的说唱艺术，可以由一人演唱、双人演唱，还可以多人演唱；所涉及的范围非常广泛，有风土人情、历史典故，还有民间俗事，甚至可以即兴评说；在风格上轻松幽默、变化无穷、特别通俗。在节日仪式上和那达慕大会上，带有竞赛性质的好来宝特别受欢迎。

传统舞蹈是"安代舞"，还有魅力独具的"盅碗舞"、"筷子舞"，具有舒展豪迈和浑厚朴实的特点以及宗教神秘色彩。舞蹈造型多以雄鹰展翅、雁掠长空的形象表现。下肢多以节奏性的马步动作配合，加以臂、腕、手和抖肩动作，显示一种力量、速度和性格。

蒙古族的传统节日是那达慕盛会，一年一度，多在七八月间举行，进行摔跤、射箭、赛马等传统"三艺"活动以及歌舞游艺活动，奇特的民俗每年吸引了无数的中外游客。

（七）岁时节日民俗

1. 蒙古族年节

蒙古族的年节亦称"白节"或"白月"，这与奶食的洁白紧密相关。它虽然与汉族的春节一致，并吸收了一些汉族习俗，但也保留了许多蒙古族传统习俗。如除夕吃"手扒肉"，以示合家团圆。初一凌晨晚辈向长辈敬"辞岁酒"，亲朋间互赠哈达，恭贺新年吉祥如意。

2. 那达慕大会

那达慕，蒙古语是"娱乐"或"欢聚"的意思。这是蒙古族传统的群众性娱乐活动。一般在每年的七八月份举行，那时草原上水草丰美、牛羊肥壮。主要内容是摔跤、赛马、射箭三项娱乐活动。如今增添了文艺体育表演、物资交流等新的内容。

3. 马奶节

马奶节是蒙古族的传统节日，以喝马奶酒为主要内容，流行于内蒙古锡林郭勒盟和伊克昭盟的部分牧区。通常在农历八月下旬举行，为期一天。为欢庆丰收，彼此祝福，除准备足够的马奶酒外，还以"手扒肉"款待宾客，并举行赛马活动，请民间歌手演唱祝词，向老蒙医献礼等。

（八）蒙古族禁忌

1. 宗教禁忌

忌直呼活佛和其他年长僧人的名字，人去世后不可再呼其名。禁止在参观寺院经堂、供殿时吸烟、吐痰和乱摸法器、经典、佛像以及高声喧哗，也不得在寺院附近打猎。

2. 饮食禁忌

忌猎食怀孕和哺乳期的野生动物，不破损禽蛋，禁食奇蹄动物，忌用嘴啃肉，要用刀割。忌食自死动物的肉和驴肉、狗肉、白马肉，忌食虾、蟹、鱼等海味。

3. 其他禁忌

蒙古族人骑马、驾车接近蒙古包时忌骑快行，以免惊动畜群；若门前有火堆或挂有红布条等记号，表示这家有病人或产妇，忌外人进入；客人不能坐西炕，因为西是供佛的方位；办丧事时忌红色和白色，办喜事时忌黑色和黄色；忌在火盆上烘烤脚、鞋、袜和裤子等；蒙古族人还忌讳别人用烟袋、刀剪、筷子等指自己的头部。

本章小结

本章首先介绍了东北、蒙古地区各少数民族起源、人口分布以及概况，然后又重点介绍了满族、朝鲜族、蒙古族的饮食民俗、服饰民俗、居住民俗、人生礼仪、社交礼仪、岁时节日、民间信仰、民间娱乐、民间禁忌等内容。通过本章学习，学生了解东北地区少数民族的形成和分布情况；掌握这些民族的各种民俗和禁忌。

主要概念

万字炕　抓周　白节　颁金节

复习思考题

1. 选择题

（1）俗称的"口袋房"、"蔓子炕"是被用来形容（　　　）的住房特征。

A. 朝鲜族　　　　B. 满族　　　　C. 回族　　　　D. 纳西族

（2）旗袍是（　　　）的传统服饰。

A. 满族　　　　B. 蒙古族　　　　C. 藏族　　　　D. 回族

（3）那达慕大会是（　　　　）的主要节日。

A. 满族　　　　B. 藏族　　　　C. 蒙古族　　　　D. 壮族

（4）"萨其玛"是（　　　　）的传统点心。

A. 苗族　　　　B. 维吾尔族　　　　C. 满族　　　　D. 藏族

（5）喜欢冷面、打糕、松饼，并喜欢以汤、酱、泡菜为副食的民族是（　　　）。

A. 赫哲族　　　　B. 朝鲜族　　　　C. 白族　　　　D. 满族

（6）回甲节（诞生六十周年纪念日）、回婚节（结婚六十周年纪念日）是（　　　）特有的家庭节日。

A. 白族　　　　B. 纳西族　　　　C. 朝鲜族　　　　D. 蒙古族

2．简答题

（1）东北、内蒙古地区分布的少数民族有哪些？

（2）试述满族、蒙古族和朝鲜族的饮食和服饰民俗。

（3）试述满族、蒙古族和朝鲜族的人生礼仪。

（4）试述满族、蒙古族和朝鲜族的节日民俗。

案例分析

旗袍是现代流行服装之一，在国际服饰橱窗里享有很高的盛誉，它是从满族古老的服装演变而来的。旗袍，满语称"衣介"。古时泛指满洲、蒙古、汉军八旗男女穿的衣袍。女性旗袍下摆至小腿，有花卉纹饰。男性旗袍下摆及踝，无纹饰。

20 世纪 40 年代后，受国内外新式服饰新潮的冲击，满族男性旗袍已废弃，女性旗袍由宽袖变窄袖，由直筒变紧身贴腰，臀部略大，下摆回收，长及踝。逐渐形成今日各色各样讲究色彩装饰和人体线条美的旗袍样式。由于旗袍非常适合中国妇女的体形和贤淑的个性、民族的气质，后来这一源于满族的传统服装渐渐成为中华民族文化宝库中的一朵奇葩，受到国内外妇女的青睐和赞赏。近年来，改良旗袍又刮起了一股时尚之风。

旗袍在变的时候，你永远觉得它是当今的时装。所以，它独领风骚。旗袍永久的魅力在于它的变化无穷。它独具的个性与神韵和现代时装审美观念的共通性，使它的美昭著不衰，其鲜明的民族特色，已使旗袍的美具有了一种永恒的意义。

问题：请大家结合自己的亲身经历和感受，谈谈你对旗袍的认识，为什么说旗袍是中国女性的代表服装？

实践训练

[实训项目]中国美食特产实训

[实训准备]

知识准备：满族、朝鲜族、蒙古族的民俗知识。

场地准备：校内具备网络的实训室。

[实训要求]

1．了解中国东北、蒙古地区少数民族概况、民风民俗。

2．能够运用中国历史文化和民族文化的知识，分析中国东北、蒙古族地区少数民族文化特点。

[实训步骤]

1．学生 4~5 人为一个小组。

2．观看满族、朝鲜族、蒙古族等相关影视资料。

3．利用互联网和图书馆收集这些少数民族民风民俗的资料、图片。

4．以小组为单位制作每个少数民族民俗的 PPT，编辑《XX 民族的民俗》专辑。

5．以小组为单位，布置展板交流。

6．教师总结。

[实训考核办法和评分标准]

1．测试评分：根据学生对各民族民俗内容的了解、各小组汇报 PPT 等进行评分，按优、良、中、差记分。

2．学生活动评价表

评价内容		自 评	小组评	专家评	师 评
活动参与情况	活动参与热情	☆☆☆	☆☆☆	☆☆☆	☆☆☆
	与人交流合作	☆☆	☆☆☆	☆☆☆	☆☆
	实地调查访问	☆☆☆	☆☆☆	☆☆	☆☆☆
活动过程	资料收集整理	☆☆	☆☆☆	☆☆☆	☆☆☆
	动手制作情况	☆☆	☆☆☆	☆☆	☆☆
	研究汇报形式	☆☆☆	☆☆☆	☆☆☆	☆☆☆
活动效果	观察视点	☆☆	☆☆☆	☆☆☆	☆☆☆
	学习习惯	☆☆☆	☆☆☆	☆☆☆	☆☆☆
	探究能力	☆☆	☆☆☆	☆☆☆	☆☆☆
三颗星表示"优"，两颗星表示"良"，一颗星表示"一般"					

第六章 中国西南、青藏地区少数民族民俗

学习目标

  知识目标：了解西南、青藏地区主要少数民族现状及风俗习惯。

  技能目标：掌握西南、青藏地区主要少数民族的饮食、居住、服饰等民俗特色并理解其文化内涵。

  能力目标：具有运用饮食、居住、服饰等民俗的知识，进行初步的民俗旅游开发的能力。

【引例】云南少数民族称谓趣闻

  路南石林是距昆明较近的一个风景名胜，约 80 公里。在这里，对女子要称"阿诗玛"、男子则称"阿黑哥"，是电影《阿诗玛》的原因还是自古有之，未做考证，反正现在阿诗玛已经成为彝族女子的代称，一声"阿诗玛"或"阿黑哥"会让你得到满意周到的服务，屡试不爽。

  昆明往西 300 多公里便是大理，这里是白族聚居区，对女子则要称"金花"、男子则称"阿鹏"。大理往北便是丽江，就是纳西族人为多了，叫男的为"胖金哥"、女的为"胖金妹"。问及当地人，果真是以胖、以黑为美。历史上纳西是母系社会，听说这里是男人好享福，一生只有 8 件事：琴、棋、书、画、烟、酒、茶，还有就是带娃娃。女人则正相反，一切劳作皆由女人承担。一路所见，果真是女人下地居多。

  昆明之南约 600 公里便到了边陲西双版纳，这里共有 44 个少数民族，以傣族人居多，傣族又分水傣、旱傣及花腰傣。版纳绝对是个"女尊男卑"的地方，以生女儿为荣，用当地的话来说，生个男孩子是"赔钱货"，因为傣族男子以入赘方式娶老婆，也就是倒插门。

  分析提示：云南共生活着 26 个民族，其中 15 个民族为云南独有，他们群居的方式是"大杂居、小聚居"，许多地方均可同时看到数种风情各异的民族融洽相处，在历史的长河中，各民族均创造了绚丽多彩的优秀民族文化。

第一节 西南、青藏地区少数民族概述

  我国少数民族分布的主要形式是"大杂居、小聚居"，而西南、青藏地区是我国少数民族种类最多、民族成分最复杂的地区。这一地区包含四川、云南、贵州、青海四省，广西、西藏两自治区以及重庆市，总面积达到了 300 万平方公里，约占全国总面积的 31%。以该地区为聚居地的少数民族有彝、白、壮、傣、苗、回、藏、傈僳、哈尼、拉祜、佤、纳西、瑶、景颇、布朗、普米、怒、阿昌、独龙、基诺、羌、门巴、珞巴、蒙古、土家、布依、侗、水、仡佬、仫佬、毛南、京、德昂、撒拉、土等 35 个。

一、西南、青藏地区少数民族的形成

（一）苗族的形成

苗族自称"藏"、"蒙"、"摸"、"毛"，有的地区自称"嘎脑"、"果雄"、"带叟"、"答几"等，也称"长裙苗"、"短裙苗"、"红苗"、"白苗"、"青苗"、"花苗"等，现在统称为"苗族"。

苗族是中国历史悠久的古老民族之一，其先民可能来源于古代的"五溪蛮"或"武陵蛮"。所谓"五溪"即今天湖南西部和贵州、重庆、湖北交界地区的沅江上游一带，因分布有雄溪、沅溪、辰溪等五条溪流，在秦汉时期就被称为"五溪"。所谓"武陵"是因汉初曾在今湖南西部、湖北西部设置的武陵郡而得名。历史上把曾在这两个地区居住的民族称为"五溪蛮"或"武陵蛮"。这两个地方的先民以后逐渐迁徙，散布在西南各地山区，逐渐形成现在的苗族。

另一种说法是，苗族源于黄帝时期的"九黎"、尧舜时期的"三苗"。"九黎"是5000多年前居住在黄河中下游的部落，其首领是蚩尤，后与黄帝部落发生战争，即历史上所称的"逐鹿之战"。在战争中，黄帝与炎帝联合，九黎首领被皇帝擒杀，余部退入长江中下游，形成"三苗"部落，建立三苗国。在4000年前，以尧、舜、禹为首的华夏部落与三苗国争战近千年。最后，三苗国为夏禹所灭。其后，一部分被驱逐到"三危"，即今陕甘交界地带，后又被迫向东迁移。经过很长时间逐步进入川南、滇东北、黔西北等，形成后来西部的苗族。留住长江中下游和中原地区的"王苗"后裔，一部分与华夏融合，一部分形成商周时期所称的"南蛮"；而居住汉水中游的，被称为"荆楚蛮夷"。后来，荆楚蛮夷中先进的部分逐步发展为楚族，建立楚，后进的部分继续迁入黔、湘、贵、川、鄂、豫等省毗连山区，成为今天东部、中部苗族先民。因此，历史上，苗族是一个饱受战争掠夺、迁徙无常、灾难深重的民族，相传有"老鸦五树桩，苗人无故乡"的苗谚。

（二）彝族的形成

彝族是我国具有悠久历史和古老文化的民族之一。

彝族的形成是一个很复杂的历史过程。在六七千年前，住在我国西北河湟地区的古羌人，开始向四面发展，其中有一支向祖国西南方向迁移。到了3000多年前，这支向西南迁移的古羌人以民族部落为单位，在西南地区形成"六夷"、"七羌"、"九氐"，即史书中常出现的所谓"越巂夷"、"侮"、"昆明"、"劳浸"、"靡莫"、"叟"、"濮"等部族。在2000多年前的远古时期，彝族就居住在滇池地区、哀牢山区、安宁河流域和金沙江两岸，其后逐步发展到滇东北、滇西、黔西北等地。隋唐以来，彝族先民有乌蛮和白蛮的分化，乌蛮系由昆明部落发展而成，白蛮系以叟、濮为主体，并与其他民族融合而成。到了16世纪下半叶，原来的彝族聚居区逐渐变为彝汉共居区。中华人民共和国成立前，四川大凉山及云南小凉山彝族地区还保持着奴隶制度，分兹莫、诺伙、曲诺、阿加、呷西五个等级，其他地区基本上处于封建地主经济发展阶段。经过民主改革，摧毁了封建制和奴隶制，先后在四川、云南和贵州等地建立了自治州和自治县（参见图6-1）。

图 6-1　彝族

（三）藏族的形成

藏族的先民很早就繁衍生息在雅鲁藏布江中游流域地区，在此，考古学家已发现旧石器、新石器和金石并用的古文化遗址。公元 6 世纪时，西藏山南地区的雅隆部落首领成为部落联盟的领袖，号称"赞普"。公元 7 世纪松赞干布统辖了整个西藏地区，史称"吐蕃"。在以后的发展中，吐蕃先后融合了羌、党项、氐、夷等部落和汉、彝、回、蒙古、纳西等民族，扩大了自己的民族成分。"吐蕃"作为民族名称，在历史上一直沿用，在民国时期才统一命名为"藏族"。

（四）侗族的形成

侗族是我国南方具有悠久历史的民族，是古代越人的后裔，其自称为"干"或"更"、"金"、"金佬"等，和壮、布依、水、毛南等民族有历史渊源关系。早在秦汉时期，在今广东、广西一带聚居着许多部落，统称为"落月"（"百越"的一支）。魏晋南北朝至隋唐时期，这些部落又被泛称为"僚"、"僚浒"或"乌浒"等。明代有"峒人"、"峒蛮"之称，是侗族形成单一稳定的民族共同体的标志，并已基本形成了今天的分布格局。清代侗族先民多称为"洞苗"、"洞民"和"洞家"等，现统称为"侗族"。

（五）白族的形成

白族是一个有着悠久历史和灿烂文化的民族，自秦汉就主要分布在云南腹地平坝地区，在不同时期有不同称谓。白族自称"白"、"白子"、"白尼"、"白伙"等，其他民族对白族的称呼达 60 余种。在不同的朝代史籍中，对白族的先民也有不同的称呼，如秦汉称"滇僰"，魏晋南北朝称"叟"、"爨"，隋唐称"西爨白蛮"、"白蛮"、"河蛮"，宋元称"白人"、"僰人"、"爨僰"，明清称"白爨"、"白人"、"民家"等。1956 年 11 月，根据广大白族人民的意愿，经国务院批准，正式以"白族"为本民族的统一族称。

【微型资料 6-1】白族起源

据白族《九隆神话》记载，圣母沙壹尝捕鱼水中，触沉木若有感，因怀妊，十月，产子男十人，后沉木化为龙，出于水上。沙壹忽闻龙语曰："若为我生子，今悉何在？"九子见龙惊走，独小子不能去，背龙而坐，龙因舐之，其母鸟语，谓背为九，谓坐为隆，因名子曰九隆。及后长大，诸兄以九隆能为父所舐而黠，遂共推以为王。后牢山下有一夫一妇，复生十女子，九隆兄弟皆娶以为妻，后渐相滋长。种人皆刻画其身，像龙文，衣皆着尾。九隆乃哀牢开国之君，继哀牢古国之后，白（子）国、南诏国、大理国之开国之君均声称为九隆之后，如此从文化上看白族认同九隆子孙。另从民俗考证及古代人口流动的纵向上来看，历史上南下的氐羌人，通过蜀身毒道（南方丝绸之路）到洱海地区进行传教商贸往来的天竺人，以及早期入滇的汉人，与洱海地区的原住民在长期的交流与影响之下，融合成了以认同九隆子孙的有共同的经济生活、共同的政治体制、共同的语言与共同的文化共同体——白族。

　　2008 年云南剑川海门口发掘出迄今 3000 多年前的古人类文化遗址，表明洱海地区很早就有人类居住，并产生了当时云南最早的青铜器文明。从明朝到 1956 年白族民族身份得到确立的几百年内，是云南白族大量汉化的过程。现代云南白族除了大理州外，从丘北的马者龙、昆明的西山、元江的因远、楚雄的南华、保山的旧寨及丽江相互之间呈不连续分布的事实也反映了这一点。历史学家马耀的观点是，白族是异源同流，即白族是由一个藏缅文化为主干的族群同化了大量不同来源的人形成的民族。

（六）傣族的形成

　　傣族是我国西南地区的少数民族之一（见图 6-2），主要聚居在云南西双版纳傣族自治州、德宏傣族景颇族自治州和耿马、孟连、景谷、新平、金平、元江、双江等地。傣族是一个具有悠久历史和灿烂文化的民族。傣族先民是我国秦以前"百越"（百粤）、"掸"的一支，公元一世纪左右，他们生活在四川、贵州、云南、广西等地域。"掸"是"越人"西部的一支，又称"滇越"，居住在今德宏州及其西南地区，是今天傣族的直接先民。历史上对傣族的称谓很多，而傣族自称"傣雅"、"傣那"、"傣绷"等。中华人民共和国成立以后，按照傣族人民的意愿，正式定名为"傣族"。此外，不同地区的傣族，因其风俗习惯、服饰特点的差异，分别被称为"旱傣"、"水傣"和"花腰傣"。

图 6-2　傣族

二、西南、青藏地区少数民族概况及人口分布

（一）苗族

苗族主要分布在西南地区的贵州、云南、重庆，此外，还分布在湖南、广西、广东、湖北等省区，海南岛也有一部分。在 2010 年人口普查中，苗族总人口为 942.6 万人，其中贵州最多，遍布全省各州、市、县，占全国苗族人口数的一半以上。贵州又以黔东南苗族侗族自治州苗族为最多，也最集中，而台州又是全国苗族人口比例最高的一个县，苗族占全县人口的 97%。贵州的毕节、铜六、遵义、黔南、黔西南、安顺、六盘水、贵州市等地区也分布有苗族，因此人们常说"贵州是苗族的大本营"。苗族聚居的苗岭山脉和武陵山脉气候温和、山环水绕，大小田坝点缀其间。苗族人主要种植水稻、玉米、谷子、小麦、棉花、烤烟、油菜、油桐等。苗族人民善于歌舞，形式丰富多彩，苗族被称为"歌舞的民族"。

（二）彝族

彝族主要分布在云南、四川、贵州三省和广西壮族自治区的西北部。其主要分布特点是"大分散，小聚居"，主要聚居区有四川省凉山彝族自治州、云南楚雄彝族自治州、红河哈尼彝族自治州、贵州毕节地区和六盘水地区。四川凉山彝族自治州是我国最大的彝族聚居区。云南省的彝族主要分布在横断山脉南部、哀牢山区、乌蒙山脉和金沙江、南盘江流域以及昆明市、楚雄州、大理、玉溪、曲靖、普洱、昭通等。

（三）藏族

今天的藏族主要分布在海拔 4000 米的青藏高原，除了西藏自治区外，还分布在四川甘孜藏族自治州、阿坝藏族羌族自治州和木里藏族自治县，云南迪庆藏族自治州，甘肃甘南藏族自治州和天祝藏族自治县，青海省海南藏族自治州、海北藏族自治州、海西蒙古族藏族自治州、黄南藏族自治州、果洛藏族自治州、玉树藏族自治州，总面积 200 万平方公里。藏族人主要从事畜牧业，藏族有自己的语言和文字。藏语属汉藏语系藏缅语族藏语支，分卫藏、康方、安多三种方言。现藏文是 7 世纪初根据古梵文和西域文字制定的拼音文字。藏医药学是中国医学的重要组成部分。藏药讲求炮制技术，尤对兽医有独到之处。医药学著作主要有《医方四续》。算学可以预测日蚀、月蚀及地方近期气象。

（四）侗族

侗族主要分布在贵州省的黎平、从江、榕江、天柱、锦屏、三穗、镇远、剑河、玉屏等地，湖南省的新晃、靖州、通道、芷江、会同、洞口等县，广西壮族自治区的三江、龙胜、融水、融安、罗城以及湖北恩施、宜恩、利川、咸丰等县。侗族的分布区域基本连成一片，并与汉、苗、水、瑶、壮、土家等民族交错杂居。一般来说，人们习惯于将天柱、锦屏、三穗、镇远、剑河、新晃等地称为"北部侗族区"（多属于长江水系），将黎平、从江、榕江、三水、融水、通道等地称为"南部侗族区"（多属于珠江水系）。

（五）白族

据史料记载，约在 4000 年前，白族的先民就生息繁衍在大理，历史上白族多数分布在平坝和低山丘陵地带，少部分居住在高寒山区，主要聚居区是大理白族自治州和兰坪白族普米族自治县，位于云贵高原的西北角。现今白族主要分布在云南大理白族自治州，丽江、碧江、保山、南华、元江、昆明、安宁等地以及贵州毕节、四川凉山、湖南桑植等地亦有分布。历史上，被称为"南方丝绸之路"的"蜀身毒道"和"茶马古道"在大理交汇，沟通了大理与

祖国内地的联系，使大理成为"站在亚洲文化十字路口的古都"。就是这个地方造就了白族优秀的民族文化和丰富多彩的民风民俗。

（六）傣族

傣族主要分布在云南省的西部和南部边疆，主要聚居区有西双版纳傣族自治州、德宏傣族景颇族自治州、耿马傣族佤族自治县、孟连傣族拉祜族佤族自治县；临沧、澜沧、新平、元江、元阳、金平、华坪、大姚、禄劝、景东、景谷、宁洱、腾冲、龙陵、沧源、江城、河口、西盟等 30 多个县也有傣族散居或杂居。

第二节　西南、青藏地区少数民族民俗

居住在我国西南、青藏地区的各个少数民族历史悠久，这些不同历史文化、不同社会经济发展背景、不同语言文字、不同习俗的民族聚集生活在同一地域的不同海拔、不同生态环境中，以不同的方式适应和改造自然，并在长期的历史发展过程中，形成了自己独特而多彩的民俗文化。

一、苗族民俗

（一）服饰民俗

苗族服饰从总体来看，保持着中国民间织、绣、挑、染的传统工艺技法，往往在运用一种主要的工艺手法的同时，穿插使用其他的工艺手法，或者挑中带绣，或者染中带绣，或者织绣结合，从而使这些服饰图案花团锦簇，溢彩流光，显示出鲜明的民族艺术特色。从内容上看，服饰图案大多取材于日常生活中各种活生生的物象，有表意和识别族类、支系及语言的重要作用，这些形象记录被专家学者称为"穿在身上的史诗"。从造型上看，采用中国传统的线描式或近乎线描式的、以单线为纹样轮廓的造型手法。从用色上看，她们善于选用多种强烈的对比色彩，努力追求颜色的浓郁和厚重的艳丽感，一般均为红、黑、白、黄、蓝五种。从构图上看，它并不强调突出主题，只注重适应服装的整体感的要求。从形式上看，分为盛装和便装。盛装，为节日礼宾和婚嫁时穿着的服装，繁复华丽，集中体现苗族服饰的艺术水平；便装，样式比盛装样式素静、简洁，用料少，费工少，供日常穿着之用。除盛装与便装之分外，苗族服饰还有年龄和地区差别。

喜戴银饰是苗族姑娘的天性，她们挽发髻于头顶，戴上高约 20 公分左右，制作精美的银花冠，花冠前方插有 6 根高低不齐的银翘翅，上面大都打制着二龙戏珠、蝴蝶探花、丹凤朝阳、百鸟朝凤、游鱼戏水图案。有的地区，银冠上除插银片外，还插高约 1 公尺的银牛角，角尖系彩飘，更显得高贵富丽。银冠下沿，圈挂银花带，下垂一排小银花坠，脖子上戴的银项圈有好几层，多以银片打制的花和小银环连套而成。前胸戴银锁和银压领，胸前、背后戴的是银披风，下垂许多小银铃。耳环、手镯都是银制品。只有两只衣袖才呈现出以火红色为主基调的刺绣，但袖口还镶嵌着一圈较宽的银饰。苗家姑娘盛装的服饰常常有数公斤重，有的是几代人积累继承下来的，素有"花衣银装赛天仙"的美称。苗家银饰的工艺华丽考究、巧夺天工，充分显示了苗族人民的智慧和才能（见图6-3）。

图 6-3   苗族服饰

（二）饮食民俗

　　大部分地区的苗族一日三餐，均以大米为主食。油炸食品以油炸粑粑最为常见。如再加一些鲜肉和酸菜做馅，味道更为鲜美。苗家的食用油除动物油外，多是茶油和菜油。 以辣椒为主要调味品，有的地区甚至有"无辣不成菜"之说。苗族的菜肴种类繁多，常见的蔬菜有豆类、瓜类和青菜、萝卜，大部分苗族都善做豆制品。各地苗族普遍喜食酸味菜肴，酸汤家家必备，酸汤也是常见的饮料。酸汤是用米汤或豆腐水，放入瓦罐中 3~5 天发酵后，即可用来煮肉、煮鱼、煮菜。苗族的食物保存，普遍采用腌制法，蔬菜、鸡、鸭、鱼、肉都喜欢腌成酸味的。苗族几乎家家都有腌制食品的坛子，统称酸坛。苗族酿酒历史悠久，从制曲、发酵、蒸馏、勾兑、窖藏都有一套完整的工艺。日常饮料以油茶最为普遍。湘西苗族还特制有一种万花茶。典型食品主要有：辣椒骨、苗乡龟凤汤、绵菜粑、虫茶、万花茶、捣鱼、酸汤鱼等。

　　1. 糯米饭

　　糯米饭是苗族主食之一，在苗族人民生活中占有重要地位，为男女老幼喜爱之食品。人们认为吃粘米饭不顶饿，味淡，不及糯米饭香，不用菜也能吃下，不用筷子，手捏着吃极为方便。凡走亲访友的礼品、各种节日的主食，多为糯米做成的各种食品。有甑蒸绚白的糯米饭，染成五颜六色的花糯米饭，枕头形和三角的粽子、糯米粑，以及用糯米酿制的米酒；在长途旅行或上坡做活时，多以竹制盒盛糯米饭随身带去食用。在新媳妇初见翁姑、女婿拜见岳丈时，糯米制作的上述礼品是必备的礼物。因此，糯米的用量比例是很大的。

　　2. 酸食

　　苗族特别喜爱吃酸食。相传是由于他们世居深山峻岭之中，山高路遥，交通不便，很不容易吃上鱼肉类和蔬菜，并缺少食盐。所以，苗族为适应日常生活的需要，便家家户户都设置酸坛，制作酸鱼、酸肉、酸菜及其他相通食物。

　　制作酸肉首先要把猪肉切成不大不小的块儿，在自家设置的酸坛里，按一层肉一层盐的办法，层层压实；待盐溶化后，再把肉取出，在每块肉上再均匀地搓上糯米饭和酒糟后，另加入一些香料和辣椒面，再放进酸坛里，盖严。这样做的肉，不但味道鲜美，而且可以保存一年到两年。酸汤菜不但爽口、解渴，而且具有增进食欲、帮助消化的功能。所以，酸汤菜成为苗家人餐桌上不可缺少的一道菜。

酸菜的作法是把白菜、韭菜、豆芽菜、辣椒、黄瓜、萝卜等蔬菜放进酸坛内腌制，随时取出食用；再则用带叶子的菜如芥菜、白菜等洗净，放进锅里煮沸后，加进一些酸醋和香料，接着一起放进酸坛，经过一些时日即成。做酸菜汤时，准备一碟辣椒粉，放点盐、豆豉及味精等调料，即成为酸、辣、咸三味俱全，非常可口，促进食欲的美味佳肴了。

（三）居住民俗

吊脚楼是苗族传统建筑，是中国南方特有的古老建筑形式，楼上住人，楼下架空，被现代建筑学家认为是最佳的生态建筑形式。吊脚楼是苗乡的建筑一绝，它依山傍水，鳞次栉比，层叠而上。

吊脚楼的形成有历史的原因，也有自然的原因。据建筑学家说，苗族吊脚楼是干栏式建筑在山地条件下富有特色的创造，属于歇山式穿斗挑梁木架干栏式楼房。从历史来看，苗族的建筑文化可以追溯到上古时期。苗族祖先蚩尤所在的九黎部落集团肇始于环太湖地区，他们参与了环太湖地区河姆渡文化和良渚文化的创造。河姆渡文化和良渚文化的考古发现证实了苗族先民的民居就是干栏式建筑。

吊脚楼一般以三间四立帖或三间两偏厦为基础，一般分为三层，底层都用作家畜和家禽的栏圈，以及用来搁置农具杂物等东西。中层住人，正中间为堂屋，堂屋两侧的立帖要加柱，楼板加厚；因为这是家庭的主要活动空间，也是宴会宾客笙歌舞蹈的场所。有少数人家在正对大门的板壁上安放有祖宗圣灵的神龛。神圣的家庭祭祖活动就在堂屋进行，一般情况下，左右侧房作为卧室和客房。三楼多用来存放粮食和种子，是一家人的仓库；如果人口多，也要隔出住人的卧室。厨房安置在偏厦里。建筑的空间分割组合，以祖宗圣灵神龛所在的房间为核心，再向外延伸辐射。家庭成员在这样的空间组合下生活，无形中便被祖宗圣灵所在的堂屋的空间引力所凝聚，从而为家庭的团结增强了亲和力。祖先崇拜的苗族传统宗教，在吊脚楼的民居建筑上被充分完美地体现出来了。

（四）礼仪习俗

苗族十分注重礼仪。客人来访，必杀鸡宰鸭盛情款待，若是远道来的贵客，苗族人习惯先请客人饮牛角酒。吃鸡时，鸡头要敬给客人中的长者，鸡腿要赐给年纪最小的客人。有的地方还有分鸡心的习俗，即由家里年纪最大的主人用筷子把鸡心或鸭心拈给客人，但客人不能自己吃掉，必须把鸡心平分给在座的老人。如客人酒量小，不喜欢吃肥肉，可以说明情况，主人不勉强，但不吃饱喝足，则被视为看不起主人。苗族讲究真情实意，非常热情，最忌浮华与虚伪。主人路遇客人不抢走第一步，不走在前面；交谈中用敬语称呼；迎客要穿节日服装；对贵客要到寨外摆酒迎候；客人到家门，男主人要叫门，告知在家的女主人，女主人要唱歌开门迎客；在客人面前，女主人不登高上楼。

有些苗族地区，忌随时洗刷饮甑、饭包、饭盆，只能在吃新米时洗，以示去旧米迎新米。随时洗刷会洗去家财，饭不够吃。在山上饮生水忌直接饮用，须先打草标，以示杀死病鬼。忌动他人放于路边的衣物，以免传染麻疯病。忌孩子在家中乱耍小弓箭，恐射中祖先。忌跨小孩头顶，否则孩子长不高。

（五）游艺习俗

苗族音乐格调古朴，内容丰富。主要有飞歌、酒歌、游方歌（又叫马郎歌）、理俗歌、祭祀歌、儿歌等歌曲。歌声高亢嘹亮，热情奔放。其音乐既有刚毅、率直、粗狂、豪放的一类（以飞歌为代表），又有柔情、委婉、细腻、深沉的一类（以游方歌为代表）。乐器有木鼓、铜鼓、芦笙等。

苗族飞歌是一种最有代表性的典型苗歌，又称之为吼歌、喊歌、山歌，是青年男女隔山隔水的情况下，为互表诚意，邀约游方而放声抒怀的一种情歌。在迎送客人和宴酬时，有时也用飞歌。

苗族民间舞蹈有芦笙舞、锦鸡舞、铜鼓舞、木鼓舞、湘西鼓舞、凳舞和古瓢舞等，尤以芦笙舞流传最广。

【微型资料 6-2】苗族：刀梯仪式

上刀梯：又称上刀山，其用途是傩活动中"还过关愿"时作"关"来用。将七把或九把杀猪刀磨利，刀刃朝上分别捆在木梯横梁上，木梯又被固定在主家堂屋门正中。巫师赤着脚背起犯了"关煞"的小孩爬上梯去，又从梯的另一面下来，巫师每一步都必须踩在刀刃上。

后来，上刀梯仪式被民间艺人综合成一种艺术形式，将木梯改成一根木杆，杆上凿洞，16 个洞安放 16 把特制的刀，以刀杆为分界，每把刀变成两把，共 32 把。表演时加上了民族舞蹈、唱山歌、打击乐伴奏，男女表演者每上一步都要表演惊险壮观的动作技艺。

（六）岁时节日民俗

苗族民间的传统节日较多，有苗年、四月八、龙舟节、吃新节、赶秋节等，其中以过苗年最为隆重。

1. 苗年

苗年相当于汉族的春节，一般在秋后举行。节日早晨，人们将做好的美味佳肴摆在火塘边的灶上祭祖，在牛鼻子上抹酒以示对其辛苦劳作一年的酬谢。盛装的青年男女跳起踩堂舞。除了历史性的节日外，绝大多数在秋收之后或春耕大忙之前的农闲季节举行。但由于自然因素、社会和宗族差异的影响，苗族传统节日具有明显的地域性，表现出不同的特性。

2. 姊妹节

苗族传统节日"姊妹节"又称"姐妹节"，是清水江中游沿岸苗族青年特有的社交性节日集会，有的村寨在农历的二月十五日过，有的村寨在农历三月十五过。过节时，家家都要准备不少由红、黄、白、黑、绿五色糯米饭搅拌在一起的"姊妹饭"以飨宾朋。白天，江边、路边、沙滩上、草地上人山人海；入夜，江边的沙滩上、草地上，高亢的飞歌声、浑厚古朴的大歌声和情歌声交织在一起，在宁静的夜里传到很远很远。每年春天，那里的苗族妇女要过一次姊妹节，吃上一餐姊妹饭。节日的早上，寨子里的姑娘们便去田里捉鱼，准备姊妹饭；不管她们到哪家田里捕捞，都会受到欢迎。妇女们吃完姊妹饭后，便各自带上事先准备好的彩色糯米饭，到游方场找小伙子对歌。小伙子想要吃到糯米饭，必须在对歌中取胜。除对歌以外，妇女们可以随意参加各种娱乐活动，出嫁的姑娘也要回娘家过姊妹节。

二、藏族民俗

（一）服饰民俗

藏族服饰无论男女至今保留完整。不同的地域，有着不同的服饰。特点是长袖、宽腰、大襟。妇女冬穿长袖长袍，夏着无袖长袍，内穿各种颜色与花纹的衬衣，腰前系一块彩色花纹的围裙。

藏袍是藏族的主要服装款式，种类很多，从衣服质地上可分锦缎、皮面、氆氇、素布等。藏袍花纹装饰很讲究，过去僧官不同品级，严格区分纹饰。藏袍一般较长，穿时要把下部上提，下摆离脚面有三、四十公分高，扎上腰带。藏袍可分牧区皮袍、色袖袍，农区为氆氇袍，式样可分长袖皮袍、工布宽肩无袖袍、无袖女长袍和加珞花领氆氇袍，男女穿的衬衫有大襟和对襟两种，男衬衫高领，女式多翻领，女衫的袖子要比其他衣袖长40公分左右。跳舞时放下袖子，袖子在空中上下飞舞，姿态优雅。

"帮典"，即围裙，是藏族特有的装束，是已婚妇女必备的装饰品，帮典颜色，或艳丽浓烈，或素雅娴静。

（二）饮食民俗

1. 主食

大部分藏族日食三餐，但在农忙或劳动强度较大时有日食四餐、五餐、六餐的习惯。绝大部分藏族以糌粑为主食，即把青稞炒熟磨成细粉。特别是在牧区，除糌粑外，很少食用其他粮食制品。食用糌粑时，要拌上浓茶或奶茶、酥油、奶渣、糖等一起食用；糌粑既便于储藏又便于携带，食用时也很方便。在藏族地区，随时可见身上带有羊皮糌粑口袋的人，饿了随时皆可食用。

2. 副食

藏族过去很少食用蔬菜，副食以牛、羊肉为主，猪肉次之。四川、云南等地的藏族多将猪肉用来制成猪膘，便于保存。肉类的储存多用风干法。一般在入冬后宰杀的牛、羊一时食用不了，多切成条块，挂在通风之处，使其风干。冬季制作风干肉既可防腐，又可使肉中的血水冻附，能保持风干肉的新鲜色味。

最常见的是从牛、羊奶中提炼的酥油，除饭菜都用酥油外，还大量用于制作酥油茶。酸奶、奶酪、奶疙瘩和奶渣等也是经常制作的奶制品，作为小吃或与其他食品搭配食用。

3. 饮品

在藏族民间，无论男女老幼，都把酥油茶当作必备的饮料，此外也饮奶。酥油茶和奶茶都用茯茶熬制。茯茶含有维生素和茶碱，可以补充由于食蔬菜少而引起的维生素不足，帮助消化。藏族普遍喜欢饮用青稞制成的青稞酒，在节日或喜庆的日子尤甚。藏族喝酥油茶还有一套规矩：一般是边喝边添，不一口喝完，但对客人的茶杯总要添满；假如你不想喝，就不要动它；假如喝了一些，再喝不下了，主人把杯里的茶添满后，客人就不要再碰，等告辞时再一饮而尽，这是藏族的饮食习惯。

（三）居住民俗

1. 碉房

藏族最具代表性的民居是碉房。碉房多为石木结构，外形端庄稳固，风格古朴粗犷；外墙向上收缩，依山而建者，内坡仍为垂直。碉房一般分两层，以柱计算房间数。底层为牧畜圈和贮藏室，层高较低；二层为居住层，大间作堂屋、卧室、厨房，小间为储藏室或楼梯间；若有第三层，则多作经堂和晒台之用。因外观很像碉堡，故称为碉房。

碉房具有坚实稳固、结构严密、楼角整齐的特点，既利于防风避寒，又便于御敌防盗。

2. 帐房

帐房与碉房迥然不同，它是牧区藏民为适应逐水草而居的流动性生活方式而采用的一种特殊性建筑形式。普通的帐房一般较为矮小，平面呈正方形或长方形；用木棍支撑高约 2 米的框架；上覆黑色牦牛毡毯，中间留一宽 15 厘米左右、长 1.5 米的缝隙，作通风采光之用；四周用牦牛绳牵引，固定在地上；帐房内部周围用草泥块、土坯或卵石垒成高约 50 厘米的矮墙，上面堆放青稞、酥油袋和干牛粪（作燃料用），帐房内陈设简单，正中稍外设火灶，灶后供佛，四周地上铺以羊皮，供坐卧休憩之用。帐房具有结构简单、支架容易、拆装灵活、便于搬迁等特点。

西藏民居在注意防寒、防风、防震的同时，也用开辟风门，设置天井、天窗等方法，较好地解决了气候、地理等自然环境不利因素对生产、生活的影响，达到通风、采暖的效果。

民居室内外的陈设显示着神佛的崇高地位。不论是农牧民住宅，还是贵族上层府邸，都有供佛的设施，最简单的也设置供案，敬奉菩萨。

（四）礼仪习俗

1. 迎客礼俗

藏族在迎接客人时除用手蘸酒弹三下外，还要在五谷斗里抓一点青稞，向空中抛撒三次。酒席上，主人端起酒杯先饮一口，然后一饮而尽，主人饮完头杯酒后，大家才能自由饮用。饮茶时，客人必须等主人把茶捧到面前才能伸手接过饮用，否则会被认为失礼。吃饭时讲究食不满口，嚼不出声，喝不作响，拣食不越盘。用羊肉待客，以羊脊骨下部带尾巴的一块肉为贵，要敬给最尊敬的客人。制作时还要在尾巴肉上留一绺白毛，表示吉祥。

献哈达是藏族待客规格最高的一种礼仪，表示对客人热烈的欢迎和诚挚的敬意。哈达是藏语，即纱巾或绸巾。它以白色为主，亦有浅蓝色或淡黄色的，一般长约 1.5 米至 2 米，宽约 20 厘米。最好的是蓝、黄、白、绿、红五彩哈达。五彩哈达用于最高最隆重的仪式如佛事等。

2. 民族禁忌

禁忌是人们由面对一个权威对象时的敬畏感而产生的对自己行为的限制性规定。禁忌包含两方面的意义：一是对受尊敬的事物不许随便使用，因为这种事物具有"神圣"、"圣洁"的性质，随便使用是一种亵渎行为，会招致不幸；反之，遵循禁忌，会带来幸福。二是对受鄙视的不洁、危险的事物，不许随便接触，违反这种禁忌，同样会招致不幸。

藏族人禁忌在别人后背吐唾沫、拍手掌；行路遇到寺院、玛尼堆、佛塔等宗教设施，必须从左往右绕行；不得跨越苹果、火盆；经筒、经轮不得逆转；忌讳别人用手触摸头顶；忌讳触摸藏服；新娘出嫁，去男方家时，在没有给长辈磕头前，不能露脸；脚不能对准他人，否则会被视为没教养、没礼貌；藏族人禁忌吃驴肉、马肉，最忌吃狗肉，凡盛过这些肉的器具便不再使用。

（五）游艺习俗

藏族人民创造了灿烂的民族文化，在音乐、舞蹈、戏曲和体育等方面，都有丰富的文化遗产。

1. 音乐

藏族传统音乐特色鲜明，品种多样，包括民间音乐、宗教音乐、宫廷音乐三大类。民间音乐在传统音乐中居主要地位，主要包括山歌（牧歌）、劳动歌、爱情歌、风俗歌、颂经调等。如风俗歌中的箭歌，是射手们夸耀弓箭及射箭技术所唱的歌，唱时伴以舞蹈动作。音乐中常用附点音、三连音和切分音，清新明快；而告别歌则是在送别贵客、亲友时由中、老年妇女演唱。歌曲诚挚动人，多用包含变宫音与清羽音的七声羽调式。

2. 舞蹈

藏族民间歌舞形式多样，特色鲜明。歌舞曲的唱词内容广泛，如歌颂日月星辰、山河大地，赞美妇女的容貌服饰，思念亲人，祝福相会，祝颂吉祥如意以及宗教信仰等内容。

（1）果谐舞

果谐舞是一种古老的歌舞形式，意为圆圈歌舞，流传广泛，在节日喜庆、劳动之余和宗教仪式上，参加者相互拉手扶肩，边唱边舞，不用乐器伴奏。

（2）热巴谐

热巴谐流行于康巴地区的流浪艺人表演的歌舞。包括鼓铃舞、杂耍、歌舞剧、木棒舞、鹿舞、刀舞、热巴弦子等多种表演形式。鼓铃舞音乐包括散板的男声领唱及慢板齐唱，音乐热情优美，富于魅力。

3. 戏曲

藏戏包括西藏藏戏（阿吉拉姆）、安多藏戏（南木特）、德格藏戏、昌都藏戏等4个剧种，各剧种的唱腔、音乐、表演、服饰等具有不同特色。西藏藏戏及安多藏戏流传较广，影响较大。西藏藏戏历史悠久，其起源可追溯到8世纪赤松德赞时期，在桑寺落成典礼上，艺人们将藏族民间舞与佛经故事结合成为一种哑剧式的跳神仪式。过去藏戏在广场演出，伴奏只用鼓与镲，以人声为演员帮腔。中华人民共和国成立以来，藏戏被搬上舞台，并对唱腔、乐队等进行了改革，丰富了藏戏音乐的表现力。西藏藏戏的传统结构共分3部分，第1部分"顿"，为开场白；第2部分"堆"，是正戏；第3部分"扎西"，是祝福吉祥如意的结尾歌舞。

【微型资料6-3】藏戏面具有哪些

与我们熟悉的京剧脸谱相似，藏戏面具的不同颜色也对应着所代表人物的不同性格。下面我们就来看看，藏戏面具的色彩与性格。

白色面具——表示人物性格纯洁、善良、温和，无害人之心，意味老者长寿、少者无理。

对比：京剧中的白色脸谱表示人物性格奸诈多疑，代表人物为曹操。

黄色面具——表示容光焕发、功德广大、知识渊博，系活佛、仙翁所戴。

对比：京剧中黄色脸谱代表人物性格猛烈，代表人物典韦。

蓝色面具——表示正义、勇敢，为勇士相。

对比：京剧中蓝色脸谱表示人物性格刚直、桀骜不驯，代表人物为窦尔敦。

绿色面具——象征贤良智慧、美貌端庄，属于度母或空行女化身的女子。

对比：京剧中的绿色脸谱代表人物性格勇猛、莽撞，多用来表现绿林好汉。

红色面具——象征权力、正义，表示足智多谋、智勇双全。凡扮演国王、大臣者均戴红色面具。有时藏戏里宗教跳神中一些男性呈忿怒状也常用红色。

对比：京剧中的红色脸谱象征着忠义，代表人物为关羽。

黑色面具——表示凶恶，为凶怒相。

对比：在京剧中，黑色脸谱代表着公正、铁面无私，代表人物为包拯。

4. 体育

藏族的体育活动历史悠久，传统项目主要有：大象拔河、射碧秀、赛马、藏棋等。

（1）大象拔河

大象拔河是藏族人民的一项传统体育活动，比赛一般在两人之间进行。比赛前，先在地上划两条平行线作为河界，接着在一条长约4米的布带两端打结，双方各自套在脖子上，两人相背，将赛绳经过腹部从裆下穿过，然后膝着地，趴着拔河。因其形象酷似大象，故名"大象拔河"。布带中间系一红布为标志，垂至"河"中央。发令后，双方用颈部的力量拖动布带奋力向前爬，以将红布标志拉过河界者为胜。无论谁赢谁输都能获得观众雷鸣般的助威声和哈哈大笑声。

（2）射碧秀

"碧秀"即"响箭"，系藏族传统体育活动，至今以流行于西藏自治区，每逢望果节举行。碧秀长80厘米，箭杆竹制，尾部插天鹅羽毛，头部有木制椭圆形装置，四侧有小孔。参加比赛的选手，每人射两箭，一箭射中献哈达一条，两箭都射中则献哈达两条，两箭都失利者，罚酒一杯。

（3）赛马

赛马是藏族人民所喜爱的传统体育项目之一。像当雄的"当吉仁术"、江孜的"达芒节"、青海的"盘坡草原盛会"及四川阿坝的"草原赛马会"等，都是传统的赛马大会。每逢赛马会，藏族青年便身着盛装，骑着用哈达、羽花及铜铃打扮起来的骏马，喜气洋洋地参加比赛。藏族赛马的项目很多，有长跑、短跑及快马折腰、迅跑中拔旗、捡哈达、挥刀斩旗杆、马上打靶射击等。

（六）岁时节日民俗

1. 藏历年

藏历年是藏族传统节日。每年藏历正月一日开始，三至五天不等。藏历十二月初，人们便开始准备年货，到初一这天，将青苗、油馃子、羊头、五谷斗等摆于佛龛茶几上，预祝新的一年人寿粮丰。大年初一天不亮，家庭主妇便从河里背回"吉祥水"，然后唤醒全家人，按辈排位坐定；长辈端来五谷斗每人先抓几粒，向天抛去，表示祭神，然后依次抓一点送进嘴里；此后长辈按次序祝"扎西德勒"（吉祥如意），后辈回贺"扎西德勒彭松措"（吉祥如意，功德圆满）。仪式完毕后，便吃麦片土巴和酥油煮的人参果，接着互敬青稞酒。初一一般禁止扫地，不准说不吉利的话，互不走访做客。

初二男女老少都穿上节目的盛装，亲友之间相互登门拜年祝贺、互赠哈达，见面互道"扎西德勒"、"节日愉快"，此活动持续三五天。藏历新年期间，在广场或空旷的草地上，大家围成圈儿跳锅庄舞、弦子舞，在六弦琴、钹、锣等乐器的伴奏下，手拉手、人挨人地踏地为节、欢歌而和，孩子们则燃放鞭炮，整个地区沉浸在欢乐、喜庆、祥和的节日气氛之中。在城乡演唱藏戏，跳锅庄和弦子舞。在牧区，牧民们点燃篝火，通宵达旦地尽情歌舞。民间还进行角力、投掷、拔河、赛马、射箭等活动。

2. 沐浴节

沐浴节，藏语叫"嘎玛日吉"（洗澡），是藏族人民特有的传统节日，至少有七八百年的历史。在藏历七月六日至十二日举行，历时 7 天。藏族人民按佛教说法，青藏高原的水具有八大优点，即一甘、二凉、三软、四轻、五清、六不臭、七饮不损喉、八喝不伤腹。因此七月份被人们称为沐浴的最佳时间。无论是城市、农村还是牧区，男女老少全家出动，来到河边溪畔欢度一年一度的沐浴节。届时，藏族人民携带帐篷和酥油茶、青稞酒、糌粑等食品，纷纷来到拉萨河畔、雅鲁藏布江边，来到青藏高原千江万湖旁争相下水，尽情在水中嬉戏、游泳。休息时，一家人围坐在帐篷里，品尝芳醇的青稞酒和喷香的酥油茶。沐浴节这七天中，人们不仅来河边沐浴，还要把家里所有的被褥统统清洗干净，所以沐浴节既是藏族人民所喜爱的传统节日，又是一年一度群众性的最彻底的卫生活动。

【微型资料 6-4】藏族"沐浴节"的来历

"沐浴节"，在西藏至少有七八百年的历史，藏语称为"嘎玛日吉"（弃山星，即金星）。据藏文历书记载：弃山星半年昼出，半年夜出。在拉萨地区藏历 7 月至 8 月初肉眼能看见此星，传说经此星光照射之水均成药水，所以弃山星出现之时，洗澡活动便进入高潮。

另有传说，很久很久以前，草原上出了一个名叫宇托·云旦贡布的医生。他的医术十分高明，什么疑难杂症都能治。因此藏王赤松德赞请他去做御医，专管给藏王和妃子们治病。但是，宇托进宫以后，心中仍旧忘不了草原上的百姓。他经常借外出采药的功夫，给百姓治病。有一年，可怕的瘟疫流行，许多牧民卧床不起，有的还被夺去了生命。这时，宇托从雪山和老林里采来各种药物，谁吃了病就会好起来。不知有多少濒临死亡的病人，恢复了健康。草原上到处传诵着宇托医生的名字，人们称他为药王。不幸的是宇托医生去世了。

他去世以后，草原上又遭到了可怕的瘟疫，比前一次更严重，许多人死了。说来也巧，一天，一个被病魔折磨得九死一生的妇女，突然做了一个梦，梦中宇托医生对她说："明天晚上，当东南天空出现一颗明亮的星星的时候，你可以下到吉曲河里去洗澡，洗澡以后病就会好起来。"果然，这个妇女在吉曲河中洗澡以后，疾病立刻消除了。这件新鲜事传开以后，所有的病人都来到河中洗澡。

凡是洗澡的病人，都消除了疾病，恢复了健康。人们说，这颗奇特的星星就是宇托医生变的。宇托医生在天国看到草原人民又遭受瘟疫袭击，他又不能来到人间来给人民治病，于是把自己化作一颗星星，借星光把河水变成药水，让人们在河水中洗澡以去除疾病。因为天帝只给宇托七天时间，这颗星星也就只出现七天。从此，藏族人民就把这七天定为沐浴节，各地的牧民们，每年这个时间，都到附近的河水里洗澡。据说洗澡以后，人就健康愉快，没有疾病。

3. 望果节

望果节已有 1500 多年历史，是西藏人民渴望丰收的传统节日。"望"藏语意思是田地、土地，"果"意为转圈，"望果"是藏语译音，意为"绕地头转圈"。望果节历时一至三天，于秋收前择吉日举行。每年这天，藏族人民都身穿节日盛装，有的打着彩旗；有的抬着青稞、麦穗扎成的丰收塔，丰收塔上系着洁白的"哈达"，举着标语；有的敲锣打鼓，唱着歌曲和藏戏，绕地头转圈。绕圈后，人们携带帐篷、青稞酒，一边说古道今，一边狂欢畅饮，有的还举办传统的赛马、射箭、赛牦牛、骑马拾哈达和歌舞、藏戏比赛。商业部门也组织物资交流，供应民族特需商品和日用百货，收购土特产品。望果节过后，开始了紧张的秋收播种。

三、彝族民俗

（一）服饰民俗

彝族支系繁多，各地服饰差异大，服饰区别近百种，琳琅满目，各具特色。妇女一般上身穿镶边或绣花的大襟右衽上衣，戴黑色包头、耳环，领口别有银排花。除小凉山的彝族穿裙子外，云南其他地区的彝族妇女都穿长裤，许多支系的女子长裤脚上还绣有精致的花边。已婚妇女的衣襟袖口、领口也都绣有精美多彩的花边，尤其是围腰上的刺绣更是光彩夺目。滇中、滇南的未婚女子多戴鲜艳的缀有红缨和珠料的鸡冠帽，鸡冠帽常用布壳剪成鸡冠形状，又以大小数十、数百乃至上千颗银泡镶绣而成。

彝族男子多穿黑色窄袖且镶有花边的右开襟上衣，下着多褶宽脚长裤。头顶留有约三寸长的一缕头发，汉语称为"天菩萨"，彝语称为"子尔"，这是彝族男子显示神灵的方式，千万不能触摸。外面裹以长达丈余的青或蓝、黑色包头，右前方扎成拇指粗的长椎形的"子尔"——汉语称"英雄髻"。男子以无须为美，利用闲暇把胡须一一拔光，耳朵上戴有缀红丝线串起的黄或红色耳珠，珠下缀有红色丝线。

【微型资料6-5】彝族红河型服饰

红河型服饰主要流行于沿哀牢山流经滇南的红河水系区域。本型男装各地基本一致，多为立领对襟短衣、宽裆裤；女装则多姿多彩，其款式既有长衫，也有长衣和短装，大多衣外套坎肩，普通着长裤，系围裙。头饰琳琅满目，尤喜以银泡或绒线作装饰。红河型服饰分为元阳式、建水式及石屏式。元阳式主要流行于云南元阳、新平、红河、金平、绿春，江城、黑江等县山区，以女装最具特色。主要特点是多以蓝、绿、红、黄等色布为料，配以银泡、银锁等饰物，造成明艳富丽的装饰效果。建水式主要流行于建水、石屏、新平、峨山、蒙自、个旧、开远、通海、江川、玉溪、易门、双柏、元江等县的半山区和坝区以及部分山区，是本型中穿着最为广泛的一种。石屏式主要流行于石屏、峨山、蒙自、开远、个旧、砚山、屏边、金平、元阳、红河等县的山区（见图6-4）。

图 6-4　彝族红河型服饰

（二）饮食民俗

彝族生活中的主要食物，大部分地区是玉米，次之为荞麦、大米、土豆、小麦和燕麦等。肉食主要有牛肉、猪肉、羊肉、鸡肉等，喜欢切成大块（拳头大小）煮食，汉族称之为"砣砣肉"。大、小凉山及大部分彝族禁食狗肉，不食马肉及蛙蛇之类的肉。彝族喜食酸、辣，嗜酒，有以酒待客的礼节。酒为解决各类纠纷、结交朋友、婚丧嫁娶等各种场合中必不可少之物。

1. 食肉习俗

羊肉是彝族主要的食源，吃羊时有一些特殊的习俗：羊肝、羊胃先用来祭祀祖灵，然后烧食，也有的生食；羊脑给老人吃；处于生育期的妇女忌吃公羊；牧羊人不能食羊尾巴；羊血用来拌萝卜丝后腌做咸菜，放在饭上蒸熟吃，味道特别鲜美。

彝族吃鸡也有一些讲究。一般吃清炖，用陶锅煮，不用刀切。煮熟后用手将鸡撕成条块，蘸辣椒、花椒汁食用。鸡头由老人吃，并要看卦（鸡脑的形状）。

2. 饮酒习俗

彝族日常饮料有酒、茶，以酒待客，民间有"汉人贵茶，彝人贵酒"之说。饮茶之习在老年人中比较普遍，以烤茶为主，彝族饮茶每次只斟浅浅的半杯，徐徐而饮。彝族喜欢喝酒，酒分甜、辣两种，过去都是在自己家中酿造。甜酒用糯米、辣酒用高粱或玉米酿制。有"客人到家无酒不成敬意"的传统。行酒的次序依据彝谚"耕地由下而上，端酒以上而下"，先上座而后下座，"酒是老年人的，肉是年轻人的"。

3. 待客食俗

彝族有一套待客食俗。彝家好客，凡家中来客皆先要以酒相待，宴客规格或大或小，以椎牛为大礼，打羊、杀猪、宰鸡渐次之。打牲时，要将牲口牵至客前以示尊敬。以牛、羊待客皆不用刀，用手捏死或捶死，故称打牲，其手法极敏捷，往往牲未死而皮已剥。

宴客时的座次顺序有一定的惯制，一般围锅庄席地而坐，客人一般让坐于锅庄之上首，彝称"呷尔果"处；本家陪坐于锅庄之右首，彝称"尼木"处；帮忙者、妇女和亲友则坐于锅庄下首，彝称"呷基果"处。客人多时，顺延至右侧。

此外，在农村无论婚丧嫁娶，都有"早六晚八"的习俗。即早上六碗菜，如水豆腐、红烧猪肉、回锅肉、白菜粉条、猪血和花生米。晚上八碗菜，如黄条、红烧肉、绉沙（炒肉皮）、千张肉、凉白肉、烩腊肠、花生等，经济宽裕的还要炖上一碗鸡。

（三）居住民俗

彝族的房屋结构有的地区和周围汉族相同，凉山彝族居民住房多用板顶、土墙；广西和云南东部彝区有形似"干栏"的住宅。

"土掌房"是彝族独特的民居建筑。彝族的土掌房与藏式碉楼非常相似，一样的平顶，一样的厚实。所不同的，是它的墙体以泥土为料，修建时使用夹板固定，填土夯实逐层加高后形成土墙（即所谓"干打垒"）。平顶的制作也与石楼相似，也具备晒场的功能。土掌房分布在滇中及滇东南一带。这一带土质细腻、干湿适中，为土掌房的建造提供了大量方便易得的材料和条件。

彝族住房多为三间或五间。正中一间为堂屋，是家庭成员聚会之所，亦为接待客人之所。靠墙壁左侧，设一火塘，火塘边立石三块成鼎状，锅支其上，称为"锅庄"。锅庄严禁人踩踏跨越，否则视为不吉。锅庄上方，以蔑索吊一长方形木架，上铺竹条，作烘烤野兽干肉或蒜头、花椒、辣子之用。火塘用以煮饭、烧茶、取暖和照明。彝族一家老幼，常围火塘而坐，叙天伦之乐，火塘成为彝族传递文化的场所。一般彝族人家，则在火塘边铺一草席，身裹披毡而眠。

（四）游艺习俗

彝族人民能歌善舞。彝族民间有各种各样的传统曲调，诸如爬山调、进门调、迎客调、吃酒调、娶亲调等。有的曲调有固定的词，有的没有，临时即兴填词。山歌分男女声调，各地山歌有自己独特的风格。彝族民歌因地区的不同，其风格也有差异。凉山南部地区的民歌高亢激越，中西部地区的民歌轻柔优美，东部依诺地区的民歌敦厚朴实。过去的彝族民歌，总的说来给人以压抑低沉之感，但其朴素优美的民族地区韵味十分鲜明。

民间器乐不是供作伴奏，而是独立发展，自成系统。引人注目的是它展示的历史时空跨度极大。常见的有口弦、月琴、马布、葫芦笙、胡琴、彝箫、竖笛、唢呐等。此外，吹木叶，即以一片树叶来吹奏乐曲也是彝族人民喜爱的民间音乐。口弦和月琴十分普遍，几乎所有的妇女，无论老幼，襟前都挂着一付口弦，随时可以演奏。

彝族舞蹈有歌舞和以乐器伴奏的乐舞两类。前者最著名的如"打歌"、"跌脚"等，节奏鲜明、音调明快；后者因伴奏乐器的不同而各具特色，较具代表性的有"跳乐"、"烟盒舞"等。

【微型资料6-6】奇趣的彝族磨磨秋千

　　贵州省大方县百纳彝族乡的四位彝族姑娘在玩磨磨秋千。磨磨秋千是深受贵州彝族群众喜爱的一种传统娱乐体育项目，它是将一根有凹槽的横木放在另一根固定在地上的尖木上，人在横木两端像推磨一样地上下快速旋转、飞荡，有人称之为"彝族过山车"（见图6-5）。

图6-5　彝族磨磨秋千

（五）岁时节日民俗

　　彝族的节日主要有"火把节"、"彝族年"、"拜本主会"、"密枝节"、"跳歌节"等。"火把节"是彝族地区最普遍而最隆重的传统节日，一般多在夏历六月二十四日或二十五日。每到火把节，彝族男女老少，身穿节日盛装，打牲畜祭献灵牌，尽情跳舞唱歌、赛马、摔跤。夜晚，手持火把，转绕住宅和田间，然后相聚一地烧起篝火，翩翩起舞。

　　1. 火把节

　　火把节一般在农历六月二十四日至二十六日晚上举行，是彝族盛大的节日。

　　每当这一天，彝族家家户户门前都要坚起一个火把。在广场中央堆砌起一个宝塔形火矩。选一根三、四丈高的青松立在中间，四周用干柴分层堆砌成宝塔形，顶端放一根挂满红花、白饼、海棠的翠木。傍晚，男女老少手持大小火把，随锣声、号角声汇集于广场，将树塔点燃。顿时火光冲天，干柴噼啪作响，与锣鼓声、欢呼声汇成一片，震撼山岳。当夜幕降临后，人们挥动火把，成群结队绕村串寨、翻山过田，互相往对方的火把上撒松香粉，打火把仗，满山遍野照耀得如同白昼。照彝族的习俗，在火把上撒松香粉，使火把"嘭"地腾起一团绚丽的火花，并扬起一股香气，以此表示一种美好心愿：后辈对老辈撒，是尊敬，祝福长寿；长辈对晚辈撒，是爱抚，祝愿吉利；同辈互撒，是亲密友爱；青年男女互撒，则是恋爱的开始。

　　2. 彝族年

　　彝族年，是四川省凉山彝族自治州人民的年节。根据彝族的历法，一年十个月，每月三十六天。年节无固定日期，一般在金秋十月上旬择一吉日举行。若来年为丰收年，则这一天可继续沿用，否则。另择吉日举行。节日早晨，青年们鸣枪放炮贺新禧，祝吉祥庆丰收。人们杀猪祭祖，"迎接"祖先回家过年。中年男子三五成群串户拜年，用不同程度的呓喝声换取主人不同档次的酒喝。若喝到好酒，则狂呼，以示赞美主人的大方。妇女不出门，留守在家招待客人。过年是姑娘、小伙子社交的最好时机。小伙子身着镶着花边的黑色窄袖斜襟上衣、多褶宽裤脚长裤，头包数丈长的青、蓝布帕，左前方扎一"英雄结"，左耳戴缀红丝线的红、黄大耳珠，修面无须，威武英俊。姑娘们穿镶边绣花大襟上衣和镶有多层色布的白褶长裙，端庄秀丽。大家相聚，随乐起舞，转"磨秋"、"蹲斗"（具有民族特色的娱乐活动），尽情尽兴。

四、侗族民俗

（一）服饰民俗

男子穿对襟短衣，有的右衽无领，包大头巾，用黑、青（蓝）、深紫、白等四色。黑、青色多用于春、秋、冬三季，白色多用于夏季，紫色多用于节日。女子穿无领大襟衣，衣襟和袖口镶有精细的马尾绣片，图案以龙凤为主，间以水云纹、花草纹。下着短式百褶裙，脚蹬翘头花鞋。发髻上饰环簪、银钗或戴盘龙舞凤的银冠，佩挂多层银项圈和耳坠、手镯、腰坠等银饰。

（二）饮食民俗

1. 侗不离酸

侗族日常喜食酸品，侗家有句俗语"三天不吃酸，走路打倒蹿"。在侗族食品中，酸食冠于菜肴之首，每天用菜肴 50%都是酸味。几乎每家每户都置有五、六个酸坛或酸桶。侗族的酸食种类也多：有荤酸、素酸、煮酸、腌酸之别。腌酸品，一年四季皆可，有什么荤素品，就腌制什么。尤其是腌鱼，久负盛名，具有酸、辣、甜的特点，肉鲜味美，十分开胃。不仅平日食酸，而且待客送礼、红白喜事、敬神祭祖，皆不离酸。

2. 侗不离糯

侗族饮食均以大米为主粮，人们犹喜糯食。亲友来访，常以糯食相赠；婚嫁吉日礼品多为糯米所作，节庆的粽子、糍粑无不以糯米为本。南部地区山坡多，田地远，糯米饭既方便携带，且不易馊，很多村寨以糯米为主粮。糯米分红糯、黑糯、白糯、长须糯、秃壳糯、旱地糯、香禾糯等类，同类又分不同品种。其中香禾糯是糯中之王，有"一家蒸饭全寨香"的赞誉。

3. 侗不离鱼

所谓"侗不离鱼"，说的是侗族人酷爱鱼，甚至是每餐必鱼。鱼菜做法主要有三：一是腌酸鱼。二是火烤鱼。鱼净膛后，切成片穿在竹签上，再擦油，撒盐，加香料、辣椒粉，而后燃起柴火烧烤。烤鱼片是野外劳作午餐或野餐的佳肴，香辣可口。三是嘴吹鱼。这是侗人独特的烹调法。将活鱼去鳞洗净，用粗竹签通顺排泄孔，再把细竹管从鱼口插入咽部、腹部。以嘴吹气将内脏排出体外后以水灌之冲刷干净，而不用开膛破肚。之后再灌入食盐、香料、辣椒粉等调味品，下锅油炸即成。嘴吹鱼色鲜肉嫩、香辣可口，是款待贵宾的侗家名菜，可谓侗肴一绝。

4. 侗不离酒

侗族好饮自酿米酒。米酒制法与周边各族相同，以糯米酿制。制成后冲上清凉的井水或泉水饮用，消疲劳，解干渴。侗族人还喜欢用糯米甜酒酿成的"重阳酒"，即在农历九月用新糯米酿成"甜酒酿"，密封于坛内，置火塘边慢慢温烤，或埋在肥堆里，让其发酵，春节时取出来饮用。此酒液粘结成丝，味甜过蜜，醇香异常，十分诱人。

（三）居住民俗

1. 侗族民居

由于住地及居住环境的差异，"北侗"、"南侗"民居各有特色。

北部侗族地区的民居，一般分正屋、厢房、前厅、偏厦等。正屋是主要部分，一般坐北朝南，有三柱屋、五柱屋、七柱屋、八柱屋等。正屋两边是偏厦和厢房，使整座房屋形成"凹"字形。有些殷实人家还建有前厅，使整体结构形成四合院的形式，但为数不多。

南部侗族的民居多建在河溪两岸的绿树丛中，至今仍保留着古代越人的"干栏"式木楼。这些房屋都具有独特的建筑技巧。每座楼房，除屋面盖瓦之外，上上下下全部用杉木建造。屋柱用大杉木凿眼，柱与柱之间用大小不一的方形木条开榫衔接。整座房子，由高矮不一的柱子纵横成行，以大小不等的木枋斜穿直套。木楼四周设有"吊脚楼"，楼的檐角上翻，如大鹏展翅。楼房四壁及各层楼板，均以木板开槽密镶。木楼两端，一般都搭有偏厦使之呈四面流水。木楼通常有四层：底层堆放柴草，关养牲畜，设置石碓；二层设火塘和老人住房；三层为年轻人的卧室；四层贮存粮食或堆放杂物。楼房外围，均有走廊栏杆，宽敞明亮，空气流通，供家庭成员休息，也是侗家姑娘纺纱织布的好地方。

2. 侗族鼓楼

鼓楼是侗乡具有独特风格的建筑物，流行于湖南、贵州、广西壮族自治区交界地区（见图6-6）。座座鼓楼高耸于侗寨之中，巍然挺立，气概雄伟。飞阁垂檐层层而上呈宝塔形。瓦檐上彩绘或雕塑着山水、花卉、龙凤、飞鸟和古装人物，云腾雾绕，五彩缤纷。从江县高增侗寨鼓楼高达十三层、二十余米。

图6-6　侗寨鼓楼

高大的鼓楼完全是用杉木制作的，全楼找不到一根铁钉。站在楼下仰望可以看到大大小小的条木，横穿直套、纵横交错，结构异常严密。鼓楼内部也非常讲究，楼顶上、檐角上和封檐板下都装饰着精美的彩塑和绘画：有飞禽走兽、花鸟鱼虫、人物故事，更有大量的侗乡风情画。鼓楼内有一架附着在大木柱上的梯子，遇到紧急情况时，便派人登上楼顶的小阁，敲打皮鼓，向全寨报警。人们从鼓的节奏中就可以分辨出发生了什么事情，并作好准备前往鼓楼集中。如果有需要全族人集体协商的大事或需要众人裁决的村民纠纷时，也都在鼓楼集会解决，因此鼓楼是全族人的政治活动中心。平时人们喜欢在鼓楼休息，节日里全族男女老少都到鼓楼来娱乐，在鼓楼前的坪场上吹芦笙、跳舞、唱歌，往往通宵达旦。

（四）生活礼仪风俗

侗族热情好客，平时家中来人，不论亲疏，都视为宾客，以酒肴相待。如邻居来客，只要通知，即带酒菜前往相助，称为"帮盘"，并邀请至家中款待。如陌生人到侗寨，可在鼓楼或公共场所等候，自有人前来安排，或由个人接待，或大家各备酒菜集中在一起同餐共饮。决不能使来人食无处、宿无所。

在侗族村寨，捡得失物，决不会占为己有，一般通过"喊寨"或放于公共地方，招失主认领。侗族以助人为乐，凡婚丧喜庆或者修房盖屋，邻近亲友，齐往相助。谁家遇到天灾人祸，其他寨邻皆主动救济，对鳏寡孤独或丧失劳动能力的人，其房族或寨人都会集资或轮流抚养，不使其外流或乞食度日。侗族还热心公益事业，对桥梁、道路的修建都乐于投工投劳，在鼓楼或凉亭处都备有水桶和木柴，供人饮用或取暖。

（五）游艺习俗

侗族的游艺民俗主要有大歌、舞蹈、侗戏等。

1. 大歌

侗族人歌，起源于春秋战国时期，至今已有 2500 多年的历史，是侗族地区一种多声部、无指挥、无伴奏、自然合声的民间合唱形式。侗族大歌无论是音律结构、演唱技艺、演唱方式和演唱场合均与一般民间歌曲不同，它是一领众和、分高低音多声部谐唱的合唱种类，属于民间支声复调音乐歌曲，这在中外民间音乐中都极为罕见。模拟鸟叫虫鸣、高山流水等自然之音，是大歌编创的一大特色，也是产生声音大歌的自然根源。它的主要内容是歌唱自然、劳动、爱情以及人间友谊，是人与自然、人与人之间的一种和谐之声，因此凡是有大歌流行的侗族村寨，很少出现打架骂人、偷盗等行为，人们甚至是"夜不闭户，路不拾遗"，如同陶渊明笔下的"桃花源"一般（见图 6-7）。

"饭养身，歌养心"这是侗家人常说的一句话，也就是说，他们把"歌"看成是与"饭"同样重要的事。侗家人把歌当作精神食粮，用它来陶冶心灵和情操。侗族人民视歌为宝，认为歌就是知识，就是文化，谁掌握的歌多，谁就是有知识的人。在侗族地区，歌师是被社会所公认的最有知识、最懂道理的人，因而很受侗人的尊重。于是他们世代都爱歌、学歌、唱歌，以歌为乐，以"会唱歌、会歌多"为荣，用歌来表达自己的情感，用歌来倾诉自己的喜怒哀乐。歌与侗家人的社会生活戚戚相关，不可分割，侗族的各种民歌，特别是侗族大歌，便成了他们久唱不衰的一首古歌。侗族大歌作为侗歌中最精华的组成部分，它的演唱内容、表现形式，无不与侗人的习俗、性格、心理以及生活环境息息相关，是对侗族历史的真实记录，是侗族文化的直接表现。

图 6-7　侗族大歌

2. 舞蹈

侗族在歌舞时都离不开芦笙的伴奏，歌舞和芦笙是侗族人民生活中不可缺少的重要部分和内容。在侗族统称的芦笙舞中，包括着多种内容和形式的舞蹈，其中有节日时的自娱性舞蹈，有青年男女之间进行交谊的舞蹈，还有为展现芦笙高手边演奏芦笙、边做舞蹈高难技巧的表演和竞赛性舞蹈。

芦笙舞是侗族的传统民间舞蹈。源于古代播种前祈求丰收、收获后感谢神灵赐予和祭祀祖先的仪式性舞蹈。舞蹈气氛热烈而欢快，现已成为侗族民众在稻谷收获后至来年春播前的农闲和各喜庆佳节时，由青年男女参加的被称作"踩堂"或"踩芦笙"的自娱性或求偶性舞蹈。

（六）岁时节日民俗

1. 斗牛节

每年农历二月与八月的亥日是侗族的斗牛节。节前年轻人吹着芦笙到其他村寨去"送约"，邀请对手。"送约"之后，便来到"牛宫"前吹奏芦笙，敬祭三日，谓之替牛"养心"。斗牛场地多选在四面环山、可容纳万人以上的山谷或坪坝中，也有的在专用"打牛塘"（水塘）中进行。到了节期，斗牛场周围，人山人海，彩旗招展，锣鼓喧天，热闹非凡。

正式比赛前，参赛的"牛王"在欢声笑语和芦笙乐曲的伴奏下，开始"踩场"。一青年手举写有"牛王"名字的"马牌"（60 余厘米见方的木牌）走在前面，昂首挺胸，"牛"气十足。"马牌"后紧跟举着木制"兵器"的卫队和鼓乐队。"牛王"犄角上镶佩铮亮的铁套，头披红缎，背上有"双龙抢宝牛王塔"，塔上插有 4 面令旗和两根长长的野鸡翎，像古代的将军一样威风凛凛，神圣不可侵犯。牛脖上还挂着一串铜铃，叮当作响。"踩场"结束后，"牛王"退场。三声铁炮骤响，笙鼓齐鸣，斗牛正式开始，牛倌将燃着的火扔到"牛王"前边，放开手中缰绳，两牛便打斗到一起，观众齐声呐喊，为之加油助威。到了预定时间，两牛仍打得难解难分时，双方即用绳索套住牛后腿拉开，是为"平局"。此活动不为输赢，只为庆贺风调雨顺、人畜兴旺。

2. 花炮节

侗族一年一度的花炮节，各地举行的日期不同。拿三江侗族自治县来说，是正月初三（农历，下同），梅林是二月初二，富禄是三月初三，而林溪却是十月二十六。花炮分为头、二、三炮，包炮都系上一个象征幸福的铁圈，外用红绿线包扎。燃放时以火药铁炮为冲力，把铁圈冲上高空。当铁圈掉下来时，人们便以铁圈为目标，蜂拥争夺，谓之"抢花炮"。据说，谁抢得花炮，谁在这一年里就能人财两旺、幸福安康。还唱侗戏、演彩调、吹芦笙等来助兴。

五、白族民俗

（一）服饰民俗

白族人崇尚白色，服饰款式各地略有不同，以白色衣服为尊贵。

1. 男子服饰

大理等中心地区男子一般缠白色或蓝色包头，上穿白色对襟衣，外套黑领褂，下穿白色或蓝色长裤。洱海东部白族男子则外套麂皮领褂，或皮质、绸缎领褂，腰系绣花兜肚，下穿蓝色或黑色长裤。出门时，常背挂包，有的还佩挂长刀。

2. 女子服饰

女子服饰各地有所不同。大理一带多用绣花布或彩色毛巾缠头，穿白上衣、红坎肩，或是浅蓝色上衣、外套黑丝绒领褂，右襟结纽处挂"三须"、"五须"银饰，腰系绣花短围腰，下穿蓝色宽裤，足蹬绣花鞋。已婚者挽髻，未婚者垂辫于后或盘辫于头顶，都缠以绣花、印花或彩色毛巾的包头。在白族姑娘的头饰上，还蕴含着风花雪月之意：帽子垂下的穗子是下关的风，艳丽的花饰是上关的花，帽顶的洁白是苍山雪，弯弯的造型是洱海月。

（二）饮食民俗

平坝地区的白族多以大米、小麦为主食；山区的白族则多以玉米、洋芋、荞麦为主食。主食都以蒸制为主。因鲜菜常年不断，白族人每餐都喜食鲜菜和各种腌菜。白族妇女大都善作腌菜，腌菜的种类很多，除腌制鲜菜外，还做豆瓣酱、豆豉、面酱；剑川、鹤庆的白族常采撷洱海的海菜花，加工烹制成各种风味菜。肉食以猪肉为主，除用鲜猪肉做各种炒菜外，还喜腌制年猪，加工成火腿、腊肠、香肠、猪肝、吹肝、饭肠等精美风味食品。冬天，白族都喜欢大锅熬牛肉汤，食用时要加蔓菁、萝卜、葱等佐料一起食用。临河而居的白族，擅长烹调水鲜。

三道茶是云南白族招待贵宾时的一种饮茶方式，属茶文化范畴。驰名中外的白族三道茶，以其独特的"头苦、二甜、三回味"的茶道早在明代时就已成了白家待客交友的一种礼仪。

（三）居住民俗

白族民居坝区多为"一房两耳"、"三房一照壁"、"四合五天井"的院落式瓦房，山区多为垛木房与竹篾笆房。

大理白族民居是白族民居的典型代表。其主房一般是坐西向东，这与大理地处由北向南的横断山脉帚形山系形成的山谷坝子的特点有关，依山傍水，必然坐西向东。基本上都是两层封闭式的住宅，其平面布局和组合形式一般有"一正两耳"、"两房一耳"、"三房一照壁"、"四合五天井"、"六合同春"和"走马转角楼"等。采用什么形式，由房主人的经济条件和家族大小、人口多寡所决定。大多数白族民居的布局形式主要是"三房一照壁"。"三房"是指一幢坐西朝东的正房加上两侧的两幢配楼，共3幢房子；一照壁就是指正房正对着的一堵墙壁，四部分共同围成了一个正方形的院落。门楼斗拱重叠，飞檐串角，木雕石刻，造型精美，图案装饰，精巧壮观。外墙面多为上白（石灰）、下灰（细泥）粉刷。远远望去青瓦白墙，格外醒目。

（四）婚姻习俗

白族青年男女的恋爱活动比较自由，他们通常利用劳动、赶集、节日活动及赶庙会的机会谈情说爱，通过山歌试探对方，抒发感情，寻觅自己的意中人。当白族青年男子向姑娘求婚时，姑娘如同意，要向男方送粑粑；婚礼时新娘要下厨房制作"鱼羹"；婚后第一个中秋节，新娘要做大面糕，并以此表现新娘的烹调技艺。婚礼时讲究先上茶点，后摆"四四如意席"（即四碟、四盘、四盆、四碗）。

背婚是云南大理白族自治州洱源县白族地区最后流行的一种婚俗。每逢十字路口、三岔道或人员集结的地方，陪宾们便停下来，把嫁妆码成两大摞，让新郎背着新娘围着嫁妆绕"8"字。

白族的婚姻共有三种形式：一是嫁女儿到男家，这种形式占大多数；二是招姑爷上门，这种情况主要是女方父母没有儿子，即使有也是痴憨病残等，所以才招姑爷上门。上门的姑爷必须改换为女方的姓氏，再由女方长辈重新取名；三是"卷帐回门"的形式，即男女双方结婚后七日，妻子带着丈夫携帐子、被褥回女方家居住。因为女方家虽有兄弟，但年龄太小，父母年迈，只好"卷帐回门"来赡养老人和照顾年幼的弟妹；等弟弟长大结婚后，男方这才带着妻子回到男方家生活。这三种婚姻形式由来已久，至今沿用。但不管属于哪一种婚姻形式，婚期和婚礼的过程基本上是一致的。只不过招姑爷上门是女娶男，而不是男娶女，双方的角色互换而已。

（五）岁时节日民俗

1. 绕三灵

"三灵"指"神都"圣源寺、"仙都"金圭寺、"佛都"崇圣寺。相传起源于唐代时期西南地区的南诏国。白族"绕三灵"，时间为每年农历四月二十二日至二十四日三天，第一天在大理古城崇圣寺（佛都）附近绕"佛"，第二天在喜洲庆洞（神都）绕"神"，第三天在海边（仙都）绕"仙"。绕三灵，追根溯源是由"祈雨"活动演变而成。相传，过去大理常因干旱无雨而无法栽秧，白族先民只好对天祈祷，常常祈来甘霖。"绕三灵"被称为白族人民的"狂欢节"。"绕三灵"传承历史久远，群众基础深厚，活动规模庞大，巡游空间广阔，体现出白族在文化上的包容吸纳能力和高度的创新精神。它对强化文化认同感、增强白族凝聚力有很强的现实作用，已成为白族文化最有标志意义的象征之一。2006年5月20日，该民俗经国务院批准列入第一批国家级非物质文化遗产名录。

2. 三月街

"三月街"又名"观音节"。相传观音开辟了这个地区，使这里五谷丰登，于是人们为纪念观音的功绩，在这里聚会。

"三月街"盛会在大理城西面苍山下举行，时间为每年夏历三月十五日至二十日，届时白族群众到这里举行唱歌、跳舞、演戏、赛马各种文娱体育活动。随着白族社会经济的发展，这个盛会逐渐发展成各民族的物资交流会，相沿至今已有上千年的历史。期间，街上人山人海，摆满了各种货物，人们在这里自由买卖，农民用猎取的兽皮和挖到的药材，到这里换取自己所需的物品。

如今，这个聚会已成为滇西各族人民一年一度的物资交流和文娱体育会演的大会，它对促进各族人民间的团结和易货起了积极的作用。

六、傣族民俗

（一）服饰民俗

1. 女性服饰

傣族妇女的穿着打扮五彩缤纷，美不胜收。傣族妇女一般都身材苗条、面目清纯娇美，看上去婷婷玉立、仪态万方，因此素有"金孔雀"的美称。傣族妇女一般喜欢穿窄袖短衣和筒裙，把她们那修长苗条的身材充分展示出来。上面穿一件白色或绯色内衣，外面是紧身短上衣，圆领窄袖；有大襟，也有对襟；有水红、嫩粉、淡黄、浅绿、雪白、天蓝等多种色彩；现在多是用乔其纱、丝绸、的确良等料子缝制。窄袖短衫紧紧地套着胳膊，几乎没有一点空隙，有不少人还喜欢用肉色衣料缝制，若不仔细看，甚至看不出袖管；前后衣襟刚好齐腰，紧紧裹住身子，再用一根银腰带系着短袖衫和统裙口；下着长至脚踝的筒裙，腰身纤巧细小，下摆宽大。

2. 男性服饰

傣族男子一般都穿无领对襟或大襟小袖衫，下穿长管裤，用白布、青布或绯布包头，有的戴礼帽，显得潇洒大方。

傣族无论男女，出门总喜欢在肩上挎一个用织绵做成的挎包（筒帕）。挎包色调鲜艳，风格淳朴，具有浓厚的生活色彩和民族特色。图案有珍禽异兽、树木花卉或几何图形，形象逼真，栩栩如生。每一种图案都含有具体的内容，如：红、绿色是为了纪念祖先；孔雀图案表示吉祥如意；大象图案象征着五谷丰登、生活美好。充分表现了傣族人民对美好生活的向往和追求。男女老幼均喜欢赤脚穿拖鞋。

（二）饮食民俗

1. 日常食俗

傣族大多有日食两餐的习惯，以大米和糯米为主食。德宏的傣族主食粳米，西双版纳的傣族则主食糯米。通常是现舂现吃，民间认为：粳米和糯米只有现舂现吃，才不失其原有的色泽和香味，因而不食或很少食用隔夜米，习惯用手捏饭吃。

外出劳动者常在野外用餐，用芭蕉叶或众饭合盛一团糯米饭，随身携带盐巴、辣子、酸肉、烧鸡、酱、青苔松即可进食。所有佐餐菜肴及小吃均以酸味为主，如酸笋、酸豌豆粉、酸肉及野生的酸果；傣族人还喜欢吃干酸菜，其制法是把青菜晒干，再用水煮，加入木瓜汁，使味变酸，然后晒干储藏。吃时放少许煮菜或放在汤内。这种酸菜有的地方的傣族几乎每天都吃。

以青苔入菜，是傣族特有的风味菜肴。傣族食用的青苔是选春季江水里岩石上的苔藓，以深绿色为佳，捞取后撕成薄片，晒干，用竹篾穿起来待用。做菜时，厚的用油煎，薄的用火烤，酥脆后揉碎入碗，再将滚油倒上，然后加盐搅拌，用糯米团或腊肉蘸食，味美无比。烹鱼，多做成酸鱼或烤成香茅草鱼，此外还做成鱼剁糁（即将鱼烤后捶成泥，与大芫荽等调料搅拌而成）、鱼冻、火烧鱼、白汁黄鳝等。

2. 宗教食俗

傣族普遍信仰南传上座部佛教，不少节日与佛教活动有关。在每年傣历六月举行的泼水节是最盛大的节日，届时要赕佛，并大摆筵席，宴请僧侣和亲朋好友，以泼水的方式互致祝贺。泼水节期间，除酒、菜要丰盛外，各种傣族风味小吃也很多。如有一种糍粑是用糯米饭舂成团，包苏子糖馅做成的圆饼，用抹上腊油的芭蕉叶包好，食时可用火烘软或炸后蘸蜂蜜吃。粑丝是用水把米粉搅成颗粒，蒸熟后舂成团，擀成薄而大的圆饼，凉后叠起来，食时烫软入碗，撒各种调料。泼水糍粑是用糯米粉和成团，包红糖蒸熟，再裹上一层炒香的豌豆面，用芭蕉叶包好可作待客点心。还有把糯米饭泥炸后做成的麻脆等。

较重要的节日还有关门节（傣历九月十五日）、开门节（傣历十二月十五日），均为南传上座部佛教节日。新平、元江、景谷、金平等地傣族过春节、端午节、中秋节等，节日活动内容大体与当地汉族一样，较典型的食品有狗肉汤锅、猪肉干巴、腌蛋、干黄鳝等。

3. 特色食品

（1）酸肉。傣族传统风味菜肴，将牛肉经过腌制后炒制而成。特点是酸香味浓，可帮助消化。制法是将新鲜的黄牛肉用淘米水洗净，切成大片放入盆中，加入鲜花椒叶、盐、米饭拌匀，装入瓦罐，淋入白酒压实，上盖，用草木灰与泥巴密封罐口，腌渍一个月即成。将腌好的黄牛肉切成丝，与青蒜苗炒熟。

（2）火烧鱼。傣族传统家常风味菜，特点是软嫩鲜甜，原汁原味。制法是将鲜鱼去鳃和内脏，洗净，将葱、姜、蒜、青椒、青姜叶、芫荽、野花椒叶、薄荷、茴香叶、香茅草叶切成末，再加入草果粉、味精、盐、料酒拌制成馅，装入鱼腹，头尾折拢，再用香茅草捆成十字，外面包以芭蕉叶，埋入木柴烧后的炭或热灰中烧熟，取出去掉芭蕉叶和香茅草，装盘即成。

（3）腌牛头。傣族传统家常风味菜。其制法是将牛头、牛脚去毛、去蹄壳，砍成块煮烂，去骨，切成肉条，入盆加入淘米水浸泡3～4小时，取出改用冷水洗净，再将野花椒叶、红辣椒粉、生姜和蒜泥放入牛肉盆内，加盐、白酒拌匀入味，装入瓦罐压实，盖上盖密封，半月后即成。食时可蒸、可炒，是佐酒凉菜，脆嫩酸香，麻辣清凉。

（三）居住民俗

1. 坝区民居

在滨水而居的河谷坝区，因受炎热、潮湿、多雨、竹木繁茂等生态环境的影响，傣族的居民建筑以"干栏"（俗称竹楼）为主。上下两层，以木、竹做桩、楼板、墙壁，房顶覆以茅草、瓦块，上层栖人，下养家畜、堆放农具什物。整座建筑空间间架高大，且以竹或木做墙壁和楼板，利于保持居室干燥凉爽。

如今，随着生态环境保护意识的加强和经济的发展，一些地方开始以混凝土砖瓦结构代替竹木结构，但还保留干栏的形式或人字形屋帽的外形，因而仍习惯称呼它为"竹楼"。竹楼周围的宽阔庭院里都要种植瓜果林木或开挖小鱼塘，既可蔽阳遮荫，又是一道不设防的天然绿色"围墙"，外围随意搭上的竹篱，不为防人，只起到阻止牲畜闯入的作用。

2. 山区民居

在气候变化较大，平坝少山地多，依山麓而居的傣族地区，代之而起的是厚重、结实的平顶土掌房。土掌房系土木结构，一般为两层，一楼住人，二楼堆放粮食和杂物，牲畜单独建圈。土墙有两层，厚达三尺，对防热保凉防寒保暖起到了独特的功效。土木夯实的平面屋顶厚达五至十寸，夏夜可在平顶上纳凉，秋收时又可在顶上翻晒谷物，有效地利用了空间。

（四）游艺民俗

1. 戏剧

傣剧是云南独具特色的少数民族戏曲剧种之一，流传于云南省西双版纳傣族自治州、德宏傣族景颇族自治州和耿马、孟连等地。傣剧发源于有一定人物情节的傣族歌舞表演及佛经讲唱，后吸收滇剧、皮影戏的艺术营养，与此同时，傣剧从土司衙门扩散到民间，涌现出大量民间傣剧表演组织。目前傣剧基本上只为老年人所喜爱，年轻人因为听不懂而对其没有多大兴趣。傣剧在传承方面的困难日益凸现。

2. 民歌舞蹈

傣族民歌曲调节奏灵活、优美抒情。德宏民歌曲调鲜明、重音突出，西双版纳民歌滑音、装饰音较多，瑞丽山歌活泼爽朗、各有特色。舞蹈种类很多，动作及内容主要模拟当地常见的动物的活动，在此基础上加以人格化。孔雀舞既来源于对孔雀优美动作的模仿，也来源于傣族美丽动人的传说。

（1）孔雀舞。傣语叫"戛洛涌"、"烦洛涌"或"戛楠洛"。这是傣族人民最为喜闻乐见的舞蹈，流传于云南德宏傣族景颇族自治州和西双版纳傣族自治州境内。

富饶美丽的傣乡，素有"孔雀之乡"的美称，每当晨曦微明或夕阳斜照时，常见姿态旖旎的孔雀翩翩起舞，因此，孔雀在傣族人民心中是吉祥、幸福、美丽、善良的象征。每逢佳节，傣族人民都要云集一堂，观看由民间艺人表演的根据民间故事、神话传说以及佛经故事等编成的孔雀舞及表现孔雀习性的舞蹈。如根据神话故事《魔鬼与孔雀》而编演的孔雀舞至今在民间广为流传。舞蹈表现了魔鬼欲霸占孔雀为妻，人面鸟身的孔雀，奋力抖动自己美丽的羽毛，那绚丽、灿烂的光芒使魔鬼兄弟双目失明，孔雀取得了胜利（见图6-8）。

【微型资料6-7】傣族舞蹈特点

傣族舞蹈的动作虽大多婀娜多姿，节奏较为平缓，但外柔内刚，充满了内在的力量。既有潇洒轻盈的"篾帽舞"，也有灵活、骄健、敏捷且充满阳刚之气的象脚鼓舞、刀舞、拳舞等。

图6-8　傣族舞蹈

在孔雀舞的表演中，时而节奏缓慢单一，动作舒展，感情内在含蓄；时而节奏快速多变，动作灵活跳跃，感情狂放而豪爽。傣族舞蹈那以特有的屈伸动律而形成的手、脚、身体"三道弯"的造型特点，以及刚柔相济、动静相宜等特有的表演风格，深为广大群众所喜爱。

傣族的聚居地大多与缅甸、老挝、越南等国接壤，傣族人民善于吸收来自四方的文化精华，并能融于本民族古老的文化中，经过长期发展，形成了傣族舞蹈品种繁多、形式多样的特点。

（2）象脚鼓舞。傣语叫"戛光"或"烦光"（傣语称鼓为"光"，跳舞为"戛"）。戛光是傣族地区流行最广的男子舞蹈。每当栽秧后和丰收时节，就跳起象脚鼓舞以示欢庆。象脚鼓不仅是一种民间舞蹈的道具，也是伴奏其他舞蹈的主要乐器。傣族人民娱乐时，有舞必有鼓，有鼓必有舞，只有在象脚鼓的伴奏下，舞蹈才能跳得有声有色、酣畅尽兴。

（3）烦整。傣语称刀舞和棍、拳、棒这类舞为"烦整"、"戛整"、"令整"，是男性的舞蹈。流传于广大的傣族地区，与汉族的武术类似。风景秀丽的傣乡，傣族男子都佩戴着一把精制的利刀，标志着他们的勇敢威武，同时刀也是生产劳动的有利工具。刀舞傣语叫"戛拉"或"烦拉"。

此外在傣族还流传有表现劳动生活的"划船舞"、"摘花舞"、"捞鱼舞"、"走路舞"等。流传在金平县的扇子舞据说是一种打鬼时跳的仪式舞蹈。流传在耿马县孟定地区的"大象舞"，傣语称"戛张"。由俩人套系大象形状的道具，模仿大象走步、敬礼等动作，由一人持红手帕引象而舞。流行于西双版纳的"妇女舞"，轻盈柔和。流行于瑞丽县的"戛洛响"，是一种模仿小鸟跳的舞，与小孔雀舞相同。

（五）岁时节日民俗

1. 泼水节

泼水节是傣族人民送旧迎新的传统节日，即傣历的新年，最盛大的节日，节期在傣历六七月，相当于公历四月。这一节日傣语称"桑勘比迈"。节日期间的主要活动是祭祀、拜祖先、堆沙、泼水、丢沙包、赛龙船、放火花及歌舞狂欢等节目。届时要赕佛，并大摆筵席，宴请僧侣和亲朋好友，以泼水的方式互致祝贺。现在，泼水活动是傣历新年节庆活动的主要内容，且这一活动深受各族人民的喜爱。

【微型资料 6-8】傣族泼水节的意义

祝福——"水花放，傣家狂"，"泼湿一身，幸福终身"。被水泼得越湿，被水泼得越多，就代表你收到的祝福就越多。一盆盆水代表着一盆盆祝福，尽情地泼向每一个你想祝福的人。

爱情——泼水节也是未婚青年男女们寻觅爱情、栽培幸福的美好时节。泼水节期间，傣族未婚青年男女喜欢做"丢包"游戏。姑娘手中用花布精心制作的花包，是表示爱情的信物。丢包那天，姑娘们与小伙子们分列"包场"两边，相距三四十步，开始向对方丢花包。小伙子若是接不住姑娘丢来的花包，就得把事先准备好的鲜花插在姑娘的发颜上，姑娘若是接不着小伙子丢来的包，就得把鲜花插到小伙子的胸前……就这样渐渐地选中了对方，一段段浪漫的爱情故事即将开始了。

力量——赛龙舟是泼水节最精彩的项目之一，常常在泼水节的第三天举行。那日，穿着节日盛装的群众欢聚在澜沧江畔、瑞丽江边，观看龙舟竞渡。江上停泊着披绿挂彩的龙船，船上坐着数十名精壮的水手，号令一响，整装待发的龙船箭一般往前飞去，顿时整条江上，鼓声、锣声、号子声、喝彩声，此起彼伏，声声相应，节日的气氛在这里达到了高潮……

舞蹈——傣族人民能歌善舞，泼水节自然少不了舞蹈。大规模的舞蹈主要安排在泼水节的第三天，如象脚舞和孔雀舞等。从七八岁的娃娃到七八十岁的老人，都穿上节日盛装，聚集到村中广场，参加集体舞蹈。还有不少舞者尽情挥洒自己的即兴之作，有的边唱边跳，有的甚至边跳边喝酒，如痴如醉，狂放不拘，连续跳上几天几夜也不知疲惫。

高升——放高升是泼水节的又一项保留节目。高升是傣族人民自制的一种烟火，将竹竿底部填以火药和其他配料，置于竹子搭成的高升架上，接上引线，常在夜晚燃放。放高升时，点燃引线使火药燃烧便会产生强劲的推力，将竹子如火箭般推入高空。竹子吐着白烟，发出嗖嗖的尖啸声，同时在空中喷放出绚丽的烟火，犹如花团锦簇，光彩夺目，甚是美妙。地上则欢呼声、喝彩声此起彼伏，议论声、赞美声不绝于耳，好不热闹。高升飞得越高越远的寨子，人也觉得更光彩、更吉祥。

2. 关门节

"关门节"傣语叫"进洼"，意为佛祖入寺。关门节是云南傣族传统的宗教节日，每年傣历九月十五日（农历七月中旬）开始举行，历时 3 个月。相传，每年傣历九月，佛到西天去与其母讲经，3 个月才能重返人间。有一次，正当佛到西天讲经期内，佛徒数千人到乡下去传教，踏坏了百姓的庄稼，耽误他们的生产，百姓怨声载道，对佛徒十分不满。佛得知此事后，内心感到不安。从此以后，每遇佛到西天讲经时，便把佛徒都集中起来，规定在这 3 个月内不许到任何地方去，只能忏悔，以赎前罪。故人们称之为"关门节"。

3. 开门节

象征着三个月以来的雨季已经结束，表示解除"关门节"以来男女间的婚忌，即日起，男女青年可以开始自由恋爱或举行婚礼。节日这天，男女青年身着盛装去佛寺拜佛，以食物、鲜花、腊条、钱币敬献。祭扫完毕，举行盛大的文娱集会，庆祝从关门节以来的安居斋戒结束。主要内容有燃放火花和高升、点孔明灯、唱歌跳舞。青年们还将舞着各种鸟、兽、鱼、虫等形状的灯笼环游村寨。这时，正逢稻谷收割完毕，故也是庆祝丰收的节日。

本章小结

本章首先讲述了西南、青藏地区主要少数民族的形成及现状，接着就苗族、藏族、彝族、侗族、白族、傣族的服饰、饮食、居住、礼仪禁忌、游艺和岁时节日等民俗分别予以介绍，展现了西南、青藏地区丰富多彩的民俗风情，具有很高文化价值和现实价值民俗旅游资源。

主要概念

吊脚楼 糍粑 碉房 沐浴节 火把节 鼓楼 大歌 三道茶 孔雀舞

复习思考题

1. 苗族的女性服饰有什么特色？

2. 侗族的饮食民俗呈现出怎样的特点？

3. 傣族的民间舞蹈有哪些?

4. 西南、青藏地区主要少数民族的传统节日有哪些? 如何庆祝?

案例分析

藏族人民最喜爱白色,这与他们世代生活的青藏高原密不可分。天祝草原四周为雪山环绕,一片银白,地上的羊群和牦牛,以及喝的羊奶、穿的皮袄、戴的毡帽,也都是白色。所以藏区人民视白色为理想、吉祥、胜利、昌盛的象征。

问题:为什么藏族人民喜爱白色,这与他们生活的环境、风俗习惯有什么样的关系?

实践训练

大理是白族的主要聚居地,具有浓郁的民族风情。白族的节日和盛会多集中在每年的3~4月之间。三月街、绕三灵是传统节日。其他的还有:朝鸡节,每年农历一月初一至十五在宾川鸡足山举行;耍海会,八月初八在大理才屯举行;石宝山歌会,农历七月末在石宝山石钟寺举行三天;火把节,六月二十五在白族屯寨举行。

请根据大理白族节日和盛会策划一起民俗风情旅游活动,写出策划方案。方案应涵盖:

1. 活动宗旨和主题。

2. 活动时间和地点。

3. 活动具体内容:

(1)流程安排;

(2)相关系列活动。

4. 活动期间推出的旅游路线。

5. 活动组织者及管理者。

第七章 华南、东南地区少数民族民俗

学习目标

知识目标：通过本章的学习，了解华南、东南地区世居少数民族的形成、概况、人口分布，掌握华南、东南地区世居少数民族的民俗。

能力目标：掌握华南、东南地区诸少数民族的饮食习俗、服饰习俗、婚姻习俗、禁忌等。

技能目标：通过对华南、东南地区诸少数民族民俗的学习，可以更好地与当地的居民和睦相处。

【引例】姑娘出阁的哭婚风俗——土家哭嫁歌

聚居在三峡地区的土家族在婚俗方面保留着古朴的民族习俗，别具一格的环节有哭嫁、过礼、开脸、戴花酒、背新娘、迎亲、拜堂、坐床、闹房、回门等，其中"哭嫁"最有代表性。土家族诗人彭秋潭在《竹枝词》中描绘道："十姊妹歌歌太悲，别娘顿足泪沾衣。宁山地近巫山峡，犹似巴娘唱竹枝。"诗中描绘的情景来自于社会底层，带着泥土芳香，有质朴的民俗美。

土家族的哭嫁一般从新娘出嫁的前3天或前7天开始，也有的从前半个月、一个月甚至三个月就已揭开了哭唱的序幕。不过，开始时都是断断续续进行的，可以自由地哭。亲族乡邻前来送礼看望，谁来就哭谁，作道谢之礼节。

到了出嫁前的晚上，则是哭嫁的高潮。新娘的爹娘邀请亲邻中的未婚姑娘9人，连新娘共10人围席而坐，通宵歌唱，故称陪十姊妹歌，也是土家族哭嫁的独特形式。这段时间的哭唱必须按着传统礼仪进行，不能乱哭。顺序一般为："哭爹娘"、"哭哥嫂"、"哭姐妹"、"哭叔伯"、"哭陪客"、"哭媒人"、"哭梳头"、"哭祖宗"、"哭上轿"等，内容主要哭诉自己的身世和难舍亲人的离情别绪，感谢父母的养育之恩和亲友善待之情，还有哭骂媒人和勉励新娘的内容。

土家姑娘很重视哭嫁，从十二三岁开始，她们就从陪哭中逐步学会哭嫁，有些父母还请来教哭的大娘当老师。谁哭得声音嘶哑，谁哭得两眼红肿，谁哭得时间最长，谁就是有才有德。

上述案例讲述的是土家族婚俗的一个环节。

土家族哭嫁歌通过哭，塑造了一个典型的土家族姑娘的形象。在哭嫁的过程中新娘的怨与恨、爱与憎、苦与闷都得到了充分的展现，同时也使新娘的内心情感得到了宣泄；另外在土家族中新娘能否哭、是否哭得好是衡量新娘贤德、孝顺的标准。

土家族哭嫁歌的唱词多用土家语或地方方言的口语和俗语，有些沿用遗留下来的程式句子，但大多都是即兴创作，句式自由，多以七字句为主，短的十句八句，长的可至几十上百句。多用比兴、联想、夸张等手法，使人通俗易懂。

土家族哭嫁歌是民族文学的一部分，它是土家族女性集体长期创作的艺术结晶，同时又是土家族的一部抒情长诗。既揭示了土家族女性的复杂心理，又反映了土家族原始婚俗和社会的变迁。

第一节　华南、东南地区诸少数民族

一、华南、东南地区诸少数民族的形成

（一）壮族的形成

壮族是由我国古代百越诸民族与内地的汉族和其他民族长期融合而形成的。一般认为，壮族作为一个民族形成于北宋。明、清时期，广西壮族的名称很多，有僮、俍、土、沙、侬等称谓，其中以僮、俍、土最为普遍。民国至新中国成立之初，统称僮族。1965年根据周恩来总理的倡议，将"僮"改为"壮"。

（二）瑶族的形成

瑶族先民历史上居住于长江流域，远在秦汉时期，瑶族是长沙、武陵蛮（又称五模蛮）的一部分。南迁后，有的又向西南山区迁移，于是形成了"大分散、小集中"的分布特点。瑶族自称有"勉"、"金门"、"布努"、"炳多优"、"黑尤蒙"、"拉珈"等，因经济生活、居住或服饰不同，又有"盘瑶"、"山子瑶"、"顶板瑶"、"花篮瑶"、"过山瑶"、"白裤瑶"、"红瑶"、"蓝靛瑶"、"八排瑶"、"平地瑶"、"坳瑶"等称谓。中华人民共和国成立后，统称为"瑶族"。主要分布在广西壮族自治区及湖南、云南、广东、贵州等省。

（三）黎族的形成

黎族世代居住在海南岛。据考古研究，海南岛有新石器时代原始文化遗址130处，大约距今五千年左右，史学界和民族学界研究认为，这些新石器遗物的主人是黎族的先民。这也说明，早在四五千年前，黎族的先民们就在海南岛繁衍生息，成为该岛最早的居民。据考证，黎族是由古代"百越"族发展而来，西汉以"骆越"，东汉以"里"、"蛮"，隋唐以"俚"、"僚"等名称泛称中国南方的一些少数民族。海南岛的黎族先民也包括在这些泛称之内。黎族自称"孝"、"杞"、"美孚"和"赛"等。黎族名称的使用始于唐代末期，在宋代以后，被普遍采用，沿用至今。黎族是壮、侗民族后裔。音译"俚"、"里"、"李"、"黎"，在壮语中是"蛇"的称呼。

（四）土家族的形成

土家族自称"毕兹年"，意为"土生土长的人"，早在2000多年前，他们就定居在今天的湘西、鄂西一带。土家族在我国历史上长期没有确定的族称，曾因其历史渊源、白虎图腾、所居江左之地域、其所属地、所属的土司政治制度等多种因素被分别称为"廪君种"、"白虎夷"、"蛮左"、"巴郡南郡蛮"、"建平蛮"、"施州蛮"、"北江蛮"或"武陵蛮"、"土蛮"，直到明末清初，汉人大量迁入土家族地区，才有别于汉人或其他民族，"土家"方作为相对的族称出现。1956年10月，国务院正式确认土家族为单一的少数民族，根据土家人的意愿，正式定名为"土家族"。

二、华南、东南地区诸少数民族的概况及人口分布

（一）壮族

壮族是我国少数民族中人口最多的民族，约有 1617.88 万人，广西壮族自治区是他们的主要聚居区。此外，广东、贵州、云南、湖南等省也有分布。壮族聚居区地处岭南西部，地形奇特，山清水秀，自然景观十分优美，农作物主要有水稻、玉米、薯类等。三七、蛤蚧和茴油是壮族地区的特产。壮族有本民族的语言文字，壮语属汉藏语系壮侗语族傣语支。壮族具有悠久灿烂的民族文化，广西南部的花山原始崖壁画是壮族古代文化艺术精华。壮族人民铸造使用铜鼓已有 2000 多年的历史，素有"铜鼓之乡"的美称。壮族民歌享誉大江南北，堪称中华艺术宝库中的一绝。壮族定期要举办对歌比赛的"歌圩"。壮锦是壮族享有盛誉的工艺纺织品，以织工精巧、图案别致、色调明快、色彩绚丽、结实耐用而著称。壮族刺绣、竹芒编等也很有民族地方特色。

（二）瑶族

瑶族约有 213.40 万人，有着悠久的历史和灿烂的民族文化，能歌善舞，勤劳勇敢。瑶族人民世代生息在祖国南方的广西、湖南、云南、广东、江西、海南等省区的山区，是中国南方一个比较典型的山地民族。这里雨量充沛、森林茂盛，自然资源十分丰富，有着得天独厚的植物、动物、矿藏等丰富的自然资源。比如，有"绿色宝库"之称的江华瑶山，号称"广西最大天然植物王国"、"杉木之乡"的金秀大瑶山……

瑶族有自己的语言，瑶语属汉藏语系瑶语族瑶语支，但支系比较复杂，有将近一半人使用的语言属于汉藏语系苗瑶语族瑶语支；有 2/5 的人使用的语言属苗语支；广西金秀瑶族自治县的茶山瑶语则属壮侗语族侗水语支。各地瑶族语言差别很大，有的互相不能通话，通常用汉语、壮语或互相熟悉的其他民族的语言交谈。瑶族没有本民族的文字，但口头文学极为丰富。受居住地域限制，多数瑶族至今仍保留着原始的狩猎、捕鱼和农耕文化，以及精美的瑶锦、瑶服，古老的传说，动听的瑶歌，优美的舞蹈，独特婚俗和宗教信仰。

（三）黎族

黎族人口约 124.78 万人，主要聚居在海南省中部的东方、白沙、陵水、昌江黎族自治县和乐东、琼中、保亭黎族苗族自治县，其余散居在海南其他县（市）。黎族以农业为主，属稻作犁耕农业文化类型，兼有狩猎、捕鱼、采集、林业等多种经营。黎族服装是一种富有地方特色和民族传统的手工艺品，妇女精于纺织，"黎锦"、"黎单"闻名于世。黎族有自己的语言，黎语属汉藏语系壮侗语族黎语支，没有本民族的文字，新中国成立后逐渐通用汉文，1957 年设计了拉丁字母形式的黎文方案。

（四）土家族

土家族人口约 802.81 万人，主要居住在湖北省恩施土家族苗族自治州，湖南省湘西土家族自治州，四川省石柱、秀山，贵州黔江及黔东北沿河、印江等县。土家族聚居区，山高林密，物产丰富，风光迷人，多为风景名胜旅游区。土家族藤编、草编、竹编工艺品作为旅游产品远销世界各地，西兰卡普（家族织锦，中国三大名锦之一）、直纹平布桃花、土家刺绣等工艺品技艺精湛。雕刻、绘画、剪纸、蜡染也很著名。湘西的金色桐油、鄂西的坝漆都是享誉中外的特产。土家族是个能歌善舞的民族，怒溪更素有"歌舞之乡"的美誉。乐器也别有民族特色，乐器有唢呐、木叶、"咚咚喹"、"打家伙"等。土家族有自己的语言，属汉藏语系

藏缅语族。大多数土家族人使用汉语、汉文，只有湘西的龙山、永顺、古文等县的少部分地区的土家人仍用土家语。

第二节　华南、东南地区诸少数民族民俗

华南、东南地区少数民族，大多分布在偏远山区或沿海，在历史上多受战乱的影响，受汉族风俗文化影响也较大。尤其是在民间信仰方面，一般来说各民族都没有统一的宗教信仰。在自然环境和社会经济发展水平的决定下，各民族饮食、居住方面有着基本相同的习俗。而由于各民族有着不同的历史文化背景，这些民族在人生礼仪、民间禁忌、服饰等方面又各有特色。

一、壮族民俗

（一）饮食民俗

多数地区的壮族习惯日食三餐，有少数地区的壮族也吃四餐，即在中、晚餐之间加一小餐。早、中餐比较简单，一般吃稀饭，晚餐为正餐，多吃米饭，菜肴也较为丰富。大米、玉米是壮族地区盛产的粮食，自然成为他们的主食。壮族人习惯将新鲜的鸡、鸭、鱼和蔬菜制成七八成熟，菜在热锅里稍煸炒后即出锅，可以保持菜的鲜味。壮族群众还时兴在自家酿制米酒、红薯酒和木薯酒，度数都不太高，其中米酒是过节和待客的主要饮料。壮族年节食品丰富多彩，爱吃粽子、花糯米饭、糍粑、米粉等。二月二吃正色饭；春节和端午节，家家户户都要包"驼背踪"；三月三、四月八等节日，壮族地区许多人家还做"包生饭"、"马脚杆"。

花糯米饭：把糯米分别泡在枫叶汁、紫兰草汁、红草汁、黄花汁里，染成黑色、紫色、红色、黄色，加上本色（白色）蒸制而成，含五谷丰登之意。

粽子：壮族粽子是较高贵的食物，年节、来客必吃粽子。各种粽子有大有小，外形奇特，如羊角粽、猪仔粽、三角粽、马脚杆粽等。

（二）服饰民俗

壮族多用自织的土布做衣料，款式多种多样，以藏青色、蓝黑色为主，表现了壮族祖先以黑为美的审美观。壮族女子的服装一般为一身皆黑，上衣是左衽无领阑干衣，腰部扎有紧身带。下身穿长裤，裤脚较肥，有丝织和棉质的阑干镶边，裤腰外边悬挂一个彩穗筒。裤外套短裙，裙也有镶边。上衣的长短有两种样式，一种是短款，仅及腰部，另一种是长款，长及膝部。头上包黑毛巾，戴耳环、手镯和项圈。妇女的头饰多种多样，非常有趣，代表着居住地区和婚姻状况。过去有凿齿（打掉一两颗牙，装上金牙）和纹身的习惯，现已不多见。妇女的"绣鞋"是刺绣工艺之一，鞋头有钩，像龙船，鞋底较厚，多用砂纸做成。小伙子多穿无领右大襟和对襟两种上衣，缝一排（六至八对）布结纽扣，穿长裤，腰间系一条腰带，包头巾，穿布鞋。

（三）居住民俗

壮族的房屋多为"干栏式"建筑，也叫木楼、吊脚楼。壮族干栏式建筑用材和建筑式样因地而异。木材较多的地方，干栏多为竹木结构，竖木为柱，顶上盖茅草或瓦。缺乏木材的地区，则以竹子作篱和楼板。经济发达的地区，干栏多为泥石结构或砖石结构。建房时先用

石头砌基础，然后冲泥为墙或砌砖为墙，屋顶盖瓦。各地壮族的干栏建筑式样也不尽相同，建筑式样一般有半干栏式和全地居式两种。多为两层，上层一般为3开间或5开间，用于居住。不管其式样、布局如何，中间的一间屋必是堂屋，用于接待客人和祭祀祖先，左右两间或其他房间，有的做卧室，有的做客房，有的做厨房。在房屋的正门前或偏侧有晒台，供晾晒衣物、农作物和休息用。下层为木楼柱脚，多用竹片、木板镶拼为墙，可做畜厩，或堆放农具、柴火、杂物。有的还有阁楼及附属建筑。大多数地区的壮族还用荆棘或竹木编篱，围在干栏的四周，在干栏和篱笆之间的空地上种上蔬菜、果树、竹子等。在河边或陡坡地区，人们因地制宜地建一种吊脚楼。房屋后面倚山，前半部分悬空在外，靠柱子支撑而立，吊脚楼由此得名。有的柱子高达八九米。别看它遥遥欲坠，却能经风历雨。

（四）人生礼仪

1. 诞生礼仪

壮族对生儿育女十分重视。久婚未孕的青年夫妇想要孩子的，都要请师公做"送花"或"添花架桥"的仪式，意即给"送子娘娘"献花，祈求"送子娘娘"早赐贵子。在小孩出生三天以后，要给小孩办"三朝酒"，待小孩满月、满周岁时还要给小孩办满月酒、过生日。小孩稍懂事，即教小孩说儿歌、猜谜语、做游戏、教小孩做人的道理，期待小孩长大后有出息。

2. 婚姻习俗

壮族婚姻按传统习俗大体可经过提亲、定亲、接亲、送亲、成亲、回门等程序。婚姻形式基本实行自由恋爱和父母包办的双轨制。男女青年婚前社交自由，但双方即便情投意合，也需征得父母同意后才能结婚。自由婚姻的主要方式是男女青年通过唱山歌择偶。唱山歌地点有着严格规定，无论在僻静的山村或闹市，都必须是大家所公认或任何人都能看见的地方。倘若某一小伙子爱上某一姑娘，集体对唱阶段便可竭力向她投送秋波，若姑娘也有爱慕之意，双方即以山歌一问一答自成一对。对唱完毕，可坐下互相宴请，互赠随身携带的小件物品作信物，以后逢节日便可邀约订期相会。壮族婚姻的基本形态是一夫一妻制。

3. 丧葬习俗

老人上了年纪，他的子孙就要将棺材造好备用，棺材由"天、地、墙、头、尾"共5块杉板组成，两头分别刻有"福"、"寿"二字，涂朱红色。要备3件或5件寿衣，必须有1件白短衫、1件黑长衫，其他为黑或蓝短衫。还要备食物，老人到了风烛残年，子孙就要购买牛皮，去毛、捂熟、晾干后备用。到了病危时要磨糯米以及购买其他要用的食品，如黄豆等，准备做斋饭。

（五）社交礼仪

壮族是个好客的民族，过去到壮族村寨，任何一家的客人都被认为是全寨的客人，并给客人以最好的食宿，往往几家轮流请吃饭，有时一餐饭吃五六家。平时也有相互请客的习惯，比如一家杀猪，必定请全村各户每家来一人，共吃一餐。"鸡宴"是隆重的宴客礼节，席间要请贵客讲故事，称作"讲古"。告辞时，主人会把剩下的鸡肉"打彩包"，让客人带回家给亲人品尝。招待客人的餐桌上务必备酒，方显隆重。敬酒的习俗为"喝交杯"，俗称"穿杯"。其实并不用杯，而是用在宴桌上放几个大海碗，每人面前放着白瓷汤匙，但不能自己舀酒喝，必须互相敬酒，同时说出敬酒的理由。

用餐时的规矩：须等最年长的老人入席后才能开饭；长辈未动的菜，晚辈不得先吃；给长辈和客人端茶、盛饭，必须双手捧给，而且不能从客人面前递，也不能从背后递给长辈；

先吃完的要逐个对长辈、客人说"慢吃",再离席;晚辈不能落在全桌人之后吃饭。

路遇老人,男的要称"公公",女的则称"奶奶";遇客人或负重者,要主动让路,与负重的长者同行,要主动帮助并送到分手处。

（六）岁时节日民俗

壮族每月都有独具民族特色的民俗节日,其中比较盛大的有:春节、三月三歌节、铜鼓节、敬蛙节、花王节、牛魂节、中元节等。

1. 敬蛙节

敬蛙节是壮族传统风俗节日。在广西东兰、巴马、天峨、凤山一带的壮族人民,在每年春节期间,即从农历正月初一开始举行节日活动,一直延续一个月。敬蛙节在壮乡亦称"蛙婆节"、"青蛙节"、"蚂（虫另）节"、"葬蛙节"等。

2. 花王节

又称花婆节、花王圣母节,流行于壮族各地,每年农历二月十九日举行。花王是各地壮族群众信奉的生育女神和儿童守护神。根据民间传说:壮族始祖母六甲在农历二月初二诞生,专门主管赐花送子之事,因而被奉为花婆神。在壮族农村,凡婚后或生孩子后,都要在卧室床头边上设立一个花婆神位,用从野外采摘来的花和花枝扎成"花盘",祈求花王保佑小孩健康。新生儿出生未满月时,要天天供奉"花神",满月后要给"花盘"上香。若小孩生病,认为是神花长虫或缺水枯萎的缘故,为了孩子早日安康,母亲要给花婆上香祭拜。节日这天,各村寨妇女凑钱备办鸡鸭猪肉和香烛纸钱,到花婆庙供祭花王,随后成群结队到野外采花佩戴,祈求花王赐子添丁并保佑儿童健康。

（七）游艺习俗

壮族被誉为"唱歌的民族",几乎人人会唱山歌,天天在唱山歌。歌圩即"歌的集市",是定期举办的大型对歌集会,已成为壮族传统的娱乐活动的代表形式,并造就出独有的歌圩文化。形式有独唱、对唱、领唱与合唱等,大规模的歌圩可聚众数万人,唱歌达三天三夜不息。壮族每年有数次定期的民歌集会,如正月十五、三月三、四月八、八月十五等,其中以三月三最为隆重,称为三月三歌节或"三月歌圩"。

壮族铸造和使用铜鼓的历史已有两千多年,素有"铜鼓之乡"的美称。铜鼓既是乐器和祭器,也是权力和财富的象征,类型多样,大小不一。壮族还有其他众多的民间娱乐活动,如龙舟竞渡、跳板鞋舞、绣球舞、奏土胡等。

【微型资料 7-1】壮族音乐——铜鼓之王

铜鼓,是我国古代青铜文化中的一颗明珠。一般分鼓面、鼓腰、鼓胸和鼓足四个部分。迄今为止,在广西发现和收藏的铜鼓共 500 多面。其中一面直径 165 厘米、高 67.5 厘米,重 300 多公斤,让一个中等身材的人躺在鼓面上伸展四肢也不会露出鼓边之外,堪称"铜鼓之王"。

"铜鼓之王",体态庞然,花纹精细,鼓面中心有八道光芒的太阳纹,外围用突起的同心圆弦纹分成五道晕圈,各晕圈内密密麻麻地布满了单线旋出的云纹和菱形套的雷纹,鼓身晕圈密而窄,也全饰以云纹和雷纹。密布的云纹、雷纹给人以玄妙莫测之感,更增加了这种权力重器的神秘色彩。

铜鼓文化源远流长,影响深远。铜鼓铸造精致,音响宏亮。古代是传递信息发号传令的器物，是权力和财富的象征。人们常在喜庆的节日里敲奏它伴以歌舞；在宗教的活动中用以祭祀祖先、祈求神灵人安粮丰。

壮族人民自古酷爱铜鼓艺术，在一些盛大活动中，常敲击铜鼓，进行艺术表演。

（八）民间禁忌

忌以手指指神圣物，如神像、菩萨等。

饮食禁忌：忌食青蛙、牛肉；忌吃死于笼中的鸡；吃饭时，忌将筷子插入碗中；忌筷子跌落在地上；饭热忌用嘴吹。

岁时节日禁忌：农历正月初不杀牲，不吃粑粑，不吃青菜；不得在门口晒衣物；不扫地；不借物与他人；忌拿火出门，做饭亦忌吹火；禁舂米、劈材；正月初一、十五，忌洗衣、用斧。清明日忌点火。

二、瑶族民俗

（一）饮食民俗

瑶族一日三餐，一般为两饭一粥或两粥一饭，农忙季节可三餐干饭。过去，瑶族常在米粥或米饭里加玉米、小米、红薯、木薯、芋头、豆角等。有时也用"煨"或"烤"的方法来加工食品，如煨红薯等各种薯类，煨苦竹笋，烤嫩玉米，烤粑粑等。居住在山区的瑶族，有冷食习惯，食品的制作，因考虑便于携带和储存，故主食、副食兼备的粽粑、竹筒饭都是他们喜爱制作的食品。劳动时瑶族均就地野餐，大家凑在一块，拿出菜肴共同食用，而主食却各自食用自己所携带的食品。

常吃的蔬菜有各种瓜类、豆类、青菜、萝卜、辣椒，还有竹笋、香菇、木耳、蕨菜、香椿、黄花等，蔬菜常制成干菜或腌菜，肉类也常加工成腊肉。瑶族人喜欢吃虫蛹，常吃的有松树蛹、葛藤蛹、野蜂蛹、蜜蜂蛹等。

瑶族人还喜欢利用山区特色自己加工制作蔗糖、红薯糖、蜂糖等。瑶族人大都喜欢喝酒，一般家中用大米、玉米、红薯等自酿，每天常喝两三次。云南瑶族喜用醪糟泡制水酒饮用，外出时，常用竹筒盛放，饮时兑水。广西地区的瑶族还喜用桂皮、山姜等煎茶，认为这种茶有提神、清除疲劳的作用。很多地区的瑶族喜欢打油茶，不仅自己天天饮食，而且用油茶招待宾客。

瑶族人口较多，分布较广，因而各地均有独具一格的风味食品，其中的典型食品有油茶、粽粑、荷包扎。

（二）服饰民俗

瑶族过去因其居住和服饰等方面的特点不同，曾有"过山瑶"、"红头瑶"、"大板瑶"、"平头瑶"、"蓝靛瑶"、"沙瑶"、"白头瑶"等自称和他称，但在风俗习惯方面一直保持本民族传统特点，尤其在男女衣着上更为明显。一般都爱穿黑色和深蓝色衣服，习惯于自织自染；瑶族妇女擅长刺绣，她们穿的衣服一般都或绣或挑，满身花锦，衣襟的颈部至胸前绣有花彩纹饰，并在衣裤边镶上彩色花边，精美鲜艳。发结细辫绕于头顶，围以五色细珠。瑶族妇女的头饰式样繁多，喜爱以银簪、银花、银串珠、弧形银板等配以彩色丝带做头饰，风格别致。少女、未婚或已婚妇女从头饰上就可以区别：少女梳梳钗于头顶，以绣花巾缠头，中露云髻；十七八岁的姑娘，则以蜂蜡涂发，卷发叠髻，史称"椎髻"，以花巾包裹，呈梯角形，再用蛾冠形的斗篷罩在上面，迎风当阳，十分雅致；婚后妇女则将蛾冠取下，以花帕盖于头上，清秀大方。

瑶族男子一般都着黑色和深蓝色服装，衣料都是自织的粗厚白布，用篮靛浸染。男子蓄发盘髻，并以红布或青布包头，包头外围有素净刺绣巾。一般穿两件上衣，内着无领对襟长袖衣，领边袖口皆有少许挑花图案，布扣个数一般为五、七、九等单数，扣上往往锁有绒布装饰；衣外斜挎白布"坎肩"。下着宽边长裤，有的裹服绑腿，腿上尾端缀有彩丝。由于瑶族居住分散，各地、各支系打扮不尽相同。瑶族男女长到十五、六岁要换掉花帽改包头帕，标志着身体已经发育成熟了。随着生活水平的提高和民族间相互交流的影响，中山装已被青年接受，平时穿着时装衣裙者也不乏其人，服装日趋多种多样；但节庆之时，人们仍然要用传统服饰打扮自己，充分显示瑶族的特点。

（三）居住民俗

瑶族房屋建筑因地而异，形式多样。一般而言，依深山密林而居的瑶族多就地取材，采用"人"字形棚居建筑式样；居住在坡度比较大的山岭地带的瑶族，多采用"吊楼"式建筑；居平原丘陵地区的瑶族，住房多为土木或泥木结构，与壮、汉族住宅相同；聚居山地的瑶族讲究村寨整体，房屋建筑多为层叠式，幢屋毗连，层次分明。大的村落山寨，房屋从山脚叠到山腰，甚至叠到山顶，民族风格独特。瑶族房屋建筑一般分为三个部分，即住房、粮仓、寮房。

住房一般是一幢三间，中设厅堂，卧室设在两侧或中室后部，前部为灶堂或火堂。粮仓多用木板密封成堡垒形，用来贮藏玉米、稻谷，一般设在屋外或村旁，甚至有的设在数十里的山野田间。寮房多数是建在村寨旁边，用茅草搭盖，用以存放柴草或储存物件等。瑶族民居善于因地制宜，有"半边楼"、"全楼"和"四合院"之分。"半边楼"一般为五柱三间，两头附建偏厦，或一头偏厦，或一头偏厦前伸建厢房。此种建筑多为红瑶所建。"全楼"是相对"半边楼"而称，一般建于沿河一带或半山较平坦的一层地基上，规模及附属建筑与半边楼同。花瑶、盘瑶多居全楼。四合院在较平坦的地面上连接修建四幢全楼合成的房屋，中间有一小块方形空地庭院，故称"四合院"。这种建筑仅为沿河一带红瑶富裕人家所居。

（四）人生礼仪民俗

1. 取名

瑶族除和汉族一样有乳名、成人名外，还有特殊的法名。乳名多以排行或由聪颖、敏捷的小动物而取，成人名是为入学和与外族交往而取的名字。经过"度戒"后，由师父赋予的名字为法名。法名只能是师父叫，由师父写在黄校纸上，平时密藏作护身符，死后随体入葬。法名由辈分和灵名组成。灵名是按宗族班辈定的，意味着死后有资格记入祖先册，享受子孙祭拜。灵名还有"法"和"郎"的等级。女子随丈夫辈，资格以"者"和"娘"作标志，夭折、终身未嫁和离婚改嫁者，死后不得以灵名记入本氏族的祖先册。辈分名相当于汉族的排行字，表示宗族社会的尊卑。

2. 度戒

"度戒"是瑶族的男孩儿成年礼。只有经过度戒的男孩，才有了成年人的权利，可以有资格恋爱、结婚，能博得公众的信任和尊重。因此，每当男孩长到十五六岁，都要依俗举行这种带有民间宗教色彩的仪式。过去，度戒要接受诸如"上刀山"、"过火练"、"睡阴床"、"跳云台"近十种危险的考验，往往需要数天时间。所以都在十、冬、腊、正月举行，不择农忙之季，因度戒必须邀请全寨，乃至邀请远客，以酒肉相待，并要杀牲畜祭神，所以无牲日是不可以度戒的。

3. 婚姻习俗

瑶族一般不与他族通婚，同姓通婚不忌讳。家庭组织一夫一妻制，多行姑舅表婚。瑶族男女青年婚前恋爱自由，许多瑶族男女青年都借"耍歌堂"机会择选意中人，一旦男女情投意合，双方的家长就可通过媒人去说亲，并以猪肉和酒为礼物。瑶族婚礼一般办得比较简朴，送亲迎娶时，新娘一般走路或骑马到新郎家，全寨男女都来唱歌祝贺；第二天回门住一天，第三天即开始劳动。如男方到女方入赘，那么结婚当天女婿上门，除有媒人及两个伴郎陪送外，不用带什么东西，一个人上女家去，第二天回门之后即住女家。蓝靛瑶上门入赘较盛行，白头瑶流行"抢婚"习俗。寡妇一般受到社会同情，且可以改嫁。

维持瑶族家庭婚姻生活的准绳是习惯法。未婚男女私通，如被发现，须请"瑶目"杀鸡为之"洗脸"认错。如一旦女方怀孕生子，一般即结为夫妻。有妇之夫与未婚女子通奸怀孕，男方可纳为妾；反之，男子则要受罚。离婚被瑶族视为严重的事情，双方实在不能和解时，须由"瑶目"断处，否则会受到寨民的谴责。

4. 丧葬习俗

瑶族的丧葬因地区和支系不同而异。如"勉支"大都行土葬；"布努支"过去兴岩葬，现行土葬；"拉珈支"瑶族成年人行火葬、未成年人行土葬、婴儿行挂葬。瑶族送葬时，棺材出门前，先由一人沿送葬路线喊叫，村里人听见喊叫后，立马把大门闭上，以免鬼魂误入。下葬前，请巫师作法，巫师口念咒语，手提柴刀向棺材猛砍三刀，表示死者离家后，只能为活人赐福纳吉，不许作祟捣乱。油岭等村寨的瑶人还在沿习"尸体坐椅"出殡的习俗，他们认为自己是皇帝的后代，死后灵魂会找寻祖先地回归，因而要举行"指路"、"过九洲"等仪式。

（五）社交礼仪民俗

与汉族相比，瑶族人民的热情好客有过之而无不及。凡是进入瑶家的客人，都会受到尊重和热情款待。饶有风趣的"挂袋子"与"瓜箪酒"，是瑶家待客的典型礼节。客人到了瑶家，只要把随身携带的袋子往堂屋正柱上的挂钩上一挂，就表示要在这家用餐。不用事先说明，主人自然会留客人在家里就餐。

瑶族在向客人敬酒时，一般都由少女举杯齐眉，以表示对客人的尊敬；也有的以德高望重的老人为客人敬酒，被视为大礼。在达山瑶中，也喜用油茶敬客，遇有客至，都习惯敬三大碗。名为"一碗疏、二碗亲、三碗见真心"。

瑶族老人也喜欢饮茶，故茶水也是待客饮料。款待客人时，鸡、肉、盐一排排地放在碗里，无论主客，必须依次夹吃，不得紊乱。客人和老人每吃完一碗饭都由妇女代为盛饭。盐在瑶族食俗中有特殊的地位，瑶区不产盐，但又不能缺少盐。盐在瑶族中是请道公、至亲的大礼，俗叫"盐信"。凡接到"盐信"者，无论有多重要的事都得丢开，按时赴约。

（六）岁时节日民俗

瑶族除过春节、清明节、端午节、中秋节等外，还有自己特有的传统节日，如耍歌堂、盘王节、祭春节、达努节、啪嘎节等。节日里因为人多，饭一般不用铁鼎锅煮，而用木甑蒸，这种饭香气更浓。

1. 盘王节

农历十月十六日是瑶族最隆重的盘王节歌会。在远古时代，瑶山评王和高王作战。评王悬赏招贤，能取高王首级者， 愿将最美丽的三公主嫁与他。不料第二天，一条名叫盘户的彩狗竟衔来高王头颅。评王不失诺言，将心爱的三公主许配彩狗，并封彩狗为盘王。新婚之夜，彩狗竟变成一个魁伟健壮的男子，公主大喜。以后，公主为盘王生下六男六女，传下瑶家十二姓。有一天，盘王上山狩猎，不慎被一只羚羊撞下悬崖身亡。儿女们闻讯，捕到羚羊，剥羊皮制成长鼓，愤然起舞，以报父仇。以后，每逢这天，瑶民便汇聚一起，载歌载舞，纪念盘王。到今天，盘王节已逐步发展为庆祝丰收的联谊会；青年男女则借此机会以歌道情，寻觅佳偶。

2. 姑娘节

姑娘节是瑶族人民的传统节日，每年春节后的第一个节期举行。每逢这个节期、各村寨姑娘换上艳丽的民族服装，从四面八方涌向集市。节日的小镇，一派欢乐气氛，在广场上，各村寨姑娘围成圆圈，在乐器的伴奏下歌舞。还有陀螺比赛也很引人注目。除此以外，街头巷尾摆满了五彩丝线、花边、银器、首饰等商品及各种美味小食。男男女女，熙熙攘攘，把大街挤得水泄不通。她们成群结伴，在集市上出售自己带来的农副产品，并在货摊前选购花边、五彩丝线和耳环、手镯等银质首饰。

夕阳西下，小镇上人们陆续散去，而城外田野却歌声悠扬。一对对青年男女，在山坡、树下、溪边、湖畔，纵情歌唱。歌声、琴声和欢笑声交织在一起，荡漾在"姑娘节"上。 歌舞中，姑娘们如果看中意中人，就把自己精心绣制的花带或自己配戴的银饰，挂在小伙子腰间，以示爱慕。有些地区的瑶族新婚夫妇，则在新春佳节带上礼品，到岳父家拜年，女家必须设宴招待。席间，岳父唱山歌祝愿新婚夫妇辛勤劳动，和睦相处，白头到老。

3. 歌堂节

"歌堂"节是瑶族青年男女谈情说爱、唱歌求偶的节日。按传统习惯，每三至五年举行一次。一般在农历十月十六日举行，历时三天至九天不等。当节日到来之前，各家各户都得事先通知远近的亲友前来观光。节日之夜，男女青年围着篝火，对唱情歌，以歌传情，歌长情深，通宵达旦才罢休。节日期间，人们穿着新衣裳，戴上新头巾，插上锦鸡毛；街头巷尾，人声鼎沸，好不热闹。

耍歌堂节开始，即把祖公的牌位从庙中抬出来巡游、拜祭。后面伴随有锣鼓和腰鼓队，燃放土铜炮。广场上聚集着一群群青年男女则两个一对、三个一伙聚在一起，小伙子对着年轻姑娘唱起歌来。参加唱歌的青年，有时达八九十对。小伙子唱了一支又一支，姑娘们仔细地打量着唱歌的小伙子，暗暗地选择中意之人。小伙子们也尽情展露歌喉，求得姑娘的欢心。白天在歌堂上认识后，晚上便可独自向姑娘们唱歌求爱。节日期间，每户人家做二十至三十斤的糯米糍粑、若干水酒（七斤左右）招待亲戚朋友。

4. 芦丝节

芦丝节又称芦丝会，因瑶族分布广泛，各自节期不一。芦丝会的主要活动内容是跳芦丝舞。歌舞相伴，场面宏大而热烈。芦丝节是瑶族的盛大而隆重的传统节日之一，是人们切磋技艺和交流感情的大好时机。

（七）民间禁忌

瑶族民间有很多禁忌，若到瑶家做客，不懂得当地的禁忌，会引起主人的反感。这些禁忌主要是：忌用脚踏火炉撑架；忌在火炉里烧有字的纸张；进入瑶家忌穿白鞋和戴白帽，因为象征丧事；忌坐门槛；穿草鞋不能上楼；不能坐主妇烧火的凳子；到木排上，忌"伞"，言及"雨伞"时，要说"雨遮"，因"伞"与"散"谐音；遇人伐木时，忌说"吃肉"、"死"之类不祥之语，等等。

崇拜盘王的瑶族过去普遍禁食狗肉；崇拜密洛陀的瑶族过去则禁食母猪肉和老鹰肉。湘西南辰溪县农历七月五日前禁食黄瓜。绝大部分瑶族禁食猫肉和蛇肉。有的地方产妇生产后头几天禁食猪油。瑶族祭神，一般用猪、鸡、鸭、蛋、鱼等食品，忌用狗、蛇、猫、蛙肉。

三、黎族民俗

（一）饮食民俗

黎族习惯一日三餐，均是粥，主食大米，有时也吃一些杂粮。他们生活习惯是"爱稀不爱干"，这与当地天气炎热有一定关系。做米饭的方法一是用陶锅或铁锅煮，与汉族焖饭的方法大体相同。另一种是颇有特色的野炊方法，即取下一节竹筒，装进适量的米和水，放在火堆里烤熟，用餐时剖开竹筒取出饭，这便是有名的"竹筒饭"。若把猎获的野味、瘦肉混以香糯米和少量盐，放进竹筒烧成香糯饭，更是异香扑鼻，是招待宾客的珍美食品。香糯米是黎族地区的特产，用香糯米焖饭有"一家饭熟，百家闻香"的赞誉。竹筒饭是黎家人出远门、上山打猎、招待客人时才有的，是一种具有特色的野炊。

黎族饮食风俗的显著特点是，利用自然条件，因地制宜，就地取材，体现了人与自然密不可分的山风野味。蔬菜一般煮着吃，很少炒菜。黎族腌制的泡酸菜"南沙"，酸味浓烈，消暑开胃，是黎族人民一年四季不可缺少的菜肴。黎族多居山林，食鼠也是黎族的风俗，无论是山鼠、田鼠、家鼠、松鼠均可捕食。食鼠时，先把鼠投入火中烧一会，然后刮去毛，除去内脏，再烤或烧即可。

黎族妇女自古就有嚼食槟榔的爱好。嚼食槟榔有解闷、消水肿、除瘴气的功效，所以槟榔果被黎族视为吉祥物和男女青年定情的信物。饮酒是黎族人一大嗜好，吃晚饭时，家中男人先喝酒，然后才吃饭。每逢过节、红白事或举行各种宗教活动，男女老少聚众痛饮，每家都有自己酿制的山兰糯米酒、木薯酒。抽水烟筒也是黎族人一大嗜好，水烟筒用竹制成，中老年人饭前饭后都习惯抽一口水烟。典型食品：竹筒饭是黎族的传统风味食品；此外还有"祥"，是黎族风味菜，有两种，汉语称为"鱼茶"和"肉茶"。

（二）服饰民俗

沿海平原地区的黎族长期与汉族密切交往，在穿着上本民族的特色逐渐淡化，普遍穿着现代服装，红沙、鹿回头等地区的黎族同胞在穿着上与汉族完全一样；只有部分妇女、老人保留着本民族特色。黎族服饰特点是：下装裙长及脚面，裙子的底边绣有少量花纹图案，黑色为主，图案以条纹为多；上衣是对襟无领、无纽扣、长袖、黑色。雅亮、高峰、育才等边远山区，妇女普遍穿着本民族特色的服装，以中短裙为下装，花纹图案精致，尤其是姑娘，裙子色调鲜艳，图案华丽；上衣由前襟、后背、两袖以"贴夹"组成，对襟上衣无纽扣，无胸襟，以叉线打结。男子平日穿便衣，节日穿对襟上衣，腰系一彩布带，头上用一条长红布或黑布包头，外出时腰中系上腰篓，内放钩刀或其他杂物。

黎裙花纹有100多种，是一种精巧的工艺品，在历史上就是朝廷贡品。黎族服饰，过去绝大部分是自纺、自织、自染、自缝的。其染料以植物为主、矿物为辅。青、绿、蓝等颜料多用植物叶子制成，黄、紫、红等色彩利用植物花卉加工而成，棕色是利用树皮或者根块切成碎片后投入少量石灰（溪河螺自烧而成的石灰）煮水制成。着色时，将布料、线团放在染缸中浸数回，使其均匀。料身染上色彩后，变得坚挺，因为植物颜料，自身都含有胶质，所以既是染料，又是浆料。最著名的黎族纺织品，有黎锦、黎幕、黎裙、挂包、头巾、花带等，图案归于自然，又抽象变形；制作精巧，有的嵌缀金银线、云母、贝壳、穿珠、铜线等，色彩鲜艳，风格淳厚，富于装饰性。黎族的服饰绚丽多彩，无论服装款式、色彩、图案花纹，都具有浓郁的民族特色。

黎锦经纬七色灿烂，是海南黎族一种富有地方色彩和民族传统的手工艺品。

【微型资料 7-2】中国纺织史上的"活化石"——黎锦

黎锦堪称中国纺织史上的"活化石"，历史已经超过 3000 年，是中国最早的棉纺织品。早在春秋战国时期，史书上就称其为"吉贝布"，其纺织技艺领先于中原 1000 多年。海南岛因黎锦而成为中国棉纺织业的发祥地。黎锦服饰异彩纷呈，包括筒裙、头巾、花带、包带、床单、被子（古称"崖州被"）等，用黎族织锦和单、双面绣布料制作的黎锦筒裙绚丽多彩，黎族妇女还要在上面镶嵌上诸如云母片、贝壳片、银片、琉璃珠，穿上镶嵌珠宝的筒裙，行动或跳舞时，熠熠生辉。润方言区（白沙一带）黎锦的裙子是所有支系的筒裙中最短，可以说是最早的超短裙。

黎锦的品种有妇女筒裙、上衣、裤料、被单、头巾、腰带、挂包、披肩、鞋帽等。黎锦的图案有马、鹿、斑鸠、蛇、青蛙、孔雀、鸡以及竹、稻、花卉、水、云彩、星辰等 100 多种，大多由简单的直线、平行线和方形、三角形、菱形等几何图形构成。在色彩上，善于运用明暗间色，青、红、黑、白等色互相配合，形成色彩对比强烈的艺术效果。

黎族织锦图案是体现妇女的审美意识、生活风貌、文化习俗、宗教信仰及艺术积累的文化现象。其内容主要是反映黎族社会生产、生活、爱情婚姻、宗教活动以及传说中吉祥或美好的形象物等。据不完全统计，织锦图案有 100 多种，大体可分为人形纹、动物纹、植物纹、几何纹，以及反映日常生活生产用具、自然界现象和汉字符号等纹样。其中人形纹、动物纹和植物纹是最常用的织锦图案。

（三）居住民俗

黎族人民传统居住的房屋是以茅草为盖、以竹木为架的简易茅草屋。黎族茅草屋主要有两种样式，即船形和金字形两种。传统船形屋的构造是以格木、竹子、红白藤和茅草为建筑材料，房屋的骨架用竹木构成，十分简单、原始，属于传统的竹木结构建筑。船形屋的特点是，整个屋子内由前廊和卧室两部分组成。整个屋顶如船形，以竹木构架，藤条捆扎，茅草盖顶，接到地面，屋内不隔间，不设窗户，整个房间阴暗，通风条件较差。金字形屋以树干为支架，竹竿编墙，再用稻草泥抹墙。整个屋子呈长方形，屋顶用金字架为结构，正门在屋前方。房屋有单间、双间、三间、四间和庭院式，一般由人口及经济能力来决定。多数屋由前廊、生活室、卧室和厨房组成。边远山区以船形屋为主；丘陵地带则以金字形屋为主；与汉族杂居黎族以砖瓦房为主，建筑上和汉族大同小异。随着经济的发展，黎族的居住条件发生了巨大的变化，今天的黎族民居与汉族已无区别，只是在落后山区，部分黎族人还住着低矮的竹木架、泥墙的茅屋。

（四）人生礼仪民俗

1. 婚姻习俗

黎族实行一夫一妻制，黎族男女平等，但姨表及同宗不得结婚。婚后"不落夫家"的现象比较普遍．女子出嫁后不久就返回娘家居住，直到怀孕才回夫家居住。女青年社交恋爱自由，和汉族通婚的比较多，离婚和再婚都很自由。

在五指山等地的黎族中，过去当女儿长大后，父母就在村寨中或村寨旁为她建"隆闺"（与男子交往、恋爱之处），当地汉族称为"安方"。"隆闺"是黎语，大意是"不设灶的房子"。男子自己上山备料盖"隆闺"，女子则由父母帮盖，大多建在父母住屋附近或村边较偏僻的地方。"隆闺"有男女之分、大小之别，男子住的称"兄弟隆闺"，女子住的叫"姐妹隆闺"，大的住三五人，小的仅住一人，是黎族青年男女由相识到定情的小房子。每当夕阳西下，黎族男青年便穿戴整齐，到远山别村的"隆闺"去，通过对歌来找情人。如果双方情投意合，男家就得请媒人带酒、茶和槟榔前去说亲。媒人用两条新毛巾包四个最好的槟榔到女方家"查"，若女方家长开毛贴吃槟榔，则表示同意，接着双方就要商定放槟榔的时间和价钱。时间多定在农历六月或八月的双日，象征着成双成对。

良辰吉日那天，女方家热闹非凡，远近的亲戚还有村里的男女老幼都聚集于女方家等待"吃槟榔"．从说亲到结婚要经过定亲、放槟榔、问日、结婚等程序，婚礼十分热烈隆重。

2. 丧葬习俗

黎族人报丧很奇特，是以鸣粉枪来传噩耗的。黎族人很注重为死者梳洗和穿戴，给死者换上的新衣要反穿，但不能穿红衣。若死者是女的，要在脸上涂上灶底灰，意思是说她"生前勤劳，去了阴间会受到祖宗欢迎"。若死者家庭较富裕的，便会在死者嘴里放一块光洋，意思是让死者"去到阴间好问路"，做买路钱用。

黎族的合亩制地区不为生人备棺，人死后才伐木做棺。用独木挖凿洞槽，称为"母棺"；上面盖一块厚木板，称为"公棺"。棺材不用铁钉钉合，做好的棺材直接拉到墓地放置。灵堂设在家中，遗体摆在屋子的中央，下铺草席，上铺红毡或者盖上绣有龙须的"龙被"。摆放姿势男女有别：男的头朝前门，女的头朝后门。黎族人认为"人死就像太阳落山一样"，所以入殓都在下午。入殓时，由精通宗族谱系的"奥雅"引路，死者的两位亲人抬着遗体走在后边，再后是唱着悼歌的送葬队伍。黎族人的坟前不立碑，在坟旁放两把稻谷、一个大陶罐、一只瓷碗和牛的下颚骨。这些祭品表示给死者的财产，到阴间悼歌使用。

黎族墓葬的传统样式有长形矮坟、圆形大坟和拔地而起的高尖坟三种。埋葬死者后，全村的成年人不许回家吃饭，都集中在死者家里喝孝酒、唱悼歌，表示对死者的哀悼，然后才许回各自家。黎族人对于溺水、火烧、雷击、枪杀、兽害、上吊、难产以及从树上跌下摔死等非正常死亡者，视为"凶鬼"。埋葬时，对死在屋内的，抬到非正常死亡者的墓地埋葬；若死在郊野，就地埋葬，不准把尸体再抬回村寨。合亩制地区，要穿红衣丧服来埋葬非正常死亡者；美孚人则把非正常死亡者尸体俯埋，并用木棍从背部钉进地里，意思是不让"凶鬼"出来害人。

（五）社交礼仪民俗

黎族人家里来客人，主人先取槟榔盒，让客人吃槟榔，以示欢迎。接着，主人把客人安顿好便开始做饭菜。接待客人以杀鸡佐酒为厚礼。待客吃饭，若是女客，先吃饭后喝酒；如是男客，先饮酒后吃饭。在酒席上主、客要面对面就座。若是女客到黎家，不能在一家吃饱，必须留有余地，好应酬其他家主人的邀请，这样才算客人有礼貌；是男客，就没有这个规矩了，只在一家吃饭就行了。

按黎族习俗，客人吃完饭，由自己洗刷碗筷，并放回原来的位置。主人请客吃饭，不能将筷子交叉放碗上，交叉筷子是对客人的不尊敬或有意见；也不能将两根筷子首尾倒放碗上，倒放意味着"抬死人的竹杠"，是对客人的极大侮辱。受到这种待遇后，客人则会将碗口倒盖起来，并在上面放一根筷子，表示"埋死人的坟墓"，以达到报复的目的，主客会因此断绝来往。

黎家人向客人敬酒，先双手举碗向在座的众人表示起碗敬酒，客人双手接过酒并将酒饮尽。客人拜别时，不得由自己拿走行李或其他东西，如果这样做了，被视为对主人的不尊重，或者是对接待有意见。主人送客，不能在屋内就将东西交给客人，更不能主人在屋内、客人在门外，将东西递给客人，这样会被认为主人不许客人第二次进家门；必须将客人送出村寨路口，才将东西交给客人。

（六）岁时节日民俗

黎族传统节日有春节和三月三、敬牛节。黎语称春节为"江"和"葛姆"，意为年。黎族人过春节和汉族人过春节大同小异。过春节前，家家做年饭、酿年酒。春节期间，举行各种具有民族特色的喜庆活动。

黎族最盛大的节日，也是黎族青年人的节日——爱情节。每年的农历三月三这一天，具有敬老美德的黎族同胞带上自家腌制的小菜、酿好的米酒、做好的糕点去看望寨内有威望的老人。节日里男女老少身着盛装，小伙子们捕鱼，姑娘们做饭、烤鱼，然后把祭品供于有天妃和观音化石的岩洞口。拜祭完毕，青年们来到活动会场，进行射箭、爬竿、摔跤、拔河、荡秋千等活动。夜幕降临，岸边燃起堆堆篝火，小伙子们撑开花伞，姑娘们的银饰及贝壳饰物在火光下闪闪烁烁。情歌婉转，舞蹈渐起，由平缓抒情而进入欢乐奔放。有时一对对情人悄悄离开篝火旁，小伙子把耳铃挂在姑娘耳朵上，把鹿骨做的发钗插在姑娘的发髻上，姑娘把自己亲手精心编织的七彩腰带系于情郎腰间，双方相约明年三月三不见不散。

（七）民间娱乐

黎族民间娱乐活动内容丰富，主要有射箭比赛、打红（粉枪射击）、打狗山坡、大象拔河、格斗、赛跑、登山、抢姑娘、打秋千、跳竹竿等。

黎族是能歌善舞的民族，口头文学丰富，民间故事和歌谣众多，民间乐器有口弓（口弦）、鼻萧、"拜"（排萧）等。

（八）民间禁忌

黎族的禁忌很多，有孕期禁忌、丧葬禁忌、生育禁忌、婚姻禁忌等。孕期禁忌规定：孕妇忌跨动物尸体，忌食蛇肉、猴肉；丈夫不得安装刀把、锄头把、犁耙把等。丧葬禁忌规定：家中有人死了，死者家属应把衣服反过来穿一个月；忌洗头洗身、敲锣打鼓放鞭炮、唱歌和吹奏乐器、下田劳动；村上人忌在死者家中吃猪肉粥、牛肉粥、鸡肉粥和米饭。出殡时，凡抬棺者，只能用左肩抬。生育禁忌规定：妇女怀孕期间，忌吃狗肉。妇女分娩时，要在家门口挂树叶，禁止外人进入，分娩后2～3天内，产妇不得外出，不得洗身，不得和外人说话；产期一个月或100天内，产妇只能吃干饭，禁吃鱼、蛋。婚姻禁忌规定：男女订婚时，忌用白鸡。

四、土家族民俗

（一）饮食民俗

土家族平时每日三餐，闲时一般吃两餐；春夏农忙，劳动强度较大时吃四餐。如插秧季节，早晨要加一顿"过早"，过早大都是糯米做的汤圆或绿豆粉一类的小吃。据说过早吃汤圆有五谷丰登、吉祥如意之意。土家族人喜食油茶汤，一日三餐少不了。有一首歌谣唱得好，"油茶汤，喷喷香，做起活来硕邦邦"。甚至还说"只要有碗油茶汤，满桌酒肉都不香"。日常主食除米饭外，以苞谷饭最为常见。有时也吃豆饭，粑粑和团馓也是土家族季节性的主食，有的甚至一直吃到栽秧时，过去红苕在许多地区一直被当成主食，现仍是一些地区入冬后的常备食品。

因为土家人世代生活在万山丛林中，其饮食喜好自然表现为"喜辛辣、好豪饮"的特点。菜肴以酸辣为其主要特点。民间家家都有酸菜缸，用以腌泡酸菜，几乎餐餐不离酸菜。豆制品也很常见，如豆腐、豆豉、豆叶皮、豆腐乳等。尤其喜食合渣，即将黄豆磨细，浆渣不分，煮沸澄清，加菜叶煮熟即可食用。民间常把豆饭、苞谷饭加合渣汤一起食用。土家族人喜好饮酒，特别是在节日或待客时，酒必不可少。其中常见的是用糯米、高粱酿制的甜酒和咂酒，度数不高，味道纯正。典型食品：土家族人最爱吃粑粑（糍粑）腊肉、油茶等食品，还有合渣、团馓、绿豆粉（米粉）、油炸粑。

（二）服饰民俗

土家族男子过去穿琵琶襟上衣，缠青丝头帕。妇女着左襟大褂，滚二三道花边，衣袖比较宽大；下着镶边筒裤或八幅罗裙，喜欢佩戴各种金、银、玉质饰物。土家族现在平日着装已没有民族特色，只有喜庆节日、隆重集会或边远山村，才能看到传统民族服饰。

女鞋较讲究，除了鞋口滚边挑"狗牙齿"外，鞋面儿多用青、粉红绸子。鞋尖正面用五色丝线绣各种花草、蝴蝶、蜜蜂。绣花鞋垫是姑娘赠给意中人最珍贵的礼物，制作这种鞋垫，先用面粉颧布壳晾干，再用纸剪出鞋垫式样，画上格子后，以青、蓝、白、红、绿、黄、紫等多色线，手工纳出花纹或文字图案。

小孩的服饰突出在帽子上，并按年龄、季节确定帽形：如春秋戴"紫余冠"，夏季戴"冬瓜圈"，冬季戴"狗头帽"、"鱼尾帽"、"凤帽"等。这些帽子上除用五色丝线绣"喜鹊闹梅"、"凤穿牡丹"和"长命富贵"、"福禄寿福"等花、鸟和字外，还在帽的正顶缝上"大八仙"、"小八仙"、"十八罗汉"等银菩萨。

（三）居住民俗

土家族人在不同的自然环境下，创造了不同形式的建筑风格，配以土家特有的居住习俗。其建筑风格因聚居区不同的自然环境分为两类：吊脚楼和木瓦房屋。居住在河边和山湾中的土家人一般建吊脚楼。吊脚楼为土家族人居住生活的场所，多依山就势而建，呈虎坐形，以"左青龙，右白虎，前朱雀，后玄武"为最佳屋场，后来讲究朝向，或坐西向东，或坐东向西。土家族住所的结构一般为一正两厢（也有一厢的），其中厢房为吊脚楼。吊脚楼的地基低于正屋的地基，在其地基上竖立上几根木柱，木柱上铺木板（楼板），以木板为壁，一般二至三层。上层做卧室，下层则堆放杂物和饲养畜禽。土家吊脚楼的建筑装饰丰富多彩，做到了功能结构和艺术的高度统一。居住在河谷盆地、向阳坡地的土家族人的房屋多是木瓦结构，铀木楼板，隔潮防湿。

【微型资料 7-3】土家吊脚楼所体现的意义

1. 吊脚楼折射出了土家人的信仰崇拜与宗教意识。

一般来说，无论哪种模式，吊脚楼正中的正房（一般叫堂屋）都安置有神位，主要用于供奉历代祖先灵位、立香火、安祖先等。同时，在新媳妇娶进家门或小孩出生时，也都要在家神下举行入谱仪式，告慰祖先并祈求家神保佑人丁兴旺。这种做法，展示了土家人强烈的祖先崇拜意识。

2. 吊脚楼再现了土家族"天人合一"的宇宙观念。

土家族民居讲究吉祥和风水，喜欢依山傍水、背风朝阳的地方，或坐北朝南，或坐南朝北，不喜欢东西向。修建房屋前要选择屋场，其标准是"左有青龙排两岸，右有白虎镇屋场；前有朱雀来照看，后有玄武做主张"，或是"前看二龙来抢珠，后有双凤来朝阳"。讲究厚实，左右不虚。

3. 吊脚楼体现了土家族的家庭伦理观念。

土家族地区大多为大家庭，老少几代同堂，因而，土家族特重视搞好家庭关系。敬老扶幼、夫妻恩爱、兄弟团结、家庭和睦是土家人的家庭美德。父慈子孝、长幼有序，是土家族家庭内部的伦理观念。

4. 吊脚楼也是土家人进行家庭教育、传承民族文化与美德的主要场所。

土家族是个历史悠久、文化灿烂的古老民族，但一直以来，土家族地区的学校教育发展相对滞后，社会教育发展相对缓慢，因而，继承和发展民族文化的责任就落到了土家族家庭教育身上。

（四）人生礼仪民俗

1. 诞生礼

土家族人生礼仪中诞生礼、成年笄冠礼、祝寿礼非常重要。土家族人相当注重为婴儿举办诞生礼仪式，既含有为新生命祝福的意思，也有为产妇驱邪的含义，礼仪中带有浓厚的神秘色彩。接生婆进产房后，要敬祭土家族的生育女神巴山婆婆。新生儿若是男孩，就用父亲的衣服包裹；若是女孩，则用母亲的衣裙包裹。

婴儿降生后，父亲要怀抱"报喜鸡"去岳母家报喜，男孩用公鸡报喜，女孩则用母鸡报喜。岳母家则按婴儿性别置办"三朝礼"（又叫"打三朝"，即婴儿生下 3 天后要进行全身沐浴）和"满月酒"。三天后，岳母家以及亲友们挑着礼品前来贺喜，即打三朝。酒宴上，产妇家要请婴儿的外公或包父取名，俗称"命名礼"。满月那天，岳母家要来给婴儿"放脚"，并送来放脚需要的一切衣物，这俗称"满月酒"或"祝米酒"。婴儿诞生后，第一个来产妇家的人，俗称"踩生"。产妇家要格外热情地招待踩生人，使之多说些吉利话。

成年笄冠礼和婚礼，土家人是将其一并举行的，并且最为隆重，男冠礼和女笄礼都是在结婚前一天举行。成年笄冠礼是土家族青年迈向成年的重要标志，体现了土家族的民族自觉意识和社会责任感。

2. 婚姻习俗

土家族青年男女始终把自由相爱、建立美满幸福的家庭作为他们追求的理想境界。土家族大量的情歌，都洋溢着对这种自由婚姻的执著追求。香袋，又叫鸳鸯荷包，是湘西桑植土家族人的爱情信物。无沦是少小相爱、青梅竹马、自由恋爱结合的婚姻，还是所谓"明媒正娶"的联姻，都要经媒人说亲、求婚、打节、送聘礼、讨庚、问女方生期、定亲、迎亲、回门等繁多的程序。在婚礼方面别具一格的有哭嫁、过礼、开脸、戴花酒、背新娘、迎亲、拜堂、坐床、闹房、回门等。典型环节是哭嫁、坐床、回门。

3. 丧葬习俗

历史上土家族多行火葬，后改土葬。在巴东县野三关、清太坪、水布垭等土家族聚居的村镇山寨，就有这样一种奇特的"丧事喜办"的民俗，在这些地方，一旦土家老人亡故，亲朋好友往往不约而同赶到孝家灵堂，参加"跳撒尔嗬"，借此为死者亲属排忧解愁，慰藉亡灵。跳撒尔嗬，又称"跳丧"、"打丧鼓"，用亦歌亦舞的方式悼念死者，是土家族先民巴人在长期生产与生活中所形成的独特习俗，它不仅是一种民俗，也表现了巴人特有的生死观。跳撒尔嗬所用的牛皮大鼓就置于灵柩前的桌子旁边，灵柩前的空地就是人们跳撒尔嗬的地方。人们在孝家灵堂跳撒尔嗬，一跳就是两三个夜晚，直到送亡人上山时为止。

（五）社交礼仪民俗

土家族很注重社交礼仪，见面要互相问候，家有来客，必盛情款待。土家族平时粗茶淡饭，若有客至，夏天先喝一碗糯米甜酒，冬天就先吃一碗开水泡团馓，然后再以美酒佳肴待客。一般说请客人吃茶是指吃油茶、汤圆、荷包蛋等。无论婚丧嫁娶、修房造屋等红白喜事都要置办酒席，一般习惯于每桌七碗、九碗或十一碗菜，忌八碗桌、十碗桌。因为八碗桌被称为吃"花子席"，十碗的"十"与"石"同音，被视为对客人不尊，故回避"八"和"十"。

（六）岁时节日民俗

土家族人民在漫长的历史发展过程中，形成了自己的独特节日。"调年"是土家族的春节，比汉族的春节早一天。相传在明朝嘉靖年间，土家族的先民随胡宗宪征讨倭寇，在腊月二十九那天提前过年慰劳将士。将士们吃了丰盛的酒席，养精蓄锐，到除夕那天狠狠打击了倭寇，取得了胜利。以后，为了纪念土家先人，土家人提前过年，并相沿成俗。土家族的调年是一年中最为隆重的节日，他们要在调年期间举行丰富的喜庆活动。调年活动持续几天，甚至十几天。

农历四月初八过"嫁毛虫"节，又称"敬婆婆神"。届时，家家用两条红纸，分别写着："佛生四月八，毛虫今日嫁，嫁出深山外，永世不回家"的字句，交叉成"×"形，贴在堂屋左侧中柱下面，以为此举可以驱除虫害，四季平安。

在众节日中，以"过赶年"最具特色。此节日在农历腊月二十八日（大月则在二十九日）举行，新中国成立前黔东北各地区土家族普遍过"赶年节"，现只剩部分地区保留这一习俗，但其传说仍普遍流传。

（七）游艺民俗

土家族是个能歌善舞的民族，怒溪更素有"歌舞之乡"的美誉，歌谣是黔东北土家族口头文学的主要组成部分，内容极为丰富，反映了历史事件、生产劳动、生活习俗、男女爱情、社会礼仪等。形式多样，大致可分为山歌、薅草锣鼓、摆手歌，丧歌和哭嫁歌等类。

1. 摆手舞

摆手舞是土家族最有影响的大型歌舞，带有浓烈的祭祀色彩。歌随舞而生，舞随歌得名。主要特点是手脚呈同边动作，踢踏摆手，翻跹进退，成双成对，节奏鲜明生动。祭祀仪式由梯玛或掌坛师带领众人进摆手堂或摆手坪跳摆手舞、唱摆手歌。摆手歌长达数万行，堪称"土家族民族史诗"。摆手分单摆、双摆、大摆、小摆数种，小摆手又称"社巴"。跳摆手舞不拘人数多少，少者数百，多则上万。摆手时，以击大锣、鸣大鼓呼应节奏，气势恢宏壮观，动人心魄。梯玛唱的歌也叫梯玛神歌，舞蹈以讲述人类起源、民族迁徙、英雄事迹为内容。

2. 毛古斯舞

土家人逢年过节跳摆手舞之前，都要跳毛古斯舞。毛古斯，相传为茹毛饮血时代的土家先民，意为"长毛的人"，后来把他们所创造的舞蹈也叫"毛古斯"。毛古斯中有歌舞、对话，有完整情节，有固定场次，故又被专家称为中国戏剧的"活化石"。内容主要是讲"先人来历，先人生活"等。其装扮因模仿原始人类穿树衣、兽皮，所以从头到脚一律披茅草覆盖，并在腹前捆扎红色"草把"，取悦女神以喻生殖崇拜。传统的毛古斯只由男性跳演。表演时，"全身不停抖动，碎步进退"，"舞步粗野、狂放、稚趣"，加之以土语大声应对，毕现原始的古朴气息。

土家族民间娱乐活动还有打飞棒、耍石舵、赛龙舟、骑竹马等。

（八）民间禁忌

土家族禁忌较多，分岁时节日禁忌、饮食禁忌、回门禁忌、孕期禁忌、礼俗禁忌等。

岁时节日禁忌：农历腊月二十九日，妇女忌动针线。腊月三十忌挑水、忌杀生；正月初一忌言不吉利语，忌吵架、骂人、哭泣；对去睡觉的守夜人，忌说"去睡觉"，要说"去挖金窖银窖"；忌见秤杆。正月及农历七月的初一至十五，忌给孩童剃头。每年小暑前，从辰日起到丑日至，禁宰杀、钓、猎，忌穿红衣，忌娱乐。

饮食禁忌：吃饭时忌端碗立于他人背后，面向其背吃。忌幼童吃鸡爪、猪鼻、猪尾、敬神祭品，未婚男女（包括儿童）忌吃猪蹄花。

回门禁忌：新娘回门时，忌为娘家扫地。回门日，新郎吃岳丈家头一餐时，忌将岳丈家特意多盛的一大碗饭吃光，忌将酒杯中事先投入的两粒黄豆（金豆）吃掉，酒后应留在杯中，以免将岳家吃穷喝光；回门时，忌新婚夫妇在岳丈家同房。

孕期禁忌：孕妇在屋忌用刀砍物，忌将线绕于颈间，忌在孕妇屋中钉木桩或钉子，忌在孕妇家动土、折门窗、随意移动已固定的家具、重撞房屋等。

礼俗禁忌：鄂西土家族忌在待客的油茶汤中打3、4以外数目的鸡蛋，俗信：一个（鸡蛋）为独吞，两个为骂人，五个消五谷，六个是伤禄，七、八、九个则应了"七死八亡九埋"的不吉语，故习于打三个或四个荷包蛋待宾客。

本章小结

本章简要介绍了壮族、瑶族、黎族、土家族概况，重点介绍了这几个民族的禁忌、服饰、饮食、居住、人生礼仪、社交礼仪、岁时节日等民俗，对我们了解这些民族，欣赏他们丰富多彩的民俗生活，更好地与他们相处，发挥了一个积极的作用，同时也有利于推动旅游业的发展。

主要概念

吊脚楼　歌圩　度戒　三月三　打三朝

复习思考题

1. 选择题

（1）土家族自称（　　　　），意为"土生土长的人"。

A. 土蛮　　　　　　B. 土家　　　　　　C. 毕兹年　　　　　D. 傈

（2）（　　　）是把糯米染成黑色、紫色、红色、黄色，加上本色（白色）蒸制而成，含五谷丰登之意。

A. 粽子　　　　　　B. 花糯米饭　　　　C. 糍粑　　　　　　D. 马脚杆

（3）瑶族人的法名只能是（　　　）叫，并由其写在黄校纸上，平时密藏作护身符，死后随体入葬。

A. 师父　　　　　　B. 父母　　　　　　C. 朋友　　　　　　D. 家人

（4）土家族悼念死者的方式是"（　　　　）"。

A. 浴尸　　　　　　B. 鸣粉枪　　　　　C. 跳撒尔嗬　　　　D. 过九洲

2. 简答题

（1）位于我国华南、东南的少数民族有哪些？

（2）简述壮族、瑶族、黎族、土家族的饮食和服饰民俗。

（3）简述壮族、瑶族、黎族、土家族的人生礼仪民俗。

（4）简述壮族、瑶族、黎族、土家族的节日民俗。

案例分析

第一，孕妇忌见死人，不然，会招致死胎；第二，孕妇分娩未满3日和没吃过蒲艾草，不能吃其他事物，不然会患肚疼；第三，小婴坠地不满4天，陌生人进屋，会使婴孩致病；第四，产妇未满12日，若食肉类、油类和青菜类，必会脱大肠头；第五，孕妇如吃落地酸梅，就会胎死或小产；第六，孕妇不得跨动物尸体，否则会生死胎；第七，孕妇不能吃蛇肉、猴肉，否则会生怪胎；第八，孕妇怀孕期间，丈夫和外人不得辱骂孕妇"死胎妇"，若骂了，会造成死胎或者流产；第九，丈夫不得安装刀把、锄头把、犁耙把，否则会使妻子难产等。

问题：这是哪个民族的禁忌？谈谈你对这个民族的认识。

第八章　亚洲民族民俗

学习目标

　　知识目标：了解亚洲各国概况、服饰民俗、饮食民俗。

　　技能目标：熟悉亚洲各国的人生礼仪及禁忌；掌握与亚洲各国人民交往的礼仪。

　　能力目标：具有运用饮食、居住、服饰等民俗知识进行初步的民俗旅游开发的能力。

第一节　亚洲民族概况

　　亚洲是亚细亚洲的简称，是世界七大洲中面积最大的洲。其绝大部分土地位于东半球和北半球。传统上被定义为非洲—亚欧大陆的一部分。亚洲横跨经度巨大，东西时差达 11 小时，南北纵跨寒、温、热三带，气候基本特征是大陆性气候强烈、季风性气候典型，气候类型复杂。习惯在地理上将亚洲分为东亚、东南亚、南亚、西亚、中亚和北亚。

　　亚洲自然资源丰富，矿产种类多，储量大，石油、铁、锡等储量居各洲首位；森林总面积约占世界可开发森林总面积的 13%；可开发水力资源年可发电量达 26000 亿千瓦时，占世界可开发水力资源量的 27%；沿海渔场面积约占世界沿海渔场总面积的 40%。

　　亚洲是全世界人口最多的一个洲，同时也是人口密度最大的洲。截至 2007 年上半年，亚洲人口 35.13 亿，占世界人口的 53.49%，人口自然增长率位于世界第三，仅次于非洲和拉丁美洲。人口 1 亿以上的国家有中国、印度、印度尼西亚、日本、孟加拉国和巴基斯坦。城市人口约占全洲人口的 18%。人口分布以中国东部、日本太平洋沿岸、爪哇岛、恒河流域、印度半岛南部等地最为密集，每平方千米达 300 人以上。亚洲人口最多的国家是中国，第二是印度。

　　新加坡是亚洲人口密度最大的国家。人口密度最小的国家是蒙古，平均每平方千米仅 1 人多；密度较小的国家有沙特阿拉伯、阿曼等国家，平均每平方千米 5~7 人。

　　亚洲的种族、民族构成非常复杂，尤以南亚为甚。全洲大小民族、种族约有 1000 个，占世界民族、种族总数的 80% 左右。其中有十几亿人口的汉族，也有人数仅几百的民族或部族。黄种人（又称蒙古利亚人种）为主要人种，其余为白种人、棕色人及人种的混合类型。黄种人约占全洲人口的 3/5 以上，其次是白种人，黑种人很少，在中亚地区分布着由黄向白过渡的民族，即图兰人种。亚洲语言复杂多样，分属于汉藏语系、南亚语系、阿尔泰语系、朝鲜语系、日本语系、马来—波利尼西亚语系、达罗毗荼语系、闪米特—含米特语系、印欧语系。

　　亚洲的历史和文化都非常悠久。世界四大文明古国中的中国、印度和古巴比伦都位于亚洲大陆。亚洲的经济和文化水平曾经在世界上长期居于领先地位。中国、阿拉伯、印度等各亚洲民族的文化对世界文化有着巨大影响。亚洲是道教、佛教、伊斯兰教和基督教四大宗教发源地。

在 18 世纪工业革命开始之前，由于世界的经济重心在亚洲，所以大部分人类的技术成就都产生于亚洲。早在公元前 3000 年，亚洲人已经发明了烧制陶器和冶炼矿石等工艺；亚洲的苏美尔人首先发明了文字和系统的灌溉工程；中亚的游牧民族发明了马鞍、挽具和车轮；中国人发明了瓷器、马蹬、火药、指南针、造纸术和印刷术，并最早种植稻谷；印度人和阿拉伯人发明了十进位计算技术；亚洲各种地方性的医药技术即使今天也非常有效，还在很多地区使用；目前西方和东方的许多乐器是有同一起源的，所以非常相似，如小提琴和二胡，吉他和琵琶，双簧管和唢呐，几乎相同的东西方笛子，其实这些乐器多数都是起源于中东地区。

第二节　亚洲各国民俗

一、日本民俗

日本是东亚一个由本州、四国、九州、北海道四个大岛及 3900 多个小岛组成的群岛国家。东临太平洋，位于太平洋西北部；西与中国、朝鲜半岛以及俄罗斯隔海相望，首都东京。公元 1 世纪进入奴隶社会，7 世纪进入封建社会，19 世纪中期明治维新后进入资本主义社会，二战后经济实力迅速提高。日本的国家理念为立宪主义、国民主权、基本人权的尊重、和平主义，实行以天皇为国家象征的君主立宪政体。日本的人口超过 1.2 亿，人口以大和民族为主。科学研发能力和教育居世界前列，国民拥有很高的生活质量，是全球最富裕、经济最发达的国家之一。

（一）服饰民俗

和服是日本民族的传统服装，它是在依照中国唐代服装的基础上，经过 1000 多年的演变形成的。最初的日本服装是被称作"贯头衣"的女装和被称为"横幅"的男装。所谓"贯头衣"，就是在布上挖一个洞，从头上套下来，然后用带子系住垂在两腋下的布，再配上类似于裙子的下装，其做法相当原始，但相当实用。所谓的"横幅"，就是将未经裁剪的布围在身上，露出右肩，如同和尚披的袈裟。

和服的种类很多，根据具体穿着的场合、目的和时间的不同又有许多区别。最主要的和服类型有留袖和服、振袖和服、访问和服和小纹和服。

（二）饮食民俗

日本料理即"和食"，起源于日本列岛，并逐渐发展成为独具日本特色的菜肴。主食以米饭、面条为主，副食多为新鲜鱼虾等海产品，常配以日本酒。和食以清淡著称，烹调时尽量保持材料本身的原味。在日本料理的制作上，要求材料新鲜，切割讲究，摆放艺术化，注重"色、香、味、器"四者的和谐统一，尤其是不仅重视味觉，而且很重视视觉享受。和食要求色自然、味鲜美、形多样、器精良，而且材料和调理方法重视季节感。和食种类繁多，各地都有自己的地方风味。和食中最有代表性的是刺身、寿司、饭团、天妇罗、火锅、石烧、烧鸟等。

（三）居住民俗

榻榻米是日本家庭生活中一种重要的家具，一年四季都铺在地上供人坐或卧。在日本，典型房间的面积是用榻榻米的块数来计算的，一块称为一叠。传统的商店店堂设计为五叠半

（8.91 平方公尺），茶室常常是四叠半（7.29 平方公尺）。榻榻米会客厅有不同的排列方式，据说如果摆放方式不合风水就可能会带来灾祸。除了丧葬及房间面积广大的情况，榻榻米一定不能摆放成格子形，即绝对不能出现四块榻榻米的角聚在一处的组合，所以一般和室的面积至少也有四叠半，否则无法避开四个角聚在一起的组合。

（四）人生礼仪民俗

1. 束带仪式

从江户时代开始的束带仪式是为了预祝孕妇顺产而在她的下腹部缠绕带子的仪式。从怀孕 5 个月开始，举行祝愿孕妇及胎儿平安的仪式，通过缠绕带子，来防止流产，且防止腰疼及受冷，以达到安产的作用。这个仪式一般选在怀孕 5 个月后的戌日进行。戌时多产且多顺产，所以在十二支中选择戌日。

2. 出生祝贺

在日本关于出生有很繁琐的礼节。在妻子的娘家生产时，婆婆要去参加出生祝贺；在婆家生产时，娘家要送去褓褓做贺礼。但因为现代人习惯在医院生产，这种风俗也就渐渐淡了。庆祝婴儿出生的"内祝"所选的礼品则可以和出生这个主题毫无关系，而只是向亲人及为孕妇出过力的人赠送谢礼。赠送内祝的时间为生产后一个月左右进行土地神参拜时。"内祝"所赠礼品一般为红豆饭、红白饼、红白糖、干松鱼等专用礼品。一般在礼品上包裹用浆糊纸做的红白蝴蝶结，纸面写上"内祝"的字样，并署上孩子的名字。

3. 七五三

七五三是祝贺孩子健康成长的仪式。在男孩 3 虚岁和 5 虚岁、女孩 3 虚岁和 7 虚岁时举行。但现在越来越多的人选在周岁时庆祝。在武士社会中，男孩女孩长到 3 岁，便要举行"留发仪式"。要将之前都剃掉的头发留长，届时束成总角。男孩到了 5 岁有"着裙仪式"，届时要给男孩换上和服裙和短衫，手持扇子面向吉位立于棋盘之上。女孩到了 7 岁则会举行"解带仪式"，解下和服的束带，系上正式的腰带，换上振袖和服。这三个仪式统称为"七五三"。

（五）社交礼仪民俗

在社会交往中，日本人通常都以鞠躬作为见面和分手时的礼节。在行礼时，日本人讲究行礼者必须必恭必敬，而且在鞠躬的度数、时间的长短、鞠躬的次数等方面还有特别的讲究。在一般情况下，日本妇女，尤其是日本的乡村妇女，与别人见面时，只鞠躬不握手。在日本民间，尤其是在乡村之中，人们在送别亲友时，往往还会向对方行跪礼和摇屐礼。跪礼，即屈膝下跪，它是妇女所行的礼节；摇屐礼则是男子所行的礼节。

日本人很讲究清洁，每天都要洗澡，有时也会邀请客人一起去浴室洗澡，他们叫"裸体相交"。称呼日本人时最好使用"先生"、"小姐"、"夫人"，也可以在姓氏后加一个"君"字。只有在正式场合才可以称呼全名。在交际场合中，日本人的信条是"不给别人添麻烦"，无论自己开心与否，都要笑脸对人，这也是做人的一种礼貌。

（六）游艺民俗

1. 相扑

相扑是日本国粹，昔日与歌舞伎并列为日本两大国粹。如今，相扑在日本一枝独秀，成为仅次于棒球的极富魅力的运动项目。

相扑来源于日本神道教的宗教仪式。人们在神殿为丰收之神举行的比赛，盼望能带来好的收成。在奈良和平安时期，相扑是一种宫廷观赏运动，而到了镰仓战国时期，相扑成为武士训练的一部分。

2. 艺伎

17 世纪末期，日本兴起了代表市民阶层的"町人文化"，艺伎也在这个日本文化大发展的时期悄然诞生。艺伎的起源可追溯到德川幕府早期表演歌舞的流浪女艺人。当时的德川幕府为了增加政府税收，严厉禁止私娼，迫使民间妓女转而采用亦歌舞亦卖身的方式来钻官府规定的空子。后来，幕府官营妓院中的妓女为生计所迫，也吸收了民间艺伎通俗的表演形式，转变为既卖身又卖艺的艺伎。

18 世纪中叶，艺伎作为一种职业被合法化，其职业规范和习俗也随之确立，只卖艺不卖身的行规被广泛接受，表演的项目也逐渐增多。在二战前的日本，拥有一个能够随叫随到的艺伎是个人身份和地位的象征。

3. 歌舞伎

歌舞伎是日本典型的民族表演艺术，起源于 17 世纪江户初期，经过 1600 年发展为成熟的一个剧种，演员只有男性。歌舞伎从民俗发展成日本的国粹文化，经历了波折的成长过程，由"游女（妓女）歌舞伎"到"若众歌舞伎"，最终发展到现在的歌舞伎的原型"野郎歌舞伎"，逐渐成为现在这样专门由男演员表演的纯粹的歌舞演剧艺术。

4. 能乐

能乐，在日语里意为"有情节的艺能"，是最具有代表性的日本传统艺术形式之一。就其广义而言，能乐包括"能"与"狂言"两项，两者每每同时同台演出，乃是一道发展起来并且密不可分的，但是它们在许多方面确实大相径庭。前者是极具宗教意味的假面悲剧，后者则是十分世俗化的滑稽科白剧。

（七）岁时节日民俗

1. 日本除夕

日本人特别重视新年，每年的 12 月 29 日至次年的 1 月 3 日为全国休假日。日本人把 12 月 31 日称为"大晦日"，也就是除夕日。除夕晚上，日本人称为"除夜"，除夜时他们祈求神灵托福，送走烦恼的旧年，迎来美好的新年，称之为"初诣"。除夕午夜，各处城乡庙宇分别敲钟 108 下，以此驱除邪恶，日本人则静坐聆听"除夜之钟"，钟声停歇就意味新年的来到。人们便离座上床睡觉，希望得一好梦。元旦早上，家人围坐在一起，互相讲述除夕做的梦，以测吉凶。日本人称元旦初一为"正日"，1～3 日为"三贺日"。在正日，小辈须先去父母那里拜年，向父母问安，然后到亲友家拜年。

2. 日本女儿节

3 月 3 日是日本传统的女儿节。每年的这天，有女孩的人家都会摆出做工精湛、造型华美的宫装人偶来祝福女孩幸福平安、健康成长。

女儿节在日本有着悠久的历史，它在日语里的被称作"雏祭"。又因为旧历 3 月 3 日是桃花盛开的时节，因此又有"桃花节"的叫法。摆放人偶是女儿节的最大特征，这些身穿锦衣的宫装人偶以精美华丽和做工细腻著称。在摆放人偶的同时，还要辅以"桃花、灯笼、梳妆台、日用品"等装饰，一些地方的习惯中还会放上白酒和菱饼等食品。在女儿节摆放的人偶很多是长辈赠送的，在过去，它甚至成为女性出嫁时重要的嫁妆。

3. 樱花节

樱花热烈、纯洁、高尚，严冬过后，它最先带来春天的气息。因此，日本政府把每年的

3月15日至4月15日定为"樱花节"。在日本，比新年更热闹的景象，莫过于"举国若狂观樱花"的盛况了。在日本，樱花树被视为神灵的寄居，人们在樱花树下供奉酒和祭品来祈求风调雨顺、五谷丰登。现在，人们在观赏樱花的同时必摆酒宴，樱花和酒形影相随。

4.盂兰盆节

盂兰盆节是日本民间最大的传统节日，又称"魂祭"、"灯笼节"、"佛教万灵会"等，原是追祭祖先、祈祷冥福的日子，现已是家庭团圆、合村欢乐的节日。每到盂兰盆节，日本各企业均放假7～15天，人们赶回故乡团聚。

（八）禁忌

在与日本人交谈时，不要打听日本人的年龄、婚姻状况、工资收入等私事。对年事高的男子和妇女不要用"年迈"、"老人"等字样，年事越高的人越忌讳。

日本人大多数信奉神道和佛教，他们不喜欢紫色，认为紫色是悲伤的色调；最忌讳绿色，认为绿色是不祥之色。日本人忌讳荷花，认为荷花是丧花。在探望病人时忌用山茶花及淡黄色、白色的花，日本人不愿接受菊花或有菊花图案的东西做礼物，因为它是皇室家族的标志。日本人喜欢的图案是松、竹、梅、鸭子、乌龟等。日本人对装饰着狐图案的东西甚为反感，狡猾狐狸是贪婪的象征。还忌讳3人一起合影，他们认为被左右两人夹着是不幸的预兆。

日本人在饮食中的忌讳也很多。招待客人忌讳将饭盛得过满，也不可一勺就盛好一碗；忌讳客人吃饭一碗就够，只吃一碗认为是象征无缘；忌讳用餐过程中整理自己的衣服或用手抚摸、整理头发，因为这是不卫生和不礼貌的举止；日本人使用筷子时忌把筷子放在碗碟上面。在日本，招呼侍者时，得把手臂向上伸，手掌朝下，并摆动手指，侍者就懂了。

日本人有不少语言忌讳，如"苦"和"死"，就连谐音的一些词语也在忌讳之列，如数词"4"的发音与死相同，"42"的发音是死的动词形，所以医院一般没有4和42的房间和病床。用户的电话也忌讳用42，监狱一般也没有4号囚室。"13"也是忌讳的数字，许多宾馆没有13楼层和13号房间，羽田机场也没有13号停机坪。在婚礼等喜庆场合，忌说去、归、返、离、破、薄、冷、浅、灭及重复、再次、破损、断绝等不吉和凶兆的语言。商店开业和新店落成时，忌说烟火、倒闭、崩溃、倾斜、流失、衰败及与火相联系的语言。

二、韩国民俗

大韩民国，简称韩国。韩国三面环海，西南濒临黄海，东南是朝鲜海峡，东边是日本海（韩国称"东海"），北面隔着"三八线"非军事区与朝鲜相邻，占朝鲜半岛总面积的4/9。韩国是亚洲"四小龙"之一，是世界上经济发展最快的国家之一，是20国集团和亚太经合组织主要的经济体。韩国总人口约5008.7万（2010年1月底），主要为朝鲜民族，属蒙古人种东亚类型，占全国总人口的99%，是一个单一民族的国家。首都首尔。

韩国的国名来源于古代朝鲜半岛南部的辰韩、马韩、弁韩"三韩"部落。"Han"在古韩语中表示"大"或"一"的意思。

（一）服饰民俗

韩服是韩国、朝鲜以及中国朝鲜族的传统服装。女性的传统服装是短上衣和宽长的裙子，看上去很宽松；男性以裤子、短上衣、背心、马甲显露出独特的风情。白色为基本色，根据季节、身份，所选用的材料和色彩都不同。

韩服的特色是设计简单、颜色艳丽和无口袋。在韩国通常自认为韩服拥有三大美，即袖的曲线、白色的半襟以及裙子的形状。现代普通女性韩服叫做"赤古里裙"，包括赤古里和高腰背心裙。男性普通韩服叫做"赤古里巴基"，包括赤古里和裤。较为正式的女性韩服还在赤古里裙外增加唐衣，男性则在赤古里巴基外增加周衣。传统高级韩服通常用明䌷（明朝制法的绢丝）制作。老百姓的韩服通常用大麻、苎麻或者棉制作。根据生活用途风俗，韩服分为婚礼服，花甲服，节日服，周岁服等。

（二）饮食民俗

韩国家庭的日常饮食是米饭、泡菜和大酱汤。韩国著名的风味饮食还有冷面、拌饭和韩定食等。

在韩国的许多传统家庭中，一坛泡菜的原味卤汁可以传承几代人，岁月愈久，味道愈浓，因此，韩国人把泡菜称作"孝子产品"。泡菜在韩国人的日常生活中已经远远超越了一道佐餐菜肴，而是升华成了一种特有的传统和文化，成了韩国人生活中不可或缺的部分。

韩国的冷面正如韩国的菜肴一样，很少含有油性冷面。按照形式有两种：一是加汤的"水冷面"，非常爽口。二是无汤的以辣椒酱为调味料的"拌冷面"。按地区分有：平壤式冷面，"面"以荞麦为主料；咸兴式冷面，以马铃薯为主料。

韩国拌饭是韩国料理中的又一特色，其中"石碗拌饭"是韩国独有的食谱。"石碗拌饭"是把黄豆芽等蔬菜、肉类、鸡蛋（生鸡蛋）和各种佐料放在白米饭上，然后盛在滚烫的石碗内，再加上韩国辣椒酱，搅拌后食用，其不但味道鲜美，而且形式独特。

韩定食是韩国美食中的登峰造极之作，又称韩国式客饭、韩式套餐。"定食"，即全席。韩定食沿袭了朝鲜时代宫廷菜的传统风味，各式小菜摆满桌面，除了泡菜以外，一般不加辣椒粉，结合蒸、烤、烫、拌等各种烹调方法，材料、调味、配色花样繁多。

（三）居住民俗

韩国传统房屋叫韩屋。韩屋以自然与人类共存为原则来创造居住空间。因此，韩国传统房屋的自然性不仅影响房屋位置还影响到建筑材料。韩屋的另一个特征是在设计上还考虑到夏天的乘凉和冬天的取暖设施。韩国夏天闷热、冬天寒冷，因此乘凉用的大厅和取暖设施的炕是专门为韩国人抵御酷暑和严寒而设计的。

韩屋根据儒教观念，区别身份、男女、长幼而做了空间上的安排，即根据不同的房型，用一道小围墙把居住空间区分成上、中、下。里屋和客厅是属于上的空间，是主人居住的地方；离大门最近的行廊斋是属于下的空间，是下人居住的地方；中门间行廊斋是属于中间阶层的守门人居住的空间。

（四）人生礼仪民俗

韩国人从出生到成人，要举行许多仪式，现在已逐渐简化。传统的仪式主要有挂禁线、三宅、取名、卖子、百日、周岁、冠礼、笄礼、花甲和进甲。

（五）社交礼仪民俗

韩国人见面时的传统礼节是鞠躬。晚辈、下级走路时遇到长辈或上级，应鞠躬、问候，站在一旁，请其先行，以示敬意。

韩国人崇尚儒教，尊重长老，长者进屋时大家都要起立，问他们高寿。和长者谈话时要摘去墨镜。早晨起床和饭后都要向父母问安；吃饭时应先为老人或长辈盛饭上菜，老人动筷后，其他人才能吃。与年长者同坐时，坐姿要端正。由于韩国人的餐桌是矮腿小桌，放在地炕上，用餐时，宾主都应席地盘腿而坐。若是在长辈面前应跪坐在自己的脚底板上，无论是谁，绝对不能把双腿伸直或叉开，否则会被认为是不懂礼貌或侮辱人。若与长辈握手时，还要以左手轻置于其右手之上，躬身相握，以示恭敬。

如果应邀去韩国人家里做客，按习惯要带一束鲜花或一份小礼物，见面时要双手递给主人。进入室内要将鞋子脱掉放在门口，这是最普通的礼仪。韩国人视光脚为失礼。做客时，主人不带你参观房子的全貌，不要自己到处逛。要离去时，主人送你到门口，甚至送到门外，然后说"再见"。

韩国人待客热情，一般以咖啡、不含酒精的饮料或大麦茶招待客人，有时还加上适量的糖和淡奶，这些茶点客人不能拒绝。吃饭时不能端碗，否则会被视为不礼貌。

（六）游艺民俗

韩国人民自古以勇敢、智慧、乐观而著称，在长期的历史进程中，创造、学习和发展了许多带有浓厚民族特色的游艺活动。

荡秋千和跷跷板是韩国妇女喜爱的娱乐活动，具有浓郁的民族特色和广泛的群众性。摔跤和射箭是韩国男子传统的节日体育比赛活动。拔河是韩国节日时常举行的一种传统游戏，参加人数常达几百至几千。

（七）岁时节日民俗

受中华文化的影响，中国的四大传统节日，即春节、元宵节、端午节、中秋节也随着汉文化的传播很早就传到了朝鲜半岛。韩国是以农耕与儒教思想为基础的民族，所以传统节日都是为了庆祝耕种的开始和结束，感谢祖先与自然而逐渐形成的。

1. 春节

韩国人从新罗时代就开始过春节了，在韩国，它是仅次于中秋节的第二大节日。韩国人过年时家家户户都要准备很多糯米打糕，分赠邻居和亲友。从这种习俗中产生了"吃打糕过年"的说法。据说米糕含有诚心、爱心和孝心之意，象征新的一年团圆美好。春节最重要的活动是祭祀祖先，以缅怀祖宗之德，承继先人之志。祭祖完毕后晚辈要向长辈拜年。拜年时，长辈要给晚辈压岁钱，并把有"装福"寓意的福笊篱（过滤用的汤勺模样的工具）送给别人或挂在家里。

2. 正月十五

韩国人将正月十五称为"元夕节"或"上元节"，也有人称元宵节，但并没有吃元宵的习惯。正月十五是新年伊始迎来的第一个月圆日，像中国人一样，韩国人过节亦是祈求一年的丰裕和平安。这天，吃花生、栗子、核桃等坚果，喝"耳明酒"。韩国人早餐食用大米、江米、小豆、大豆、高粱做的五谷饭和野菜，并叫对方的名字，对方应答"你买我的热呀"，表示新年里的整个夏天都不会中暑。

3. 端午节

俗称"端阳节"、"端五节"、"天中节"，是插秧结束后祈求丰年的日子。吃艾叶做的像车轮一样的车轮饼——艾糕，因此，韩国又将端午节称为"车轮节"。韩国人端午节期间，男人摔跤，女人用菖蒲叶洗头、荡秋千。

4. 中秋节

中秋节也是韩国的传统节日。韩国人又称之为"秋夕"或"感恩节"。韩国秉承了汉字文化圈的传统，中秋节成为一年中最重要的节日。韩国人极重孝道，中秋节子女能否回家拜见双亲长辈，是衡量子女孝顺与否的重要尺度。因而在韩国，中秋这一天不论身在何处，即使再忙也都要赶回家，与亲人团聚。秋夕当天，人们身着漂亮的韩服，举行隆重的祭祀礼仪，把精心制作的各种美食，敬献在祖先的牌位之前；接着去扫墓，祭奠亲人；之后子孙给家中长辈磕头，一起共享美餐。

5. 冬至

阳历 12 月 12 日，是一年中白昼最短、夜晚最长的日子。这天要吃放有年糕团的小豆粥。至今老百姓还相信红色能驱逐妖魔鬼怪，所以把小豆涂在墙和门上，每个房间里也都要放一碗。

（八）禁忌

韩国人逢年过节见面时，不能说不吉利的话，更不能生气、吵架。农历正月头三天不能扫地、倒垃圾，更不能杀鸡、宰猪。生肖相克忌婚姻，婚期忌单日。睡觉时忌枕书，否则读无成。忌杀正月里生的狗，否则三年内必死无疑。礼金要用白色的礼袋来装，而不是红色的。吃饭时忌带帽子，否则终身受穷。渔民吃鱼忌翻面，因恐翻船。忌到别人家里剪指甲，否则两家死后结冤。

韩国人不喜欢双数，尤其是"4"，他们认为 4 是个不吉利的数字。因此，许多楼房的编号严禁出现 4 字；医院、军队更是绝对不用 4 字编号。韩国人在饮茶或饮酒时，主人总以 1、3、5、7 的数字单位来敬酒、敬菜、布菜，并力避以双数停杯罢盏。对主人的敬菜，头一两次要推让，第三次才接受；拒绝喝别人的敬酒是不礼貌的，如不能喝，就在杯中剩一点酒，韩国人原谅醉酒的人；忌把盘中的菜吃得很干净，否则是对主人的不敬。

三、泰国民俗

泰国全称泰王国，位于东南亚。东临老挝和柬埔寨，南面是暹罗湾和马来西亚，西接缅甸和安达曼海。原名"暹罗"，1949 年 5 月 11 日，泰国人用自己民族的名称，把"暹罗"改为"泰"，主要是取其"自由"之意，因当时泰国是东南亚唯一的国家。大多数泰国人信奉上座部佛教，因此，佛教是泰国的国教，94% 以上的居民信仰佛教。泰国是一个由 30 多个民族组成的多民族国家，泰族为主要民族，占总人口的 40%，老族占 35%。泰语为国语。首都曼谷。

（一）服饰民俗

泰国传统服饰总的来说比较朴素，在乡村多以民族服装为主。泰族男子的传统民族服装叫"帕农"纱笼和"绊尾幔"纱笼。帕农是一种用布缠裹腰和双腿的服装。绊尾幔是用一块长约 3 米的布包缠双腿，再把布的两端卷在一起，穿过两腿之间，塞到腰背处，穿上以后，其外形很像我国的"灯笼裤"。由于纱笼下摆较宽，穿着舒适凉爽，因此它是泰国平民中流传最长久的传统服装之一。

泰国女子传统服饰筒裙，于曼谷王朝拉玛六世时期（1910～1925）开始流行。筒裙同纱笼一样，布的两端宽边缝合成圆筒状，穿时先把身子套进布筒里，然后用右手把布拉向右侧，左手按住腰右侧的布，右手再把布拉回，折回左边，在左腰处相叠，随手塞进左腰处。也可以用左手反方向完成。泰国人喜爱红色、黄色，禁忌褐色，所以人们的服饰都颜色鲜艳。

（二）饮食民俗

泰国菜以酸、辣、甜为代表，又称泰国料理。总体而言，北部、东北部偏辣、酸，中部偏甜，南部偏甜、辣。而且北部、东北部偏爱食用糯米。

泰国北部，受缅甸菜影响，口味偏酸、辣，有时会使用如昆虫之类的特殊食材做料理。著名菜色有咖哩汤河；泰国东北部，则受老挝菜影响较深，以口味浓郁且辛辣闻名，比起北部食物，东北部的口味更重。著名菜色有青木瓜沙拉、生肉沙拉、泰北辣肉。

泰国中部，以曼谷为中心，是鱼米之乡，盛产蔬果，多用果蔬为材料，味道较甜。著名菜色有冬阴功汤、椰奶汤、泰式绿咖哩、九层塔炒鸡。

泰国南部，人们大多信仰伊斯兰教，调料较浓，除辣椒外，还爱用椰子、咖喱做菜。著名的菜色有泰式黄咖哩、鱼咖哩、泰式伊斯兰咖哩。

（三）居住民俗

泰国农村广大地区的居民大都居住在高脚屋里（即干栏式结构），木墙瓦顶（也有木顶、草顶）。楼上住人，室内以竹板为地板，无椅凳，人们进屋都席地而坐；楼下放置农具、柴禾，饲养牲畜和家禽（猪、牛、鸡等）。住人层分内、外两房，内房为卧室，为家庭成员住房，不经允许外人不得入内；外房为客厅和家庭用房。城市居民居住的房屋大都是有寨式风格的钢骨水泥结构的现代建筑。

（四）人生礼仪民俗

1. 出家剃度仪式

剃度仪式一般在"首夏节"（阴历八月十六日开始）前举行。正式剃度前一日清晨，施主要斋僧、宴请宾客。傍晚，进行诵讲父母恩情的仪式。翌日，举行隆重的纳迦游行。剃度仪式开始后，准备剃度者跪拜父母，然后更换僧衣，领受佛门戒律，即成为正式比丘。新比丘按风俗洒法水超度亡魂。至此，剃度仪式结束。

2. 洒水仪式

洒水仪式是婚、丧、喜庆节日共用的仪式，分为婚礼、葬礼及节日洒水等多种仪式。

为新人洒水祝福是泰国婚礼中的重要内容。主持人为新郎新娘颈上挂上花串、头上戴上吉祥纱圈，并将吉祥水洒在新人手上。然后来宾依次为新人洒水，最后由亲戚洒水祝福。

葬礼的洒水仪式是死者亲友将香水或清水洒在死者的右手掌心，以示哀悼。

"宋干节"时，青年人互相泼水祝贺，年轻人要向长辈洒水祝福。晚辈要先行跪拜礼或合十礼，再将泡有花瓣的香水洒在长辈的手掌中，祝愿长辈福寿康宁。长辈受礼后也要洒水回报，用果树枝条蘸着香水洒在晚辈头上，祝愿他们事业进步、身心愉快。

（五）社交礼仪民俗

泰国人见面时要各自在胸前合十相互致意，即双掌连合，放在胸额之间，这是见面礼，相当于西方的握手。双掌举得越高，表示尊敬程度越深。平民百姓见国王双手要举过头顶，小辈见长辈要双手举至前额，平辈相见举到鼻子以下。长辈对小辈还礼举到胸前，手部不应高过前胸。地位较低或年纪较轻者应先合十致意。

与别人谈话时不得戴墨镜，手势要适度，不许用手指着对方说话。从别人面前走过时，不能昂首挺胸、大摇大摆，必须躬着身子，表示不得已而为之的歉意。妇女从他人面前走过时，更应如此。学生从老师面前走过时，必须合十躬身。

泰国人民对王室很尊敬，身为游客也应入乡随俗，对国王、王后、太子、公主等要表示敬意，在电影院内播放国歌或国王的肖像在银幕上出现时，也应起立。凡遇盛大集会、宴会，乃至影剧院开始演出之前，都要先演奏或播放赞颂国王的《颂圣歌》，这时全场肃立，不得走动和说话，路上行人须就地站立，军人、警察还要立正行军礼，否则就会被认为对国王不敬。

（六）游艺民俗

1. 舞蹈

泰国是多民族国家，境内泰、老挝、高棉、马来等民族人民能歌善舞，民间舞蹈丰富多采，主要有南旺舞及泰国北部、中部、东北部和南部的民间舞蹈。南旺舞即圈舞，是民间集体舞，原属泰国东北民间舞"笙"的一种。南旺舞舞姿端庄，步伐轻盈，手势优美。舞时男女成对，一步一趋，女子以面颊、上身、手臂向男子作情致委婉状，男子则以双臂拱护女子，在其周围环绕而舞。南旺舞的每套动作，各有相应的音乐和歌曲伴奏，较著名的歌曲有《好月光》、《嘿嘿哈》、《十二月月儿明》等等。

长甲舞、蜡烛舞、北方舞分布于北方清迈府一带。在古代，这些舞蹈属宫廷舞范畴，现已流行于民间，在节日礼佛时表演。该地区与缅甸毗邻，同一民族分居边境两侧，所以泰国北部民间舞蹈带有缅甸舞蹈的色彩和情调，如长甲舞的服装是黑红相间，十指套戴金色长甲，椎髻悬垂花蔓，与缅甸舞服饰相近。蜡烛舞表演者双手挂明烛而舞，身体弯扭蹲伏，手臂作方形屈伸，与缅甸舞相仿。

2. 泰拳

泰拳是泰国的传统搏击技术，特点是可以在极短的距离下，利用手肘、膝盖等部位进行攻击，是一种非常狠辣的武术。而近年由于瘦身热潮，有人利用泰拳的高热量消耗来代替有氧舞踏，在帮助女士瘦身之余，亦使她们习得一技之长，用以个人防卫。

（七）岁时节日民俗

1. 万佛节

源于佛祖在世时，曾于泰历 3 月 15 日在王舍城传经讲道，因此每年这天数以万计的僧侣不约而同地返归王舍城集会朝拜佛祖。

2. 宋干节

宋干节又称"泼水节"。公历 4 月 13 至 15 日，是泰国传统新年。泼水节的前一天，泰国的家家户户都要进行大扫除。到了 13 日，每个人都穿着新衣服参拜寺院，为僧侣们供奉食物。在浴佛仪式结束后正式进行泼水庆祝。

3. 佛诞节

佛祖释加牟尼诞生、悟道和涅槃的日期皆发生在泰历 6 月 15 日。佛教徒为了纪念大慈大悲佛祖，每年的泰历 6 月 15 日都要举行隆重的祭祀典礼。

4. 水灯节

水灯节，是泰国民间最富有意义的节日，在每年泰历 12 月 15 日夜晚举行。这时雨季刚过，正是泰国河水高涨的美好季节。在这个传统的节日里，白天走在清净的大街小巷，会发现勤劳的泰国妇女在家门口或者店铺前制作漂亮的水灯。

5. 万寿节

万寿节即"泰国国王华诞纪念日"。当今泰国国王拉玛九世 1927 年 12 月 5 日诞生于美国，泰国政府将每年 12 月 5 日定为泰国的"父亲节"。

（八）禁忌

泰国人非常尊重国王和王室成员，不要随便谈论或议论王室。遇有王室成员出席的场合，态度要恭敬。佛教是泰国的国教，因此佛像无论大小都要尊重，切勿攀爬。对僧侣应礼让，但不要直接给钱。女性不能碰触僧侣，如需奉送物品，应请男士代劳，或直接放在桌上。到寺庙参观着装应整齐，不要穿短裤、短裙和无袖上装，进入主殿要脱鞋。

泰国人视头部为神圣之地，因此不要随便触摸别人的头部。不要用脚指人或物，特别是脚底不要直冲着佛像；也不要用脚开门、关门。递东西时用右手，不宜用左手。泰国禁赌，即使在酒店房间里也不要打牌或打麻将。泰国人非常爱清洁，随地吐痰、扔东西被认为是非常缺乏教养的行为。泰国人还非常注重卫生间的整洁，因此无论外出还是在酒店，都应注意保持清洁。

四、新加坡民俗

新加坡位于马来半岛最南端的一个岛屿，勤劳勇敢的新加坡人民在这片弹丸之地创造出了许多世界奇迹，成为亚洲乃至世界的航运中心。新加坡是一个城市国家，原意为"狮城"。据马来史籍记载，公元 1324 年左右，苏门答腊的室利佛逝王国王子乘船到达此岛，在现今的新加坡河口无意中发现一头动物形若狮子，于是把这座小岛取名"Singapura"。"Singa"就是狮子的意思，"Pura"则代表城市，而狮子具有勇猛、雄健的特征，故以此作为地名，这就是新加坡"狮城"的来历。新加坡在城市保洁方面成绩斐然，故有"花园城市"之美誉。

新加坡公民主要以种族区分：华人即汉族占人口的 74.1%，马来人 13.4%，印度人 9.2% 和欧亚裔 3.3%（包括峇峇娘惹）。大多数的新加坡华人源自中国南方，尤其是福建省、广东省和海南省，其中 4 成是闽南人，其次为潮汕人、广府人、客家人、海南人和福州人等。新加坡是一个多语言的国家，拥有汉语、英语、马来语和泰米尔语四种官方语言。基于和马来西亚的历史渊源，《新加坡宪法》规定马来语为新加坡的国语。

（一）服饰民俗

新加坡不同民族的人在穿着上有自己的特点。马来人男子头戴一顶叫"宋谷"的无边帽，上身穿一种无领、袖子宽大的衣服，下身穿长及足踝的纱笼；女子上衣宽大如袍，下穿纱笼。华人妇女多爱穿旗袍。政府部门对其职员的穿着要求较严格，在工作时间不准穿奇装异服。

娘惹装是在马来传统服装的基础上，改成西洋风格的低胸衬肩，加上中国传统的花边修饰。娘惹装多为轻纱制作，颜色不仅有中国传统的大红、粉红，还有马来人的吉祥色土耳其绿；点缀的多是中国传统的花鸟鱼虫、龙凤呈祥等图案。

（二）饮食民俗

由于新加坡是一个多种族的国家，因此在新加坡旅行，最大的乐趣就是能遍尝各国风味。新加坡餐饮汇集了当地的风味和来自世界各地的佳肴，有中国菜、马来菜、泰国菜、印尼菜、印度菜等。

新加坡最具代表性的美食是娘惹美食。早期马来人与华人通婚的后代，男性称为巴巴，女性称为娘惹。旧时的土生华人族群中的女人们必须精通珠绣和烧菜两种技艺，只有这样，才能保证成年后嫁得出去。久而久之，大家都知道土生华人的娘惹们个个烧菜一流，她们做的菜也就自然而然地被称为"娘惹"了。娘惹美食融合了马来菜与中国菜的烹调美味，采用大量南洋香料及调味酱，如椰奶、辣椒、虾酱、磨碎的植物根叶及酸甜果实等。其中最具代表的叻沙，是新加坡人的最爱。旅居海外的新加坡人总是将面或米果条下到咖喱汤汁混合椰奶的香浓肉汁中，加以鱼片、虾仁、豆芽菜、油豆腐等配料，就是酸、甜、咸、辣兼具的叻沙。娘惹美食中最典型的家常菜还有香炸花生豆腐及黑果焖鸡。

（三）居住民俗

新加坡每平方公里人口高达 6430 人，是世界上人口密度最高的地区之一。为了解决居民住房问题，新加坡政府从一独立就确立了"居者有其屋"的价值追求，明确住房问题必须由政府统筹解决，并制定了一系列主要由政府提供居民住房的土地和房产政策。截至 2010 年，85%的新加坡公民住进了政府建造的"政府组屋"，其中，93%的居民拥有其房屋的产权，7%的低收入家庭是向政府廉价租赁；其中 15%的高收入家庭住的是市场上购买的高档商品房。

（四）人生礼仪民俗

在新加坡人眼中，男婚女嫁是件大事，不论华人还是马来人都很重视。马来人的婚事要经过求亲、送订婚礼物、订立婚约等程序。新加坡的华人讲求孝道，如有老人行将去世，其子孙必须回家守在床前。丧礼一般都很隆重。

（五）社交礼仪民俗

新加坡人见面、告别都行握手礼，华裔老人中还有相互作揖的习惯，马来人行摸手礼，而印度人行合十礼。不论什么民族，都可以"先生"、"小姐"、"太太"相称。商务交往中名片必不可少。

在新加坡，商务交往中常相互宴请，应邀赴约要准时，迟到会给人留下极坏的印象。如不能及时到达，必须预先通知对方，以表示尊重。新加坡官员不接受社交性宴请，因此与他们打交道时要慎重。

新加坡人举止文明，处处体现着对他人的尊重。他们坐着时，端正规矩，不将双脚分开，如果交叉双脚，只是把一条腿的膝盖直接叠在另一条腿的膝盖上。他们站立时，体态端正，而不把双手放在臀部，因为那是发怒的表现。

严格的反腐败法禁止赠送任何可能被视为行贿的东西，不过允许赠送公司纪念品。通常在建立私人关系后才赠送礼物，如到新加坡人家里做客，宜带上鲜花、巧克力等礼物，也可以送包装精美的家庭工艺品。

（六）游艺民俗

1. 妆艺大游行

每年农历新年期间，新加坡都会举办各种各样的庆祝活动。其中的重头戏自然是妆艺大游行，在这个类似于大型狂欢节的街头游行中，可以观赏到花团锦簇的花车以及如吞火表演等惊险刺激的活动，以及魔术和火辣的舞蹈。

2. 国际龙舟赛

在新加坡，端午节庆祝活动最精彩的部分就是东海岸公园的国际龙舟邀请赛。在这一年一度的节日中，来自世界各地的龙舟队伍云集于此，一较高低。比赛地点周围的小货摊则出售各种各样的纪念品和小吃。

（七）岁时节日民俗

新加坡是民族多元化国家，新加坡的当地居民分为 4 大种族——华族、马来族、印度族、欧亚裔族，每个种族都有自己特殊的节日以及庆祝方式。

1. 华人新年

又被称为农历新年或春节，是每年华人最期待的一个传统节日。作为华人社区最盛大最重要的节日，春节也是各行各业的新加坡人最关注的时节。每年的春节由农历正月初一开始，至正月十五结束。

著名的牛车水会在新年期间将街道妆点得张灯结彩，与灯火辉煌的夜市和流光溢彩的装饰品相映成趣，成为新加坡农历新年庆祝活动的焦点。体验牛车水狂热气氛的最佳时间是在牛车水街市亮灯活动期间。在此期间，舞狮队、吞火表演者和女性舞蹈团竞相以其迷人的表演为牛车水广场增添着无穷的魅力。尤其女性舞蹈，她们手持巨型扇子和图案精美的雨伞，以动人的舞姿将整条街道变幻成让人无法忘怀的娱乐世界。

2. 开斋节

马来人最重要的节日当属开斋节，每年回历九月，回教徒从日出到日落都要禁食，戒食一个月后见到新月才可开斋，回教徒会把家里打扫干净，装饰一番，穿上新的传统服装，备好各式美食糕点来庆祝开斋节，其热闹气氛与华人的春节不相上下。新加坡的芽笼实乃和甘邦格南为穆斯林聚居区，开斋节期间，那里热闹非凡，节日气氛最浓。

3. 屠妖节

屠妖节的字面意思即为"排灯"，所以在新加坡，屠妖节也称为"排灯节"，它是全世界印度教徒最为重要的印度教节日。在屠妖节期间，小印度的大街小巷到处陈列着鲜明而艳丽的拱门与彩灯，营造出浓浓的艺术气息与五彩缤纷的节日气氛。此外，节日期间还会举办热闹的节日集市以及丰富的文化活动，例如印度文物及工艺品展、街头游行、倒计时音乐会等等。节日摊档上的商品更是五花八门、琳琅满目，如祷告时使用的香花和花环、传统的油灯、图案精美的纱丽服以及熠熠生辉的宝石。当然，色彩艳丽的印度服饰、做工精细雅致的时装首饰、传统的艺术品与工艺品都有出售。各式各样的印度小吃也将在节日期间让人大快朵颐。

4. 哈芝节

为期三天的哈芝节又称宰牲节，是全世界穆斯林的共同节日。该节日是为了纪念先知易卜拉欣听从神的旨意，愿意用自己的儿子献祭。在新加坡市内，您可以去芽笼实乃和甘邦格南参加节日活动。届时那里会张灯结彩并举办热闹的集市，迎来本地居民和外地游客，共庆这个重要的日子。

（八）禁忌

在新加坡，用食指指人；用紧握的拳头打在另一只张开的掌心上；或紧握拳头，将拇指插入食指和中指之间，均被认为是极端无礼的动作。双手不要随便叉腰，因为那是生气的表示。在商业上反对使用如来佛的形态和侧面像。在标志上禁忌使用宗教词句。喜欢红双喜、大象、蝙蝠图案。忌讳乌龟，认为它是种不祥动物，给人以色情和污辱的印象。

用餐时不要把筷子放在碗或装菜的盘子上，不用时，也不要交叉摆放，应放在托架、酱油碟或放骨片的盘子上。与印度人或马来人吃饭时，注意不要用左手。新年期间不扫地、不洗头，否则好运会被扫掉、洗掉；不要打破屋里的东西，尤其是不要打破镜子。

新加坡人认为"4"、"6"、"7"、"13"、"37"和"69"是消极的数字，他们最讨厌"7"，平时尽量避免这个数字。

在新加坡，头部视为心灵之所在，摸别人的头会使人有遭受污辱之感。尤其不要摸小孩的头。在公共场合不要拥抱或亲吻任何人。新加坡政府法律规定在电梯里、影院内和一些公共场合严禁吸烟，违者可导致最高达5000新元的罚款。

新加坡非常讨厌男子留长发，也不喜欢蓄小胡子者。在新加坡对嬉皮型男性管制相当严格，留着长发、穿着牛仔装、脚穿拖鞋的人，可能会被禁止入境。

新加坡各民族都有特殊的禁忌。马来人男子与宾朋相见时忌任意脱帽；儿子见父母时忌脱帽和吸烟；女孩在长辈面前忌盘腿而坐，一定要屈膝斜坐；探亲访友忌衣冠不整和穿鞋进屋。新加坡的印度族人，亲朋相见，行合十问候礼，不宜握手或拥抱，男女之间更忌握手、拥抱；许多印度族人讨厌白色，将白色视为不受欢迎的颜色；吹口哨也属禁忌的不良举动。

五、印度尼西亚民俗

印度尼西亚共和国，简称印度尼西亚或印尼，为东南亚国家之一。印尼由上万个岛屿组成，是全世界最大的群岛国家，疆域横跨亚洲及大洋洲，别称"千岛之国"。首都雅加达。根据印尼 2010 年人口普查结果显示，2010 年印尼总人口达 2.38 亿人，是世界第四人口大国。有 100 多个民族，其中爪哇族 47%，巽他族 14%，马都拉族 7%，印尼华人 5%。民族语言 200 多种，通用印尼语。印尼约 87%的人口信奉伊斯兰教，是世界上穆斯林人口最多的国家。

（一）服饰民俗

巴迪克是印尼特有的一种蜡染花布，也泛指用这种花布制成的服装，用巴迪克布制作的长袖男衬衣——巴迪衫和女士纱笼被定为印尼国服。印尼人逢重要场合都要穿，每周的星期五还被称为"巴迪克日"。巴迪布的特点是布上印有多姿多彩的彩色图案，有几何图形的，也有各种花鸟、龙虎图案的，有对称图案，也有不对称图案。其色彩一般以黑、红、黄为主色，鲜艳明快，也有以蓝、褐、白为主的，看上去凝重深沉。

（二）饮食民俗

印尼地处热带，不产小麦，所以居民的主食是大米、玉米或薯类，尤其是大米更为普遍。大米除煮熟外，印尼人喜欢用香蕉叶或棕榈叶把大米或糯米包成菱形蒸熟吃，称为"克杜巴"。不过，印尼人也喜欢吃面食，如吃各种面条、面包等。

印尼的最具代表性的菜系是巴东菜。巴东菜主要以油炸为主，并配上各种香料，如辣椒、咖喱、椰油和小橘叶等，特别是辣椒，巴东菜可谓"无辣不欢"，每道菜几乎都少不了。饭馆款待客人的巴东菜几乎都是现成的熟食。巴东人喜欢吃辣与当地的气候不无关系，因为印尼常年高温，巴东又处在炎热潮湿的海边，普通食物放不住，所以用油炸，再加上使用了各种香料，这样可以放好几天而不会变质。

（三）居住民俗

由于印尼地处热带，多雨，且多雷暴雨，为便于排水，传统房屋全都有屋脊，有的相当陡峭。没有屋脊的平顶房在印尼农村可谓凤毛麟角，极为罕见。印尼林木茂盛，竹子、椰树、棕榈树等比比皆是，为建房提供了丰富的原材料，因此各地民宅大都为竹木结构。为了防水、防潮、防猛兽，除爪哇岛、巴厘岛一些地区外，印尼绝大多数地区居民都住高脚屋。

印尼各地、各民族的传统住房因受不同生活习惯、宗教信仰、历史及审美观点的影响，在房屋的造型、结构及装饰上出现了千差万别的变化。如爪哇人、巽达人和马都拉人的住房，一般是方形的，多数直接建在地面上，但也有高脚屋，不过离地面不高。富人盖房多用木料和砖瓦，穷人则主要用竹子。巴厘人的住房，一般都盖在一个小院内，院子用土墙围着。院内有住房、附房和家庙。住房供人居住，附房是厨房和仓库，家庙设有祭台，用以祭祀祖先和神。米南加保人的住房，形式奇特，屋顶两端翘起来，呈马鞍形或水牛角形。房屋内部很宽敞，分为好几间屋。房子主要用木料建造，地板一般离地面约 2 米，门前设有梯子。

（四）人生礼仪民俗

印尼的伊斯兰教信奉者，其喜、丧礼仪与其他国家的伊斯兰教徒大同小异。印尼其他民族，在喜、丧礼仪上则各具特色。印尼达雅族男女找对象时，爱用木炭互相画对方的脸，以此来表达爱情。他们的婚礼是在磨刀石上进行的。婚礼上，两位新人身着漂亮的民族服装，按女左男右的位置站在上面，并一起握住"结亲网"，同时由长者主持宰猪仪式，让猪血洒在木屑和一把剑上。

在丧葬礼仪方面，巴厘岛上的特伦扬人去世后，实行天葬。它只适用于那些寿终正寝者，其他死于谋杀、自杀者不能天葬。

（五）社交礼仪民俗

印尼人讲究礼节，见面时总要互相打招呼，互致问候。伊斯兰教徒之间一般使用阿拉伯语问候，并双手合十至前额表示诚意和衷心祝福。外国人如用印尼语跟印尼人打招呼，他们会感到格外亲切。男士对女伊斯兰教徒不要主动伸手要求握手。印度尼西亚的商人特别注重互送名片，初次相识，客人就应把自己的名片送给主人，否则将会受到他长时间的冷遇。

去印尼人家里做客，在主人没邀请就坐前，客人不可贸然就坐，请坐后客人应按主人指定的位子就坐。告辞时，须向主人道声"谢谢"、"麻烦您了"等敬语。印尼人中尊卑、上下、长幼等级观念较强。在长者、上级、客人座位前经过，一般要弯腰并将右手伸至右膝处，以示对他们的敬重。

印尼人有一些特殊的习惯，外国客人应注意尊重。他们喜欢打赤脚（尤其在乡下），喜欢铺席席地而坐（男士盘腿、女士跪坐），喜欢用右手抓饭吃（在非正式场合）。伊斯兰教徒一般不喝酒，对你不太熟悉的人不要随便敬酒、劝酒，只有当确切地知道他不是伊斯兰教徒时方可敬酒。印尼人有进寺（清真寺）脱鞋之俗，现在由于一般家庭居室都铺有地毯，所以他们又养成了脱鞋进屋的习惯。

（六）游艺民俗

1. 皮影戏

皮影戏是印尼民众喜闻乐见的一种艺术。在近千年的岁月里，皮影戏在印尼曾是上至王公贵族、下至平民百姓的文化生活支柱，被视为印尼的国粹。2003年爪哇皮影被收入联合国教科文组织"人类口头和非物质文化遗产"首批名录。

在幕布上活灵活现的皮影曾长期被视为神灵和祖先的灵魂。看皮影戏曾是印尼人最主要的娱乐活动。在乡下，每逢节日或办喜事，全村人聚在幕布前后从傍晚一直看到黎明。时至今日，皮影戏仍然是许多宗教仪式和节日庆祝中的一个重要节目。

2. 甘美兰

甘美兰是印尼音乐中历史最悠久、最有特点、在世界上影响最大的艺术形式。甘美兰是一种由多种乐器合奏，并加上人声构成的多声部音乐。它既不是齐奏，也非欧洲式的和声、对位，而是在核心旋律的基础上进行即兴演奏。甘美兰音乐遍布印尼各地，用途十分广泛，常为舞蹈、戏剧、皮影戏伴奏，并在幕间休息时单独演奏，过去还常在各种宗教仪式、迎送贵宾及举行火葬时演奏。各地的甘美兰也有不同的风格，最有代表性的是信奉印度教的巴厘岛甘美兰音乐充满生活气息，活泼，欢快。而爪哇岛的甘美兰音乐由于宫廷的影响，显得典雅、文静。

3. 印尼舞蹈

印尼舞蹈种类繁多，风格差异颇大，各有风采。印尼舞像很多东南亚国家的舞蹈一样，都是赤脚跳的。

（1）爪哇岛的古典舞蹈

爪哇岛的古典舞蹈是印尼舞蹈的重要组成部分。这种古典舞来自宫廷，有点像中国京剧，有唱腔，有人物，有情节，反映的内容是历史上著名的宫廷或民间的爱情故事、善恶斗争。

（2）苏门答腊的民间舞蹈

苏门答腊的民间舞蹈以其丰富多彩、优美抒情而闻名。其中有代表性的有十二彩舞、伞舞、蜡烛舞和长甲舞等。

（3）巴厘岛的舞蹈

巴厘舞蹈分为两种，一种是民间舞，活泼灵巧；另一种是宗教舞，庄严肃穆，舞时主要靠手腕和指头的动作。这种古典舞蹈深受印度文化的影响，由于世代相传和艺术家的不断创新，形成了独特的表演风格和特点。

（七）岁时节日民俗

1. 元旦

和世界各国人民一样，印尼人也过元旦节。元旦这一天，家家户户欢聚一堂，举行宴会或歌舞会，欢庆新年的到来。

2. 开斋节

开斋节是印尼最重要的节日。每年伊斯兰教历9月，全国伊斯兰教徒都要实行白天斋戒禁食，斋月后第一天便是开斋节。外出工作的人都要赶在开斋节前返回老家与亲人团聚。开斋节前夕的晚上是个不眠之夜，各清真寺整夜念长经，诵经声通过高音喇叭传到四面八方。开斋节那天，家家户户打扫得干干净净，门前挂着用嫩椰叶制作的装饰物。人们都身着盛装，互相拜访，一片喜庆景象。

3. 静居日

静居日是巴厘岛印度教徒的新年，时间在巴厘历十月初一。这是个庆祝方式非常独特的节日。节日前一天是个欢庆日，人们兴高采烈，喜气洋洋，身穿艳丽民族服装参加欢庆活动。上午，人们载歌载舞，鼓乐齐鸣；下午，男人们敲锣打鼓，抬着3~4米高的大型木偶绕村、绕家游行，女人们也头顶祭品走在游行队伍里，场面异常热烈。这种游行，不只是为了娱乐，更重要的是驱除邪恶，以求来年风调雨顺、人寿年丰。节日那天，巴厘岛则出现另一番完全不同的景象：街上除值勤警察、警车、救护车、旅游车辆外，没有任何其他行人车辆，所有店铺都停止营业，大门紧闭。入夜后，家家都不点灯，整个巴厘岛没有一丝亮光，所有娱乐场所都停止活动，没有一点响声。人们整天闭门不出，不生火，不做饭，不欢乐也不悲伤，只是静静地思过，净化自己的灵魂，以求内心的安宁，以便在新的一年里一切从零开始，按神的启示和意志去生活。

4. 古尔邦节

古尔邦节也是伊斯兰教的主要节日之一。按伊斯兰教规定，伊斯兰教历十二月十日为古尔邦节。每逢此日，穆斯林沐浴盛装，举行庆祝活动。

（八）禁忌

印度尼西亚人忌讳用左手传递东西或食物。他们把左手视为肮脏、下贱之手，认为使用左手是极不礼貌的。他们忌讳别人摸他们孩子的头部，认为这是缺乏教养和污辱人的举止。印尼巴杜伊人衣着色彩除了他们崇尚的白色、蓝色和黑色之外，禁忌穿戴其他色彩的衣服，甚至连谈论都不允许。爪哇岛上的人最忌讳有人吹口哨，认为这是一种下流举止，并会招来幽灵。印尼人对乌龟特别忌讳，认为乌龟是一种令人厌恶的低级动物，它给人以"丑陋"、"性"、"污辱"等极坏的印象。他们忌讳老鼠，认为老鼠是一种害人的动物，给人以"肮脏"、"瘟疫"和"灾难"的印象。伊斯兰教徒禁食猪肉和使用猪制品，大多数人不饮酒。印尼人一般都不喜欢吃带骨刺的菜肴。

六、印度民俗

印度，是印度共和国的简称，位于亚洲南部，是南亚次大陆最大的国家。印度历史悠久，与古埃及、巴比伦、中国并称世界四大文明古国。古印度人创造了光辉灿烂的古代文明，作为最悠久的文明古国之一，印度具有绚丽多彩的文化遗产和旅游资源。印度有大约2000种语言，其中55种有自己的文字和文学。有各自文学宝库的19种完善语言被定为印度的官方语言。印度的每个宗教在次大陆都有它的信徒，印度也是世界三大宗教之一佛教的发源地。

（一）服饰民俗

印度男子的传统服装叫"托蒂"。托蒂是一块缠在腰间的布，上身则穿肥大的、过膝的长衫（古尔达）。男子在家一般都穿这种传统服装，舒适宽松。印度妇女传统服饰是"纱丽"，纱丽是指一块长达15码以上的布料，穿着时以披裹的方式缠绕在身上。印度妇女擅长利用扎、围、绑、裹、缠、披……等技巧，使得纱丽在身上产生不同的变化。

（二）饮食民俗

印度菜口味较浓，存在着"一辣四多"的共通性。所谓一辣，就是普遍爱用咖喱和辣椒佐味，菜品重在生鲜、清火、香辣、柔糯或润滑。所谓四多，一是奶品多，印度人不吃牛肉但喝牛奶，并善于调制奶制品，这有利于营养平衡；二是豆品多，经常充当主食，可弥补动物蛋白摄取不足；三是蔬菜多，能充分利用热带和亚热带的地利，广辟食源；四是香料多，喜食花卉，金色郁金香人馔是其一绝。一辣四多的实质便是素食为主，嗜好香辣，俭朴务实，有着浓郁的南亚原住民生活风情。由于历史与宗教的原因，印度社会自然而然产生了越有地位、越有文化的人越吃素。

（三）居住民俗

印度作为世界上四大文明古国之一，拥有着几千年的历史，他们对建筑知识的积累不亚于任何一个国家。因为宗教的信徒较多，印度的建筑也建立在各大宗教的风格之上。

1. 早期的印度建筑（公元前1500～公元前1200年）

大多由土砖建成，在印度河流域有几座繁荣的城市。这些城市具有精心规划的方格系统，主要街道形成了矩形的街区。

2. 佛教建筑（公元前300年～公元320年）

这种原始的木质和土砖建筑，就目前尚存的最早建筑来看，主要有三种形式：住人的洞穴、凿出的布道讲经的石洞、佛塔。这几种神堂都是为了供大量信徒聚会而设计的。布道石洞的主要形式和细部沿袭了早期木结构建筑的原型。佛塔为半球状的坟墩，其四周则有一条供信徒举行祭典仪式时行走的道路，印度最有代表性的当属桑奇佛塔。佛庙是石结构的神堂，其外部大多覆以丰富的雕饰物。

3. 伊斯兰建筑（公元600～1500年）

主要建筑类型是清真寺和宫殿。清真寺的平面布局大都是矩形的庭院，内有一间祈祷大厅，格局完全对称。外表用琉璃砖等，装饰富丽堂皇。装饰运用圆形、方形等几何符号构成象征性的图案，结合叶饰和阿拉伯文字。著名的泰吉·玛哈尔陵是伊斯兰教建筑的代表作，美轮美奂，无与伦比。

4. 印度教建筑（公元 600～1750 年）

这种风格的各式寺庙都有不点灯的神殿，神殿上部有一尖塔，前部有一个或多个门廊形大厅，充作宗教性舞蹈的场所。殿堂内的雕饰通过形象的重复实现整体的协调。建筑表面以当地岩石雕刻出栩栩如生的人物形象，使这些寺庙别具一格。

（四）人生礼仪民俗

印度人有 4 大传统仪式，分别是出生礼、普迦仪式、婚礼和葬礼。

1. 出生礼仪

印度人庆祝小孩出生与平安成长的方式，就是到寺庙进行"普迦仪式"、唱颂祈祷文，然后和亲朋好友举行餐宴。

印度小孩出生后，父母都会找人为他们占卜，小孩的名字多半取自英雄或神祇。小孩的生辰八字尤其受到重视，因为这可以决定小孩未来的婚姻对象。

2. 普迦仪式

"普迦"是印度教中向神祇膜拜的仪式，普迦仪式必须由祭司担任。仪式中信徒会将神像装饰后抬出寺庙游行庆祝，并且奉献鲜花、椰子、蒂卡粉等供品。最后再由祭司手持油灯，在神像前面进行"阿拉提"。阿拉提的过程中，信徒用手轻轻覆盖祭司手中的灯火，然后在自己的眼睛上碰触一下，代表接受神祇赐予的力量。通常在普迦仪式结束后，信徒可以分到一些祭祀过的鲜花、蒂卡粉或水，称为"波拉沙达"。所以在印度，只要看到印度人从寺庙膜拜出来，额头上几乎都涂有红色或白色的粉末。

3. 婚礼

印度人的婚礼是社会地位的代表，也是一生中最重大的仪式。印度婚礼仪式相当繁琐，结婚之前，双方家长会透过充当媒人的祭司讨论嫁妆事宜，女方必须答应男方提出的嫁妆数量后，双方才选定黄道吉日，开始筹备婚礼。

婚礼前一天，新娘必须根据传统化妆方式，开始沐浴、更衣、抹油、梳头、画眼线、抹唇砂，并且在脚上涂以红色、在额头点红色蒂卡、在下巴点黑痣，接着还要用植物染料在手脚上绘饰汉那图案，然后洒香水，配戴首饰和发饰，最后是把牙齿染黑、嚼槟榔、擦口红，才算大功告成。婚礼当天，新郎官骑着一匹白马带领亲友热热闹闹地来到新娘家。这时女方家里已经架起火坛，双方亲友在祭司念诵的吉祥真言中，绕行火坛祝祷。之后、新娘在女伴的簇拥下走到火坛前面，由祭司将新娘的纱丽和新郎的围巾系在一起，代表婚姻长长久久。印度婚礼的晚宴是在新娘家里进行，当晚新郎是在新娘家过夜，翌日才将新娘迎娶回家。

4. 葬礼

印度教徒死亡时，都会在河坛举行火葬仪式。印度教徒去世后，家人会以黄色或白色绢布包裹尸体，然后放在两根竹制担架上，以游行方式抬到河滩火葬地点。

一般送葬的仪式都非常简单，但是比较富有的人家，可能会请乐师在前面演奏，浩浩荡荡地游行。火葬前，死者的长子必须手持油灯绕行遗体 3 次，当火葬柴堆被点燃时，死者长子必须将头发剃光，只在后脑勺留一小撮，然后到河里沐浴净身。火葬结束后，死者骨灰会被扫到河里，代表灵魂已经脱离躯壳、得到解脱。

（五）社交礼仪民俗

印度人迎候佳宾常敬献花环，表示由衷地欢迎。点吉祥痣也是印度人欢迎宾客的礼数。印度人在见到熟人和客人时都双手合十，举于胸前，并面带微笑地道一句"纳玛斯戴"。这是印度传统的见面礼。"纳玛斯戴"在印地语中是一个表示吉祥和尊敬的语词。印度人在见到自己最敬重的人时则要行触脚礼，即俯下身去触对方的脚，然后再摸一下自己的额头。这是表示对尊敬长者的最高礼节。现代的城市居民见面时多行握手礼。但决不能伸出左手和别人握手，因为印度人认为左手是不洁的，用左手握手被视为是对人的不敬和污辱。对印度的女人不可行握手礼，打招呼时只能以合掌颔首的方式。

印度人的家里一般都铺有一块地毯，客人和主人均席地盘膝而坐，即"结跏趺坐"，将两脚交叉叠放于两腿之上，双手放在双膝上。现在城市居民更多地使用沙发和椅子，但仍有不少人爱在沙发上盘膝而坐。若要参观宗教的圣物、庙宇时须穿着深色服装，并脱鞋，以示尊重。

（六）游艺民俗

印度舞历史悠久，对印度人来说，舞蹈不仅是艺术，更有宗教的含意。印度舞源自对神无比虔诚洁净无私的爱，舞者藉由本身的手指、手臂、眼睛、五官、身体表达和诠释宇宙间的万事万物。所以一些印度舞只在庙里表演给神看，印度舞也因此多了一层神秘色彩。

从地区角度看，印度舞蹈可分为北印度舞蹈和南印度舞蹈两类。北印度舞蹈主要有克塔克舞和曼尼普利舞。南印度的古典舞蹈主要有婆罗多舞和格塔克里舞。除上述古典舞蹈外，印度各地还有许多民间舞蹈。这些民间舞蹈都带有浓厚的地方特色和生活气息，深受群众欢迎，是印度灿烂文化的重要组成部分。从舞蹈内容和性质区分，印度舞蹈可分古典和民间两类。古典舞蹈有四种，即曼尼普利舞、婆罗多舞、格塔克里舞和克塔克舞。

（七）岁时节日民俗

印度的节假日名目繁多，在众多节日之中，最为重要的就是：排灯节、洒红节和十胜节。这三大节日实际上是印度教的节日，但印度其他宗教的信徒也照过不误。

1. 排灯节

每年 10 月底到 11 月初是印度传统的"排灯节"，它是印度最重大的节日之一，相当于新年。排灯节期间，印度几乎家家张灯结彩，燃放鞭炮，故又叫"灯火节"。按照传统习惯，许多居民晚上在家里摆上小油碗，点亮蜡烛，一家人围着蜡烛吃小吃、聊天，其乐融融。

2. 洒红节

也叫"胡里节"、"色彩节"，是印度全国性的传统节日，也是印度传统新年（新印度历新年于春分日）。最权威的说法是，洒红节源于印度的著名史诗《摩诃婆罗多》。洒红节每年 2～3 月间举行，庆祝时间的长短不一，在节日期间，人们互相抛洒红粉，投掷水球。

3. 十胜节

十胜节是印度教节日，也是全国性的重大节日。一般是在公历九十月间，一连庆祝 10 天。十胜节来源于史诗《罗摩衍那》，具有几千年的传统。该节日是庆祝印度教教徒心目中的英雄罗摩与十首魔王罗波那大战 10 日，并最后大获全胜，故称"十胜节"。

节日期间，大街上常能看到乐队在前面开道、善男信女簇拥的演艺队伍，间或还能碰上满载演员、披红挂绿的牛车和象车。无论步行的演艺队伍，还是盛装的牛车、象车，都是边行进边演戏，一直演到最后一天"战胜"十首魔王罗波那为止。

（八）禁忌

印度有多种宗教，教徒对其所信仰的宗教皆十分虔诚，例如牛对印度教来说是神圣的动物，因此连牛漫步在街上，也不可冒犯它。伊斯兰教徒不能喝任何含酒精的饮料，逢斋月之时，从日出到日落禁止一切饮食。睡觉时，不能头朝北、脚朝南，据说阎罗王住在南方；晚上忌说蛇；节日活动、喜庆日子里忌烙饼；婴儿忌照镜子，否则会变成哑巴；父亲在世时，儿子忌缠白头巾、剃头；"3"和"13"是忌数，因为湿婆神有 3 只眼睛，第三只眼睛是毁灭性的，13 是因为人死后有 13 天丧期；妇女在怀孕期间，忌做衣服、照相；忌用左手递接东西。

在市场上陈列的花环，禁止人们用鼻子嗅或用手摸，有上述行为将受到人们的厌恶；在印度忌吹口哨，特别是妇女；在饭店、商店等服务性行业中，若用吹口哨的方式来招呼侍者则被视为冒犯他人人格的失礼行为；头是印度人身体上最神圣的部分，故不可直接触摸他们的头部；千万不要拍印度孩子的头部，印度人认为这样会伤害孩子；即使在朋友家里，也不要赞场孩子，许多印度人认为这种赞场会引起恶人的注意。

印度人禁止穿戴皮革制品（腰带、表带、鞋、衣服），特别是在圣地，因为印度教徒不杀牛，穆斯林不杀猪。

本章小结

本章介绍了亚洲主要国家的的民俗概况。亚洲很多国家历史上交往密切，因此，各国的民俗都有许多相似之处，然而，又因为生活的气候和环境不同，亚洲各国家在衣、食、住、礼仪、节日等方面又有自己的特点和各自的习惯和禁忌，应加以对比分析，以便熟识。

主要概念

榻榻米　甘美兰　普迦仪式

复习思考题

1. 简要介绍一下日本和服的特点。
2. 泰国的主要民俗有哪些？
3. 到印度旅游有哪些注意事项？

案例分析

相扑是日本的国粹，是日本人特别喜欢的一项传统体育运动，相扑运动同富士山一样成为日本的代名词。出类拔萃的相扑手像影视明星一样受到日本国民，尤其是青少年的喜爱和崇拜，成为闻名的风云人物。

在日本，要想成为一个优秀的相扑选手必然经历着非常艰辛的训练过程，而日本相扑比赛没有级别之分，因此，体重越重就越具有优势，所以相扑"催肥"也是训练中非常重要的一步。相扑手一天只吃中午和晚上两顿饭，都是火锅，只是每天的口味有所变化。体量大的相扑一顿就可以吃下相当于五六个普通人的饭量，大约有 15 公斤左右！ 通常火锅吃饱了之后，有些相扑手还要吃大量的奶油蛋糕等甜点，吃完后马上睡觉。除此之外，每天还做一些非常激烈的健身运动，并且他们练习的时候也非常激烈，健身运动是把筋、肉进行破坏和撕裂，然后让筋、肉增大。

问题：通过上述案例，分析日本的相扑文化。

实践训练

请根据印度人的民俗概况策划一项民俗风情旅游活动，写出策划方案。方案应涵盖：

1. 活动宗旨和主题。

2. 活动时间和地点。

3. 活动具体内容：

（1）流程安排；

（2）相关系列活动。

4. 活动期间推出的旅游路线。

5. 活动组织者及管理者。

第九章　欧洲民族民俗

学习目标

知识目标：对欧洲概况和民俗有一个比较全面的了解，并且进一步了解俄罗斯、英国、法国、德国等国的饮食民俗、服饰民俗。

技能目标：熟悉欧洲各国的游艺和节日、人生礼仪、主要禁忌。

能力目标：掌握欧洲主要国家与人交往的礼仪规范。

【引例】银杏黄了，枫叶红了，葡萄紫了，我们该出发了！

卢加诺拥有宜人的气候、充满热情的人们，是瑞士意大利语区提契诺州的核心地。卢加诺湖也被称为"Ceresio"，周边有莫尔格特（Morcote）、刚德利亚（Gandria）等可爱的街市，街上点缀着历史建筑和马里奥·博塔设计的现代建筑。

也许是因为在地理上靠近意大利的米兰，时尚气息很强，是个购物天堂。

此外，这里全年都可以尽情享受附近的布雷山和圣纳扎罗山上的徒步旅行和湖泊观光等活动。南面的圣纳扎罗山于 2003 年 7 月被列为世界自然遗产，引起了世界的关注。

卢加诺的葡萄酒节

时间：10 月第一周，重大庆典与瑞士法语区的葡萄酒商人们联合举行，并有各式花车的展示活动。

地点：卢加诺。

卢加诺的葡萄酒庆祝活动在 10 月的第一周开幕。其实它并不是由来已久的传统，本来只是瑞士法语区葡萄酒商的商务活动。不过，从 1932 年开始被被人们熟知，并成为一年一度的盛大节日。

上述案例讲述的卢加诺的葡萄酒节，近年来，随着庆祝的日益隆重，很多人从意大利北部等地区自己带着乐队前来参加，使得卢加诺的葡萄酒节成为了音乐和美酒交相辉映的一场盛宴。

上述案例给我们的启示是：民俗是重要的旅游资源，旅游有助于民俗的交融与发展，旅游与民俗相辅相成。

第一节　欧洲民族概况

欧洲是欧罗巴洲的简称，位于东半球的西北部，北临北冰洋，西濒大西洋，南隔地中海与非洲相望，东部以乌拉尔山脉、乌拉尔河、里海、高加索山脉、博斯普鲁斯海峡、马尔马拉海、达达尼尔海峡同亚洲分界，西北隔格陵兰海、丹麦海峡与北美洲相对。面积 1016 万平方千米（包括岛屿），约占世界陆地总面积的 7%，是世界第六大洲。欧洲大部分地区地处北温带，气候温和湿润。欧洲地形总的特点是冰川地形分布较广，高山峻岭汇集南部。海拔 200 米以上的高原、丘陵和山地约占全洲面积的 40%，海拔 200 米以下的平原约占全洲面积的 60%。

欧洲是人口密度较大的一洲。城市人口约占全洲人口的 64%，在各洲中次于大洋洲和北美洲，居第三位。欧洲的人口分布以西部最密，莱茵河中游谷地、巴黎盆地、比利时东部和泰晤士河下游等地区，每平方千米均在 200 人以上。欧洲绝大部分居民是白种人（欧罗巴人种）。居民多信天主教、基督教新教和东正教等。位于意大利首都罗马市西北角的城中之国梵蒂冈，是世界天主教中心。

欧洲人属于欧罗巴人种，分为南北两支。欧罗巴人种起源于高加索地区，后来向南迁徙的人群逐渐形成了南支地中海类型。往北迁徙的北支可分为世界上肤色最白的大西洋—波罗的海类型和带有黄种特征的白海—波罗的海类型。

欧洲很多国家及西斯拉夫各民族都使用拉丁字母，受罗马天主教文化影响较大；使用基里尔字母的东斯拉夫各族和一些南斯拉夫民族都信仰东正教，历史上则受拜占庭文明影响较大。欧洲民族语言分属印欧语系、乌拉尔语系、高加索语系、阿尔泰语系和闪含语系。

自然资源：欧洲的矿物资源以煤、石油、铁比较丰富。欧洲是资本主义经济发展最早的一洲，工业生产水平和农业机械化程度均较高。生产总值在世界各洲中居首位，其中工业生产总值占的比重很大。大多数国家粮食自给不足。西欧工业发展程度较高的国家主要为德国、法国、英国，其次为比利时、荷兰和瑞士等。德国、法国和英国的工业生产在世界工业生产中均居前列。

欧洲共有 45 个国家和地区，大都属于印欧语系和乌拉尔语系的民族。5000 年来，大西洋沿岸地区活跃着伊比利亚人、芬尼人、克尔特人、古希腊人、伊利里亚人、罗马人、日耳曼人和斯拉夫人。19 世纪中叶以来，在欧洲西部形成了一系列现代民族国家，东欧形成了一些多民族国家。欧洲共有 80 多个民族。

第二节　欧洲各国民俗

一、英国民俗

英国全称大不列颠及北爱尔兰联合王国。英国位于欧洲大陆西北面，英国本土位于大不列颠群岛，被北海、英吉利海峡、凯尔特海、爱尔兰海和大西洋包围。国土面积 24.36 万平方千米，人口约 6000 万。英国是世界上第一个工业化国家，是一个具有多元文化和开放思想的社会。首都伦敦是欧洲最大和最具国际特色的城市。

英国官方语言为英语。此外，威尔士语、爱尔兰盖尔语、阿斯特苏格兰语、苏格兰盖尔语、康沃尔语为英国各地区的官方语言。英国人口约为 6204.17 万人，人口密度为每平方千米 246 人。其中，85.67% 的人口为英国白人，6.47% 为其他地区白人，4.00% 为南亚人，2.00% 为黑人，1.20% 为混血人，0.80% 为东亚人及其他种族。

（一）服饰民俗

英国人注意服装，穿着要因时而异。他们往往以貌取人，仪容态度尤需注意。英国人讲究穿戴，只要一出家门，就得衣冠楚楚。虽然英国人已无昔日的雄风，可是自负心特别强。中、上层的人士由于过着舒适的生活，因此，养成了一种传统的"绅士"、"淑女"风度。英国人一向注意服装的得体与美观。男要肩平，女要束腰，衣服平整，裤线笔挺。既要突出健美的线条，还要掩盖身体的缺陷。

在某些特定的正式场合，英国人还保留不少传统服装，法院正式开庭时，法官仍然头戴假发，身穿黑袍。教堂做礼拜时，牧师要穿上长袍；每届国会开幕，女王前往致词时，更是头戴珠光闪烁的王冠，随行的王宫侍女都身着白色的长裙礼服；王宫卫士身穿鲜红的短外衣、黄扣黄束腰，头戴高筒黑皮帽；伦敦塔楼的卫士黑帽、黑衣，上绣红色王冠及红色边线，近卫骑兵是黑衣、白马裤、黑长靴、白手套，头戴银盔，上面飘着高高的红穗。

英国人的衣着已向多样化、舒适化发展，比较流行的有便装、夹克、牛仔服等。

（二）饮食民俗

英国人一般较喜爱的烹饪方式有：烩、烧烤、煎和油炸。对肉类、海鲜、野味的烹调均有独到的方式；然而，他们对牛肉类方面又有特别的偏好，如烧烤牛肉，在食用时不仅附上时令的蔬菜、烤洋芋，还会在牛排上加上少许的芥茉酱；在佐料的使用上则喜好奶油及酒类；在香料上则喜好肉寇、肉桂等新鲜香料。

较为人知的英国料理菜名有：牛肉腰子派、炸鱼排、皇家奶油鸡等。英国人对早餐非常讲究，英国餐馆中所供应的餐点种类繁多，有果汁、水果、蛋类、肉类、麦粥类、面包、果酱及咖啡等。时下所流行的下午茶也是来自于英国，晚餐对英国人来说也是日常生活中最重要的一部分，他们选择的用餐时间通常较晚，而且都是边吃、边喝、边聊，以促进用餐人之间的情谊，可以想见他们是属于极有自主性的民族，而一顿晚餐对他们来说可能要花上好几个钟头！

苏格兰威士忌或琴酒等尽人皆知的酒均来自于英国。在当地，有许多爱好喝酒人士，主要是因为英国本身就是个产酒国家。英国人在饮酒上的花费比起其他的支出还要多。

英国的宴请方式多种多样，主要有茶会和宴会，茶会包括正式的和非正式的。英国人在席间不布菜，也不劝酒，全凭客人的兴趣取用。一般要将取用的菜吃光才礼貌，不喝酒的人在侍者斟酒时，将手往杯口一放就行。客人之间告别可相互握手，也可点头示意。

（三）居住民俗

英国人尚绿不尚大，也不尚新，许多人住的是自己父辈、祖辈甚至是曾祖辈留下的房子，他们往往以展示自己房子悠久的历史和古香古色的建筑风格为荣，许多富足人家还住在老辈人留下的茅草顶的平房里。他们也非常喜欢乡间别墅。房屋从外部看十分简陋，但进入其内却十分整洁、现代化。英国人居住重实用、不尚新的传统有利于节约，避免了因频繁拆弃旧房和建筑新房而造成建筑垃圾的产生，利于环保。

（四）人生礼仪民俗

1. 婚俗

英格兰人的婚俗丰富多采，从求婚到度蜜月均按自己的传统方式进行。在英格兰北部约克市求婚方式颇为奇特，继承了古代民间遗风，女孩子成熟以后，需要出嫁了，便穿上不同颜色的紧身服饰，向男性示意。不同的颜色表示不同的意思，恰恰和交通信号灯一致。绿色的表示："来吧！我愿意恋爱，大胆地追求吧！"黄色表示："机遇是有的，如果合我的意还是有成功的机会。"红色表示："目前我还不想谈情说爱，不要追求我。"勇敢的小伙子会根据对方的服色，根据自己的选择去大胆地追求，决不会被扣上行为不端的帽子。

一旦双方确立了恋爱关系，男方要送给女方订婚戒指并举行仪式。这种习俗遍及整个英国。结婚或定婚戒指是许多民族的传统习俗，英格兰人在教堂里举行婚礼仪式时，新郎给新娘戴戒指是不可缺少的一项重要内容。人们甚至认为不戴戒指的婚姻是无效的。当神父询问一对新人是否愿意做对方的妻子或丈夫、能否相互尊重、白头偕老后，新郎给新娘的无名指上戴上一枚戒指。它象征着丈夫对妻子的纯真爱情，同时妻子也表示接受并忠实于这种爱情。

英国的苏格兰人在举行婚礼时，新娘被迎入男家大门之后，首先必须把一块大蛋糕奋力抛向空中。当地婚俗认为，蛋糕抛得越高，新人的生活越幸福。

英国人婚礼一般在教堂举行。举行婚礼时，身穿白纱礼服、头披白纱的新娘挽住父亲的手臂，由女宾相伴，在婚礼进行曲中步入教堂。着礼服的新郎在男宾陪同下站在圣坛等待新娘。一旦举行完婚，新郎、新娘从教堂出来的时候，人们要向新人祝贺，这种祝贺不是亲吻、拥抱和握手，而是向他们抛撒五彩缤纷的纸屑，祝贺新婚夫妇幸福长寿、子孙满堂。

2. 葬俗

英国人家中有人去世，往往在报上登一则小启事，亲友见启事后前去参加葬礼，以表对死者的敬意和对其家属的问候。葬礼分两部分，前半部分在教堂举行，由牧师主持追悼礼拜，后半部分是葬礼，在墓地举行。

丧偶的妇女在葬礼后的两三个星期内一般不接见客人，六个月内一般不外出拜访，一年内不参加舞会和大型宴会；而对丧偶的男子，只要求在一定时期内穿着规矩，不参加花天酒地的交际活动即可。

（五）社交礼仪民俗

英国的礼俗丰富多彩，彼此第一次认识时，一般都以握手为礼。与人握手时，无论男女，无论天气又多冷，都应先把手套脱掉，而且脱得越爽快，越能体现对对方的尊重，不像东欧人那样常常拥抱。随便拍打客人被认为是非礼的行为，即使在公务完结之后也如此。

在进行介绍时，一般是先少后老、先低后高、先次后要、先宾后主。

英国人待人彬彬有礼，讲话十分客气，"谢谢"、"请"字不离口。对英国人讲话也要客气，不论他们是服务员还是司机，都要以礼相待，请他办事时说话要委婉，不要使人感到有命令的口吻，否则，可能会使你遭到冷遇。

英国人对于妇女是比较尊重的，在英国，"女士优先"的社会风气很浓。

【微型资料 9-1】

如走路时，要让女士先行。乘电梯让妇女先进。乘公共汽车、电车时，要让女子先上。斟酒要给女宾或女主人先斟。在街头行走，男的应走外侧，以免发生危险时，保护妇女免受伤害。丈夫通常要偕同妻子参加各种社交活动，而且总是习惯先将妻子介绍给贵宾认识。

英国人的时间观念很强，拜会或洽谈生意，访前必须预先约会，准时很重要，最好提前几分钟到达为好。他们相处之道是严守时间、遵守诺言。若请你到人家里作客，需要注意，如果是一种社交场合，不是公事，早到是不礼貌的，女主人要为你做准备，你去早了，她还没有准备好，会使她难堪。最好是晚到 10 分钟。

英国人通常在接受服务后付小费给服务人员，一般服务行业以 10%付小费。旅馆每天每间 20 便士左右，房间等级高的小费应略为增加。中晚餐可给 10%的数目。车站和机场行李搬运工人视情况给一镑左右的小费。出租车小费亦给 10%，长途租车可每天给二至三镑。

在接受礼品方面，英国人和我国的习惯有很大的不同。去英国人家里作客，最好带点价值较低的礼品，因为花费不多就不会有行贿之嫌。礼品一般有：高级巧克力、名酒、鲜花，特别是我国具有民族特色的民间工艺美术品，他们格外欣赏。而对有客人公司标记的纪念品不感兴趣。盆栽植物一般是宴会后派人送去。他们常常当着客人的面打开礼品，无论礼品价值如何，或是否有用，主人都会给以热情的赞扬表示谢意。苏格兰威士忌是很通行的礼品，烈性威士忌则不然。

英国商人一般不喜欢邀请外人至家中饮宴，聚会大都在酒店、饭店进行。英国人的饮宴，在某种意义上说，是俭朴为主。他们讨厌浪费的人。比如说，要泡茶请客，如果来客中有三位，一定只烧三份的水。英国对饮茶十分讲究，各阶层的人都喜欢饮茶，尤其是妇女嗜茶成癖。

在正式的宴会上，一般不准吸烟。进餐时吸烟，被视为失礼。

在英国，人们在演说或别的场合伸出右手的食指和中指，手心向外，构成"V"形手势，表示胜利；如有人打喷嚏，旁人就会说上旁保佑你，以示吉祥。

（六）岁时节日民俗

1. 圣诞节

英国的圣诞节是最重要的家庭节日。12 月 25 日和 26 日两天是国家法定节日。在圣诞节这天，到了家庭要聚会并吃传统的圣诞午餐或晚餐；人们要交换礼物。若你这天与一家英国人在一起，他们希望你能加入他们的活动。12 月 26 日当天，因为是宗教节日，教堂有特殊的活动，交通会受到限制，没有公共交通，即便这样每个人无论如何还是要去教堂。

2. 新年

1 月 1 日也是公共节日。在新年前夜，人们通常会熬到深夜，迎接新年的到来。在苏格兰，新年前夜被看作是大年夜，甚至是比圣诞节更有节日气氛的时候。

3. 复活节

复活节没有固定的日期，是在 3 月末和 4 月中旬之间。公共假期从星期五一直到复活节后的星期一，这时候又有特别的宗教活动，孩子们会收到巧克力彩蛋。每年在复活节前的星期四那天，女王会访问一座不同的大教堂，送当地居民一些金钱，被称为濯足节救济金，作为象征性的礼物。在复活节当天，城镇有复活节游行。

（七）工艺美术

英国的民间艺术非常繁荣，英格兰的陶器、木刻和木画、民间木版画都是极具特色；苏格兰以花格布、皮手袋、匕首闻名；威尔士则以橡树雕刻的家具和色彩鲜艳的装饰陶瓷著称。

英国传统工艺品以玻璃最为突出，融切割、研磨、粘接技术于一体，完全以抽象的造型、巧妙的空间处理和色彩的搭配所形成的节奏感和韵律感，给人以强烈的美的感受。骨质瓷是英国人对世界瓷器的贡献，它白度高，比重轻，透明度好，瓷质细腻，光泽柔和。

英国人对绘画和雕刻是非常感兴趣的，艺术家们总是用各种颜色和材料对千奇百怪的形状进行艺术尝试。

（八）游艺民俗

音乐在英国文化生活中占有相当重要的地位，不但拥有世界一流的交响乐团和歌剧、舞剧团，而且还有不同层次的业余乐团、唱诗班和歌剧小组。

戏剧在英国历史悠久，伦敦最早的剧场建于16世纪文艺复兴时期，当时正值英国戏剧黄金时代，英国人最引以为豪的喜剧大师莎士比亚就是这个时期众多剧作家中的佼佼者，他的剧本在英国和世界各地久演不衰，至今仍拥有众多观众。

英国人酷爱竞技体育是世界闻名的，许多近代竞技体育的发源地都在英国，如橄榄球、板球、高尔夫球。足球是英国最盛行的运动项目，不但英国观看球赛的人多，业余时间踢足球的人也不少。此外，远足、骑自行车、登山、打猎、钓鱼也是英国比较喜欢的户外运动。

赌博在英国被视为正当消遣方式，与赌博相关的运动项目中，赛马历史悠久，也是最吸引英国人的一项赌博运动。

（九）禁忌

1. 不能加塞

英国人有排队的习惯。你可以看到他们一个挨一个地排队上公共汽车、火车或买报纸。加塞是一种令人不齿的行为。

2. 不能问女士的年龄

英国人非常不喜欢谈论男人的工资和女人的年龄，甚至他家里的家具值多少钱，也是不该问的。如果你问了一位女士的年龄，是很不合适的，因为她认为这是她自己的秘密，而且每个人都想永葆青春，没有比对中年妇女说一声"你看上去好年轻"更好的恭维了。毫无疑问，每个女士的发型、化妆和衣着都是为了让自己看起来更美丽、更年轻，但是如果她的打扮让人感到太刻意，那么别人就会带着非难的口吻说她"显得俗气"。

3. 不能砍价

在英国购物，最忌讳的是砍价。英国人不喜欢讨价还价，认为这是很丢面子的事情。如果你购买的是一件贵重的艺术品或数量很大的商品时，你也需要小心地与卖方商定一个全部的价钱。英国人很少讨价还价，如果他们认为一件商品的价钱合适就买下，不合适就走开。

二、法国民俗

法国面积为63.3万平方公里。位于欧洲西部，与比利时、卢森堡、瑞士、德国、意大利、西班牙、安道尔、摩纳哥接壤；其本土呈六边形，三边临水：南临地中海，西濒大西洋，西北隔英吉利海峡与英国相望。地中海上的科西嘉岛是法国最大的岛屿。地势东南高西北低。西部属海洋性温带阔叶林气候，南部属亚热带地中海式气候，中部和东部属大陆性气候。

法国人口有6545万，是欧洲第二人口大国，通用法语。法国是最发达的工业国家之一，在核电、航空、航天和铁路方面居世界领先地位。法国铁矿蕴藏量约10亿吨，但品位低、开采成本高，煤储量几近枯竭，所需矿石完全依赖进口。能源主要依靠核能，水力和地热资源的开发利用比较充分。

（一）服饰民俗

法国时装在世界上享有盛誉，选料丰富、优异，设计大胆，制作技术高超，因此法国时装一直引导着世界时装的潮流。法国人对于衣饰的讲究，在世界上是最为有名的。所谓"巴黎式样"，在世人耳中即与时尚、流行含义相同。

在正式场合，法国人通常要穿西装、套裙或连衣裙，颜色多为蓝色、灰色或黑色，多为纯毛面料。出席庆典仪式时，一般要穿礼服。男士所穿的多为配以蝴蝶结的燕尾服或是黑色西装套装；女士所穿的则多为连衣裙式的单色大礼服或小礼服。

对于穿着打扮，法国人认为重在搭配是否得法。在选择发型、手袋、帽子、鞋子、手表、眼镜时，都十分强调要使之与自己着装相协调一致。

【微型资料 9-2】巴黎——世界服装中心

众所周知，世界上有四大服装中心：巴黎、伦敦、米兰和纽约，其中巴黎被誉为"中心中的中心"，国际公认的顶尖服装品牌总部大部分集中于此，每年从巴黎发出的服装信息，一直是国际流行趋势的风向标。巴黎是世界服装界公认的"大哥大"，这里聚集了许多世界级服装设计大师，高超的设计艺术，浓郁的浪漫风格，再加上悠久古老的发展历史，使巴黎成为人们心中的服装圣殿。

（二）饮食民俗

作为举世皆知的世界三大烹饪王国之一，法国人十分讲究饮食。在西餐之中，法国菜可以说是最讲究的。

法国人爱吃面食，面包的种类很多；他们大都爱吃奶酪；在肉食方面，他们爱吃牛肉、猪肉、鸡肉、鱼子酱、鹅肝，不吃肥肉、宠物、肝脏之外的动物内脏、无鳞鱼和带刺骨的鱼。

法国人特别善饮，他们几乎餐餐必喝，而且讲究在餐桌上要以不同品种的酒水搭配不同的菜肴；除酒水之外，法国人平时还爱喝生水和咖啡。

法国人用餐时，不许将两肘支在桌子上；在放下刀叉时，他们习惯将其一半放在碟子上，一半放在餐桌上。

（三）居住民俗

法国大多数居民的居住形式呈密集型模式。许多家庭住的是一家一套的公寓房，越来越多的家庭希望拥有自己的独院住宅。法国人住房一突出特点是复古怀旧，喜"旧"厌"新"。很多法国人不愿意住现代化的高楼大厦，而偏爱古老的旧房。在许多大城市的翻新重建过程中，仍保留了部分具有代表性的老区。

法国人的房屋装修观念与中国有较大的区别，可以用简单、实用、个性化来概括。法国的许多新建房的墙体、地板已经简单装修过。值得一提的是，现在法国人普遍采用化纤地毯，而不用纯羊毛地毯，因为通过高科技方式制造出来的化纤地毯，有不吸尘、无静电、自动灭菌的功能，这是纯毛地毯所不具备的性能。住房装修的个性化在法国也是很有特点的，比如有小孩的家庭，单独给小孩一个房间，屋里的陈设要严格以孩子的爱好为标准。

（四）人生礼仪民俗

1. 婚姻习俗

结婚前先要订婚。仪式非常简单，一般由女方的家长宴请男方的家长及兄弟姐妹，也可同时邀请其他亲戚、甚至一两名好友出席。婚礼也已逐渐简单化，但仍不失为最隆重的家庭节日，带有庄严神圣的色彩。婚礼由市长或他的一名副手主持，习惯上是在周二、四、五、六早上 9 时至下午 5 时之间举行，婚后大宴宾客。法国农村有的地方在婚前要签订财产婚约并办理公证，婚约中要写明未婚夫妇的全部财产，包括未婚妻的嫁妆和未婚夫的产业。婚龄纪念在民间已成为一种喜庆的风俗。女子守寡300天后，或宣布与丈夫分居300天后可以再嫁，男子则无时间上的限制。

2. 丧葬民俗

法国人死后，由死者家属和亲友组成送葬队伍，先有灵车送到教堂举行宗教仪式，再送到墓地下葬。现在市民越来越多的做法是在小范围内举行丧礼，然后以追悼亡灵的宗教仪式代替在棺木前的宗教仪式。不过法国村民的丧礼依然讲究排场，仪式相当繁琐。

（五）社交礼仪民俗

与英国人和德国人相比，法国人在待人接物上的表现是大不相同。主要有以下特点：

第一，爱好社交，善于交际。对于法国人来说社交是人生的重要内容，没有社交活动的生活是难以想象的。

第二，诙谐幽默，天性浪漫。他们在人际交往中大都爽朗热情。善于雄辩高谈阔论，好开玩笑，讨厌不爱讲话的人，对愁眉苦脸者难以接受。受传统文化的影响，法国人不仅爱冒险，而且喜欢浪漫的经历。

第三，渴求自由，纪律较差。在世界上法国人是最著名的"自由主义者"。"自由、平等、博爱"不仅被法国宪法定为本国的国家箴言，而且在国徽上明文写出。他们虽然讲究法制，但是一般纪律较差，不大喜欢集体行动。与法国人打交道，约会必须事先约定，并且准时赴约，但是也要对他们可能的姗姗来迟事先有所准备。

第四，自尊心强，偏爱"国货"。法国的时装、美食和艺术是世人有口皆碑的，再此影响之下，法国人拥有极强的民族自尊心和民族自豪感，在他们看来，世间的一切都是法国最棒。与法国人交谈时，如能讲几句法语，一定会使对方热情有加。

第五，骑士风度，尊重妇女。在人际交往中法国人所采取的礼节主要有握手礼、拥抱礼和吻面礼。对妇女谦恭礼貌是法国人引以为豪的传统。

法国人见面打招呼，最常见的方式莫过于握手。不过握手时一是握时间不应过长，二是没有必要握住人家的手使劲晃动。一般是女子向男子先伸手，年长者向年幼者先伸手，上级向下级先伸手。

（六）岁时节日民俗

1. 帝王节

每年的1月6日是法国的帝王节。在糕点铺内，人们纷纷购买甜饼，这种甜饼内含有一种叫蚕豆的小东西。家中最小的成员，把眼睛蒙上，将甜饼分给大家，每人吃甜饼时都避免咬到蚕豆。吃到蚕豆的人将封为"国王（皇后）"，并挑选他的"皇后（国王）"。全家人或朋友们举杯高颂"国王干杯，皇后干杯"。

2. 圣蜡节

2月2日是圣蜡节。这是一个宗教及美食的双重节日。这一天，家家都做鸡蛋薄饼，鸡蛋饼煎得又薄又黄，像太阳似的金黄色。

3. 国庆节

7月14日是法国国庆节。国庆前夕，法国所有的城市燃放烟火，整个巴黎的所有街道，人们载歌载舞。次日清晨，人们观看阅兵式。法国的大假开始了。

4. 圣—喀德琳节

11月25日，是圣—喀德琳节，是个地道的巴黎地方节日。25岁尚未婚嫁的年轻姑娘们梳妆成圣—喀德琳。这些庆祝圣—喀德琳节的姑娘在位于与其同名的大街上的圣女雕像前献花圈。这一天要做许多黄色和绿色的小帽子，一个比一个新颖。在大的女装店内，人们跳舞，喝香槟。喀德琳是当日的女皇。

5. 圣诞节

12 月 25 日是著名的圣诞节，还可称为"节中节"，星星、雪花、松树、礼品、铃铛组成一幅圣诞节经典的图画。孩子们清扫烟筒，找出他们最大号的鞋——圣诞老人上路了。

此外还有，4 月 1 日愚人节；5 月 1 日劳动节和铃兰花节；11 月 1 日为圣灵节，相当于中国的清明节。

（七）工艺美术

雕塑在法国是最古老的文化之一，20 世纪以来，法国的雕塑进入了现代化、多元化时期，除传统的石雕、木雕外，还出现了许许多多以往从未有过的形式，如集合艺术、废品雕塑等。玻璃饰品在法国诞生很早，而玻璃工艺又是法国文化雕塑的重头戏，从小摆饰发展到现在的居家大摆饰，无不体现法国人的浪漫与想象。

法国人浪漫的个性造就了法国工艺品别具一格的特点。如埃菲尔铁塔模型弯曲得像个欧米加字符，神秘的蒙娜丽莎摇身变成了朴实的村妇，阿尔萨斯的标志鹳鸟往往以童话人物的形式出现，而传统陶瓷器上的图案确是著名作家圣爱修伯里笔下的"小王子"。

（八）游艺民俗

令法国着迷的一种娱乐方式就是音乐。无论是古典音乐还是现代音乐，在法国都有着广泛的听众，这种对音乐的迷恋已成为一种时尚。法国舞蹈主要有古典舞、爵士舞、踢踏舞、迪斯科舞和霹雳舞。舞蹈在法国绝非仅指那专业演员在舞台上技艺很高的舞蹈表演，而是变成了广大群众所喜爱、为广大人民所接受的一种业余爱好。

法国人喜欢运动，其运动项目非常丰富，主要有足球、套车、环法自行车赛、滑雪、赛马、掷铁片、臂球、登山等。其中前三项是最受法国人喜爱。

（九）禁忌

法国的国花是鸢尾花。对于菊花、牡丹、玫瑰、杜鹃、水仙、金盏化和纸花，一般不宜随意送给法国人。

法国的国鸟是公鸡，他们认为它是勇敢、顽强的直接化身。

法国的国石是珍珠。

法国人大多喜爱蓝色、白色与红色，他们所忌讳的色彩主要是黄色与墨绿色。法国人所忌讳的数字是"13"与"星期五"。

在人际交往之中，法国人对礼物十分看重，但又有其特别的讲究。宜选具有艺术品味和纪念意义的物品，不宜送刀、剑、剪、餐具或是带有明显的广告标志的物品。男士向一般关系的女士赠送香水，也是不合适的。在接受礼品时若不当着送礼者的面打开其包装，则是一种无礼的表现。

三、德国民俗

德国位于欧洲中部。东邻波兰、捷克，南毗奥地利、瑞士，西界荷兰、比利时、卢森堡、法国，北接丹麦，濒临北海和波罗的海。海岸线长 1333 公里。西北部海洋性气候较明显，往东、南部逐渐向大陆性气候过渡。德国面积 357093 平方公里，人口 8221.8 万，主要是德意志人，有少数丹麦人、索布族人、弗里斯兰人和吉普赛人。通用德语。约 5300 万人信奉基督教，其中，2600 万人信奉罗马天主教，2600 万人信奉基督教新教，90 万人信奉东正教。

（一）服饰民俗

德国人很讲究清洁和整齐。对衣冠不整、服装不洁者难以容忍。男士平时穿西服套装、夹克或大衣，并且喜欢带呢帽；工作时就穿工作服，下班回到家里则可以穿得随便些。看戏、听歌剧时，女士要穿长裙，男士要穿礼服，至少要穿深色的服装。参加社会活动或正式宴会更是如此。

德国人的传统民族服装随地区而变化：东南地区妇女一般带白帽，大宽裙色彩对比鲜明。西南地区农村喜穿绿色百褶裙，上身着红黄短褂，穿长靴；男子则普遍喜穿靴子、红裤、红衬衫套绣花坎肩，带黑帽子。作为传统民族服装，女装以黑林山区最为典型，身着黑色长裙，内穿黑白相间的衬衣；巴伐利亚地区的男装也极具代表性，身着皮短裤、长袜、背心，外套西服。

（二）饮食民俗

德国人饮食有自己的特色。德国人多属日尔曼族，爱好"大块吃肉，大口喝酒"，每人每年的猪肉消费量达 66 千克，居世界首位。德国人爱吃猪肉，也喜欢自己养猪。在德国最大的工业区鲁尔，尽管区内处处是高楼大厦，然而居民都在大楼之间辟出一个个养猪场，每年都雇屠夫宰杀自家养的猪，一家人吃上大半年。由于偏爱猪肉，大部分有名的德国菜都是猪肉制品，最有名的一道菜就是酸卷心菜上铺满各式香肠及火腿，有时用一只猪后腿代替香肠及火腿。除了猪肉，德国人均面包消费量也高居世界榜首，每人每年要吃掉 80 千克面包。

提起德国，人们马上就会想到啤酒。的确，德国的啤酒如同汽车、电器、足球一样举世闻名，是当今世界上著名的啤酒王国。德国人均啤酒消费量居世界首位，是世界"第一啤酒肚"。

德国的早餐比起午餐和晚餐更为丰盛。在旅馆或政府机关的餐厅，早餐大多是自助形式。有主食面包、肉类、蔬菜、饮料、水果等，品种非常丰富，且色泽鲜亮悦目。面包有精粉的、黑麦的、燕麦的、白面和杂粮掺和的等等。蜂蜜、果酱、奶油、奶酪、牛油等，都装在比火柴盒略小的精美小盒内，撕去表面软纸，即可食用，既方便又不浪费。办公室内大都设有专门煮咖啡和茶的房间，职工在上午 10 点和下午 4 点各有 20 分钟喝咖啡或茶的时间，他们同时还要吃一些糕点。这种点缀，可以防止中午和晚上因饥饿而过量饮食，是一种科学的"饮食习惯"。

德国的午餐和晚餐一般是猪排、牛排、烤肉、香肠、生鱼、土豆和汤类等。在德国喝啤酒，酒量不大者不必担忧，因为酒宴上，德国人互不劝酒也不逼酒，喝者各自量力而为。即使喝啤酒，他们也是先问你是否要，若不要绝不会给你送来。用餐是一人一份，食者大多会用面包将盘内的肉末或汤汁蘸着吃尽，绝不浪费。德国的饮食特点是：营养丰富，方便省时，文明科学，吃饱吃好。

德国城市的街头小吃摊点满目皆是，车站广场上出售煎香肠、比萨饼、汉堡包的随时可见。街上的大小餐馆很多，还有意大利、法国、土耳其、希腊、西班牙餐馆，当然中国餐馆也可见到。不过在中国餐馆里，中国菜的吃法已被西化了，每道菜都要配上一套公用刀叉、勺子和筷子。每位即席的人都用公用餐具往自己盘里夹菜，然后再用自己的筷子吃。

德国人请客，在我们看来，几乎可以说是吝啬。德国的一个国家机构为中国一个学习班学员结业举行的宴会上，宴请大菜不过 3 道，形式隆重。晚上休息时，一位去过中国的德国朋友说："你们也许觉得午餐不够丰富，但我们的国务秘书请客也不过如此。"在州里宴请，只有部长以上的官员有权因公事请客送礼，其他官员一律自费请客。德国有个规定，宴席中凡多要了饮料和啤酒的需自己付钱。

德国人招待客人讲究节约、简单，饭菜仅够主客吃饱，营养足够就可以了。

（三）居住民俗

德国人的住房条件较好，而且十分注重整理和美化自己的住宅。德国民居一般分二至三层，大多数为独院式，虽然各个造型独特，却有一种共同的风格：整洁，典雅端庄，简约精致，沉稳大方，但又不失迷人的优雅和浓郁的浪漫情怀。德国人很注重房屋的维护和修缮，我们看到的房子看上去很新，实际上多数都是上百年的老房子。民居主体结构是木质的，他们在木头表面涂上不同的颜色，房子的外框结构一目了然，除了阳台摆放着各种奇异鲜艳的花草，德国人还喜欢装饰外墙，有的是自家的涂鸦，大部分都是别具匠心的设计，鲜有重复，豪华一点的还有雕刻。

（四）人生礼仪民俗

1. 婚姻习俗

德国女孩子订婚是件大事，有"橡树月老"、"棋艺定终身"、"白桦树寄深情"等婚俗。婚礼大多数在教堂举行，由神父主持。婚礼中，先由新郎新娘跳一支华尔兹舞，此后，新郎要与自己的母亲以及近亲中的女宾跳，而新娘则陪公公等男性家眷跳舞，舞会持续几个小时。

在农村，至今沿袭婚礼大庆的做法。结婚率高，但离婚现象也很严重，单亲家庭较多，也有不少人选择独身生活。

2. 丧葬习俗

德国城市中实行土葬或火葬，没有一定的要求与规定。城市周围建有墓地，并由殡仪馆为其服务。在德国的民间传说中，镜子被视为魔鬼的工具，是死神隐蔽的场所，妖魔利用镜子的反照能力，扰得人不得安宁。因此，人在临终前要将镜子用布蒙住，以使亡灵能安详地解脱尘世罪孽，升入西方极乐世界。人们通过这些临终慰藉，使亡者能安详地离去。

（五）社交礼仪民俗

通常来讲，同德国人打交道没有太多的麻烦。他们都比较干脆，很少摆架子，或者给人以模棱两可的答复。德国人比较注意礼仪。朋友见面以握手为礼，告别时亦如此。十分要好的、长时间未见的朋友相见或长期分开时可以相互拥抱。在交往过程中，大多数人往往用"您"以及姓氏之前冠以"先生"、"女士"（或"夫人"）作为尊称。只有亲朋好友和年轻人之间互相用"你"以及名字称呼。对女性，不管其婚否或长幼，都可以称"某女士"，但对已婚妇女应以其夫姓称之。

德国人非常守时，约定好的时间，无特殊情况，绝不轻易变动；否则的话，就是不礼貌。如有特殊原因无法准时赴约时，都会向朋友表示歉意，并请求原谅。德国人多喜欢清静的生活，除特殊场合外，不大喜欢喧闹。例如，晚上 8 时至第二天早晨 8 时不可以演奏乐器、大声喧哗。如果晚上要搞聚会活动，事先要向邻居讲明情况。否则，受干扰的邻居会十分恼怒，可能会当面提出抗议，个别人甚至会请警察出面干预。

（六）岁时节日民俗

1. 慕尼黑啤酒节

又称"十月节"，每年九月末到十月初在德国的慕尼黑举行，持续两周，是慕尼黑一年中最盛大的活动。十月节是慕尼黑的一个传统的民间节日。因为在这个节日期间主要的饮料是啤酒，而且消耗量惊人，所以中国人喜欢把他们的这个节日简称为"啤酒节"。

活动一共举行 16 天，到十月的第一个星期天为止，为了这个活动专门酿制了一种比一般的啤酒颜色更深、酒劲儿也更大的啤酒，上酒的时候用的是一种叫做"Ma & szlig"的容量为一升的大酒杯，现场搭建起容纳三千到一万人的大帐篷，只有慕尼黑当地的酒商才被允许在里边提供这种酒。酒客们也消耗掉大量的食物，大多是传统的家常小吃如香肠、烤小鸡、泡菜和烤牛尾等。

每逢十月节开幕那天，要举行盛大的开幕式和由各大啤酒厂组织的五彩缤纷的游行。开幕式在一个临时搭起的大帐篷里由慕尼黑市市长主持。中午 12 时，在 12 响礼炮声和音乐声中，市长用一柄木槌把黄铜龙头敲进一个大啤酒桶内，然后拧开龙头，把啤酒放出来，盛在特制的大啤酒杯中。市长饮下这第一杯，著名的十月节便正式开始了。

2. 兰茨胡特婚礼节

德国的兰茨胡特婚礼节独具特色。每四年的 7 月初举行一次欧洲最大的传统婚庆活动。人们穿着华丽古雅的服饰，让人们重温过去的婚礼节庆气氛。届时，全城沸沸扬扬、熙熙攘攘，一派热闹非凡的的景象。婚礼节启迪人们更加珍爱婚姻，珍爱家庭，珍爱永不衰退的爱情。

3. 埃施韦格水井节

埃施韦格水井节是德国一个地方性民俗节日。埃施韦格是坐落在韦拉河谷的一座古城，6 月 24 日是该城的水井节，节日持续三天。期间整个城市都沉浸在节日的欢乐气氛中，在铿锵有力的铜管乐和威武的骑兵队的马蹄声中拉开序幕，紧随其后的是盛况空前的群众性庆祝活动。民间舞蹈、杂耍表演节目增添了喜庆的节日气氛。节日最后一天是孩子们的天地，纯真的孩童欢聚在韦拉河小岛上，尽情地嬉戏取乐，通宵达旦。在节日期间外国游客如潮水般涌来。

此外重要节日还有新年：1 月 1 日；纳粹受害者纪念日：1 月 27 日；复活节：每年春分月圆之后第一个周日（3 月 21 日至 4 月 25 日间）；五一国际劳动节：5 月 1 日；德国统一日（国庆节）：10 月 3 日；圣诞节：12 月 25 日。

（七）工艺美术

德国工艺品主要有陶瓷、玻璃、木雕等。位于莱比锡和累斯顿之间的迈森，自古就以陶瓷闻名于世，尤以独特的白瓷产品和天蓝色的洋葱花样瓷器著称。慕尼黑是德国一个重要的工艺品中心，特色工艺品丰富多样，其中彩绘的蜡烛、木雕手工艺品和啤酒杯等深受游客的喜爱。

（八）游艺民俗

德国是"音乐王国"，德意志民族是一个热爱音乐且极具音乐天赋的民族，从巴赫、亨德尔、贝多芬等杰出的古典音乐大师，到德国"歌曲之王"舒伯特与舒曼，再到瓦格纳、勃拉姆斯、米德米特等音乐名家，他们都在世界音乐史上占有无可比拟的崇高地位。长期以来，古典音乐一直是德国音乐的主流，不过近几十年，爵士乐、摇滚乐和流行乐也逐渐为德国听众所接受并形成了各自独特的风格。德国的爵士音乐主要以自由爵士乐闻名。阿尔贝特·孟格斯道夫是世界上最优秀的长号演奏家之一。德国年轻一代很热衷摇滚乐，德国著名的摇滚乐队"蝎子"、"王子"等都是世界上知名的乐队。音乐在德国人的生活中占有重要的地位。德国人自发地组织了几百万个家庭小乐队，每当下班后或在公休日，人们宁可关掉电视，与亲朋好友欢聚在一起吹拉弹唱，自娱自乐，音乐已成为德国人抒发共同情感的一种社交方式。

体育在德国是一种十分受人喜爱的业余活动，运动项目非常多，除了足球、手球、排球、篮球、网球和乒乓球、体操和田径等运动，水上运动也很受欢迎。此外还有专为残疾人、老年人或带孩子的母亲提供的活动项目。

（九）禁忌

在德国，忌讳"13"，要是13日碰巧又是个星期五，人们会特别小心谨慎。此外，德国人祝贺生日的习惯也不同于中国人。在中国，友人生日临近，你方便时，送他生日礼物并祝他生日快乐，他一定会为你的关心及热情而感激不尽。但如果这事发生在德国，则只能收到适得其反的效果，这是因为按德国的习俗，生日不得提前祝贺。

在原联邦德国，年龄、职业、婚姻状况、宗教信仰、政治面目甚至个人收入都是隐私，相识或共事多年而不知对方底细是司空见惯的事。另外，别人买到一样东西，即使喜欢，也不要问价格。遇到别人生病，除伤风感冒或外伤等常见的病外，不要问及病因及病情，否则会招来好窥视别人秘密之嫌。访友时，切不可搞"突然袭击式"的登门拜访，都要事先约定。

四、意大利民俗

意大利地处欧洲南部，包括亚平宁半岛及西西里、萨丁等岛屿，北以阿尔卑斯山为界与法国、瑞士、奥地利和斯洛文尼亚接壤，东、南、西三面临海。意大利国土面积约30.1万平方公里。人口6002万。94%的居民为意大利人，少数民族有法兰西人、拉丁人、罗马人、弗留里人等。除西北部与东北部的少数民族讲法语、德语和斯洛文尼亚语外，绝大多数居民讲意大利语。意大利大部分居民信奉天主教。意大利是发达工业国家，经济规模居世界第六位。

（一）服饰民俗

意大利人普遍讲究衣着。平时出门，男士大多穿深色西装，系一条享誉世界的意大利真丝领带，穿黑色皮鞋；女士穿着典雅的西服裙，佩戴首饰，脚蹬一双漂亮的意大利皮鞋，还要拎一个精致的小手提包。意大利人穿着特别注意场合，在正式社交场合一般是着西式服装，在家里则穿便服或休闲服。在一些节庆活动中，常举行规模盛大的化妆游行，从小孩到老年人都穿各式各样的奇装异服。

（二）饮食民俗

意大利人有早晨喝咖啡、吃烩水果、喝酸牛奶的习惯。酒，特别是葡萄酒，是意大利人离不开的饮料，不论男女几乎每餐都要喝酒，甚至在喝咖啡时，也要掺上一些酒。

吃西餐：喝汤不能发出声音，用汤匙应从里往外舀着喝，千万不要端起汤盘直接饮用。

意大利人排座位是一男一女排列，一般还要把丈夫与妻子分开。在主人家吃饭，传统的方式是，席间由女主人给每位客人上菜，客人如喜欢哪个菜，可以再向女主人要，主人会非常高兴，现在这个习俗也在变，客人可以自己取，但不要站起来取菜，够不着时可请主人或其他客人把盘子递过来；菜刚上来时，现在也有让菜盘按顺序转，转到谁面前谁取，男士在这种情况下应该向自己身边的女士献殷勤，先征求女士意见再给女士夹菜。

意大利人宴请客人时，通常饭前喝开胃酒，饭时改用白葡萄酒或红葡萄酒，饭后要喝消化酒。白葡萄酒往往都是清淡的酒，吃鱼或海味时喝白葡萄酒能使海味更觉可口；用白葡萄酒，宾主都非常注意白酒的产地和酿酒的年份，主人往往郑重其事地把酒瓶给客人看，有的宴席菜单上还端正地印着席间用酒的名称，当餐桌上进禽鸟牲畜等肉食品时，就改用醇香的红酒；红酒以越陈越醇厚越得好评；在意大利，揭开红葡萄酒瓶塞后，要把瓶塞递给客人看以示保管的程度、质量的好坏，并要把酒先倾注在主人杯里，主人应举杯先沾唇，这是表示尊敬而去客疑的遗风；佐餐的酒都是酸酒，吃点心时喝甜酒，喝什么酒用什么酒杯，喝葡萄酒用中等的高脚杯，喝啤酒或矿泉水、汽水用大的高脚杯或玻璃杯，喝烈性酒用小高脚杯。

意大利面，又称之为意粉，是西餐品种中国人最容易接受的。意大利面通体呈黄色，耐煮、口感好。意大利面用的面粉是一种"硬杜林小麦"，久煮不糊。它的形状与我们熟知的面条也不同，除了普通的直身粉外还有螺丝型的、弯管型的、蝴蝶型的、贝壳型的等，林林总总数百种。

（三）居住民俗

意大利作为文明古国，灿烂的文化遗产不仅仅体现在遗迹上，也体现在民居建筑上。意大利的民居的一大特点是很实用；第二特点就是造型各异，绝不允许千篇一律。意大利人更喜欢自己的家与别人的不一样。

（四）人生礼仪民俗

1. 婚姻习俗

意大利的婚丧嫁娶习俗，与欧洲其他国家相似，仪式多与宗教仪式相关。意大利人的嫁娶需要经过订婚（交换订婚戒指）、结婚（分为民政和教堂婚礼）两道仪式，3月、4月是意大利青年选择结婚高峰期。意大利人在1974年5月以前是不允许离婚的，在1974年5月16日全民公决后，意大利人的离婚率一直居高不下。

2. 丧葬习俗

意大利人的埋葬方式多为土葬，多葬在大型公墓内。

（五）社交礼仪民俗

意大利人喜欢请客吃饭。这是朋友间聚会的一种方式；上餐馆吃饭，有时会共同摊钱，除非对方声明他请客。意大利人也好客，如应邀到朋友家吃饭，一般是主人做东，客人应该带点酒、甜食，或者带些纪念品或鲜花送给主人；礼品包装要讲究一些，否则主人会感到不悦。作为主人接受礼物，应当着客人的面将礼品包装打开，并加以赞美。

和人交谈，要端庄和蔼，彬彬有礼。双方不可靠得太近；谈话声音不可太高；坐时忌跷"二郎腿"，更不能抖腿部；谈话要专注，忌在大庭广众面前耳语，更不能与对方说话时用手指着他人，会被认为没教养，或引起不必要的误会。初次见面交谈切忌打听对方的收入、家产、年龄和婚姻；异性之间交谈时眼睛不能老是盯着对方；在路上与妇女交谈应当边走边谈，不能停下站着说话；与妇女同座时不要吸烟；同相识的妇女打招呼，男方应起立，女方可以坐着回答。

如果有人打喷嚏，旁边的人马上会说："萨尔维！（祝你健康）"另外，当着别人打喷嚏或咳嗽，被认为是不礼貌和讨嫌的事，所以本人要马上对旁边的人表示"对不起"。

女士受到尊重，特别是在各种社交场合，女士处处优先。

意大利人热情好客，待人接物彬彬有礼。在正式场合，穿着十分讲究。见面礼是握手或招手示意；对长者、有地位和不太熟悉的人，要称呼他的姓，加上"先生"、"太太"、"小姐"

和荣誉职称；和意大利人谈话要注意分寸，一般谈论工作、新闻、足球；不要谈论政治和美国橄榄球。

在意大利人心目中，自由是最重要的，意大利人的守时意识和集体观念相对就差一点，宴会迟到 20 分钟左右都是十分正常的事情。

（六）岁时节日民俗

意大利全年有大约 1/3 的日子是节日。有的是宗教节日，有的是民间传统节日，有的是国家纪念日。节日多这一事实是意大利人崇尚自由、浪漫天性的体现，也是意大利人注重传统的见证，同时也保障了意大利人可以充分地享受生活、丰富生活。

1. 威尼斯狂欢节

狂欢节一般在 2 月份。各个城市一般都会组织各种庆祝活动，有化妆游行、各种文艺演出等。人们也穿戴整齐，相拥着来到广场、公园。有的扮成各种动物，有的装成各种明星，有的身着古人的衣物……戴着面具的、涂着油彩的，汇聚成一个神奇的世界。人们手中拿着彩色的纸条或纸屑、瓶装的液体泡沫、充气的塑料棒，向认识和不认识的人身上撒去、喷去、敲去，撞击出一片片欢乐。意大利以狂欢节著称的城市是位于海滨的维亚雷焦。此外，威尼斯、罗马、米兰、佛罗伦萨的狂欢节也各具特色。

2. 威尼斯赛舟会

每年 9 月的第一个星期日，威尼斯的划船好手都会聚集到大运河上参加传统赛舟会。许多人换上富有古典韵味的服装，或在岸边观赛，或泛舟水上，整个城市似乎重回文艺复兴时期。选手们身着传统服装，参加一项古老的集赛舟和服饰展为一体的竞技项目。

3. 主显节

每年 1 月 6 日的主显节是意大利的重要宗教节日，同时也是意大利的儿童节，大人们送给孩子们各种各样的礼物。

4. 复活节

复活节的日子不是固定的，一般在 4 月初。每年春分月圆后的第一个星期日是复活节。传说耶稣受难三天后复活了。彩蛋、兔子和小鸡是这个节日的象征，代表着新生命的诞生。

5. 万圣节

每年的 11 月 2 日。类似于我们的清明节。是一个怀念故人的日子。人们要向逝者献菊花。

（七）游艺民俗

意大利人爱看歌剧，并引以为荣。对于绘画有较高的欣赏水平。

普遍爱好体育活动。许多人习惯跑步、体操、游泳等，排球、篮球、滑雪、击剑、骑自行车等运动项目也拥有大量爱好者。意大利足球有着悠久历史和光荣传统，至今一直居于世界最高水平之列。意大利也被誉为"世界足球王国之一"。其鲜明的特点就是稳固防守的前提下寻找进攻机会，获得进球以至比赛胜利。后卫防守坚固，中场控制流畅，前锋效率之高令所有对手胆寒，后防线更被公认誉为"钢筋混凝土防线"，在各个位置也涌现出了一大批伟大的球星。"防守反击"这种风格似乎为其他国家队迷所不齿，但是无碍意大利成为世界上最伟大的几个足球国度之一。事实上，足球就是防守与进攻的有机结合，任何国家的足球都不能不讲防守。

（八）禁忌

意大利人忌讳菊花。意大利人忌讳交叉握手，忌讳数字"17"。 主要忌讳的事情有：送礼忌送手帕，忌讳以戏称或随意昵称来称呼自己的心上人，忌讳鲜花送双数，忌讳游客在乘车时吃喝。

五、西班牙民俗

西班牙是一个位于欧洲西南部的国家，与葡萄牙同处于伊比利亚半岛，东北部与法国及安道尔公国接壤。面积 50 万平方公里。人口约 4600 万人。主要是卡斯蒂利亚人（即西班牙人），少数民族有加泰罗尼亚人（681 万）、加里西亚人（275 万）和巴斯克人（212 万）。96%的居民信奉天主教。卡斯蒂利亚语（即西班牙语）是官方语言和全国通用语言。少数民族语言在本地区亦为官方语言。

（一）服饰民俗

披风是西班牙女性的传统服饰，至今仍流行，西班牙妇女外出有戴耳环的习俗，否则会被视为没有穿衣服一般被人嘲笑。斗牛裤子是男士的传统行头。另外，西班牙有的地方的妇女喜欢将捕捉到的萤火虫用薄纱包起来。

西班牙人过年时，手上一定要拿一枚金币，才算有福气。穷人没有金币，常用铜币代替。

（二）饮食民俗

西班牙人的主食以面食为主，也吃米饭，喜食酸辣味的食品，一般不吃过分油腻和咸味太重的菜。早餐习惯喝酸牛奶、吃水果；午餐和晚餐通常要喝啤酒、葡萄酒或白兰地酒，饭后则喝咖啡及吃水果。

西班牙具有特别技艺的烹调术，是旅游资源的一个重要组成部分。塞戈维亚的烤乳猪，米兰达埃布罗的烤羊肉，巴伦西亚的以红色作配料的"巴戈亚饭"，曼卡的奶酪，比斯开湾的海味等，皆是脍炙人口的美食。

西班牙人对饮食极为爱好和讲究，因此，在西班牙境内，一流的餐馆为数不少。这里的餐馆以"叉子"的数量多少分为高低五等。餐馆通常每周休息一天，多为星期天或星期一。每天启市和收市的时间较欧洲其他国家为迟，只有在游客区内才会较早启市，或有些昼夜营业。

（三）居住民俗

西班牙人的住房装修考究、宽敞而舒适，建筑风格呈现多样化，多有铁艺门窗。阳台是居民楼不可缺少的组合因素，是民居幽静的内院。很多富人建筑豪华住宅，他们炫富的方式是要在沿街的地方建带有美丽装饰的大阳台的楼房，主人要住在二楼，孩子住在往上一层，仆人往往住在最高层。

（四）人生礼仪民俗

西班牙马斯克人的婚礼沿袭着一套传统的习俗。人们习惯上认为星斯二是"吉日"，因此婚礼一般选在这一天举行。典礼要在教堂里按天主教教会规定的仪式进行。

尽管是传统天主教国家，但是由于受到现代婚姻家庭观念的冲击，青年人趋向于晚结婚、不结婚、不要孩子。婚龄男女结婚率只有 5‰左右，也就是说同居比例巨大。不过西班牙的离婚率也较低，只有 0.5‰。

（五）社交礼仪民俗

1. 仪态礼仪

当地妇女有"扇语"，如当妇女打开扇子，把脸的下部遮起来，意思是：我是爱你的，你喜欢我吗？若一会儿打开一会儿合上，则表示：我很想念你。因此初到西班牙的妇女，如果不了解扇语，最好不要使用扇子。

2. 相见礼仪

西班牙人的见面礼节一般采取握手、亲吻或拥抱三种方式。两人初次相识边握手边问候，如对方无握手之意，可点头说"你好"致意。在西班牙做客，无论是熟人、朋友，还是亲属之间，都须事先约定，如不经事先打招呼就贸然到主人家或办公室是一种失礼行为。西班牙人通常在正式社交场合与客人相见时，行握手礼。与熟人相见时，男朋友之间常紧紧地拥抱。西班牙人的姓名常有三四节，前一二节为本人姓名，倒数第二节为父姓，最后一节为母姓。通常口头称呼称父姓。

3. 商务礼仪

西班牙人很重视信誉，总是尽可能地履行签订的合同，即便后来发现合同中有对他们不利的地方，他们也不愿公开承认自己的过失。如在这种情况下，对方能够善意地帮助他们，则会赢得西班牙人的尊重与友谊。西班牙人只有在参加斗牛比赛活动时才严守时间，但客人应当守时，即便对方晚到，也不要加以责怪。

4. 旅游礼仪

西班牙人性格开朗，热情，但容易激动，有时发生争吵是很正常的，他们对此已习以为常。西班牙人吃东西时，通常会礼貌地邀请周围的人与他分享，但这仅是一种礼仪上的表示，不要贸然接受，否则会被他们视为缺乏教养。

（六）岁时节日民俗

西班牙每年有数不胜数的节日，在这个人民天性热情的国度里，节日是生命中不可或缺的元素。天性热情开朗的西班牙人，每逢节日都是倾力加盟，火一般尽情的狂欢场面，能调动任何人的感官享受。

1. 西班牙斗牛

名闻遐迩的西班牙斗牛，是颇为盛行的一种竞技表演。它起源于古代的宗教活动。18 世纪中叶，西班牙各地开始兴建正式的斗牛场。斗牛季节是 3 月至 10 月，斗牛季节里，每逢周四和周日各举行两场。如逢节日和国家庆典，则每天都可观赏。

2. 西班牙斗鸡

西班牙斗鸡更为奇特，一个 3 平方米的圆笼子内，放入两只公鸡互斗。公鸡分量不得相差 1 两，每场斗 30 分钟。笼外则围着 200 多赌客各下赌注在一只鸡身上。训练一只鸡，需要一年时间，一年可斗 8 场，训练有素的斗鸡售价可达 500 美元。

3. 西班牙的法耶节

西班牙的法耶节，是西班牙规模最盛大的节日之一，每年 3 月 12~19 日，在西班牙东部濒临地中海的古城巴伦西亚举行火烧形象逼真的纸形（当地人称之为法耶），以揭露社会丑恶现象。这期间从西班牙各地和世界各地来观光的人很多。到 19 日活动达到高潮，从早到晚，街上人潮起伏，载歌载舞；下午，在市府广场上举行评选发奖，人们跳舞狂欢，午夜 12 点开始燃烧全市纸形，一个个巨大的纸形在熊熊烈火中逐渐化为灰烬。

4. 布尼奥尔西红柿节

每年 8 月的最后一个星期三在西班牙瓦伦西亚地区的布尼奥尔小镇举行西红柿节。它是西班牙一年一度的民间传统节日,被喜欢它的人们形象地称为"番茄大战"。节日当天,成千上万的当地居民和外地游客脱掉上衣,奋力把透熟多汁的西红柿掷向他人,很快,西红柿汁就在小镇的街道上形成了一条条没过膝盖的河流,而人们的身体和欢笑也都淹没在西红柿红色的海洋之中。

（七）工艺美术

西班牙的的手工艺品类丰富,从吹玻璃、木作加工、打铁、锻铜,再到面具加工、提线木偶、小提琴制作、做泥塑,烧陶瓷器皿、做烛台、制皮革等样样都有。这些精美作品的制作都是通过传统手工的方式来完成的,但是在形态上已经与当代艺术自然地融为一体了,虽然手艺可能已经有了千百年的历史,但是形象上已经再也不是历史本来的形态了,这些作品都是现代人审美观的自然流露。

（八）游艺民俗

西班牙足球闻名于世,西班牙国家足球队夺得了 1964 年和 2008 年两届欧洲杯冠军、2010年世界杯冠军。现世界排名第 1。

斗牛是西班牙的国粹,风靡全国,享誉世界,尽管从动物保护的观点上看,目前人们对此存在争议,但是作为西班牙特有的古老传统还是保留到现在,并受到很多人的欢迎。

塞维利亚弗拉门戈舞,表演者一边跳舞,一边击掌打出节奏,舞者极富张力的躯体,歌者嘶哑的声音,演奏者的大力弹拨,都似乎在表达疯狂的喜悦或者极度的苦痛。那些吉普赛弗拉门戈舞者的目光骄傲、孤独、炯炯有神,如鹰隼一样带着光芒穿透观者的灵魂。它只属于那些执著、勇敢、历经苦难却用歌声去赞美、用臂膀拥抱生活的人。

（九）禁忌

到西班牙人家中做客,可送上鲜花,他们最喜爱石榴花。西班牙人忌讳送大丽花和菊花,只有在葬礼上才送菊花。送的时间也有讲究,每月的 13 日一般都不送花,送花时也不送 13支,因为"13"这个数字在西班牙人心中不吉利。

在西班牙,不要对斗牛活动有非议,如果你对情况不了解,最好不要对斗牛活动发表任何意见。

六、荷兰民俗

荷兰,位于欧洲西部。西、北两面濒北海,东邻德国,南接比利时。荷兰从南到北长约300 公里、从东到西宽约 200 公里,面积为 41864 平方公里。荷兰因位居欧陆理想位置,素有"欧洲门户"之称,以风车、木鞋、郁金香闻名于世。官方语言为荷兰语,商业上或交流中通用英语。荷兰是世界上最早的资本主义国家,资本主义生产关系的建立,促进了生产力的发展,使之一度成为海上殖民强国。荷兰是联合国及欧盟的创始国之一,是第一个完全欧元化的国家。

【微型资料 9-3】荷兰风车

最早从德国引进,开始时仅用于磨粉之类。到了十六七世纪,风车对荷兰的经济有着特别重大的意义。当时,荷兰在世界的商业中,占首要地位的各种原料,从各路水道运往风车加工，其中包括：北欧各国和波罗的海沿岸各国的木材，德国的大麻子和亚麻子，印度和东南亚的肉桂和胡椒。在荷兰的大港——鹿特丹和阿姆斯特丹的近郊，有很多风车的磨坊、锯木厂和造纸厂。随着荷兰人民围海造陆工程的大规模开展，风车在这项艰巨的工程中发挥了巨大的作用。首先是给风车配上活动的顶篷，他们又把风车的顶篷安装在滚轮上。这种风车，被称为荷兰式风车。

荷兰全国人口 1600 万，是世界上人口密度最高的国家之一，它的人口密度超过每平方千米 400 人。80.9％以上为荷兰族，此外还有弗里斯族。官方语言为荷兰语，弗里斯兰省讲弗里斯语。荷兰有一百万穆斯林，是社会上最被误解的人群。

荷兰是世界上最富有的 15 个国家之一，是贸易、交通、投资、工业、农业及水利大国，经济实力雄厚。

（一）服饰民俗

大部分的荷兰人的穿着打扮和欧洲大陆的其他国家大同小异。在正式社交场合，如参加集会、宴会，男子穿着都较庄重，女士典雅秀丽。最富特色的是荷兰马根岛上居民的服饰，该岛女孩的衬衣都是红绿间隔的条子。

（二）饮食民俗

荷兰人早午餐多吃冷餐。早餐多以面包涂奶油或奶酪，喝牛奶或咖啡为主。荷兰人不太喜欢喝茶，平常以喝牛奶解渴。荷兰人的正餐是晚餐。晚餐前都习惯先喝些饮料，然后很正规地在餐桌上铺上台布等。通常是两道菜、一道汤。每一道是汤，常用粟米粉调制而成，美味可口。荷兰人在饮食上习惯吃西餐，但对中餐也颇感兴趣，当地中国菜馆之多居欧洲前列。

荷兰的饮食文化实在是多彩多姿。通常荷兰料理都标榜有"妈妈的味道"，荷兰的奶酪十分有名，其消费量与出口量均居全球之冠，天然风味的豪达奶酪，风味独特的艾登奶酪，醺制奶酪等各色各样，一应俱全，来到荷兰，一定不能错过 。

（三）居住民俗

荷兰的老房子以节约空间闻名。老式住宅一般 4～5 层，沿街立面都是窄窄的，连窗户也是像荷兰人一样，瘦瘦高高。室内空间更可想而知，比如他们的楼梯间就恐怕是世界上最窄最陡的，绝不可能有两个人并排通过。

我们看到的荷兰民居，虽然建筑手法、材料风格各异，但几乎所有的单元都将居住者与水、与建筑、与自然的关系放在重要位置。很多单元设计有中庭、屋顶有花园，或是低低的临水露台。另一个很有特点的地方是你很难找到大理石之类非常昂贵的建筑材料，所有的建筑语言都是用最平实的材料表达，砖、木、铁皮、铝板、U 形玻璃是当地最平常的材料，却被建筑师巧妙运用，给人一种平和的气质。

（四）人生礼仪民俗

1. 婚姻习俗

荷兰的青年男女在订婚时，新郎要给新娘送一双漂亮的木鞋，作为定婚之物。居住于城市的荷兰青年的婚姻同西欧各国大体相同。但荷兰有很多特别的婚俗："玫瑰花示求婚"、"特别的订情信物"、"世代相传的婚床"、"周五开窗相情郎"、"雪茄探婚"等。

"玫瑰花示求婚"：求婚是一件相当罗曼蒂克的事情，荷兰人在这方面很富有诗意，当女儿到了婚嫁年龄时，家长便在女儿卧室的窗台上，放置一盆色彩鲜艳的玫瑰花，示意青年男子可以前来求婚。

特别的订情信物：依照荷兰人的传统，青年男女订婚时，新郎要送新娘一双木鞋，这一传统流行至今已有几百年的历史。木鞋用整块木头雕成，厚底硬边，削成尖尖的头，涂上艳丽的色彩，朴拙可爱又防潮。

世代相传的婚床：在马根岛上每户居民家都有一张嵌在墙里的小床，小床四周雕刻着精美的图案，上面挂着蚊帐，这张小床就是世代相传的婚床。婚床只限新郎在新婚之夜享用，从第二夜起新郎、新娘须搬到普通的床上去就寝。

周五开窗相情郎：荷兰泥沼地区的斯塔茶斯特村，被称为"神秘的女人村"。因为该村的妇女虽然强悍却怕羞，她们有着自己独特的择偶方式：每逢周五夜晚，达到结婚年龄的姑娘就把自己的后窗打开，吸引青年小伙子来幽会。当姑娘看到自己中意的小伙子时就让他从后窗爬进来谈情说爱。

雪茄探婚：当荷兰的男青年有意向一位姑娘求爱时，总是先要敲开姑娘的家门，等姑娘的父母出来时，便请姑娘的父母为他点燃一根雪茄，姑娘的父母便对青年提出各种问题，以考察他的品行和能力，当他再次要求点燃雪茄时，即可给他一个十分明确的答复。

2. 丧葬民俗

按照天主教的教规，丧礼是由死者家属或亲友组成送葬队伍，步行送灵车到教堂，先作祷告，让死者灵魂进入天堂，再送到墓地安葬。

（五）社交礼仪民俗

1. 仪态礼仪

荷兰人在交谈时，不喜欢交叉谈话；女子入座时，双腿要并拢；男子就坐时不宜抖腿。不在众人面前用牙签剔牙。

2. 相见礼仪

在官方场合，荷兰人与客人会面时，通常行握手礼；而在日常生活中，朋友相见，大多行拥抱礼；见亲密的朋友时，也有行吻礼的。荷兰人不喜欢交叉握手，认为这是不吉利的行为。

3. 商务礼仪

来荷兰进行商务活动的最佳月份是每年的 3～~5 月、9～11 月。荷兰人具有很强的时间观念。荷兰人很喜欢听恭维话，所以在商务活动中，对他们的室内摆设等夸奖几句，他们会格外高兴。

（六）岁时节日民俗

1. 郁金香节

荷兰人把每年最接近 5 月 15 日的星期三定为"郁金香节"。在这一天里，人们用五颜六色的鲜花装饰成各种各样的花车，在乐队的伴奏下，浩浩荡荡地穿街过市。人们还头戴花环，挥舞花束，簇拥着"郁金香女王"游行，一条条街道成了一道道流光溢彩的花的河流。这时，全世界有几十万人涌到荷兰，参加这具有浓郁民族风情的盛会。

2. 鹿特丹国际电影节

鹿特丹国际电影节是在电影界深获好评的国际电影节，展出约 200 多部非商业电影与纪录片作品，鹿特丹国际电影节于每年 1 月举行。中国第六代导演张元凭借影片《北京杂种》于 1993 年获得第 22 届荷兰鹿特丹国际电影节最有希望导演奖，他的另一部作品《儿子》(1995

年）获第 25 届鹿特丹国际电影节"金虎"奖。另一位第六代导演娄烨的影片《苏州河》（1999年）获荷兰鹿特丹电影节"金虎"奖。

3. 世界港口节

世界港口节（鹿特丹港）为每年的 9 月 1~3 日。港口节期间，您将有机会了解作为欧洲主要港口鹿特丹的方方面面。港口节安排了包括乘船游、轮船检查、救援及飞行表演在内的众多活动。除此之外，您还将欣赏到壮观的烟火表演，水上和岸上都会有著名的荷兰及比利时乐队的演出。

4. 女皇国会游行中的皇室演讲节

女皇国会游行中的皇室演讲节日是 9 月 19 日。在 9 月的第 3 个星期二，荷兰元首碧雅翠丝女王会乘坐镀金马车到中世纪骑士楼发表皇室演讲。演讲内容主要是未来一年的政府计划。这个特殊的日子被称作女皇国会游行。同时自 1887 年以来标志着荷兰国会正式开会。皇家马车将于下午一点左右由努尔登堡皇宫出发，前往中世纪骑士楼。沿途马车将受到成千上万群众的夹道欢迎。几乎每个人都会来到海牙，以便能亲眼目睹坐在镀金马车里的碧雅翠丝女皇和其他皇室成员。

（七）工艺美术

荷兰经久不衰的绘画传统享誉世界，孕育出绘画大师伦勃郎、哈尔斯、弗美尔、凡高、蒙德里安等。但当代绘画与雕塑艺术家们也成绩斐然，保持着荷兰艺术的传统高度。荷兰美术设计所重点强调的特色概念为：简单、明快与朴素。

荷兰的手工艺品非常丰富，有各种陶瓷制品、钻石首饰、水晶物品、油画及古玩工艺品等。尤以荷兰南部台夫特烧制台夫特蓝色瓷器、爱瑟湖畔的麦卡蒙陶瓷受欢迎。

木鞋是荷兰最具民族特色的工艺品，是民族风俗文化的缩影。如今，荷兰木鞋的实用价值大减，倒是观光客喜爱不已，成了必购的纪念品。因为木鞋的造型很可爱，整个样子像一艘小船，可做装饰，还可以做花瓶，就是荷兰人也舍不得把它扔掉。

迦山有不同档次、种类繁多、物美质优的钻石，迦山钻石拥有最精湛的切割技术，当工人在打磨每一颗 57 个切割面的圆形钻石时，心中只有一个信念：完美。毫无疑问，这个传统将会一直保持下去。

（八）游艺民俗

经典音乐方面，荷兰拥有大量的管弦乐团，分布在全国各地。其中最负盛名的为阿姆斯特丹皇家音乐厅管弦乐团，该团经常在国外演出。荷兰音乐节名扬四海，每年的六月份在阿姆斯特丹要持续 1 个月的时间。流行音乐也成绩显著。

体育运动是荷兰人日常生活中的一个重要组成部分。约有 47 万荷兰人为体育俱乐部的会员。全国约有 3.5 万家体育俱乐部。足球在荷兰民间运动中位列第一。拥有逾 100 万会员的足球协会也是最大的体育组织。在阿姆斯特丹新建的体育馆"阿锐拿"是欧洲最先进的体育馆。网球运动在最近的若干年内发展迅速。网球协会拥有 70 万以上的会员，在荷兰名列第二。其他的常见运动有：体操、游泳、排球、自行车赛车、柔道、滑冰、曲棍球、帆板、手球和篮球。高尔夫球运动也在迅速发展。此外，业余时间很多人做骑自行车运动，自行车也被称为荷兰的"国车"。

（九）禁忌

主要禁忌：荷兰人忌讳数字"13"和"星期五"。在相互交往中，他们不愿谈论美国的政治、经济和物价等问题。还特别忌讳别人对他们拍照。

七、丹麦民俗

丹麦位于欧洲北部日德兰半岛上及附近岛屿。南部就是德国，北部濒临大西洋北海和波罗的海，瑞典和挪威分别位于丹麦以北及西北方向，与丹麦隔海相望。属温带海洋性气候。全年有雨，夏、秋两季较多。面积4.31万平方公里（不包括格陵兰和法罗群岛）。人口551.94万人，丹麦人约占95%，外国移民约占5%。官方语言为丹麦语，英语为通用语。86.6%的居民信奉基督教路德宗，0.6%的居民信奉罗马天主教。

（一）服饰民俗

丹麦人在正式社交场合很注意着装整齐，通常西装革履，衣冠楚楚。举行盛大晚宴时，人们还习惯穿夜礼服。但是，在日常生活中他们衣着较随便，穿各式流行服装的都有，不少人喜爱着运动服，在夏季，丹麦的一些海滨胜地，到处可见穿着游泳衣的游客。

（二）饮食民俗

丹麦三明治是具有代表性的丹麦食物，这是一种开口三明治，从最简单的到复杂得像雕塑品的都有。举世闻名的"丹麦酥"，在丹麦几乎每隔一个街角就有面包店陈列着许多令人流口水的不同种类。典型的丹麦菜包括猪肉丸、水煮鳕鱼配芥末酱、脆皮烤猪肉、马铃薯炖牛肉以及牛肉汉堡配洋葱，还有一种冷食自助餐，菜色有鲱鱼、沙拉、各式冷肉片和乳酪。

丹麦的嘉士伯和杜伯两厂都生产极佳的啤酒，购买酒精类饮料的法定最低年龄是16岁。丹麦人对面包感情极深，他们可以制出各式单层、双层和多层的面包夹700多种。若您将各层分别夹上熏肉片、西红柿片、肝泥酱、水萝卜片等，那真堪称得上一顿美餐。他们喜欢吃桔汁拌鸭块，据说这道菜通常是作为他们宴会席上"压轴儿"的佳肴；习惯吃西餐，对中餐也颇感兴趣。

丹麦人的主食以面食为主，尤爱吃面包；副食爱吃牛肉、羊肉，蔬菜则常吃西红柿、洋白菜等；丹麦人喜欢喝酒，所以每次宴请客人时，总要指定一人为司机，他滴酒不沾，否则不论喝多少，都不准开车；他们平时常饮咖啡、酸牛奶和花茶。

（三）居住民俗

丹麦是以农业为主的国家，有闻名世界的畜牧场。丹麦处处可见青绿的牧野风光。丹麦的典型农家，房屋两侧多建牛舍。公元16世纪～19世纪的房屋、庭园和石板路，宁静的街景令人缅怀昔日美好的时光。

由于丹麦设计风格融合了北欧及其他国家的设计思想，具有其自身独特的标志，因此与其他设计风格确有不同，传统的丹麦设计风格以恬静、富有韵味而著称；它将材料、用途和图案融合在一起，达到平衡与协调的高度统一，丹麦设计风格最能体现对织物效果和质地感觉的独特理解，设计本身的简洁精致充分说明了这一点，丹麦设计理念以平民化、朴素、简洁、明快然而精细的风格而闻名。

丹麦人的智慧不仅表现在踌躇满志和大胆的探索上，还体现在设计风格上。丹麦的设计风格并非总是让人第一眼看上去就心生爱意，也不是在表现大胆的发明创造，而是潜藏在坚实外表之下的耐人回味的、充满魅力、高雅的感觉。

（四）人生礼仪民俗

1. 婚姻习俗

世界上许多国家的人们习惯于给他们的恋人戒指或一束花，作为订婚礼物。但在丹麦的一些地方，人们认为送给未婚妻刻满情诗、木制的棒槌是吉利的，因为棒槌能带来好运和美满。筹办婚姻会好几天，可却是秘密进行的，因为公开筹办会触怒鬼怪或引起他们的嫉妒。在婚庆快要结束的时候，人们把一大坛啤酒抬到园子里。新郎新娘的手握在酒坛上方，然后酒坛被打得粉碎。在场的适婚女子会把碎片捡起来，捡到最大的碎片的女子注定会第一个结婚，而捡到最小的注定会终生不嫁。

丹麦政府注重对国民普及性教育，全国各类学校都开设有性知识的课程。男女青年感情外露，交往非常自由，敢于大胆追求自己的意中人。

2. 丧葬习俗

丹麦发罗群岛的渔民去世后，有土葬和火葬两种方式，信奉路德教的人按传统的宗教仪式举行葬礼。

（五）社交礼仪民俗

1. 仪态礼仪

丹麦人举止大方、性格豪放，他们在一块交谈时喜欢离得稍远些，这只是一种民族习惯，并不是有意疏远对方，他们其实是很善于结交异国朋友的。丹麦人与南欧人不同，他们约束较少，行为较自由，但也有不少的规矩。譬如，你到当地人家中拜访，进门后如果主人请你脱大衣，则表明主人愿意久留你，否则就是主人不想久留你。

2. 相见礼仪

丹麦人在社交场合与客人相见时，一般都以握手为礼。有的丹麦姑娘还保留一种古老的习俗，她们在高雅的场合与有身份的男子见面时，常施屈膝礼，有的还将手伸出，手掌自然下垂，这是让对方施吻手礼的表示；丹麦人不喜欢甚至忌讳四人交叉握手，他们在招待朋友时还认为用一根火柴或用打火机打一次火给三个以上的人点烟是不吉利的。

3. 商务礼仪

前往丹麦进行商务活动最适宜的季节是每年的9月至次年的5月。6月至9月当地的商人多休假；另外，丹麦实行五天工作制，办公时期一般是从上午8时或9时到下午4时；同丹麦商人谈判前，最好能制定一个完备的建议再提交给他们，他们不喜欢无休止地讨价还价。丹麦人善于推销，在与丹麦商人打交道时应当注意计划性，只有靠优质商品才能顺利打开市场；旅游礼仪丹麦旅游业发达，它有服务周到的民航客机飞往世界名地，国内有旅游专用机；在丹麦，坐出租车不必付小费。

（六）岁时节日民俗

1. 新年

1月1日，丹麦人与世界各国人民一样庆祝新的一年的开始。新年前夜，丹麦人喜欢在自家门前燃放烟花。有趣地是，丹麦人把烟花称做"中国人"，因为火药是中国的四大发明之一，制作烟花的技术也是从中国传到丹麦的。除夕夜里，一簇簇烟花飞上夜空，五彩缤纷，营造出浓厚的节日气氛。

2. 忏悔节

2月底，过去这是宗教斋戒期的前夜，现在是孩子们盛装打扮的一个有趣的狂欢节日。这一天，孩子们穿上各种色彩华丽、样式古怪的服装，比如戴上礼帽或是蒙上佐罗式的眼罩，去敲邻居家的门，要求赠予礼品。他们还聚集一堂，轮流用棒球球棒敲一个悬挂着的大木桶，当木桶被打破时，里面的糖果糕点滚落出来，孩子们便欢天喜地地分而食之，而打破桶的幸运孩子就成为斋戒期的"国王"或"王后"。

3. 基督降临节

进入 12 月份以后，丹麦的大街小巷就开始张灯结彩，橱窗里摆上了圣诞树。每个星期天，大多数丹麦人都会点燃蜡烛，在窗前摆上冬青花环。这时的丹麦已渐渐充满了浓厚的节日气氛。

4. 复活节

春分过后第一次月圆后的第一个星期日就是复活节，一般在 3 月底或 4 月初。这是基督教纪念耶稣复活的一个宗教节日。按照传统，复活节有不少很有特色的庆祝活动，蛋和兔子都是复活节的象征，因为蛋孕育着新的生命，含有复活之意；兔子则因繁殖力很强，也被视为新生命的象征。复活节时，商店里会出售各种复活节小兔和彩蛋，有的是巧克力做成的。现在复活节在丹麦恐怕已没有多少宗教意义了，它是丹麦人借机放一周假的好日子。利用这个机会，丹麦人或是去挪威滑雪，或是去阿尔卑斯山旅游，要不就干脆呆在家里修整花园。

此外还有：4 月 1 日，愚人节；5 月 1 日，国际劳动节；夏季到来，一系列宗教节日；6 月 5 日，宪法日。

（七）工艺美术

丹麦的特色产品有陶瓷器、家具、室内装饰品、时装、手工台布等。还有体现丹麦设计的音响产品。你还会发现丹麦时装的魅力。另外，在这里可以找到有传统刺绣的台布以及手工艺材料。

丹麦的银制品、陶器、琥珀、家饰、文具以及手工玻璃器皿等很受欢迎。在丹麦，有一句随处可见的谚语"如果银子会说话，讲的肯定是丹麦语"。淋漓尽致地体现了丹麦人对自己银制品的优越感。

（八）游艺民俗

丹麦人格外青睐自行车，500 多万人口的国度拥有自行车 420 万辆，这不能不说是个"奇迹"。丹麦人的生活是安逸宁静的，骑自行车是他们休闲锻炼的一大时尚。因为骑自行车是一项融娱乐、健身与生活为一体的活动。它对内脏器官产生的影响，并不亚于长跑和游泳，特别是骑车郊游，能将沿途美丽的风光一览无余，是一种美的享受。

（九）禁忌

丹麦人忌讳"13"、"星期五"。认为遇到这些数字或日期是令人懊丧的，是灾祸将要降临的兆头。他们忌讳有人打扰他们，找他们谈公事，他们不喜欢谈论政治和社会问题，也不喜欢别人打听有关他们的私事。

丹麦人忌讳用一根火柴点三支香烟，认为这样很不吉利。忌讳盐，认为盐会给人带来灾祸。忌讳 4 人交叉握手，认为这样做不吉利和有伤和气。忌讳在门口聊天说话，认为在门口说话是不吉祥的征兆；所有的门口都一样，绝对禁止在这里和别人打招呼。丹麦人不喜欢别人在七八月份找他们谈公事，因为他们的国家冬季漫长，人们都十分珍惜这两个月左右的夏季时光。如果有人在这段时间去打扰他们，难以受到诚心实意的热情接待。

八、俄罗斯民俗

俄罗斯位于欧洲东部和亚洲北部，其欧洲领土的大部分是东欧平原。面积约 1707.54 万平方公里，是世界上领土面积最大的国家。东濒太平洋，西接波罗的海芬兰湾，横跨欧亚大陆，东西最长 9000 公里，南北最宽 4000 公里。大部分地区处于北温带，气候多样，以大陆性气候为主。总人口不足 1.419 亿，俄罗斯是世界上人口减少速度最快的国家之一。人口分布极不均衡，西部发达地区人口稠密。俄罗斯有 180 多个民族，其中俄罗斯族占 79.8%，主要少数民族有鞑靼、乌克兰、楚瓦什、巴什基尔、白俄罗斯、摩尔多瓦、日耳曼等。高加索地区的民族成分最为复杂，有大约 40 个民族在此生活。居民多信奉东正教，其次为伊斯兰教。俄语是俄罗斯的官方语言，各共和国有权规定自己的国语，并在该共和国境内可与俄语一起使用。主要少数民族都有自己的语言和文字。

（一）服饰民俗

俄罗斯人很注重仪表，很爱干净，衣着整洁，因此出门旅行总要带熨斗。参加晚会、观看演出，俄罗斯人习惯穿晚礼服，尤其是看芭蕾舞剧，显得特别高贵。

俄罗斯的民族服装有着鲜明的民族特点。男子穿色亚麻布绣花衬衫，系彩色腰带，外套坎肩；下穿色灯笼裤，扎色裹腿，脚蹬皮靴；头戴毡帽、皮帽或草帽。妇女的传统民族服装艳而不俗，上穿色绣花衬衣；下穿条纹或方纹图案的色大长裙，腰系毛织小花围裙，再配上五彩绒线织成的腰带，脚穿皮靴或皮鞋；头戴花头巾，显得既健美又活泼。

（二）饮食民俗

俄罗斯人喜喝红茶加糖、蜂蜜或果酱。俄罗斯的饮茶文化渊远流长。早在十八世纪，俄罗斯的一些城市就开始生产茶具，其中图拉被公认为真正的茶炊之都。茶炊是俄罗斯传统饮茶文化的象征。在今天的俄罗斯，茶炊已经成为了温馨家庭的独特标志。

俄罗斯人喜欢饮酒，但不太讲究菜肴，有酒喝就行。女士们一般喝香槟和果酒，而男士们则偏爱伏特加。伏特加是一种用粮食酿造的烧酒，好的伏特加虽然度数高，但喝后不容易上头。

俄罗斯人有很强烈的土豆情结。与北京人冬天喜欢吃烤红薯一样，俄罗斯人喜欢吃烤土豆。不过，俄罗斯人吃烤土豆可吃出了名堂，他们将传统的俄式烤土豆发展成了快餐连锁店。

莫斯科就有这样一家烤土豆连锁店，名叫"小土豆"。其实，"小土豆"快餐的主要原料是比较大的土豆，每个土豆都要经过精挑细选，大小一致，分量有半斤左右，外面用锡箔纸包着，在烤箱里烤熟。顾客购买时，快餐店里的俄罗斯姑娘会很麻利地用刀将烤得热乎乎的土豆从中间切开，捣成泥状，加上一勺黄油和奶酪丝。然后，再根据顾客的口味，添加各类配菜和作料。

烤土豆的配菜有生鱼丁、肉丁、香肠丁、蘑菇片以及各色蔬菜沙拉等 10 多种，作料是不同口味的西红柿酱和沙拉酱。配菜的多少由顾客自己定，一般用冰激凌球大小的勺子加上 1 至 3 种配菜。吃的时候，再将配菜与土豆泥充分搅拌。这样一份烤土豆的价格通常在 50 卢布左右，相当于人民币十几块钱。

"小土豆"是典型的俄罗斯风味小吃，它既可填饱肚子，也可让食客尽享口福。在寒风凛冽的冬季，顶着漫天大雪，吃着烫舌的烤土豆，再呷上几口凉爽的饮料，此时的你完全可以体会到俄罗斯民族粗犷、豪放的性格。

目前，"小土豆"在莫斯科的生意越来越红火，其连锁店已经遍布大街小巷。"小土豆"的顾客一般都是在露天用餐，所以店面无需很大，有一间书报亭大小的售货亭即可。每家小店一般只需两三名员工，店面也通常设在公共汽车站、地铁站、公园以及大型超市的旁边。

由于味美、方便、经济，在街上熙来攘往的人群中，随时都会有人停下脚步吃上一份地道的烤土豆。

俄罗斯是土豆消费大国，但据说土豆进入俄罗斯的时间并不是很长，而且第一批土豆被引进到俄罗斯时颇不受欢迎。后来，沙皇下了一道命令，让农民开展大规模的土豆种植，并奖励那些土豆种得出色的农民。这才使土豆得以在俄罗斯普及起来。现在，土豆已是俄罗斯人餐桌上不可或缺的特色食品，烹饪土豆的方法更是五花八门，名目繁多，而将土豆发展成快餐连锁店，则是传统风味与现代生活的完美结合。

（三）居住民俗

俄罗斯的传统住房是圆木架成的房子，屋顶雕刻有马头形木雕，门、窗框上雕有花纹图案，十分精美，但是这样的房屋现在只能在农村看到了。

（四）人生礼仪民俗

1. 婚姻习俗

前苏联解体后，宗教的地位在俄国逐渐上升，教堂婚礼也增多了。正教会禁止与不同信仰的人结婚，因此来教堂举行婚礼的人必须是经洗礼入教者，而且必须持有公民证和在官方民政部门办理的结婚证件。

未婚夫妇在婚礼前须斋戒 7～10 天。婚宴上会有人大喊"苦啊！苦啊！"，每当有人带头喊时，在场的所有人便会齐声附和，这时新人便会站起来，当众深情地一吻。没过几分钟，又会有人大声叫"苦"，新郎新娘便又站起来，再次用甜蜜的吻来平息亲友们的叫"苦"声……这样的"程序"在婚宴上至少要重复十几次亲友们才会罢休。原来，按照俄罗斯人的说法，酒是苦的，不好喝，应该用新人的吻把它变甜。

2. 丧葬习俗

俄罗斯人从 16 世纪末信仰东正教，开始实行土葬。葬礼的程序繁多：如停尸、举行教堂葬礼、殡仪、送葬、哭丧等。人死后，首先是洗尸，然后更衣。死者如是姑娘，要把她扮成新娘的样子，然后为死者更衣。在公共场合陈放尸体供吊唁者瞻仰、祭奠。住室所有的镜子都要蒙布，接上红两色彩布，陈放尸体的头朝圣像、脚朝门，在神父或修女唱赞美诗后，方可入棺，棺材是用困木凿成的两个木榴，棺材内要放入面包、盐、器具等生活必需品。另外抬死尸时，死者的头必须朝前从后门或从窗户抬出去；尸体抬出后，要立即扫地泼水，以抵御死者再来伤害活人。入葬时，死者的脸朝向坟地，死者的亲属此时要痛哭，哭丧一直持续到灵柩掩埋完毕。

埋时，死者的亲人要往坑里扔一金片和一个十字架；埋葬结束后家属用蒸饭、烙饼、馅饼、果子羹、啤酒招待客人。葬后宴结束后人们一起回家，临近家门时一齐穿过用两棵树搭好的驱邪门；这时有人站在两旁用树条打穿过驱邪门的人们，口中还叨念咒语，认为这样可以驱邪避灾防止灵魂被死者攫去。

（五）社交礼仪民俗

俄罗斯人交际时通常在三种情况下使用"你"：①对 16 岁以下的儿童；②近亲之间与同事之间（年轻人之间）；③年轻人对年轻人。对老年人、陌生人（儿童除外）和领导人则称"您"。对儿童可直呼其名，而对老年人、陌生人和领导人则应呼其名字加父称。目前在俄罗斯"先生"、"同志"、"公民"三种称呼并存。一般在商业机构、新闻媒体和官方机构中人们习惯相互称"先生"；以前在前苏联时期普遍使用的"同志"，现在仍然在国营企业、军队、公安部门使用；而"公民"通常在公共场所使用，比如：火车站、商店等。介绍发言人时，一般在发言人的姓后面加上"先生"、"同志"或其相应职称"教授"、"工程师"等，比如："现在请扎罗夫教授讲话"。在写公函时，一般写收件人名字加父称；在非常正式的信函中收件人的姓前面应加上"先生"或其相应职称。

大部分俄罗斯人都在家中用餐，只在上班的午休时间才去餐馆。遇有喜庆或举办婚礼时，俄罗斯居民通常都在餐馆举行，由邀请人付费。朋友聚会一般在家庭环境下进行。客人通常都带给主人小礼品（蛋糕、酒）和鲜花。

俄罗斯人见面一般行亲吻礼和拥抱礼，是俄罗斯人的重要礼节。男女在隆重的场合相遇，常常是男子弯腰吻女子手背；日常生活中，长辈吻晚辈的面颊三次（先右、后左、再右）；男子间只能拥抱；亲兄弟姐妹见面，可拥抱亲吻。尊重女子是俄罗斯的社会风尚，女士优先显示了俄罗斯绅士风度。男士吸烟要先征得女士们的同意，让烟时不能单独递一支，要递上一整盒，相互点烟时，不能连续点三支烟。俄罗斯人喜欢结交朋友，待人友好亲切，感情真挚热烈。公共场合人们相互谈话低声细语，从不大声喧哗，妨碍他人。与人交谈，不打断别人讲话，以表示尊重。谈话时不习惯问长问短，听对方讲话时不能左顾右盼或做小动作。初次见面，不宜问生活细节，尤其对妇女，在任何情况下都不能当面问她们的年龄。朋友久别重逢，寒暄问候时，切不可谈论胖瘦，俄罗斯人有这一习惯，特别是对妇女，她们觉得这是在影射她们臃肿丑陋。俄罗斯人十分注重仪表美，外出时衣冠楚楚，他们认为不扣好纽扣或把外衣搭在肩上都是不文明的表现。

在迎接贵宾之时，俄罗斯人通常会向对方献上"面包和盐"，这是给予对方的一种极高的礼遇，来宾必须对其欣然笑纳。

（六）岁时节日民俗

1. 东正教圣诞节

俄罗斯人1月7日迎接东正教圣诞节的到来，有各种各样的庆祝方式，如在俄罗斯火剧院进行绚烂夺目的表演；莫斯科市少年宫专门举行一场户外体育活动，邀请孩子们一起庆祝节日。

2. 谢肉节

"谢肉节"源于东正教。在东正教为期40天的大斋期里，人们禁止吃肉和娱乐。因而，在斋期开始前一周，人们纵情欢乐，家家户户抓紧吃荤，以此弥补斋戒期苦行僧式的生活。"谢肉节"因此而得名。

谢肉节又叫"送冬节"。中世纪的斯拉夫民族认为，当太阳神雅利拉战胜了严寒和黑夜的时候，就是春天来临的日子。对农民来说，这意味着春耕劳动即将开始。因此，每年2月底、3月初，古斯拉夫人都要举行隆重的迎春送冬仪式，并由此产生了送冬节。

3. 犁节

7月5日是俄罗斯鞑靼人的传统节日"犁节"。俄罗斯鞑靼人以各种各样的方式欢庆传统民族节日，庆祝春耕结束，期盼好收成的到来。有演员们表演鞑靼民族歌舞；有鞑靼老人展示民族传统纺线工艺；有很多人参加传统民族游戏。

4. 莫斯科国际啤酒节

莫斯科国际啤酒节在每年的夏天举行，至今（2010年）已举办了12届，每年都会吸引大批市民和游客。市民们不仅可以畅饮啤酒以及诸如蜜酒、克瓦斯之类的传统饮料，更享受了一次欢乐的盛夏派对。在俄罗斯首都莫斯科举行的国际啤酒节开幕式上，参展商举行马车游行，宣传啤酒品牌；市民则在啤酒节上酣畅地喝啤酒。

5. 洗礼节

是俄罗斯东正教节日，在公历 1 月 19 日。这一天往往是基督教的入教仪式，新生儿在命名日受洗。在洗礼节那天人们除去教堂祈祷外，还要到河里破冰取"圣水"。1 月 18 日晚是占卜日，特别是女孩子，在这一天晚上要占卜自己的终身大事。

【微型资料 9-4】俄罗斯：男女都过三八节

早就听说俄罗斯人特别重视三八妇女节，在当地亲身经历这个节日，才知道俄罗斯人对它的重视程度甚至超出我们的想象。在俄罗斯人的眼里，三八节已经不是单纯的女性节日，他们还为这一天赋予了不少情人节、母亲节、儿童节的成分，不管男女老少，都能在节日里找到自己的位置。

3 月 8 日在俄罗斯是全民节日，全国放假 1 天。单凭这一条，就没有多少国家可以和俄罗斯相比。从前东欧国家也过三八节，"回归欧洲"以后就把这个节日给取消了，据说是因为三八节带有浓厚的社会主义传统，而且还有苏联的痕迹。苏联解体以后，俄罗斯也把苏联时期留下的很多东西抛弃了，但却把苏联的所有节日都原封不动地保留下来，三八妇女节就是其中的一个。记者曾经问过当地人，三八妇女节是女性的节日，为什么男人也跟着过呢？对方回答说，没有男性参与，女性自己过节又有什么意思呢！

按照俄罗斯的习惯或者是当地的规矩，男人在节日前夕要主动向亲友中的女性致以节日的问候，还要给母亲、妻子、姐妹、女儿买礼物，可以买香水，也可以买糖果，甚至可以买贵重的金银首饰，这主要取决于个人喜好和经济条件。记者一个中国同行，他的女儿今年 5 岁，在莫斯科上一个舞蹈学校学习，三八节前夕，她也收到了同班一个小男孩儿赠送的玩具戒指，别看礼品并不贵重，却让小姑娘高兴了好几天，连 5 岁的男孩都知道在三八节的时候送给异性同伴礼物，由此可见"三八文化"在俄罗斯已经根深蒂固。俄罗斯人如此重视三八节，也给商家提供了一个大把赚钱的好机会，大小商店的礼品柜台都排起了平日少见的队伍。市场研究人员评价说，三八节是春天到来以后的第一个节日，它给大家带来的是春天的希望，给商家带来的则是新年以后的第二个购物高潮。

在所有礼物当中，鲜花占据着一个非常特殊的地位，甚至可以说是必不可少的礼品。手拿鲜花的男士，已经成为三八前夕街上的一景儿，女士们在这个时候期盼着男士的祝福，希望有很多人来送花儿，几天内收到多少花儿，甚至成了年轻女性相互攀比的一个标尺。3 月 8 日当天，常驻莫斯科的中国记者准备给夫人们各买一束鲜花，略表我们的心意。进了花店一问价，把我们下了一跳，一枝玫瑰竟然卖到 170 卢布（约合人民币 50 元），比平时至少涨了一倍。按照俄罗斯的讲究，买花要买单数，我们就按照这个规矩，在单数中选择了最小的那一个，给每一位夫人买了一枝玫瑰，尽管数量少了一点，但夫人们还是挺高兴。记者注意观察周围这些买花的人，也不见得都是衣着华贵的新贵，也许他们中的许多人平时生活并不宽裕，但在送花这个原则问题上却丝毫不含糊，不管鲜花有多贵，也很少有人犹豫，俄罗斯人看来，鲜花不是可有可无的，而是必不可少的，这也许就是东方人和西方人观念上的一大差别。至于那些有钱的大款，进来根本就不问价儿，一买就是一大把，然后开着汽车扬长而去。

（七）工艺美术

俄罗斯的民间工艺历史悠久，像木刻、陶器、地毯、刺绣、藤和麦秆编织品等都久负盛名。俄罗斯极富民族特色的纪念品——木娃娃（玛特廖什卡），几乎是俄罗斯传统工艺品的象征。

（八）游艺民俗

马是传统的民间交通工具，著名的三件套至今仍为民间节日中一项重要的节目。北方地区的鹿、狗及马拉雪橇既是民间节日中的重要内容，又是人们喜爱的交通工具。

【微型资料 9-5】

俄罗斯人素有泡澡堂迎接新年的传统。除俄罗斯浴外，还有土耳其浴、芬兰浴、东方浴。每逢周末，澡票便会脱销。对俄罗斯人而言，澡堂和烈性的伏尔加一样，是俄罗斯文化的象征。在俄罗斯，澡堂浴池像地铁站、公园一样，是人们经常约会的地方。每人都有自己喜欢的澡堂。人们在澡堂唱歌、聚会、开玩笑、聊天，还喜欢带上酒和酸黄瓜，享受完蒸汽再享用美酒佳肴。如今，尽管人们家中都有桑拿、淋浴，但还是喜欢上传统的公共澡堂。能在莫斯科一家豪华奢侈的澡堂中畅叙友情、洽谈生意，被视为风雅的事。

俄罗斯人文化娱乐活动丰富多彩，城市剧院里经常上演歌剧、话剧、芭蕾舞剧，经常座无虚席；歌舞演出、杂技表演、马戏团演出更是场场爆满。俄罗斯人的文化素质高，几乎家家户户都有书橱，读书看报蔚然成风。俄罗斯民间创作如舞蹈、音乐、口头文学等十分丰富，还有许多古老的戏剧形式，其中流传最广的是源自 16 世纪的民间木偶戏。

俄罗斯人爱好体育活动，喜欢打网球、踢足球、跑步、游泳、摔跤和钓鱼等，溜冰和滑雪是群众冬季体育活动。

（九）禁忌

俄罗斯特别忌讳"13"这个数字，认为它是凶险和死亡的象征。俄罗斯人都有两个神灵，左方为凶神，右方为善良的保护神，因此学生忌用左手抽考签，熟人见面不能用左手握手，早晨起来不可左脚先着地。

俄罗斯人最讨厌 13 这个数字，最忌讳 13 个人聚在一起；黑色表示肃穆、不祥或晦气；镜子被视为"神圣物品"，打碎镜子意味着个人生活将出现疾病和灾难；打翻盐瓶、盐罐是家庭不和的预兆。俄罗斯人不喜欢黑猫，认为它不会带来好运气；对兔子的印象很坏，认为兔子是一种怯弱的动物，如果兔子从自己跟前跑过，那便是一种不祥的预兆。看到提空桶子过街的人，被认为是凶兆。

本章小结

欧洲人的主要民俗有：普遍遵循女士优先原则；一日四餐（包括下午茶）；信仰新教的英国人是现实的，献身于科学，热衷于建立政治、经济秩序，讲究美食，谈话时彼此保持一定的礼节性的距离；法国人多信天主教，十分重视服饰，讲究饮食，约会经常不守时，见面行亲吻礼、拥抱礼；俄罗斯信仰东正教，男子善饮，喜洗桑拿，见面行拥抱礼、亲吻礼、握手礼，迎贵宾时献上面包和盐；德国人庄重、清洁，十分注重整理和美化自己的住宅，注重感情，纪律观念、家庭观念强；意大利、西班牙信奉天主教，爱浪漫、爱冒险，讲究烹饪，喜欢咖啡、葡萄酒、生火腿和奶酪，社交方面不守时，行握手礼、亲吻礼、拥抱礼，着装较为随和，西班牙人常喝的饮料是扎啤，热衷于夜生活；丹麦人个个都是美食家，刺绣花样的服装是丹麦人的服装特征，正式社交场合很注意着装整齐，普及性教育，爱好体育。

主要概念

　　吻面礼　狂欢节　新教伦理　隐私权　女士优先

复习思考题

　　1. 欧洲民族的普遍禁忌是什么？

　　2. 欧洲哪些国家举行狂欢节？分析狂欢节的意义。

　　3. 分析西方饮食中面包与红酒的宗教意义。

　　4. 试分析西方婚礼的意义。

案例分析

　　案例一：冰岛人冬日以读书为乐

　　冰岛因地球纬度的影响，有极昼和极夜的自然现象。到了冬天，有时整天看不到太阳，夜间显得特别长。因此，自古以来冰岛人就养成了读书的习惯，每到冬季，人们很少外出，在漫漫长夜里，人们以书为伴，在温暖的屋子里以读书学习为乐。长此以往，使得冰岛人民的文化水平极高。

　　思考：冰岛人冬日以读书为乐的原因。

　　案例二：德国复活节

　　德国的复活节，是一个历史悠久、充满童话色彩的节日。每年的三月到四月之间，复活节到了，花园里的灌木丛中、花瓶里的花树技上都被五颜六色的彩蛋装饰了起来。孩子们带着极大的热情去寻找被藏起来的巧克力小兔和小兔"带来"的巧克力蛋。餐桌上是节日的盛餐，复活节郊游自然也必不可少。虔诚的宗教徒们会在复活节星期日去教堂做弥撒，或在上一个星期五耶稣受难节听基督受难曲。

　　问题：了解复活节的来历，为什么偏偏是兔子带来彩蛋呢？

实践训练

芬兰国际"背夫人"锦标赛

　　芬兰松卡耶尔维小镇每年一度的国际背夫人锦标赛始于1992年，但起源要追溯到19世纪。当年一位名叫龙卡伊宁的军官在松卡耶尔维一带招兵买马，为招到体魄强壮的士兵，他想出了一个独特的招数，在一条道路上设置各种障碍，让所有应征者轮流背着沉重的麻袋奔跑，合格者才能加入他的队伍。

　　20世纪90年代，松卡耶尔维镇的文化秘书埃罗·皮特凯宁在一次热闹的夏季集市上突然灵感闪现：为何不像龙卡伊宁那样办一个障碍赛来增添集市的气氛呢？背麻袋跑显然已无法引起人们的兴趣。那么，让男子汉们背着自己的夫人赛跑一定会妙趣横生。

　　皮特凯宁的这个妙想赢得了广泛的赞同。经过简单的筹备之后，幽默诙谐的背夫人比赛便由此诞生了。不过，比赛规定参赛男子所背的人既可以是自己的夫人，也可以是 17 岁以上的女性搭档，但体重不得低于 49 公斤。这项娱乐赛事吸引的参赛者和观众之多大大出乎皮特凯宁的预料。每年一度的背夫人比赛不仅在芬兰受到欢迎，挪威、德国和爱沙尼亚等国家的夫妇也慕名而来，先是在一旁观战，随后便要求报名参赛。自 1996 年起，这项民间赛事已成为国际性比赛，被正式命名为"国际背夫人锦标赛"。

请根据上述芬兰国际"背夫人"锦标赛策划一起民俗风情旅游活动，写出策划方案。方案应涵盖：

1. 活动宗旨和主题。

2. 活动时间和地点。

3. 活动具体内容：

（1）流程安排；

（2）相关系列活动。

4. 活动期间推出的旅游路线。

5. 活动组织者及管理者。

第十章　美洲民族民俗

学习目标

知识目标: 对美洲概况和民俗有一个比较全面的了解,并且进一步了解美国、加拿大、墨西哥、巴西等国的饮食、服饰概况。

技能目标: 熟悉美洲主要国家的游艺和节日、人生礼仪、主要禁忌等民俗。

能力目标: 掌握美洲主要国家与人交往的礼仪规范。

【引例】加拿大安大略省举办多元文化节

新华网多伦多5月27日电(记者张子倩　马丹)加拿大安大略省25日至27日举办多元文化节——第27届密西沙加多元文化节,突出展示了安大略省多族裔、多文化的特色。

密西沙加是多伦多市卫星城。为举办多元文化节,密西沙加各处搭建了26个场馆,展示各族裔所传承的约60个国家和地区的文化精华,包括人文和自然景观、美食及艺术品等。

其中,土耳其馆展示了历史悠久的大理石花纹漂染,蝴蝶馆展示了世界各地500种蝴蝶和飞蛾。游客泽勒曼表示,各场馆都在介绍不同国家和地区的文化特色,而最能代表加拿大文化特点的就是多元文化节本身。

这项一年一度的活动始于1985年。据主办方介绍,本届多元文化节为期3天,共接待游客约25万人,主要来自美、加各地。这些游客持主办方发放的特殊"护照",乘摆渡车穿梭往来,欣赏了各场馆举办的700多场次歌舞和文艺表演。

案例分析:加拿大是一个移民众多的国家,除了加拿大的自然环境外,自由宽容的多元文化环境是各个民族和种族的人们选择在加拿大生活的另一个重要原因。加拿大除了因纽特人和印第安人以外,其他各个民族和种族都是从世界各地迁徙而来的,经过历史的磨合,来自亚洲、美洲、欧洲等地的不同民族相互了解,并学会了互相尊重。经过1988年通过的《加拿大多元文化法》和2003年起每年一度的加拿大多元文化节,加拿大的多元文化形象已深入人心。现在,加拿大的各个民族和种族不仅自豪于本民族的文化,更为加拿大兼容并包的整体文化心态而自豪。

第一节　美洲民族概况

美洲,位于西半球,美洲(America)包括北美洲(North America)和南美洲(South America),以巴拿马运河为界,总称亚美利加洲。面积达4206.8万平方公里,占地球地表面积的8.3%、陆地面积的28.4%。是唯一一个整体在西半球的大洲。1776年,美洲诞生第一个西方殖民独立国家——美国。

　　美洲的国家包括阿根廷、巴哈马、伯利兹、美国、玻利维亚、巴西、巴巴多斯、加拿大、哥伦比亚、智利、哥斯达黎加、古巴、委内瑞拉、萨尔瓦多、厄瓜多尔、格林纳达、危地马拉、圭亚那、洪都拉斯、海地、牙买加、圣卢西亚、墨西哥、尼加拉瓜、巴拿马、秘鲁、乌拉圭、巴拉圭、苏里南、多米尼加、多米尼克、圣文森特和格林纳丁斯、特立尼达和多巴哥、安提瓜和巴布达、圣基茨和尼维斯，共 35 个国家，其中北美洲只有美国和加拿大两个国家，其余 33 个国家均属于拉丁美洲。

　　美洲地形的大势比较简单。大陆从东向西分为三个南北纵列带：东部是久经侵蚀的山地和高原，巴西高原是世界上面积最大的高原；西部为年轻的高峻山地，属美洲科迪勒拉山系，汉科乌马山海拔 7,010 米，是全洲最高点，山脉逼近海岸，沿海平原狭窄；东西部之间是广阔的大平原，北美中部大平原和亚马孙平原都是世界上著名的平原。主要河流有亚马孙河、密西西比河等；北美洲还有世界最大淡水湖群——五大湖。北美洲是个海岸比较弯曲的大陆，大陆的北面，有一群常年天寒地冻的岛屿密布在北冰洋上，合成北极群岛。它们是：东南部大西洋与墨西哥湾之间的佛罗里达半岛，墨西哥南岸的尤卡坦半岛，西南部加利福尼亚湾和太平洋之间的加利福尼亚半岛，东北部圣劳伦斯湾和哈得孙湾之间的拉布拉多半岛，西北部阿拉斯加湾和白令海之间的阿拉斯加半岛。

　　美洲跨有不同的气候带：北美大部分属亚寒带和温带大陆性气候，有面积辽阔的针叶林和大草原；中美和南美北部主要属热带气候，有广大的热带雨林和热带稀树干草原；南美南部则属温带气候。地下资源十分丰富，煤、铁、石油，铜、镍等有色金属均占世界重要地位。十五世纪末以来，西、葡、英、法等国进行探测和殖民。1776 年美国宣布独立。十九世纪初拉丁美洲各国也相继独立。

　　美洲地区拥有大约 9 亿居民，人口总数约占世界人口总数的 13.8%，其中，北美洲和南美洲分别占世界人口的 8.0%和 5.8%。美洲人口分布不均衡。美洲共划分为 50 多个国家和地区，北美洲东南部、西南部和东部沿海地区人口稠密，北美洲北部地区和美国西部地区、南美洲的亚马逊平原人烟稀少。在加拿大，无人定居的地带占全国土地面积的 89%。总的来说越往南走，气候愈见温暖，人口也就愈多。

　　美洲的民族结构多样，而且种族成分也很复杂，它的原住居民是印第安人、爱斯基摩人和阿留申人等。北美洲各民族中，条顿族的盎格鲁萨克逊人为最多，此外，还有斯拉夫人和犹太人等。按国家而言，有英国人、爱尔兰人、法国人、德国人、瑞典人、瑞士人、波多黎各人、墨西哥人、华人和日本人以及亚洲人和印第安人。就人种而言，南美有印第安人、白人、黑人以及各种不同的混血型，白人最多，其次是印欧混血型和印第安人，黑人最少。

　　美洲的绝大多数新兴民族的语言属于印欧语系的拉丁语族和日耳曼语族，大约 30 多个国家和地方的官方语言为英语、法语和西班牙语。美洲南部为拉丁语系，巴西用葡萄牙语，法属圭亚那用法语，牙买加等新独立的西印度群岛国家和圭亚那用英语，苏里南用荷兰语，其余各国都用西班牙语，在印第安人居住的国家内，绝大部分印第安人仍然使用自己各族的语言。在仍被英、法、荷统治的殖民地，分别采用统治国家的语言，唯独被美国统治着的波多黎各广泛使用西班牙语。北美洲通用英语、西班牙语，还有法语、荷兰语和印第安语等。在加拿大，英语和法语均为官方语言，讲法语的大部分集中在魁北克省，约占加拿大总人口的 25.7%。

　　由于北美居住着众多的民族，因此宗教信仰十分复杂。在北美，1/3 的美国人和 42%的加拿大人信仰基督教；在拉丁美洲多数信仰基督教和天主教；印第安人曾普遍信仰原始宗教，除此之外还有锡克教、佛教、印度教、巴哈伊信仰以及一些移民带入的地区性宗教。

美洲的代表有玛雅文明、印加文明和阿兹特克文明。此外，奥尔梅克文明、瓦哈卡文明、特奥蒂瓦坎文明和托尔特克文明等在美洲发展史上也占有重要地位。

第二节　美洲各国民俗

北美洲的民俗文化呈文化拼盘之状。美国被称之为"民族大熔炉"，而加拿大被称之为"民族马赛克"；拉丁各国民俗则呈融合之势。美洲各国大多成人礼行基督教坚信礼；婚葬俗遵教规，在教堂由牧师或神父主持；重视礼拜天的祈祷，一般崇尚"女士优先"的风俗；忌讳过问别人的隐私；忌讳"13"或"星期五"；喜欢牛排、牛奶、咖啡、奶酪和葡萄酒；喜欢牛仔服、工装裤、巴拿马服等；重视基督教各节日；信仰新教的北美国家过感恩节，一些美洲天主教国家及地区则有狂欢节。

一、美国民俗

美利坚合众国（The United States of America）简称美国（U.S.A.）。美国位于北美洲中部，领土还包括北美洲西北部的阿拉斯加和太平洋中部的夏威夷群岛。北与加拿大接壤，南靠墨西哥湾，西临太平洋，东濒大西洋。面积约为962.9万平方公里（其中陆地面积915.896万平方公里），本土东西长4500公里，南北宽2700公里，海岸线长22680公里。大部分地区属于大陆性气候，南部属亚热带气候，中北部平原温差很大。人口3.1亿（截至2012年2月），白人占64%，其余分别为拉美裔、非洲裔、亚裔等。美国黑人、拉美裔和亚裔等少数族裔总人口已达到1亿人，美国拉美裔人口突破5000万，占美国人口约六分之一，继续稳居美国头号少数族裔位置；美国华裔人口约400万。通用英语。51.3%的居民信奉基督教新教，其他居民信奉天主教、犹太教等，不属于任何教派的占4%。

美国土地广阔、历史短，而且有一百多个国家不同种族的人移民到美国，现在的总人口约三亿多，其中，西班牙语系的居民约有四千三百万，黑人约三千六百万，亚洲来的移民也已经超过一千万，这么庞大的外来族移民在美国，成家立业，落地生根，让美国成为世界人种的大熔炉。

（一）服饰民俗

美国服装大体包括礼服、运动服、娱乐服、职业服和家常服。礼服有结婚礼服、丧礼服、午礼服、晚礼服。礼服特点是庄重大方、严肃规整。午礼服被认为是正式场合适用的礼服，晚礼服亦是美国人参加晚宴、社交不可缺少的衣着。女士晚礼服多是连衣裙，袒胸露背，显示形体美，男士晚礼服多是燕尾服加领结。女士结婚服是连衣裙加披纱和鲜花，初婚为白色，再婚服为淡色。丧服大多为黑色。运动服有网球服、骑马服、滑雪装、泳装、沙滩服等。标新立异和奇装异服是娱乐服的特点，一般穿着随意，以方便自由为主。职业装除特殊职业从安全健康出发规定的服装外，大多以端庄大方、简洁得体取胜。

在美国没有人因为你穿得笔挺而对你另眼相看，也没有人因为你穿得朴素而不屑与你为伍。"随便"两字能概括人们对服饰的态度。穿红着绿在美国不限于青年，老年人照样可以穿红上装绿裤子。美国人有少管别人闲事的习惯，去管别人穿戴什么简直是不可思议的事情。

西服多半是政府职员、大学教授、公司雇员等高薪阶层的着装。有人说，美国只有外交家和律师出庭时才穿上整齐的衣服，这话可能有些夸张，但也不是毫无根据。在街上，一本正经打着领结、上下装整齐的不是没有，但多半是年纪较大的长者；中年人已不那么认真了。

除了老年人，美国人戴帽子的已不多见。在美国穿拖鞋的人很多，不仅限于家里，在街上、图书馆、博物馆都有，没有人认为是一种失礼。曾几何时，高跟鞋被认为是反映了贵族的情趣，符合时髦人物高贵的社会地位，更显示出贵族阶级高视阔步的走路姿势；但是，当今的美国，穿高跟鞋已经不是一种时尚，即使在正式的社会场合，女士们多半只穿低跟或无跟鞋。

蓝色牛仔裤是典型的美国服装，不仅因为它质牢耐用，而且免除了斗艳争妍，颇受男女老少的欢迎。最近还流行一种时髦，就是把穿旧了的牛仔裤的裤管撕下，变成短裤，也不缝边，毛毛的就穿上。

夏威夷人穿着有其不同的特点，由于气候温暖，又濒临大海，所以该地人几乎不需要多少衣服。每个人只要有两三件简单的"马罗"（将一种用树皮制成的黄色或红色的布缠在身上）或"帕鸟"（一种女人穿的裙子）即可。还有一种叫"基赫伊"的披肩，实际上也是缠在肩上的一块长布。夏威夷的服装谈不上什么式样，但是夏威夷的姑娘希望自己是个充满魅力的姑娘。因此她们便在鬓角插花，成堆成束，大如月盘，再佩上项颈的各种颜色的花环，真比现代服饰还绚烂。

总而言之，在非正式场合只要不是脱光身子，穿什么都可以。街上见到的服饰长短宽窄各随其便。有人说，你把毯子披在身上出去，谁也不会大惊小怪。服装的解放在美国可谓体现得淋漓尽致。

（二）饮食民俗

众所周知，欧洲菜是美国菜的祖先，美国菜是用欧洲菜作为"根"，再经过培育、发芽、长出枝叶，逐渐苗壮茂盛，甚至还播种接枝，传播到世界各地。美国西部有丰富的太平洋海鲜及各种河鲜，有全美品质最新鲜、品种最繁多的蔬菜类水果，有著名的加州菜及具有亚洲菜特色的融合菜。南部有墨西哥特色的德州菜，具有法国、西班牙、非洲特色的路易斯安那菜，具有古巴、巴西热带岛屿特色的佛州菜。中西部有德国、荷兰及北欧特色的芝加哥菜、宾州菜。东部有英国、法国、爱尔兰特色的新英格兰菜系及纽约菜，还有大洋洲东部岛屿、菲律宾、葡萄牙及日本特色的夏威夷菜。

美国式饮食不讲究精细，追求快捷方便，也不奢华，比较大众化。一日三餐都比较随便。早餐以面包、牛奶、鸡蛋、果汁、麦片、咖啡、香肠等为主。午餐一般在工作地点用快餐（快餐是典型的美国饮食文化，十分普及），一般有三明治、水果、咖啡、汉堡包、热狗等。晚餐是正餐，比较丰盛，但也仅有一二道菜，如牛排、猪排、烤肉、炸鸡等，配面包、黄油、青菜、水果、点心等。也有不少人上餐馆用晚餐。美国餐馆很多，一般供应自助餐、快餐、特餐（固定份饭）、全餐等各种形式的餐饮，价格一般比较低廉，也可点菜，点菜价格最高。早餐一般在8时左右，午餐一般在12时~14时，晚餐一般在18时左右。他们在临睡前有吃点心的习惯，成人以水果、糖果为主，孩子则食用牛奶和小甜饼。

美国人的口味比较清淡，喜欢吃生、冷食品，如凉拌菜、嫩肉排等，热汤也不烫。菜肴的味道一般是咸中带点甜。煎、炸、炒、烤为主要烹调方式，不用红烧、蒸等方式。以肉、鱼、蔬菜为主食，面包、面条、米饭是副食。甜食有蛋糕、家常小馅饼、冰淇淋等。他们喜欢吃青豆、菜心、豆苗、刀豆、蘑菇等蔬菜。所用肉类都先剔除骨头、鱼去头尾和骨刺、虾蟹去壳。

美国人喜欢吃糖醋鱼、咕噜肉、炸牛肉、炸牛排、炸猪排、烤鸡、炸仔鸡等肉食菜品，爱用冰水、矿泉水、可口可乐、啤酒、威士忌、白兰地等饮料，喜欢在饮料中加冰块，不喜欢饮茶。饭前以蕃茄汁、橙汁等作为开胃饮料，吃饭时习惯饮用啤酒、葡萄酒、汽水等饮料，饭后则喝咖啡，很少喝烈性酒。美国人不爱吃猪蹄、鸡爪、海参、动物内脏、肥肉等。烹饪时不放调料，调料放在餐桌上自取，有酱油、醋、味精、胡椒粉、辣椒粉等。

部分美国人喜欢吃蚯蚓、罐头、饼干。制作凉菜时，一般用色拉油、沙司作调料。不少人喜欢吃我国的粤菜、川菜以及甜酱、蚝油、海鲜酱等。喜欢用威士忌、杜松子酒、伏特加等生酒混合调制鸡尾酒。

【微型资料 10-1】美国一些地方都有自己奇特而有趣的"饮食法规"

肯德基州中部城市勒星顿不允许任何人买了冰淇淋放入自己的口袋里，印第安纳州的维务纳湖，星期天不准在柜台前吃冰淇淋。在内布拉斯加州的滑铁卢城，从上午 7 点到晚上 7 点，禁止理发师吃洋葱；而在印第安纳州的格雷镇，凡吃了大蒜的人，在 4 小时内谢绝进入剧院。在奥克拉荷马州，要是你在人家的牛肉饼上咬上一口，也是违法的。在俄亥俄州哥伦布城，星斯日不准出售玉米片。在新泽西州，如发现有人在公共餐厅喝汤时发出声音，就要拘留。

（三）居住民俗

美国居民住房宽敞，讲究建筑式样，风格多样化；居民区安静松散，家家户户都不仅拥有大房子，而且还带有相当多的花园面积，家家户户的园子都是开放式的。

在美国，没有单一、统一的习俗，而是多种居住民俗杂然并存，公寓、别墅、活动房是美国主要的几种民居形式。公寓是美国一种传统住宅类型，是现代化程度较高的群体建筑。住公寓，既有自己独立行动的小天地，又有可以交际的大场所，家务活又轻，是相当舒适的，加之美国人特别是年轻人嗜好交际和热闹，公寓更有一定的吸引力。别墅是单户独居或两三户合处的平房或二三层的楼房，别墅一般位于城郊或乡村，贴近自然，前后的花园种有花或树。有人称美国是一个"装在车轮上的国家"，确实不假，它的最大的标志，就是房子也可装在汽车上，拉着到处游荡，这是美国特有的活动住宅。既方便实用，又节省费用，适应了美国人爱搬迁的特点。

美国是世界上汽车最多的同家，这使美国的汽车旅馆业蓬勃发展。汽车旅馆不是一种民居形式，但是美国的汽车旅馆比比皆是，加之美国人生性好动，汽车又多，所以许多人经常光临汽车旅馆，使其在美国呈现浓郁的民俗风情色彩。

（四）人生礼仪民俗

1. 婚姻习俗

美国人的婚姻分为宗教、世俗和习惯法婚姻三种。宗教婚姻即在教堂中通过宗教仪式而结合的婚姻；世俗婚姻由地方官或其他人主持领取结婚证书；若男女双方同意结合，夫妻同居，既不用结婚证书，又不举行仪式，此为习惯法婚姻。美国大多数人选择传统的宗教仪式婚礼。按照传统的婚俗，正式举行婚礼之前，要举行订婚仪式，在订婚仪式上，男女双方交换订婚戒指。婚礼仪式一般在教堂举行。新娘身披雪白的婚纱，挽着父亲（如父亲去世，可由兄长、叔伯代替）的手臂，缓缓经过通道向圣坛走去。新娘父亲把新娘带上圣坛，交给身穿深色礼的新郎。牧师首先宣讲宗教婚姻意义，然后询问男女双方是否同意结为夫妇，在得到肯定答案后，诵念祈祷经文，郑重宣布两人结为夫妻。新人手挽手在婚礼进行曲中步入教堂时，参加婚礼的人们纷纷向新人身上抛撒玫瑰花瓣及五彩纸屑。向他们祝福。然后，大家一起出席由女方家摆设的喜宴。

美国离婚率很高，但也许正因为如此，很多美国人重视结婚周年纪念日，并为之分别取了有趣名称。第一年叫纸婚，第二年叫棉婚，第二年叫皮革婚，依次下去是：丝婚、木婚、铁婚、铜婚、陶器婚、柳婚、锡婚、钢婚、绕仁婚、花边婚、象牙婚、水晶婚。从第20年以后，每5年一个名称，它们是：搪瓷婚、银婚、珍珠婚、翡翠婚、金婚、钻石婚。也有人认为第35年为珊瑚婚（或碧玉婚）、40年为红宝石婚、45年为蓝宝石婚、50年为金婚、55年为翡翠婚、60年为钻石婚。其中，银婚和金婚是两次隆重的纪念。

2. 丧葬习俗

美国人的传统葬礼多采用宗教形式，通常在教堂举行。葬礼程序主要包括祷告、唱赞美诗和牧师致颂词。葬礼毕，人们向经过整容的遗体告别；然后用灵车将死者送往墓地安葬。送葬者一律身着黑色或蓝色衣服，脚前佩戴一朵白花，男人打黑色领带。行至墓地，还有一个简短的入葬仪式。棺材放入墓穴后，送葬亲属以同死者者关系亲疏为序—— 向墓穴抛撒蒲花，并象征性地掩土；填平墓穴后，铺上碧绿的草皮；最后在墓上首竖立墓碑，再献上鲜花。

日前在美国，虽然宗教仪式的葬礼还占据多数，但举行世俗葬礼的趋向已较明显，特别是葬礼后实行火化的人数在不断增加，这在美国西海岸等地表现尤为突出。

（五）社交礼仪

美国人在社交上比较随便。朋友见面通常招呼一声"哈罗"。第一次见面也未必要握手，只要笑一笑，打个招呼就行了。但在正式场合，人们比较重视礼节，握手是最普遍的见面礼，男女之间由女方先伸手，长幼之间年长的先伸手；上下级之间，上级先伸手；宾主之间，则由主人先伸手。握手需摘下手套。介绍两人认识时，要先把男子介绍给女子，先把年轻的介绍给年长的，先把职位低的介绍给职位高的。与欧洲国家一样，美国人也有尊重妇女的传统。

美国男女老少都喜欢别人直呼自己的名字，以表示亲切友好。美国人很少用正式的头衔来称呼别人。正式的头衔一般只用于法官、高级政府官员、军官、医生、教授和高级宗教人士等。

在美国社会中，人们的一切行为都以个人为中心，个人利益是神圣不可侵犯的，这一准则渗透在社会生活的各方面。人们日常交谈，不喜欢涉及个人私事，如询问年龄、婚姻状况、收入多少、宗教信仰等都是失礼的。

美国人对年龄的看法同中国人大相径庭。在我国，老年人受到尊敬，而在美国却是"人老珠黄不值钱"，因此在美国，老年人绝不喜欢别人恭维他们的年龄，也不喜欢对他们特别照顾。

（六）岁时节日民俗

美国的节日分为全国性的和地方性的节日，也可分为宗教的和非宗教的节日。但是宗教节日渐渐失去其宗教意义，成为世俗节日，被所有信仰和无信仰的人庆祝。

1. 感恩节

每年 11 月的最后一个星期四为感恩节，这是美国最古老的节日之一。其来源于早期移民为感谢上帝赐与的丰收和印第安人的友谊而举行的家庭宴会，以后这一习俗便一年又一年地沿习下来。直至美国独立之后，感恩节才成为全国性节日。在节日里，家人团聚，吃着传统风味的火鸡，畅谈往事，街上到处举行化装游行、戏剧表演和体育比赛。

2. 万圣节

这是美国式的狂欢节，每年 10 月 31 日夜晚，孩子们便戴上假面具，打扮成各种妖魔鬼怪的模样，提着把南瓜掏空后做成的"杰克灯"挨家挨户乞食。大多数人家都非常乐于接待这些小客人，小客人常常口念着"给我糖果，否则我要捣蛋了"，而兜里则塞满了各式各样的糖果。

（七）工艺美术

一种央格鲁·萨克森的思源和风情传到美国后，掀起了美国工艺美术运动，具有新大陆视野的美国艺术家们在其中添加了社会和自然的因素，形成了自己的风格。一方面在作品中表达出了强烈的美国式的爱国热情，刻意追求一种新大陆新兴强国的自我身份认同，也积极追寻自己独立的个人特性。

美国土著居民印第安人将传统的民族工艺传承下来，使得民族文化世代相传。传统彩绘马雕工艺品是印第安人著名的手工艺品，制作精美，造型独特，深受人们的喜爱。不光是传统彩绘马雕工艺品，印第安人还有许多其他的手工艺品。例如陶瓷、泥塑、首饰、布艺等，全都带有印第安土著文化的特色，是十分难得的手工艺品。

美国夏威夷也有着许多值得一提的手工艺品，例如树皮布，就是树皮做成的布料，其制作工艺较复杂。另一举世无双的手工艺品就是其羽毛制品，夏威夷的羽毛制品就像是一个个完美的艺术品。夏威夷的花环也是非常著名的手工艺品，夏威夷有着许多热爱自然的土著居民，他们喜欢将花编制成花环，送给别人表示友好。在这里不光女孩会戴花环，男女老少都会戴，是夏威夷十分有特色的手工艺品。

（八）游艺民俗

美国包容了所有生活在这块土地上的民族或种族的音乐，也享受着欧洲音乐家从欧洲各国带来的专业音乐。它们之间经过长时期的相互影响、融合，促进了美国音乐的形成和发展。美国在音乐艺术方面有着领先全世界的艺术成就和发展的历史文化背景，在经过大众娱乐的流行音乐洗礼后，美国的主流音乐和非主流音乐都受到全世界歌迷的热烈追捧，国际流行乐坛逐渐成为欧美音乐、美国音乐的代名词。美国音乐更趋多样化。尽管有的作曲家基本上按照传统的音乐语言进行创作，但是吸引着新一代作曲家的是层出不穷的各种新音乐流派，代表人物是 J. 凯奇。在流行音乐领域内，也出现了新的品种。从布鲁斯等音乐发展而来的摇滚乐风靡全国，爵士音乐退居次要地位。摇滚乐的代表人物有 E. 普雷斯利（1935～1977）等，民歌的著名歌手有 B. 迪伦（1941～）等。

在美国，体育是最受欢迎的业余活动，因此体育活动有着极其重要的社会作用。许多美国人不是主动参加体育活动，就是被动作为观众参加体育比赛。在业余体育方面，分业余消遣和业余比赛。在业余消遣中，徒步旅行、散步、划船、打猎和钓鱼最受欢迎。在体育比赛中所体现出来的美德如团体精神、公正、纪律和耐久性在美国社会中有很高的声望。尤其在团体性运动如棒球、篮球、橄榄球和排球中，这些美德被充分表现出来，因此这些球类在业余体育中特别受欢迎。不过一些单人运动如游泳、高尔夫球、网球、保龄球和田径运动也很受欢迎。最有影响的业余体育组织是业余竞技协会。

美国电影是美国文化的主要组成部分。它生动地体现了美国思想与美国这一民族和文化的许多特点。它顺应了美国人热闹好动的天性和积极进取的人格，同时，也表现了美国人乐观处世的精神和人性。勿庸讳言，好莱坞电影曾经是制造美国梦的工厂，突出地表现了美国理想主义信条。好莱坞电影确实非常注重电影的娱乐性，追求刺激、离奇和怪异，追求成人语言。但是，美国电影在注重商业性和票房价值的同时，在追求大众趣味、平易近人、通俗易懂的同时，其杰出的一流的电影艺术家如亚瑟潘恩、斯皮伯格、科波拉、卢卡斯和斯科塞斯等仍然非常关注社会与现实、非常关注艺术。美国电影与美国社会同时演进，是观察美国社会的一个窗口。它们是美国思想、艺术和文化的瑰宝，充满了人性的光辉。

（九）禁忌

对许多美国人来说，年龄、体重、收入都是非常敏感的话题。许多美国人竭力想维持外貌的年轻，他们最不愿别人问及的问题就是："你到底有多大年纪了？"在美国，长得瘦是不错，甚至会让人羡慕，但超重就让人极为难堪，是种罪过。实际上，你越瘦，别人会认为你越漂亮。这没什么可说的。可以问他们的工作头衔和以什么为生计，但是你绝对不要问别人挣多少钱。另外，不要太急于跟人谈个人私事，不要让人认为你在刺探他们的生活。所以，不要对别人的爱情、婚姻和家庭情况提太多问题，直到你跟此人结成了朋友。即便那时，你最好还是等着你的朋友带着心事来找你谈。

二、加拿大民俗

加拿大位于北美洲北半部，全国总面积997.06万平方千米，为世界第二大国家。首都渥太华。

加拿大原是印第安人和因纽特人的居住地。自16世纪起，法、英侵入，分别建立了殖民地。1926年，"英国议会"承认加拿大和英国有"平等的地位"，加拿大取得外交上的独立。

加拿大是一个多民族国家，全国总人口3347.67万人（2011年）。英裔居民占42%，法裔居民约占26.7%，其他欧洲人后裔占13%，土著居民（印第安人、米提人和因纽特人）约占3%，其余为亚洲、拉美、非洲裔等。其中华裔人口已占加拿大总人口的4.5%，成为加拿大最大的少数族裔，即白种人和原住民以外的最大族裔。华裔人口中25%的人是在加拿大本土出生的，其余大部分来自中国大陆、中国香港和台湾。最近几年在加拿大发现了疑似古代中国人的遗迹。"民族马赛克"常用来形容加拿大的多民族性。

官方语言为英语、法语。获得认可的地区语言包括全部第一民族语言。其他主要语言有粤语、意大利语、德语、旁遮普语。居民中信奉天主教的占47.3%，基督教、新教的占41.2%。

（一）服饰民俗

加拿大是一个比较自由奔放的社会，其服饰文化也体现出这一点，每一个年龄层次的特点都发挥到了极致。

年轻人是叛逆的，也是最奔放的，服饰肯定是最夸张的。牛仔裤上的洞多得你可以去想是不是一件破烂，衬衫的底部到了膝盖，短裤在长裤外面。全身上下打满了洞，鼻子、舌头、背上到处都是。身上也遍布纹身。

到了中年时期人已经变得很实际了，年少的轻狂已经不在。这时候的加拿大人追求的是服饰的随意、宽松和方便。这时候的加拿大人的衣服，没有烫挺的西裤，也没有高跟鞋，在他们眼里实用性是选择衣物的标准。

对于上层人物和政界人物来说穿着就是一种麻烦了。出门时领带一定要和服饰相配；衬衫一定要烫挺；西服的口袋里，露出的白绢造型要工整；发型不能太随便；说话不能张狂，绅士、淑女的形象要维持好；最好每一次出席派对，都穿不同款式的服装等等。不过在加拿大需要用到正装的时候并不多，一两套足够。

对于老年人来说，春天般的年纪已经过去了，但心还是那么的年轻，他们虽然不注意流行的款式，但是依然浓妆艳抹、衣着花俏。

（二）饮食民俗

由于加拿大是个移民国家，因此在不同地区均可品尝到使用了新鲜材料的各国饭菜。两大洋是鳕鱼、鲑鱼的宝库，而淡水湖和河浅中则盛产鳟鱼、鲈鱼等。若是到了西海岸的班府，那里会有令人销魂的熏鲑鱼和鲑鱼牛排等待您，味道、分量都令人无法挑剔。大西洋沿岸的纽芬兰岛和爱德华王子岛所产的龙虾、大西洋鲑鱼、贻贝、海扇等海鲜，既有清煮的清淡味道，又有味道浓郁的蚬肉汤等。同时，PEI 还是马铃薯的名产地，游客可在此品尝到酥脆的PEI 马铃薯。

量足价廉可以说是加拿大菜的特色。内陆的大平原地带是小麦粉和畜产品的产地。只要出到＄10 以上，就能够吃到数量多得简直难以令人置信的最棒的艾伯塔牛烧烤及牛排；水果品种丰富，生吃自是很好，由其制成的果酱也物美价廉。而且，提起加拿大就自然令人想到枫树果露，那些粘稠的呈琥珀色的枫树果露都是当年春天枫树的树液煮制而成的。也可制成砂糖或糖果。超市和礼品店里摆满了大瓶小瓶的枫树露，有的装在漂亮可爱的器皿里，最适合当作礼品送人。吃的时候可以抹在面包上或加进红茶里，对那些自己做饭及野营的人来讲，为了方便最好准备上一瓶。

加拿人爱饮酒，白酒、葡萄酒、啤酒、威士忌都是餐桌上常备的。一般人还喜欢喝咖啡，也有不少人喜欢饮茶，加拿大人比较喜欢中国菜和中国红茶。

加拿大特色美食有：象拔蚌刺身、肉汁奶酪薯条、三文鱼、咖啡碎块果冻、各式枫糖、冰酒等。

【微型资料10-2】加拿大"三不"饮食

加拿大拥有着丰富多彩的饮食文化，其中"三不"饮食文化别有情趣。

不设烟酒

对中国人来讲，不论是家里还是到酒店宴请朋友，一般都离不开烟酒，否则就有怠慢之嫌。然而，在加拿大请客吃饭则都不设烟酒。因为，在加拿大有禁烟规定，并且必须年满16岁以上者方可购买香烟。在联邦政府大楼、电梯、银行、商店、学校及多数公共场所吸烟都是违法的。如发现有人在酒楼、餐馆吸烟不加制止或者是纵容其吸烟，可能会被处以 5000加元罚款。对酒也是如此，如阿尔伯塔省规定，19岁以上者方可买酒，而烈性白酒则被禁止出售。另外，餐厅、酒吧只可在上午11 时到凌晨1 时卖酒，饮酒者只能在领有酒牌的地方或住宅内喝酒，在这些地方以外饮酒都是违法的。

不吃热食

热食是中国饮食文化的一大特色，一般是现烧现炒趁热吃，弄几碟冷盘，也只是供饮酒用。而加拿大人喜欢吃冷食，这种冷食不同于我们的冷盘菜肴，一般是由主人先将各式菜肴烧好，用碗、盘、碟等器皿盛好后，依次将各式菜肴摆在厨房内的餐桌上，待客人到齐后，供客人享用。因为菜肴烧得比较早，时间一长，也就成了凉菜，加拿大人称之为"冷餐宴会"。

不排桌席

在加拿大，宴请是不安排桌席的。通常是客人们手拿一次性塑料餐盒和叉子，一个个排在摆满饭菜的台前，然后自己动手随意选取食物，最后自找地方用餐。因为不排桌席，所以客人们取好饭菜后，各奔东西，有坐有站，随随便便，无拘无束。如自感腹中没有吃饱，还可以再去取。

住在北极的因纽特人，意即"吃生肉的民族"；因纽特人在捕获猎物后，多当场解体，生食其肉。因纽特人至今保持着传统的共享制度，捕获物由主妇掌管，主妇在给自己家留出一份之后，其余全部分给自己的同族人。在这个民族中，人们串门不用敲门，见到食物可以随便吃。遇到哪家有了美味佳肴，还可以通过广播，通知大家前来共享。

（三）居住民俗

加拿大居民的住房，有造型别致的独立房屋（另加地下室）、连排房屋（中国人称之为联体别墅）、公寓。独立房屋是独门独户的小楼，带前后院子，一般地上两层地下一层。其车库多为双车车库，属于中高收入家庭的住宅。连排房屋，是将两座或更多的住宅连成一排。一般不设车库，而是在附近辟有专门的停车场。其建筑成本更为节省，中低收入家庭、尤其是年轻夫妇往往选择这类住房。公寓，它相当于中国大陆的多层住宅楼房，一座大楼分为若干单元，每个单元里又在每个楼层安排一至几户住宅。这类住宅的建筑成本最低，占地面积较少，价格最为低廉，是单身住户和低收入家庭的首选。

由于欧洲移民的历史传统，给加拿大的住宅带来了丰富多彩的建筑风格，其中包括哥特式、都铎式、乔治亚式、西班牙式、法兰西式、维多利亚式等格调，所以加拿大的民居建筑大多映现着欧洲古镇的影像。

这里的住宅区多为开放式小区，小区内马路纵横，每户门前都有道路以方便车辆进出。房屋后的院子多为高约 1.2 米的栅栏，与邻居或道路相隔。人们十分注重住宅周围环境的美化，家家户户的门前屋后都有草坪，有的种着花卉，还有的栽着挺拔苍翠的松树。

房屋的木质屋架及内墙板保温抗震性能很好。木制内墙配合房屋无缝卷材薄膜，油漆后屋内看不到裂缝，也没有斑驳掉漆的现象。室内的上下水管道、通风管道、电线、天然气管道等全都在夹墙中穿过，室内看不到一根管线。

屋顶防水材料主要采用油毡瓦、木板瓦及陶瓦。油毡瓦色彩丰富、质轻、使用寿命长，故使用较多。外墙装修材料有砖石、抹灰、木板，现代房屋的外墙大多覆盖了一层色彩鲜亮的保温氟碳复合装饰板，耐用且美观。由于当地环境清洁，外装修能长期保持鲜艳的色彩。住宅内部隔墙多采用纸面石膏板、表面油漆或贴墙纸，隔板及隔墙内添加了隔音及保温材料。室内地面多铺设地毯，也有的采用拼花木地板。浴室、卫生间及厨房内则多用塑料铺块或瓷砖铺地。

因为这里大多数居民是有车一族，选择居住地域的最优条件是空气清新、环境幽美、居住舒适，这样，距离市中心较远的靠近大片树林、河流或池塘的区域就成为了首选。

西部印第安人大多住木房或预制板房。因纽特人过去春夏住鹿皮制作的帐篷，秋冬住雪屋，现在除了边远地区，大都搬进现代住宅，雪屋倒成为一种供人观赏的景致了。

（四）人生礼仪民俗

1. 婚姻习俗

加拿大是个多民族的国家，有英裔、法裔、印第安人、爱斯基摩人、华人和少量欧美及亚洲各国移民。这些民族都具有自己的传统习惯和风俗，在婚礼上也表现如此，从而使加拿大成为一个有着多姿多彩婚礼习俗的国家。

加拿大的英裔居民和法裔居民大多信奉天主教或基督教，他们的婚礼习俗同西方信基督教的国家有很多相似之处。大多数加拿大青年对婚礼非常重视，他们总是力求将婚礼办得热烈隆重、多姿多采、富有纪念意义，通常在婚礼前几个月甚至一年便开始有关的准备工作了。

加拿大青年男女喜欢在5月到9月这段时间举行婚礼，尤其爱在7月份喜结良缘，而且婚礼仪式多选在星期六这一天。在此期间，每逢周末，加拿大城乡教堂从早到晚飘荡着悦耳的《婚礼进行曲》，新郎新娘乘坐的彩车队徐徐行驶，围观的人们报以热烈的掌声和欢笑声，相遇的车辆鸣喇叭表示祝贺，各地都沉浸在喜气洋洋的气氛之中。由于众多的男女选择在同一段时间内举行婚礼，教堂显得异常繁忙，因而一切准备都须在婚礼前三四个月联系妥当。加拿大人喜爱鲜花，他们婚礼上的鲜花十分考究，教堂、宴会厅、新房都要用玫瑰花、兰花、百合花装扮，色彩艳丽、浓香扑鼻，因此采购鲜花也是一项重要事情。

婚礼仪式在教堂里举行，仪式内容同西方许多国家大体相似。其中，加拿大新婚夫妇相互赠送的戒指内侧刻着各自姓名的缩写字母和结婚日期，双方视为珍品而留作永久的纪念。教堂仪式结束，新婚夫妇要乘坐装扮得花枝招展的彩车沿着繁华地区走一圈，随后到风景秀丽的公园或名胜游览地拍摄新婚合影照片。

加拿大人的新婚宴会一般都选在晚上举行，先是非正式的酒会，接着是正式的冷餐和热餐，气氛热烈，场面隆重。加拿大新婚夫妇也有婚后蜜月旅行的习惯。由于加拿大冬季漫长，因此经济条件好的，爱到加勒比海诸岛和美国的佛罗里达州去度假，尽情享受阳光、沙滩和海浪。而收入不丰者，多到国内的风景胜地游玩，如魁北克的劳伦欣山区、落基山脉的班斧以及路易斯湖等地。

【微型资料10-3】印第安人的婚礼

加拿大印第安人的婚礼带有浓厚的民族色彩。婚礼地点多选择在印第安人聚居区公共建筑物里举行，一般是一幢较大的木头房屋。举行婚礼时，亲朋好友、左邻右舍、村中居民纷纷来到木房里，众人席地而坐，互致问候。男女老幼身穿民族服装，款式新颖，色泽艳丽。虽然印第安人性情开朗，但婚礼场合却显得非常安静，即使说话也是轻言细语。

婚礼的主持人是酋长和两位长老，当他们来到现场时，全场的人向他们致礼表示敬意。酋长身着民族服装，头上象征权威的高高的羽毛格外醒目。酋长在大厅中央坐定，两位长老分坐酋长左右，他们是当地年岁最大的人，灰白色头发结成长辫垂在肩上。新郎新娘身着白色的鹿皮传统服装，跪坐在酋长对面。成年男子围坐在酋长、长老、新郎新娘周围，妇女和儿童围坐在男人的外围，每人面前放着刀叉和盘碗。

仪式开始，酋长面向空中，高举双手，全场鸦雀无声。他点燃艾草，随着一股伴有浓香的青烟升起，酋长用民族语言向神明祈祷，为新婚夫妇祝福。酋长说完，由左右两边的长老边说边唱，歌声豪放粗犷。祈祷完毕，酋长从身上取下一根长管烟枪，在艾草上点燃，再将烟枪平举在胸前，自左而右地转一圈，放进嘴里吸几口。随后，将烟枪交给左边的长老，这位长老照酋长的样子做一遍后交给右边长老，接着传给新郎、新娘、客人们。按照印第安人的传统风俗，烟枪象征和平，吸烟表示友好。当在场的每一个人都吸过烟后，四位年轻人抬来一大桶汤羹，新郎新娘先为酋长和长老每人盛一碗，酋长接着将汤羹分盛在五六个小桶里，再由人分给在场的每一个人。根据印第安人传统习惯，新郎婚前要设法猎获一头麋鹿，用鹿肉加野米熬成汤，婚礼上分给大家喝。按照古老惯例，印第安人婚礼上吃玉米饼时，还应吃烤野牛肉，但今天的野牛成为保护动物，所以许多人婚礼上的烤野牛肉便用美国的"肯德基炸鸡"代替了。这样，印第安人的婚礼既保持着本民族的传统习惯，又受到了西方文化的影响。喜宴结束，酋长和长老离去，人们来到一块空地上，随着欢快的鼓声，通宵达旦跳传统的印第安太阳舞。

【微型资料10-4】抢亲

居住在加拿大北部的爱斯基摩人，至今流行着"抢亲"的古老习俗。爱斯基摩人注重诚挚的感情，不讲究结婚的形式。一对男女青年产生恋情，发展到一定程度，男方给女方家盖一幢房子或者送给女方一套能够御寒的衣服，女方家庭成员住进房子或者女方穿上衣服，就算相互间的婚姻关系确定了。爱斯基摩人的婚礼日期多选在隆冬季节举行，因为这段时间大雪封门，无法外出捕鱼或打猎。举行婚礼的那天，男子偷偷隐藏在女方家附近，一旦有机会，便将姑娘"抢走"。姑娘自然知道小伙子在门外挨冻，为了考验他是否忠诚，故意深居内室，让他难于"抢"到手。聪明的小伙子，总是用计谋将姑娘引出家门，达到"抢"人的目的。如果婚礼选在夏天，小伙子可以钻进女家，扯着姑娘往外跑，姑娘佯装不从，家人视而不见，最后姑娘的喊叫声慢慢消失在远方。爱斯基摩人婚礼异常简朴，新郎新娘叩拜家族长老、父母兄弟、亲朋好友等，大伙吃一顿鱼肉饭、喝一碗鱼汤、纵情跳一阵舞，婚礼宣告结束，客人各自离去。

2. 丧葬习俗

在加拿大，人死后要由医生或验尸官出书面证明。死者的亲属要在报纸上发讣告。葬礼一般采取宗教仪式，通常在教堂举行。由牧师主持追悼仪式并为死者祈祷，死者的亲友念悼词；仪式结束后，用一块天鹅绒棺罩遮盖住棺材送往墓地下葬，然后在墓地举行告别仪式。

因纽特老人在自己年逾古稀、自知将要成为家人的累赘的时候，就让儿子准备个冰洞，自己躺进去，由儿子给他盖上一张兽皮，随后将洞口封上。5天后，儿子再在冰洞上挖个小洞，意思是让父亲灵魂升天。

（五）社交礼仪民俗

1. 社交习俗

加拿大人社交习俗总的特点可能用这样几句话来概括：加拿大人很友好，性格坦诚心灵巧；平易近人喜幽默，谈吐风趣爱说笑；枫叶极为受崇敬，视为友谊与国宝；白雪特别受偏爱，生活为伴离不了；白色百合为丧花，"13"、"周五"惹烦恼。

在生活细节上有如下特点：

加拿大人生活习性包含着英、法、美三国人的综合特点。他们既有英国人那种含蓄，又有法国人那种明朗，还有美国人那种无拘无束的特点。他们热情好客、待人诚恳。他们喜欢现代艺术、酷爱体育运动，尤其是冬季冰雪运动。加拿大是世界上驰名的"枫叶之国"。枫叶点缀了加拿大的国土，加拿大人民对枫叶产生了极其深厚的感情。他们视枫叶为国宝和祖国的骄傲；还把枫叶喻为友谊的象征。他们还偏爱白雪，视白雪为吉祥的象证。常用筑雪墙、堆雪人等方式来助兴。他们认为这样可以防止邪魔的侵入。他们特别喜欢客人赞扬他们美好的国家和勤劳智慧的人民。

加拿大因纽特人（爱斯基摩人），性格乐观、慷慨大方、友善和气、喜欢说笑。他们异常好客，被喻为是世界上"永不发怒人"。

2. 礼节礼仪

加拿大人在社交场合与客人相见时，一般都惯行握手礼。亲吻和拥抱礼虽然也是加拿大人的礼节方式，但它仅适合于熟人、亲友和情人之间。

与美国公民相比，加拿大较为保守。见面与分别时握手是合宜的，在加拿大大多地方都要求遵守时刻，招待会多在饭店或夜总会举行。如果你想在他人家里受到款待，礼貌的做法是给女主人送去鲜花。在谈话中不要偏袒分裂主义——把加拿大分成讲法语和讲英语的两个国家。加拿大人以自己的国家为自豪，反对与美国作言过其实的比较。谈到肯定成绩的事例并对加拿大人民及其国家给予好评是最受欢迎的。

（六）岁时节日民俗

加拿大一年之中有十几个节日和庆祝、纪念的假期。有些公众假日是世界性，而有一些仅限于加拿大。通常一月至十二月的节日有：

新年（1月1日）：这天是公众假日，大多数的商店关门，也就是当人们从新年的除夕晚狂欢庆祝之后，而新年就在午夜中悄悄地走近。

情人节（2月14日）：这一天不是公众假日，但几乎是全世界公认的一个特殊日子。红色是这一天主要的颜色，圣华伦泰（St.Valentine）是一个非正式的，但却是公众所公认的爱侣守护神。

圣百德（3月17日）：圣百德是爱尔兰公认的守护神，这一天不是公众假日，绿色是当天主要颜色。

复活节：这是一个基督徒庆祝的节日，而这个节日每年都不固定。举例来说，2004年耶稣受难日（Good Friday）是在4月9日，而复活节是在4月11日。

耶稣受难日：这是每年纪念耶稣被钉在十字架受死的日子。这天是一个公众假日，基督徒在这一天纪念耶稣。

维多利亚日（5月17日）：这天是庆祝维多利亚女王的生日。亦是一个公众假日。园丁通常拿这一周的周末作为基准日来种植西红柿。

加拿大国庆节（7月1日）：这是一个全国性的节日，是一个公众假日。若七月一日刚好碰上周末，则会补假一天。

卑诗省节：这是个公众假日，在不同省有不同的名称，这一天是定在八月的第一个星期一，每年的这一天在列治文的一个小区中心会有一个多元文化的欢乐节日，叫做Multi-fest。

劳工日：是美国和加拿大的公众假期，通常定在九月的第一个星期一来对劳工们表示敬意。

感恩节：公众假期。十月的第二个星期一，一般的习俗有烤火鸡、烤蕃薯和烤南瓜派。

万圣节（10 月 31 日）：起始于天主教的十一月一日的万灵日，而前一天晚上，也就是十月三十一日，就叫万圣节。传说在十一月一日那天是大人灵魂回来的日子，而十月三十一日则是小朋友灵魂回来的日子，在以前 All Saints' Day 是来赞扬天主及其圣者。而今日北美，小孩甚至大人都会化妆，打扮成不同的鬼、卡通人物、明星等，到附近的邻居敲门要糖果，说"Trick or Treat"，而通常应门的人多会给一些糖果，以防要糖的人恶作剧。这天不是公众假日。

和平纪念日（11 月 11 日）：这天是为了纪念那些曾经在战争中为国家服务过的军人，特别是那些在战争中失去性命的军人。红色罂粟花（Red Poppy）则是当天的象征，据说在第一次世界大战时，欧洲的法兰德斯战场（Flanders Field）有很多军人牺牲，而在同时则开了很多的罂粟花。每年此时，加拿大皇家退伍军人协会各分部（Royal Canadian Legion Branches）会筹款来帮助一些经济陷入困境的退伍军人家庭。

圣诞夜（12 月 24 日）：这天不是假日，但是全世界的基督徒会庆祝神圣的耶稣诞生前夕，有些国家真正的圣诞是在这一天而不是在圣诞节。教会通常在当晚十一点以后或是午夜十二点整会有一些唱圣诞歌、弥撒等活动，整个圣诞节日一直持续至一月五日晚（主愿节）。

圣诞节（12 月 25 日）：这一天是公众假日。通常在这天亲友们会互换礼物和卡片，教会里通常会布置一个马槽模仿耶稣诞生时的情景。当天传统的食物包括：烤火鸡、火腿、圣诞糕点和碎肉塔等。一般人的房子外面会有彩色的圣诞灯装饰，里面有其他的装饰和一棵圣诞树。

节礼日（12 月 26 日）：如遇星期日则顺延一天。本节日应该始于英国，传统上是向邮递员等送礼的日子。但现在成了大采购的日子。

除夕（12 月 31 日）：虽然这天不是假日，但人们庆祝此日是阳历年的最后一天。通常这天人们相聚在一起开派对，午夜十二点开始倒数计时迎新年。

除了法定节日外，加拿大全国性节日还有冬季狂欢节、母亲节、枫糖节、父亲节等。此外加拿大还有地区节日，如安大略省的枫树节、魁北克省的圣徒约翰日、纽芬兰省的圣乔治节等。

【微型资料 10-5】枫糖节

每年 3 月底至 4 月初的枫糖节是加拿大传统的民间节日，每年三月春意盎然时，生产枫糖的农场被粉饰一新，披上节日的盛装，大家在一起品尝大自然送给他们的甜蜜礼物。传统的枫糖节都向来自国内外的游人开放，尤其欢迎儿童的到来。一些农场还专门保留着旧时印第安人采集枫树液和制作枫糖的器具，在节日里沿用古老的制作方法，为观光客表演制枫糖的工艺过程，有的还在周末向旅游者免费供应枫糖糕和"太妃糖"，任人品尝。节日里当地居民还热情地为游客们表演各种民间歌舞，带领观光客去欣赏繁茂美丽的枫林红叶。

（七）工艺美术

加拿大社会的多元文化环境被加拿大政府和人民引以自豪，它不但是区别于其他移民输入大国的显著标志，而且是吸引移民的主要原因之一。本土文化艺术节众多。

1. 班夫艺术节（Banff Summer Arts Festival）

每年在班夫艺术中心进行歌剧、交响乐、芭蕾舞以及戏剧表演，是北美最盛大的艺术活动之一。

2．路易斯·雷尔会审

在萨克其万的首府雷吉纳（Ligena）演出，这出戏是根据法庭内的真实记录编排，内容是每年夏天在政院（Government House）发生的事情。

3．Folklorama

在温尼伯每年八月为期一个礼拜的期间，超过 40 支不同文化种族的民族以本土的舞蹈、歌谣、展览会以及食物来展示他们不同文化的特色。

4．斯特拉福德节日（Stratford Festival）

位于安大略的斯特拉福德，每年举行盛大的斯特拉福德节。最主要的戏剧性大事莫过于每年五月到十月为期 6 个月，在三家戏院所放映的莎士比亚戏剧（Shakespearian Plays），作品有古典时期以及同时代的戏剧和音乐创作。

5．几耳夫春节（Guelph Spring Festival）

安大略省的一场文化盛宴。聚集了古典音乐、吟诵、音乐会、舞蹈以及艺术展览，每年五月都吸引不少世界顶尖的表演者前来参演。

6．卡瑞巴纳（Karibana）

位于安大略省的多伦多，为期十天的加勒比海嘉年华会在仲夏时分展开，以月下巡航、化装舞会以及多伦多的岛上野餐等几项有趣活动作为号召，五花八门的活动、热闹的气氛远近驰名。

7．萧伯纳纪念日（Shaw Festival）

位于尼亚加拉瀑布注入安大略湖的区域，从五月到十月，这座非常具有 19 世纪韵味的小镇，便宴请宾客，纪念爱尔兰作家·乔治·萧伯纳以及和他同时代的创作者毕生致力的戏剧。

8．国际爵士节（International Jazz Festival）

在蒙特利尔，这个为期仅十日的庆典向人们展示了爵士乐的魅力，每年的七月初便有超过 40 万的乐迷前来共渡佳节。

9．奥佛饰（Festival Orford）

位于魁北克的奥佛山（Mount Orford），是加拿大最富盛名的夏日音乐节之一。整个七月及八月山丘上处处回响着来自室内舞台或是户外舞台所演奏的古典乐、爵士乐以及流行乐。

10．米罗米奇民俗音乐节（Milamichi Folk Song Festival）

长期以来，人们一直赞扬加拿大的自然美景和广阔的土地，但加拿大还以当代艺术创造中心而闻名于世。

（八）游艺民俗

加拿大人十分爱好文娱活动，喜欢看电视、听广播、读书刊，周末和节日则常常聚在一起跳舞。

加拿大人爱好体育活动，喜欢打棒球、网球、壁球、曲棍球、高尔夫球，爱好骑自行车、散步等。夏季最普遍的体育活动是游泳，冬季最热衷的运动项目是滑冰、滑雪；冰球是加拿大人最喜欢的体育运动项目，成年男子几乎个个会打冰球，许多中小学生也是"冰球迷"。

（九）禁忌

加拿大人忌讳"13"、"星期五"，认为 13 是意味着厄运的数字，星期五是灾难的象征。他们忌讳白色的百合花，因为它会带来死亡的气氛，人们习惯用它来悼念死人。也不喜欢外来人把他们的国家和美国进行比较，尤其是拿美国的优越方面与他们相比，更是令人不能接受。加拿大妇女有美容化妆的习惯，因此她们不欢迎服务员送擦脸香巾。此外，在饮食上，忌吃虾酱、鱼露、腐乳和臭豆腐等有怪味、腥味的食物；忌食动物内脏和脚爪；也不爱吃辣味菜肴。

三、墨西哥民俗

墨西哥是拉美第三大国，为中美洲最大的国家。位于北美洲南部、拉丁美洲西北端，是南、北美洲陆路交通的必经之地，素称"陆上桥梁"。北邻美国，南接危地马拉和伯利兹，东临墨西哥湾和加勒比海，西南濒太平洋。海岸线长 11122 公里。有 300 万平方公里经济专属区，35.8 万平方公里大陆架。著名的特万特佩克地峡将北美洲和中美洲连成一片。全国面积5/6 左右为高原和山地。墨西哥高原居中，两侧为东西马德雷山，以南是新火山山脉和南马德雷山脉，东南为地势平坦的尤卡坦半岛，沿海多狭长平原。全国最高峰奥里萨巴火山，海拔 5700 米。主要河流有布拉沃河、巴尔萨斯河和亚基河。湖泊多分布在中部高原的山间盆地中，最大的是查帕拉湖，面积 1109 平方公里。墨西哥气候复杂多样。沿海和东南部平原属热带气候，年平均气温为 25℃～27.5℃；墨西哥高原终年气候温和，西北内陆为大陆性气候。大部分地区全年分旱、雨两季，雨季集中了全年 75%的降水量。因墨境内多为高原地形，冬无严寒，夏无酷暑，四季万木常青，故享有"高原明珠"的美称。

墨西哥是人口最多的西班牙语国家，也是拉丁美洲第二人口大国，仅次于巴西。全国大约 60%的人口为印欧混血人、30%是印第安人后裔、9%是欧洲后裔。墨西哥是一个天主教国家，全国 89%的人口是天主教徒；但也有 6%的人信奉基督教新教，其余 5%的人口信奉其他宗教或没有宗教信仰。

（一）服饰民俗

服装普遍欧化，墨西哥农民的穿戴强烈地反映出了印第安各民族服装的特点。服装丰富多彩。

墨西哥人的穿着打扮，既具有强烈的现代气息，又具有浓厚的民族特色。在墨西哥人的传统服装之中，名气最大的是"恰鲁"和"支那波婆兰那"。前者是一种类似于骑士服的男装，看起来又帅又酷；后者则为一种裙式女装，穿起来让人显得又高贵、又大方。

墨西哥人非常讲究在公共场合着装的严谨与庄重。在他们看来，在大庭广众面前，男子穿短裤、女子穿长裤都是不合适的。因此，在墨西哥出入公共场合时，男子一定要穿长裤，妇女则务必要穿长裙。

（二）饮食民俗

墨西哥人的饮食，是在当地土著居民传统风格的基础上，吸收了欧洲，特别是西班牙的烹饪技艺之后逐渐发展起来的。在世界上，墨西哥菜不但颇有名气，而且的的确确自成一体。

从总体上讲，墨西哥人的传统食物主要是玉米、菜豆和辣椒。它们被人称为墨西哥人餐桌上必备的"三大件"。

墨西哥乃是玉米之乡。墨西哥人不仅爱吃玉米，而且还可以用它制作各式各样的风味食品。其中最有特色的是玉米面饼和玉米面糊、玉米饺子、玉米粽子等，所以有人将玉米称作"墨西哥人的面包"。

墨西哥菜的特色，是以辣为主，有人甚至在吃水果时，也非要加入一些辣椒粉不可。除了爱以菜豆做菜之外，墨西哥人还有吃仙人掌的嗜好。在他们看来，仙人掌与香蕉、菠萝、西瓜一样，可以当水果吃。除此之外，仙人掌还被墨西哥人用来制作饮料。

在墨西哥，许多人都有以昆虫做菜的爱好。蚂蚱、蚂蚁、蟋蟀等都可以成为墨西哥人享用的美味佳肴。

一般来讲，墨西哥人颇为好酒。宾客登门以后，他们往往会首先以酒款待。在墨西哥，人们最看重的酒，是一种用龙舌兰酿成的名为"台基拉"的酒，有人甚至将其称为墨西哥的国酒。

在墨西哥人所举行的迎宾宴会上，主人通常会首先向来宾敬酒，并且大都会主动提议宾主采用手臂交叉的"伊达尔戈"方式饮酒。在一般情况下，墨西哥人是不劝酒的。

墨西哥人大都不吃过分油腻的菜肴。用牛油烹制的菜肴和鸡油做成的糕点，他们一般是不吃的。

（三）居住民俗

墨西哥的大城市住宅多种多样，旧城区多为西班牙式及欧洲近代式住宅；新城区多为高层公寓和低层花园式洋房；大城市边缘地带也有不少贫民窟，多为铁皮顶砖房；市镇和村庄一般还保留着印第安人原始的传统式样。

（四）人生礼仪民俗

1. 婚姻习俗

尽管现代社会，墨西哥人结婚也是西装革履、西式婚纱礼服，但在某些地区仍然保留着印第安祖先的许多习俗，他们的求婚方式和婚礼依然如故。在墨西哥伊达尔戈州梅斯基特尔河谷的奥多米人（OTOMIS）就是其中的典范，他们的婚恋别有趣味。

在墨西哥南部的查姆拉族居住地，有很奇怪的风俗习惯，年轻的姑娘可以收拾打扮自己，而已婚的女人如果爱漂亮爱打扮就被视为心术不正。小伙子如果相中某位姑娘，父亲就得立即到姑娘家去求婚，并带去绵羊、面包和白酒等礼物。之外，双方家长还要商定小伙子和姑娘见面的日期。约定时间一到，小伙子就得提着鸟笼、牵着大绵羊登门拜访。姑娘的父亲还要对小伙子进行反复观察和考试，如果姑娘父亲最后收下绵羊，婚事就算定下来了。

而居住在墨西哥境内的印第安人，他们至今仍保留着古老的婚俗。北部的达拉乌斯人，在男女恋爱方面，往往是女方采取主动。如果姑娘看中了某个小伙子，就往小伙子家扔石头，或在过"特斯吉纳达"节时，求婚的姑娘去抢小伙子脖子上的项圈或头上的汗巾，只要小伙子对抢了东西的姑娘紧追不舍，婚事就算同意了。

不过，居住在墨西哥中部的奥尔梅克人中的一族，对待婚姻是相当严肃的。小伙子向姑娘求婚，要经过一年的考虑才予以答复，然后双方家长还要举行订婚仪式。这一方面的习俗已经接近于我们中国的婚俗了。不过这一带的奇奇梅卡·霍拉斯人还流行一种"闹夜"的习俗。当求婚小伙子给女方送去礼物之后，夜晚，小伙子就要到姑娘家门口闹夜，深表对姑娘的爱慕之情。第二天，小伙子的双亲则在部落头领的陪同下正式求婚，并送去彩礼，如果姑娘的父母执意不肯答应，小伙子可以把姑娘抢回去藏在地位显赫的人家，而自己主动投案自首坐牢，直到能举行婚礼时再出来。这可是爱情至上的求爱啊！

墨西哥的确是个奇异的地方，这里的塔拉斯克斯人的求婚方式，简单得能让世界咂舌，男青年向姑娘要水喝，就是求爱，只要姑娘愿意给水就可结为连理。

墨西哥也可以说是一个匪夷所思的国度，多元的文明和多彩的习俗组成了一个互相平衡发展的多民族实体。当然，也免不了会有一些古老成糟粕的民俗传统。居住在墨西哥西北部的奥卡诺人定婚往往需要三到四年，还要索取很多彩礼，甚至连女方家父母的生活费都要算进去；墨西哥还有一种不良的婚俗，就是姑娘如果 17 岁还没嫁出去，就等于失去了自由恋爱的权利，自己会变成父母任意送给男人的礼物，还得"必须遵命"。

【微型资料 10-6】墨西哥婚趣

在墨西哥有一种称作"蜂鸟"（CORIBRIL）的小鸟，体型很小，能够通过快速拍打翅膀（每秒 15 次到 80 次，取决于鸟的大小）而悬停在空中，也是世界上最小的鸟。蜂鸟的飞行本领高超，也被人们称为"神鸟"、"彗星"、"森林女神"和"花冠"。蜂鸟在阿兹特克的神话中被当作修"兹罗皮契里"（也称为"呼兹洛波奇特里"）——太阳神，也是战争之神。旧金山土著民族奥隆尼（Ohlone）讲述了关于蜂鸟如何把火种带到人间的故事。

奥多米人把蜂鸟作为定情信物正是这种鸟儿的特性及神奇传说。如果奥多米小伙子有了心爱的姑娘，按照习俗要设法捕捉到一只蜂鸟放在姑娘家旁边。一般地说，捕捉到蜂鸟最好是雌性的，因为蜂鸟的飞行速度极快，捕捉蜂鸟的难度很大，也许他们的先辈显然对此事的难度早有体会，故而规定蜂鸟捕到时已经死了也算数，还特别宽大那些捕不到雌鸟的年轻人，规定雄性的鸟确"也凑合"，以尽快成就那些相爱的青年男女。

当姑娘发现自家门口有死去的蜂鸟，就知道有人正式向她求爱了，心中也大概猜出此人是谁，但发现两只以上的鸟，姑娘就要颇费心思琢磨一番了。

2. 丧葬民俗

死前忏悔是墨西哥阿斯特克族的一种习俗。家中的老人在离开人世之前，要向祭司忏悔，把自己一生中所犯的过失甚至罪恶全部都说出来，求得神的宽恕。平民百姓要到祭司家忏悔，上层人物在自家忏悔，忏悔的日子越接近死期越好，忏悔前，忏悔者把香料放入炉中，并用手指触地，表示向火神、大地宣誓，接着开始叙述自己的一生，交代自己所犯一切过失。忏悔完毕，祭司要对忏悔者进行惩罚，用尖尖的木刺刺穿他的舌头，有时木刺多达八十根，忏悔仪式过后，忏悔者如释重负，不再担心死后受到惩罚，可安心等待死亡了。

（五）社交礼仪民俗

墨西哥熟人间见面时一般采用的见面礼节主要是亲吻礼和拥抱礼。在墨西哥上流社会的交际中，男士们往往还会温文而雅地向女士们行吻手礼。墨西哥人最惯于使用的称呼就是在交往对象的姓氏前面，加上"先生"、"夫人"或"小姐"之类的尊称。赴约时，墨西哥人一般都不习惯于准时到达约会地点，和他们约会要有耐心。通常，他们的露面总要比双方约定的时间晚上 15 分钟至 30 分钟左右，在墨西哥人看来这是一种待人的礼貌。

（六）岁时节日民俗

墨西哥是一个节日和庆典颇多的国家，几乎每个月都会有节庆活动，宗教性的节日最为重要，如圣船节、受难节、瓜达卢佩圣母节、圣诞节、亡灵节等。

圣船节是墨西哥地区性的民间宗教节日。主要流行于纳亚里特州的斯卡尔蒂坦岛。每年 6 月 29 日这一天，当地渔民举行象征性的"圣徒"划船比赛。晚上人们纷纷涌向集会地点，庆祝载有圣彼得和圣保罗像的"圣船"比赛的胜利。

瓜达卢佩圣母节是墨西哥最重要的宗教节日。每年 12 月 12 日这一天，天主教会在特佩亚克山下的瓜达卢佩圣母大教堂举行盛大的宗教仪式，数百万信徒扶老携幼、长途跋涉，赶来参拜瓜达卢佩圣母原像。境内各地教堂也举行宗教仪式。节日前后，印第安族教徒还要表演传统的民族舞蹈，按自己的方式祭祀圣母。庆祝活动要持续一个月左右。

客店节和圣诞节（12 月 16～25 日），客店节是圣诞节的一部分。传说"圣灵怀胎"的贞女玛利亚随父到祖籍登记户口，因城中客店客满，结果在客店的马棚中生下耶稣。圣诞节前夜（12 月 24 日），各家都摆设经装饰的圣诞树和模拟耶稣降生场面的"圣诞马槽"。在这一夜里，合家欢聚，共进晚宴。

（七）工艺美术

墨西哥的民间工艺美术品种繁多，主要有石雕、染织、陶瓷、木雕、金属工艺等。色彩艳丽是墨西哥民间工艺美术的特征。早在 8 世纪的玛雅文化寺院壁画上，就有用深红和浅红色描绘细部图案，用黄色和黑色斑点画成豹皮斗篷，用称为"玛雅绿"的颜色画衣服。从古至今鲜艳的色彩总是陪伴着墨西哥人的生活，城市建筑、公众集会、家庭装饰、宗教活动、服装、各种手工艺品以至食品和菜肴，都是五色缤纷、热烈奔放。墨西哥的石雕普遍用于建筑装饰、神像和纪念性石柱上。巨大的"金字塔石雕"属于托尔塔克文化，雕刻着威武的神鹰。"太阳神石雕"表现的是玛雅人信奉的最高神灵——太阳神——基尼奇·阿奥的形象，是古印第安文明的典型作品。

（八）游艺民俗

墨西哥人能歌善舞，其玛利雅奇音乐和萨巴特奥舞蹈融合了西班牙和印第安音乐舞蹈的特色，欢快奔放。

墨西哥在美洲和世界体坛上占有重要地位。较普及的项目有足球、篮球、棒球、网球等，水平较高的有足球。墨西哥城拥有大中小型体育场馆 7500 多个，近几十年来，不少世界和国际性的体育比赛，如泛美运动会、世界自行车锦标赛、世界杯足球赛、世界排球锦标赛、世界大学生运动会、世界柔道锦标赛、世界划船锦标赛都曾在墨西哥举行，第 19 届奥运会也是在墨西哥召开的。

墨西哥人喜欢斗牛，斗牛士受到国人的无比尊敬。

（九）禁忌

在墨西哥，人们非常偏爱仙人掌和大丽菊。墨西哥人忌讳将黄色的或红色的花送人。他们认为前者意味着死亡，后者则会带给他人晦气。在墨西哥，蝙蝠及其图案为人们所忌讳。在墨西哥人眼里，蝙蝠凶恶、残暴，是一种吸血鬼。在该国，人们不仅不惧怕骷髅，反而认为它象征着公正，喜欢以骷髅图案进行装饰。

墨西哥人喜爱白色，但却对紫色深为忌讳。墨西哥人讨厌的数字是"13"与"星期五"。墨西哥人以黑曜石为国石，对它极为珍视。

接到墨西哥人用西班牙语写来的信件，切勿采用其他语言复信，不然就会被墨西哥人视为失礼。

中国人以掌心向下比划孩子身高的手势，在墨西哥人看来是侮辱人的。在他们那里，这一动作仅可以用以表示动物的高度。墨西哥人极少有夫妻并排而行的，他们主张丈夫应随行于妻子身后。

在墨西哥的不少地方，做客之时，不应一进门就摘下自己的帽子。这种做法，在当地含有前来寻仇之意。对于谈论政治、历史方面的问题，墨西哥人一般都兴趣不大。

四、巴西民俗

巴西联邦共和国是拉丁美洲最大的国家，面积居南美洲第一、世界第五。巴西拥有辽阔的农田和广袤的雨林。国名源于巴西红木，得益于丰厚的自然资源和充足的劳动力，巴西的国内生产总值位居南美洲第一、世界第七，也是南美洲经济发展较快的国家。由于历史上曾为葡萄牙的殖民地，巴西的官方语言为葡萄牙语。足球是巴西人文化生活的主流。巴西是金砖国家之一，是世界民族大熔炉的缩影。

巴西种族和文化差异显著。南部居民多有欧洲血统，可溯源到 19 世纪初来自意大利、德国、波兰、西班牙、乌克兰和葡萄牙等国的移民。而北部和东北部的居民部分是土著、部分具有欧洲或非洲血统。东南地区是巴西民族分布最广泛的地区，该地区主要有白人（大多是葡萄牙和意大利后裔）混血、非洲巴西混血以及亚洲和印第安人后代。

巴西全国人口 1 亿 8 千多万人，居世界第 5 名。由于历史原因，巴西人口的种族构成十分复杂。大西洋沿岸人口稠密，内陆地区较为稀少。种族和文化差异显著。按照 2010 年的数据，巴西人口中 47.3% 为白种人、43.1% 为混血种人、7.6% 为黑人、2.1% 为亚洲人，其余少数则为印第安人。

（一）服饰民俗

在正式场合，巴西人的穿着十分考究。他们不仅讲究穿戴整齐，而且主张在不同的场合里，人们的着装应当有所区别。在重要的政务、商务活动中，巴西人主张男士应穿西服；女士穿色调鲜艳的裙装；巴西男人平时喜欢穿衬衫和短裤。巴西印第安人部落里，妇女的发型是宝塔式，一层代表十岁，年龄越大，层数越高。博罗罗族印第安人家中有丧事时，要把前额的短发剪去。博托卡印第安人的审美观很特别，人们从幼年时就刺穿耳垂和下唇，插入小木塞，扩大穿孔，然后把一种叫做"博托卡"的圆形木片嵌入耳垂，这个部落因此得名。

（二）饮食民俗

巴西人的饮食习俗因民族和区域的不同而各异，如圣保罗州居民的饮食以意大利风味居多，南部圣塔卡林纳州则以德国风味为主。巴西盛产咖啡，咖啡是巴西人日常生活中必不可少的饮料。巴西人喝咖啡用一种精致小巧的杯子，叫"咖啡奥"，意思是"小咖啡"。客人来访时，主人会奉上一杯香浓的咖啡，表示对客人的尊敬。

在巴西人的主食中，巴西特产黑豆占有一席之地。大多数巴西家庭每天会做一顿黑豆饭。巴西的国菜"烩豆"是猪蹄、杂碎、黑豆放在砂蜗里炖制而成，味道十分鲜美。

（三）居住民俗

巴西人的住房各式各样。在大城市，既有现代的高楼大厦，又有大庄园式的传统庭院。在农村，很多人住着用支架支撑起来、离地面很高的圆筒草房，东北部地区，大多数是木制房屋，而在东南部地区人们居住的是石屋、木屋、土屋。巴西的米纳斯吉拉斯州人，喜欢几代同堂住在一起，和睦相处。

（四）人生礼仪民俗

不少巴西人的门第观念依然很强，联姻的两个家族同属一个阶层的情况很多，以此加强各自家庭的力量。巴西人很重视少女的清白，这同西方国家的性开放有很在不同。少女在家中受到严格管束，一到成年便被嫁出。有些少女则被送到修道院，以免出现越轨行为。

男女青年在结婚前须参加为期两周的婚前教育。教育的主要内容有婚后的行为规范、待人处事的原则、婚姻道德以及性卫生等。经过学习通过考核者，可得到合格证书，凭证书方可登记结婚。未获得证书而擅自结婚者，其子女不被法律所承认，上学、继承遗产都可能出现问题。

按照传统的习惯，结婚的一切开支以及举办婚礼的各项事务，多由女方负责。有些富有的女方家庭，除准备有丰盛的嫁妆外，还陪送新房。新郎则悠闲自得，只需准备一对戒指，到教堂参加婚礼即可。女方嫁到男家后，常接父母同住并负责赡养。有些男人做倒插门女婿，婚后住在女方家。在贫穷偏远地区，男方只需用甘蔗酒作为聘礼，婚礼也很简单。

巴西绝大多数人信奉天主教。教会对离婚者嗤之以鼻，不准离异者参加圣礼，因此夫妻离异现象很少。如男女双方坚持离婚，那也得等法庭判决三年后生效，而且巴西人一生只能离一次婚，不允许发生第二次。许多巴西人的家庭观念很强，在农村和偏远地区，上下几代人住在一起很普遍。

（五）社交礼仪民俗

巴西人在社交场合与他人相见时，最常用的礼节是微笑和施握手礼、赠送名片；一般相见时，往往以拳礼相互表示问安和致敬（行此礼要先握紧拳头，然后向上空伸出姆指）；巴西人在与亲朋好友、熟人或情人相见时，大多都习惯施拥抱礼或亲吻礼；妇女之间常用吻礼（在施礼时要脸贴脸用嘴发出接吻的吻声，以此来抒发她们的亲热之情，但她们虽吻而嘴却不接触脸）。巴西人不以表露感情为羞，在马路上也会相互拥抱。与一小群人告别时，必须与在场的人一一握手。

约会与准则：像大多数拉丁美洲人一样，巴西人对时间与工作都很随便。事实上，通常比约定的时间迟到 10 分钟或 15 分钟。切不要一开始就讨论商业事务，除非对方先开始谈。

款待与馈赠：在巴西人家做客，预计会接二连三地给你送上一杯杯很浓的咖啡。如果你是在巴西人家里接受了招待，礼貌的做法是在翌日给女主人送去一束鲜花并附上一封感谢信。切忌送紫色的花，紫色是死亡的象征。

交谈：巴西人爱夸耀自己的孩子，对他们的孩子表示关注会使他们高兴。巴西男人喜爱逗人的笑话，也爱放声大笑；但别谈带有种族意识的笑话，也不要谈论阿根廷，还应回避谈论政治、宗教以及其他有争议的话题。

从民族性格来讲，巴西人在待人接物上所表现出来的特点主要有二：一方面，巴西人喜欢直来直去，有什么就说什么；另一方面，巴西人在人际交往中大都活泼好动，幽默风趣，爱开玩笑。

（六）岁时节日民俗

巴西的节日很多，有宗教性的，也有非宗教性的。有些节日同葡萄牙、非洲、土著印第安等民族的历史渊源和宗教习俗有着千丝万缕的联系。

元旦　1 月 1 日（国定假日）。自除夕夜至天明，全国各地通宵达旦举行庆祝活动。

海神节　1 月 1 日。这是一个辞旧迎新、供敬海神、祈祷保佑家人来年平安的节目，至今已有 200 多年的历史了。最隆重的庆祝活动属东部的萨尔瓦多市。每年 12 月 31 日子夜前夕，海神节的信徒们和来自各地的旅游者聚集在海边，怀抱自制的小船，头顶装满鲜花的陶皿，围绕在女神像前载歌载舞。当新年的钟声敲响，歌颂女神的乐声响起，焰火腾空开放，信徒和游客们鱼贯而入齐腰深的水中，将小船、鲜花和装满献给女神供奉的篮子放入水中，凝视着它们顺水漂去，好似带走对女神的崇仰之情和无限寄托。然后，人们会在水中洗个痛快，将过去一年的污浊洗刷干净，纯洁地迎接新的一年的到来。

主显节　1月6日。区域性节日，多半在东北部举行。

彭芬节　1月第三个周日。萨尔瓦多最盛大的节日之一。

狂欢节　2至3月（机动性的国定假日）。是巴西人民的传统节日，相当于我国的春节，属里约、萨尔瓦多和累西腓、奥林达最为盛大。

复活节　2至3月（机动性的国定假日）。也称耶稣受难日，在殖民城市黑金市有丰富多彩的游行活动，新耶路撒冷演出耶稣受难复活剧。

蒂拉登特斯纪念日　4月21日。巴西首次独立运动领导人若泽·达·席尔瓦·沙维埃尔（俗称"蒂拉登特斯"，因他是牙科医生，故也称"拔牙者"）1792年就义纪念日。

国际劳动节　5月1日（国定假日）。这天，工人和其他劳动人民集会举行庆祝活动。

圣灵节　6月初（国定假日）。起源于葡萄牙的一种民间节日，1819年首次在巴西举行。每年6月初开始，历时十天。节日期间，人们身穿盛装，头戴以牛、鬼、小丑、海盗为主的面具，互祝幸福，年轻人则谈情说爱。圣灵节最热闹的时候是最后三天，届时骑马表演和少女的巡游仪式以及歌咏表演将把节日气氛推向高潮。

敬牛节　6月下旬。是巴西东北部的传统节日。它从非洲黑人的牛复活节演变而来，现已成为葡萄牙人和土著印第安人的共同节日。庆祝活动以游行演出为主要形式，节目的内容丰富多彩，多是通过牛的遭遇来抒发对当今社会的爱与恨，倾诉人们的苦与乐，或表达人们敬牛、爱牛的情感。节日的高潮是举行有浓厚宗教色彩的游行；人们在圣坛前为化装的牛命名，举行祈祷活动。

琼尼纳斯节　6至7月。6月至7月初为纪念圣约翰、圣彼得和圣安东尼所举行的一连串街头庆祝活动。其特色为燃烧篝火、跳舞狂欢和假结婚。

圣诞节　12月25日（国定假日）。是巴西重要的节日。自12月24日夜晚起，举国同庆。教堂举行圣诞前夜弥撒仪式，欢唱圣诞颂歌；各家各户欢聚一堂，装饰圣诞树，装扮圣诞老人，并互赠礼品；公众集会，欢迎圣诞老人降临。巴西是南半球国家，虽然12月正是炎夏季节，但是扮饰圣诞老人者仍遵循传统穿着宽大红袍。

（七）工艺美术

巴西的文化具有浓郁的拉美特色，普遍的音乐舞蹈时尚（如桑巴舞）多来自民间，深受非裔所影响。由未接受正式音乐训练的人演奏。每年二月嘉年华会时，蜂拥而出许多新歌曲，其题材多是当时的社会环境或是周遭发生的事情，通过个人表演表现多姿多彩的嘉年华会，正是巴西多重文化的表现方式之一。

（八）游艺民俗

巴西的音乐舞蹈深受非洲文化的影响，其著名桑巴舞就带有浓郁的非洲风情。人们对这种充满活力而激情四射的舞蹈充满狂热。

巴西由于举国上下对足球的喜爱及其男女国家队在世界大赛中取得的好成绩，有"足球王国"之美誉。巴西足协成立于1914年，1923年加入国际足联，至2014年巴西已经是连续第20次进入世界杯决赛圈。巴西是世界上唯一参加了历次世界杯决赛阶段比赛的球队。自从1930年世界杯举行以来，巴西人没有缺席过一届世界杯盛会，这在世界足坛是独一无二的记录。巴西队还是世界上唯一一支5次获得世界杯冠军的球队。

本章小结

从语言上看，北美地区主要是原英国殖民地，居民主要操英语，受西欧特别是英国的传统文化影响较深，大多数信仰新教，习俗多从欧美。南美洲（包括墨西哥）绝大多数地区历史上是西班牙殖民地（巴西为葡萄牙殖民地），居民大多数操西班牙语（巴西操葡萄牙语）。居民大多数信仰天主教，习俗从西班牙。各国民族和部落众多，每个民族和部落都有自己独特的文化，所以其民俗也各具特点，本章介绍了美洲主要国家的民俗概况，对美国、加拿大、墨西哥、巴西的服饰、饮食、居住、信仰、礼仪禁忌、游艺和岁时节日等民俗分别予以介绍。

主要概念

美洲民族　民族大熔炉　民族马赛克

复习思考题

1. 试述美国人的生活习俗、社交礼仪并分析其在世界上的影响。
2. 试比较南美和北美新兴民族的异同。
3. 试论述加拿大"民族马赛克"。

案例分析

桑巴舞被称为巴西的"国舞"。在拉美这个最大的国度，桑巴舞之普及，有这样的说法：人不分男女老幼，平时跳，节假日更跳；在舞台上跳，在大街上也跳；白天跳，通宵达旦地跳。每当激越的音乐声起，人们总是激情难抑，不禁摆腿扭腰，跳将起来，如醉如痴，欲罢不能，欲休难止。

桑巴舞

桑巴舞是一种集体性的交谊舞蹈，参加者少则几十人、多则上万人。这种舞蹈以鼓、锣等打击乐伴奏。这种舞蹈的舞步简单，双脚前移后退，身体侧倾，前后摇摆。男女舞者成对原地或绕舞厅相伴而舞，也可分开来各跳各的舞步。男舞者钟情于脚下各种灵巧的动作，两脚飞速移动或旋转；女舞者则以上身的抖动以及腹部与臀部扭动为主。桑巴舞可在舞厅和舞台上演出，而更多则是在露天的广场和大街上集体表演。舞者围成圆圈或排成双行，边唱边舞。舞者狂放不羁，动作幅度很大，节奏强烈，给人以激情似火的感觉。而大鼓、铜鼓、手鼓等打击乐器同时并作，高亢激越，声浪滚滚，更烘托出一种紧张炽热、烈火扑面的气氛。在这种气氛达到高潮之时，乐声往往又戛然而止，高难的舞蹈动感一下子冷凝为万般皆寂的雕塑似的静态。动与静的瞬间变化，大起大落的惊人和谐，制造出一种特有的惊喜感与震撼美。

更为桑巴舞增光添彩的，是演员华美绝伦的服饰。演员无论男女，都身着色彩艳丽的服装。男演员足蹬长靴，穿着欧洲古代骑士一样的马甲，或披着非洲大酋长式的长袍。女演员的衣饰则更为讲究。她们要么穿着将周身裹得严严实实的图案华美的拖地长裙，要么就只挂上小得不能再小的几近赤身裸体的"三点式"，甚至胸部完全裸露，只在乳头上涂抹一点彩饰。她们的头饰更为别致，或戴华丽的王冠，或插五彩的鸟羽，或顶一团火似的翎毛。色彩艳丽的衣饰上还缀满五光十色的珠玉，每当舞曲声起，现代化的灯光闪亮，服饰即随舞步飘动，珠玉伴和灯光流转，似一团团火焰闪烁，如一个个流星飞转，形成一个似梦如幻的世界。置身其中，令人顿生飘飘欲仙、魂魄飞升之感。

问题：根据以上案例，综合所学知识，谈谈你对巴西舞蹈文化的认识。

实践训练

加拿大民间特色节日：

枫糖节（Maple Syrup Festival）（3月底至4月初），是加拿大传统的民间节日。每年春天3月中到4月初是采集枫汁、熬制枫液糖浆的季节。"枫糖节"往往持续到6月底才结束。

活动：一些农场为观光客表演制枫糖的工艺过程，有的还在周末向旅游者免费供应枫糖糕和"太妃糖"，任人品尝。当地居民还热情地为游客们表演各种民间歌舞。

太平洋滨鲸鱼节（3月中旬～下旬）

活动：在温哥华岛的托菲诺和尤居路利艾特举行，这段时期每年有近2万头的鲸鱼会游至近海，除了赏鲸活动，还有与鲸鱼相关的展示会、电影会等。

请利用埃及和南非国家的原始部落风情策划一起民俗风情旅游活动，写出策划方案。方案应涵盖：

1. 活动宗旨和主题。

2. 活动时间和地点。

3. 活动具体内容：

（1）流程安排；

（2）相关系列活动。

4. 活动期间推出的旅游路线。

5. 活动组织者及管理者。

第十一章　大洋洲民族民俗

学习目标

知识目标： 对大洋洲概况和民俗有一个比较全面的了解，并且进一步了解澳大利亚、新西兰等国的饮食、服饰概况。

技能目标： 熟悉大洋洲各国的游艺和节日、人生礼仪、主要禁忌。

能力目标： 掌握大洋洲主要国家与人交往的礼仪规范。

【引例】巴布亚新几内亚爱情岛：示爱方式吓坏男人

特罗布里恩群岛又被称为爱情岛，位于巴布亚新几内亚。在岛上，山药是人们的主要食物，人们每年最高兴的也是收获山药。经过几个月的辛勤劳作后，人们终于可以享受自己的劳动果实，过一过轻松自在的日子。为此，岛上的人们还会举办山药节，用唱歌跳舞的方式来庆祝。

妇女们在这个时期也格外高兴，因为在收获果实的同时，她们还会收获爱情。可对于男性来说，这个季节带给他们的却是一些麻烦。收获后的那段时期，不论白天还是黑夜，一个男子甚至是几个男子外出走路都是不安全的，极有可能陷入女人的埋伏。通常三十个或更多的妇女结成一伙等候着，当警惕性不高的男子经过时，她们就一拥而上。无论男人同意与否，他都会被迫与她们中的几个亲密。如此一来，在这个季节男人们吓得不敢出门，即使是成群结伙，人少了也不安全。最让男子不能忍受的是亲热过后，女人还要咬掉他的眉毛和眼睫毛。被伏击的男子只能灰溜溜地回家，闭门不出，直到几个星期长出眉毛、睫毛后才能松口气。

到底是什么原因让她们如此疯狂呢？特罗布里恩一位著名的医生说，岛上的山药中含有一种物质，会激发妇女的性欲，但对男性影响不大。

爱情岛的人对性行为通常没有什么禁忌。岛四周有许多洞穴，里面布满紫色、绿色的珊瑚，还有柔软的沙子。这些洞穴通常是男女亲热的地方。洞壁上满是歪歪扭扭、乱涂乱写的字，有点像"某某到此一游"之类的东西。只不过这些字更直白更大胆，似乎也更有"意义"。

在特罗布里恩岛上，有几十种表达性意愿的信号。比如，一个男孩儿要想跟一个女孩儿亲密，他就会伸出大拇指，女孩儿同意，就把手指放在嘴唇上，否则就摇一下头。

岛上的传统舞蹈也极具诱惑力。在美丽温暖的傍晚，一群年龄大约十六七岁的少女在沙滩上跳舞。她们穿着极短的草编裙，裸露的上身涂着油和黄色的椰子粉，闪闪发光，胳膊上缠着手织的丝带，摇来舞去。男子则排成队列，由村子里最强壮的汉子打头，队伍最后是六、七岁的男孩子。除了腰带和几片干枯的棕榈叶遮住羞处外，他们几乎什么也没穿，身上也涂着油和椰子粉，双脚用力跺着，踢得沙土飞扬。

特罗布里恩岛的婚姻非常随意。一个女人要想离婚，只要把锅和孩子带上离开丈夫家就行。结婚也很直截了当，如果一个女人在黎明时依然躺在男子床上，那他就必须娶她为妻。当然，男子也会反"诱捕"，最常用的法子就是上闹钟，可这也不是万无一失。有时男子醒不来，或者女子把表给调了，更有甚者会偷偷给身边的男子吃安眠药。如果遇到这种情况，男子也只好认命了。

特罗布里恩群岛是西太平洋新几内亚岛东南所罗门海小岛群，由基里威纳岛等 8 个小珊瑚岛组成，陆地面积共约 440 平方公里，是巴布亚新几内亚的属岛。人口 1.7 万（1980 年）。居民以从事农业和渔业为主，并多擅长木雕刻手工艺。特罗布里恩群岛的人对性行为没有什么禁忌，因此特罗布里恩岛被称为爱情岛。

第一节　大洋洲民族概况

大洋洲源于拉丁文，原名澳大利亚洲，又被称为"南方大陆"，位于太平洋西南部和南部的赤道南北广大海域中。在亚洲和南极洲之间，西邻印度洋，东临太平洋，并与南北美洲遥遥相对。大洋洲一般包括澳大利亚大陆、塔斯马尼亚岛、新西兰南北二岛、新几内亚岛，以及波利尼西亚、密克罗尼西亚、美拉尼西亚三大群岛，共有一万多个岛屿。大洋洲陆地总面积约 897 万平方千米，是世界上最小的一个洲。大洋洲有 14 个独立国家，其余十几个地区尚在美、英、法等国的管辖之下。

大洋洲人口 2900 万，约占世界人口的 0.5%，是除南极洲外，世界人口最少的一洲。全洲 65% 的人口分布在澳大利亚大陆。各岛国人口密度差异显著。巴布亚人、澳大利亚人，塔斯马尼亚人、毛利人、美拉尼西亚人、密克罗尼西亚人和波利尼西亚人等当地居民约占总人口的 20%，欧洲人后裔约占 70% 以上，此外还有混血种人、印度人、华人和日本人等。土著居民为黄种人和黑种人。

大洋洲现代居民的语言，从使用人数的情况来说，以印欧语系诸语言为主，其使用人数约占全洲人口的 76% 以上，这反映了大洋洲自近代以来遭受欧洲列强殖民统治的必然结果。而且，在大洋洲 14 个独立国家中，就有 13 个国家以英语作为官方语言或通用语言（许多国家同时通用当地的民族语言）；只有瓦努阿图一个国家同时规定了 3 种官方语言，即英语、法语和当地的比斯拉马语。实际上，瓦努阿图的这种复杂情况，也是反映了其前身新赫布里底群岛为英、法共管殖民地的历史事实。当全世界大部分国家在圣诞期间疯狂消费，用现金或者信用卡付账时，南太平洋的岛国瓦努阿图却反其道而行之：在这个国家实物货币大行其道，猪的长牙、草席和贝壳成为人人都想据为己有的"钱"。

【微型资料 11-1】死亡跳　瓦努阿图恐怖的成人礼

瓦努阿图是位于南太平洋的一个岛国，由 4 个大岛和 80 个小岛组成。在这里，有美丽的热带风光，有热情好客的居民，特别是那世界著名的海下潜水区，迷人的海底动植物世界，每年都吸引着成千上万的游客来此观光。

"死亡跳"——蹦极的前身

蹦极跳起源于南太平洋岛瓦努阿图（Vanuatu）的一种成年仪式。居住在瓦努阿图其中一个名叫彭特科特岛上的居民，每年都要在四五月份举办一次"死亡跳"活动。

为举办这次活动，小伙子们先得花 5 周的时间用树枝和树干搭建一个高约 30 多米的"跳塔"，并在跳塔的不同高度上铺设木板作跳台，供竞跳者选择不同的高度起跳。为防止搭跳台的木头被太阳晒干，人们还在上面覆盖了宽大的树叶。跳塔建成后，准备参加竞跳的小伙子们就开始到附近的密林中去寻找合适的藤条了。找到的藤条要符合两个条件：一是藤条要足够结实，以保证在竞跳时不会崩断；二是藤条的长短要合适，以保证竞跳者在下落到最低点时头部不会触及地面。

进行"死亡跳"时，竞跳者先要根据自己的胆量和能力的大小选择不同高度的跳台。然后站在自己选好的平台上，双脚各拴上一根藤条，这些藤条的另一端被拴在跳塔最顶端的木架上。竞跳者首先向观众挥手致敬，然后双臂向上高高举起，随着一声长啸，双脚一跃，便头朝下地扎向地面。

【微型资料 11-2】瓦努阿图：买东西用猪和贝壳"付费"

以物易物开始流行

瓦努阿图昔日曾是英法殖民地，旧称新赫布里底群岛，1980 年获得独立后才改称为瓦努阿图。这里的居民拒绝使用信用货币，而使用非常古老的实物货币，如猪、草席以及贝壳项链等。

该国政府宣称 2007 年是传统经济年，坚持使用实物货币，发起此项运动的初衷是担心资本主义的经济规律会破坏瓦努阿图基于农业和多种文化交流的历史悠久的生活方式。有人担心，经济发展可能会引诱岛上居民去维拉港郊区的棚户区，那里大部分的人都遭遇到失业、贫穷和挫折。但是在乡村，饥饿和无家可归则是闻所未闻的。

"传统的经济方式已经在瓦努阿图运作了几千年。我们试图在发展的同时保存我们的文化遗产。"瓦努阿图前文化中心主任说。作为传统方式的复兴的一个部分，许多学校和诊所允许村民以各种实物来交纳费用，如一袋蔬菜或者一捆卡法胡椒，再或者是胡椒根。

用"猪牙大钞"买东西

瓦努阿图的国旗、国徽上都有一个奇特的图案：一头粗、一头尖、细长弯曲成一圈，有些像号角，细看又不大像。实际上这是猪牙。在瓦努阿图，猪牙是财富的象征，国旗、国徽上绘上猪牙，正表明"财富和繁荣属于瓦努阿图人民"，寓意非常美好。该国政府也郑重其事地宣布，猪牙为瓦努阿图的"国宝"。

几百年来瓦努阿图人就用"猪牙大钞"购买他们生活所需的一切，由于气候适宜，物产丰富，猪牙货币信用良好，很少发生通货膨胀的情况，一个普通家庭一年的开销，只需 20个左右猪牙就应付有余。

提亲不要钱 只要猪尖牙

两年前，瓦努阿图国家首领颁布法令：男子向女方家里提亲时不再支付现金作为彩礼，而是应该向女方家里送猪或者山药。在瓦努阿图，传统的货币中最值钱的就是长有弯曲尖牙的猪。村民们把这种猪的上牙敲掉，让下面的尖牙顺利长出来。而且尖牙越弯曲越值钱，弯成圆弧状，甚至弯成两圈，更有甚者，弯成三圈。最受尊敬的当属该国北部塔纳岛所产的无毛猪，一种非常稀有珍贵的雌雄同体的猪，这种"塔纳猪"身体上有雌雄两套生殖器官。

世界上最幸福的国家

瓦努阿图总人口为 21 万人，其中 80%是农民，他们在丛林花园中耕作。这里土壤肥沃，降雨丰沛，有充足的阳光。随便种点什么都能丰收，野生瓜果遍地都是，生活完全可以自给自足。岛上居民用弓箭和弹弓来打鸟、野猪和飞狐。也许正因为如此，瓦努阿图人干什么事都慢条斯理，对钱财也看得很淡。

在 2006 年的"地球幸福指数"评选中，瓦努阿图被提名为世界上最幸福的国家，最大的原因就是该国简单而又健康的食谱。这次评判的标准包括消费水平、环境、平均寿命和对多方面的满意程度而非传统的财富尺度。

目前，大洋洲直接以英语为母语的人数已达 1800 多万，约占全洲总人口的 66%；此外，还有许多外来移民和少数土著居民会讲英语，以英语作为第二语言。如果再加上这一部分人，那么，可以说，英语在大洋洲已是居于绝对优势的语言。

在大洋洲 14 个非独立领土中，绝大多数地方通用英语，其土著居民通用本民族语言；只有法属波利尼西亚、新喀里多尼亚、瓦利斯群岛和富图纳群岛的官方语言是法语。如果从政治形势来说，整个大洋洲便是英语和法语的世界；所有其他外来移民和土著居民的语言，全都处于从属地位。大洋洲土著居民的语言，一般可以分为三大系统：即澳大利亚诸语、巴布亚诸语和南岛诸语；而在南岛诸语中，又可以区分为美拉尼西亚诸语和波利尼西亚诸语。

大洋洲各民族的宗教信仰，也像它的人民和语言一样，可以明显地区分出当地因素和外来因素。当地的土著居民，在近代欧洲移民进入以前，其社会发展尚处在原始公社制的不同阶段，故而所信仰的也是各种不同形式的原始宗教，并呈现出一定的阶段性，能够反映出其进化过程的一系列链环。外来宗教以基督教为主。基督教传教士是随同最早的殖民者一起来到大洋洲的，他们在太平洋各个群岛和澳大利亚大陆进行了广泛的传教活动，至 20 世纪上半叶已使大洋洲基本上完成了基督教化。大洋洲各地虽然已被纳入基督教世界，但在宗教信仰上并未统一，实际上仍很复杂。这首先是由于"基督教化"只是表面现象，当地居民在形式上虽已成为基督徒，但在思想意识里仍然根深蒂固地保存着传统的宗教观念；其次是由于来自欧美各国的布道团原属不同教派，他们在传教的过程中同时也把教派纷争带到这里，而使不同教派的信徒彼此对立，互相攻击；第三则是由于近代不同时期迁入大洋洲的亚洲移民，也把自己原有的宗教信仰带了过来，他们的人数虽不算多，但却信仰着各种不同的宗教（如印度教、伊斯兰教、佛教、神道教等），从而更是增加了大洋洲宗教信仰的复杂性。

第二节　大洋洲国家民俗

一、澳大利亚民俗

澳大利亚位于南半球，面积居世界第六，约相当于五分之四个中国。它东临南太平洋、西临印度洋，由澳大利亚大陆和塔斯马尼亚等岛屿组成，澳四面临海，海岸线长 36735 公里。澳大利亚面积 769.2 万平方公里，占大洋洲的绝大部分，虽四面环水，沙漠和半沙漠却占全国面积的 35%。在东部沿海有全世界最大的珊瑚礁群——大堡礁，海岸线长达 37521 公里。是世界上唯一一个独占一个大陆的国家。

澳洲的面积约 769 万平方公里，官方语言为英语。人口 2170 多万人，70% 是英国及爱尔兰后裔；18% 为欧洲其他国家后裔；亚裔占 6%，其中华裔约 67 万人，占总人口的 3.4%；土著居民约 45.5 万人，占 2.3%。

（一）服饰民俗

澳大利亚人的衣着可以用两个字来概括——休闲。在悉尼的大街上你见不到巴黎人的时尚、伦敦人的高贵、米兰人的风雅。但澳洲人五颜六色的休闲服装更突出了澳大利亚人的随和、亲善与质朴。不过澳洲人也十分清楚他在什么时间、什么场合应该穿什么衣服。

上班时：每周一至五，上午9时至下午5时的上班时间里，城市里的上班族都是衣装楚楚。男士们一般都是穿西装、系领带、皮鞋加手提公文箱；女士们则是翻领短裙套装加高跟鞋。当然人手一部手机也是必配工具。

下班后：澳洲人下班回家后所有人都会换上一身轻便的休闲装。由于澳洲大部分城市四季温暖，夏季偏长，所以人们在下班后及周末、假期里大都是短衫短裤或短裙；秋冬季大多选择牛仔裤，棉长衫等。

社交：在派对、晚宴上，澳洲人普遍继承了欧洲人的传统，在正式场合均要认真打扮，浓妆艳抹。男士穿上或租或自置的黑色礼服；女士则精心选择一件喜爱的晚礼服，佩上合宜的首饰、香水。哪怕用上两小时时间打扮去应酬一个小时的社交，澳洲人也是心甘情愿的，或许他们十分珍惜这种不多的机会吧。

老年人：在澳洲最讲究穿着的不是年轻人而是退休的老年人。他们几乎不分场合、时间，永远都是穿着最鲜亮的服装和佩戴，老头们则喜爱四季都穿年轻时留下来的老式瘦形浅色西装并配上一顶英式浅色礼帽。

不讲究名牌：熟悉澳洲的人都会有一种体会，那里的人讲究衣着，但不讲究名牌。几乎没有多少人可以顺口说出几个世界知名服装的品牌，即使知道名牌而又可以买得起的人也不愿把钱花在名牌服装上，因为在澳洲人的眼中住房和汽车应该比名牌衣服更重要、更实际。

在澳洲销量最大的穿着品是文化衫、大裤衩、牛仔裤、泳衣、沙滩裤、拖鞋、运动鞋。而这些产品大都产自中国、印度、马来西亚、韩国和印尼。

（二）饮食民俗

澳大利亚人的食物应该是世界上最丰富多样的。肉、蛋、禽、海鲜、蔬菜和四季时令水果应有尽有。几乎全部是自产自销，很少依赖进口，而且品质优良，其中牛肉、海鲜、水果还远销世界各地。

谈到饮食文化，最值得一提的是亚洲食品在澳洲的兴盛。如同世界各地一样，亚洲食品的主流是中国餐。20世纪初，糖醋排骨、黑椒牛柳、咕咾肉、杏仁鸡丁就已经成为风行一时的异国情调菜肴。现在你可以在澳洲任何一个小城镇里看到中式餐馆。在大城市里的唐人街，中餐馆、酒楼更是鳞次栉比，枚不胜举。在各国风味餐馆中中餐的数目应该是最多的。现在最为流行的亚洲餐依次为中餐、泰餐、日餐、韩餐、越餐和马来餐。

现在澳洲人发现，在澳大利亚这块广袤的土地上可以种植任何其他国家盛产的植物，所以他们学会了各种烹调技术，并在饮食上有了创新意识，也能够使丰富的物产物尽其用。澳洲人可以说：世界在我的舌尖上！

【微型资料11-3】澳大利亚人与咖啡情缘

喜欢混合口味，加入牛奶、巧克力和酒

世界上哪个国家的人最爱喝咖啡？不是法国，也不是意大利，而是澳大利亚。据澳大利西亚（澳大利亚、新西兰及附近南太平洋诸岛的总称）咖啡协会的一份报告指出，澳大利亚是世界上在家饮用速溶咖啡最多的国家。

混合口味的咖啡最受欢迎

澳大利西亚咖啡协会的工作人员告诉记者，虽然不加糖、奶等其他原料的黑咖啡看起来更有利于健康，但澳大利亚人似乎并不喜欢喝，相比之下，他们更青睐混合口味的调味咖啡。报告显示，在澳大利亚人所喝的咖啡中，90%以上都是调味咖啡，其中，超过75%的咖啡要加牛奶，65%的咖啡要加糖。

报告因此分析说，澳大利亚人并不是单纯地喜欢咖啡本身，而是喜欢那种热热的、香甜的、带有奶味的混合口味。而且，澳大利亚的调味咖啡种类非常多，除了糖和牛奶以外，巧克力、酒等都可以加在咖啡里，让它的口味变得更加丰富。

拿铁受到"城里人"追捧

在所有调味咖啡中，拿铁咖啡最受澳大利亚"城里人"的追捧。报告指出，以墨尔本为例，居住在城市里、生活比较富足的群体更喜欢拿铁咖啡，而居住在远郊、生活水平较低人群的最爱则是卡布奇诺咖啡。

所谓拿铁咖啡和卡布奇诺咖啡，都是在意大利特浓咖啡的基础上调和而成的。意大利特浓咖啡是通过把粉末状的咖啡豆用蒸汽加压而得到的蒸馏咖啡。这种咖啡的味道浓厚，加入牛奶或其他饮料也不会被稀释，所以可做成各种调味咖啡。具体来说，卡布奇诺咖啡是在特浓咖啡的基础上，倒入以蒸汽发泡的牛奶。传统的卡布奇诺咖啡是 1/3 浓缩咖啡、1/3 牛奶和 1/3 泡沫牛奶。而拿铁咖啡中，咖啡、牛奶、泡沫牛奶的比例则有所不同，为 1：2：1。

此外，摩卡咖啡由于味道香浓，也很受澳大利亚人欢迎。其基本做法是把意大利特浓咖啡、热巧克力和热牛奶按 1：1：1 的比例依次倒入咖啡杯调和而成，其中既有咖啡的浓烈，又包容了巧克力的甜美和牛奶的柔滑。

（三）居住民俗

澳大利亚地广人稀、资源丰富，经济发达，大多数居民拥有自己的住宅，或平房或两三层小楼。有豪华的石砌建筑，中普通的红砖瓦房，还有活动防雨房和带钢顶的纤维板房等。大多数房子前面有一片草坪，房后是一个大小不一的花园，边上有一个仓库。

（四）人生礼仪民俗

1. 婚姻习俗

澳大利亚的婚礼分为宗教和世俗两种。宗教婚礼与欧美基本相同。不信教的人通常在政府结婚登记处举行世俗婚礼。

土著人的婚姻和家庭极其古老和原始。对偶婚、群婚、婚外制等在各部落中风行，并且婚姻与亲属制关系缜密亦亲密。每个部落、氏族避免同一部落、氏族通婚，都要向其他部落、氏族寻觅妃耦，是划定甲部落的汉子只能同乙部落中同属一个婚姻品级的女子成婚。

在澳洲一些土著部落有一种与众不同的婚俗。当部落中一个小男孩还没有成年时，就要在他母亲的指导下去相亲了。他要物色的对象不是少女，而是少女的母亲，因为这时少女还没有诞生避世，更确切地说这位"岳母"是位还没有怀孕或没有成婚的女子。男孩遴选到合适的"岳母"，然后让岳母为他生育未来的妻子。这桩"娃娃亲"就算定下，直到岳母生下女孩，长大结婚。可是并不是一切都像预感的那么顺遂，有时小男孩选择的岳母没有生育能力，这时，男孩只好另选一名岳母；有时，选好的岳母婚后连续数胎生的都是男孩，小女婿无奈只好再选一名岳母；有时，选好的岳母却迟迟不孕，到生育千金时，男孩子已经长大，即便结婚，但在各方面都互不般配，经常造成婚姻悲剧。按本地的习惯除非是岳母不能生育或不生女孩，不然一旦选中岳母并生下未婚妻后，男方是不准再有婚变的。

【微型资料11-4】澳大利亚男人有"三不敢"

在澳大利亚时发现，如果一家三口上街，抱孩子的肯定是男人。原来，澳大利亚男人大多是模范丈夫，在这个国家，即便你是再高大的男人，在女人面前也要学习"矮三分"。还有朋友开玩笑说，澳大利亚男人普遍有"三不敢"。

其一是不敢打老婆，因为很可能会赔了夫人又丢财。在澳大利亚，妇女和儿童地位很高，如果男人动手打女人，哪怕只是一个巴掌都可以被起诉，结果往往是坐牢半年，或者被罚分居1年。如果被判离婚就更惨，不但家庭财产的70%要判给女方，还得负担孩子抚养费的1/3。因此在澳大利亚，女人遭家庭暴力的情况并不普遍。有人笑称："50岁之前离过两次婚的男人，肯定是地道的穷光蛋。"所以澳大利亚的男人一定想好了，要么别领结婚证，一旦正式结婚，再有棱角的人也会被磨平。有些当地人期望娶日本人或中国人做老婆，改变一下"女尊男卑"的处境。不过据说由于文化背景有差异，许多夫妻过得并不和谐。

其二是不敢打孩子。近30年来，澳大利亚人口一直呈下降趋势，所以政府鼓励生育，小孩生下来就有奖金，如果生得多待遇也会水涨船高。生3个孩子的话，女人就不用上班了，奖金基本已经够生活支出。澳大利亚法律规定家长不准打骂儿童，违反就要剥夺其监护权，那就意味着你不配再做孩子的父母。

其三是连自己养的宠物也不能打，如果被人告上法庭，要坐两年半的牢，罚款2.5万澳元（1澳元约合6.5元人民币）。遗弃宠物也不行，丢掉了要强迫你找回。久而久之，这"三不敢"竟成了男人的美德，也成了澳大利亚社会的一个和谐标志。

2. 丧葬习俗

土葬是澳大利亚土著人中最普遍的一种丧葬方式，它主要盛行于澳大利亚中部以及东南部、最北部和西部地区。但其埋葬方式略有不同，一般把尸体放在一个墓穴内埋上土就行了。有一些部落还要在墓穴内再挖一个长方形凹槽，将尸体放在其中再埋上土。这是为了防止野兽将尸体刨出来吃掉，考古学家称这种葬法为"墓洞土葬"法。阿兰达部落还采用"蜷曲土葬"法，将尸体蜷曲，双膝压着下腭，然后放入圆洞式的墓穴中，脸朝向图腾中心，用土填满墓穴，并留下一个小孔供死者的幽灵进出。卡米罗拉伊部落要把尸体缠成一个蜷曲的圆包，沃托巴卢克部落将尸体的两只大脚趾绑在一起，吉尔吉尔伯河流域部落将尸体的腿折断，这一类的土埋法是由于惧怕死人危害活人而形成的风俗。

澳大利亚人举行葬礼一般在殡仪馆举行。首先由主持人介绍死者的生平，然后大家一起站着诵读葬礼诗。把死者安葬在墓地后，要在墓前立一块碑，碑上写明死者身份、姓名、出生年月。墓前一般会堆满红艳艳的天堂鸟鲜花。

（五）社交礼仪民俗

澳大利亚人的姓名，名在前，姓在后；可用姓名、职称、衔称冠以先生、女士等来称呼交往的对方。

澳大利亚人见面握手是一种最普遍的打招呼方式，拥抱亲吻的情况很罕见；在社会地位上，有"妇女第一、女性优先"、尊重长辈的习惯；非常注重公共场所的仪表，男子大多数不留胡须，出席正式场合时西装革履，女性是西服上衣加西服裙。

澳大利亚人待人接物都很随和。邀请澳大利亚人到家中做客，他们总是携带一些礼物，但价值并不高，仅用来表示友好，比如，在自家花园摘几朵鲜花或拿一瓶自家酿制的果酱等。澳大利亚人的时间观念很强，约会必须事先联系并准时赴约。如果被邀请到澳大利亚人家中做客，最合适的礼物，是给女主人带上一束鲜花，也可以给男主人送一瓶葡萄酒。

澳大利亚人文明有礼、乐于助人。在人流稀少的街上行走的话，人们即使互不相识也会打招呼和问候。如果手拿一袋水果在街上行走，袋子不巧破了，水果滚在地上，周围的人会马上帮忙捡起来，送还你的手上，还会有人给你找来一个好的袋子或者盒子或者其他什么可以救急的替代品。

澳洲人很自豪地称自己为"平等主义者"。事实确实是这样，谈话非常随便。比如：学生通常称呼老师的名字，态度也不像我们理所当然认为的尊敬。

澳洲人说话非常直率，有时甚至是粗鲁。你也许会被一句很普通的骂人话或说话的方式触怒；比如，一个完全陌生的人称呼你为"哥们儿"；经常用演讲的说话方式来体现他们的容易接近。有时他们的幽默和玩笑听起来非常怪异。他们的话语有时让人觉得失望，但是请认真听，不要很快就反感。去观察他们互相怎样交谈，有什么反应，去感觉他们的幽默。你不用特意去学他们，但是你需要去理解他们交谈中暗含的意思。

你应该会注意到澳洲人经常用"请"和"谢谢"，而且会出现在不同的场合，所以你也应该经常用这些词。总的来说，当你要求什么的时候，要用"请"；无论是物品、信息或服务，当你接收这些的时候，要用"谢谢"。比如，在商店、咖啡厅或银行，你通常会感谢给你提供服务的人。澳洲人经常会认为外国人很粗鲁傲慢，因为他们没有用这些礼貌用语，并且提出要求的时候用的是非常生硬的语言。外国学生经常仅仅是去费尽力气去说，而澳洲人往往会误解你。如果你能做到礼貌地去问问题和感谢别人给予的帮助，你会避免这些问题，因为他们会认识到你已经尽力了。

（六）岁时节日

澳大利亚一年四季节庆活动不断，精彩纷呈，充分反映了这座美丽城市的社会、文化、体育和商业的丰富多元化色彩。

1. 澳大利亚网球公开赛

时间为每年1月。澳网为期两周，吸引了来自世界各地的网球好手前来参赛，以及超过55万的观众前来观看，是澳大利亚观众最多的年度体育活动。

2. 墨尔本酒食节

时间为每年2月。该节日是人们品尝维多利亚和墨尔本精美厨艺的好机会。节日期间，全州境内将有140项活动，你一定能找到自己喜欢的美食佳酿。

3. 蒙巴节

时间为每年3月。该节日是澳大利亚最大、历史最悠久的节庆活动之一，其节日内容为老少皆宜的家庭活动。蒙巴大游行把斯旺斯顿街（Swanston Street）变成了一个多彩的欢乐海洋。

4. 墨尔本国际花展

时间为每年4月。节日期间，绚丽的墨尔本国际花展，向观众展示上万种新鲜切花，届时将有 300 多个商家参展。

5. 大洋路国际马拉松赛

时间为每年 5 月。从洛恩镇（Lorne）到阿波罗湾的赛程，是世界马拉松赛事中，风景最秀丽和最具挑战性的赛程。

6. 梦幻节

时间为每年 6 月。节日期间，来自世界各地的观众，可以欣赏来自全国各地乃至全世界的土著艺术综合展示。节日活动持续三天四夜，游客可以感受到渥德华遍布于表演艺术会场、酒吧、仪式场地、传统治疗、美术馆、典礼仪式、篝火晚会故事接龙、大批货摊、讨论会会场以及餐馆的独特气氛。

7. 花卉节

时间为每年 9 月。这是在澳大利亚首都堪培拉举办的、南半球最大的春季节日。节日期间，将有上百万株正在盛开的球茎花卉与一年生植物，以别具创新的形式展现在大家眼前，成为这个集娱乐、展览、美食等多种活动于一身的节日的绚烂背景。

8. 墨尔本杯赛马节

时间为每年 11 月。墨尔本杯的意义，已远远不只是一次赛马会，它拥有 145 年的社会和文化历史，是澳大利亚的一个万人空巷的活动。在观看精彩的世界级赛马活动的同时，观众可以欣赏时装，品尝美食和晚宴大餐。

（七）工艺美术

澳大利亚是由全世界各民族组成的国家，在文化艺术方面充分展示了它的丰富多采。一方面，它体现在土著人的绘画、文学和音乐中；另一方面，也表现在西方传统的艺术、文学、现代舞蹈、电影、歌剧和戏剧中，而亚太地区也是影响澳大利亚文化的一个重要的因素。因此，澳大利亚的作品在其内容和风格上往往融澳大利亚和其他国家的特色于一体，充分体现了多元文化的影响。

作为一个多民族的国家，土著文化的价值越来越被人们所认识，土著人有丰富的口头传说，有与祭祀有关的原始舞蹈，但最为突出的还是绘画，绘画是土著人记录历史、延续文化的一个重要手段，土著绘画的内容以梦幻为永久的主题，主要描绘各种神话传说及土著的风俗习惯和生活情景，土著绘画的形式主要有石壁画、树皮画和沙石画，颜色多取褐、白两色。

（八）游艺民俗

澳大利亚人非常喜爱观看戏剧演出及参观美术展览，如果按人口平均计算，澳大利亚人购买杂志和书籍的数量在世界上属于最多者之列；澳大利亚拥有众多的美术馆、剧院和图书馆，最重要的从事收藏的文化设施有澳大利亚国立美术馆、澳大利亚国立图书馆、澳大利亚国立博物馆、澳大利亚国家电影和音响档案馆、国家科技中心、澳大利亚战争纪念馆和国家海洋博物馆等，1300 多个博物馆收集并保存着澳大利亚的文化遗产，悉尼歌剧院也许称得上是澳大利亚最具特色的城市标志的建筑物。

澳大利亚的电影在世界上有很大的影响力，经常荣膺世界各项电影大奖，并为好莱坞输送了大量的优秀人才，歌剧在某种意义上看是一种典型的澳大利亚的艺术形式，尽管它发源于意大利，但澳大利亚人赋予它特殊的热情和新的内涵，从内利·梅尔巴夫人到琼萨瑟兰夫人，澳大利亚为世界培养了诸多杰出的女歌剧演唱家。

澳大利亚的文学作品在国际上享有盛誉，土著人以及来自海外的移民作家为这方面增添了新的内容，目前，澳大利亚的文学作品逐渐反映出对亚太地区文化的意义以及本地区国家间共同利益重要性的认识。

澳大利亚人酷爱欣赏音乐会，澳大利亚有八个大型专业交响乐团，就通俗音乐来讲，澳大利亚在世界英语国家中所提供的乐曲数量占第四位，澳大利亚摇滚音乐的出口正日益发展，澳大利亚的文化艺术是一个巨大的行业，从业人员33.6万人，每年创造的价值达130亿澳元。

澳大利亚人既有西方人的爽朗，又有东方人的矜持。他们兴趣广泛，喜欢体育运动，如冲浪、帆板、赛马、钓鱼、地滚球运动、澳式橄榄球及游泳等都有众多的热衷者。

（九）禁忌

禁忌方面也大体和欧洲人相似，受基督教影响较深，忌"13"、"星期五"等。他们特别忌讳兔子，认为碰到兔子是厄运的预兆。澳大利亚人好热闹也很随和，但谈话时忌讳工会、宗教、个人问题、袋鼠数量的控制等敏感话题。忌食狗肉、猫肉、蛇肉，不吃动物内脏、爪，忌食味精。

不干涉他人隐私的习惯在日常谈话中也能体现出来。比如。如果你不是很了解一个人，一般你最好只谈一些很随便的话题，如果你第一次见到一个人，就问他的收入，年龄、房租等问题，他会感到很惊讶。

二、新西兰民俗

新西兰位于太平洋西南部，介于南极洲和赤道之间。由北岛、南岛及其附近一些小岛组成，面积27万多平方公里，专属经济区120万平方公里。新西兰素以"绿色"著称，属温带海洋性气候，生态环境非常好。白种人占69.8%，毛利人占7.9%，亚洲人占5.7%，太平洋岛屿居民占4.4%，还有混血人种及其他人口约有430多万人。其中，欧洲移民后裔占67%，毛利人占14.5%，亚裔占9.2%，太平洋岛国裔占6.9%。官方语言为英语和毛利语。70%的居民信奉基督教新教和天主教。新西兰是一个现代、繁荣的发达国家。

（一）服饰民俗

大多数场合中，可着随意的休闲服装。大多数餐厅和宵夜场所都接纳着便装的客人。男士一般无需穿西装、打领带，只有大城市中的少数顶级正式餐厅和酒吧例外。夏天时应带一件轻便的外套或厚运动衫，以防天气转凉或是登上海拔较高的地区时气温降低。这里有时会下雨，所以请携带轻便的防水外套或夹克。如果是在5月至9月期间到访，请带保暖的冬衣，并多穿几件衣服。

【微型资料11-5】新西兰买鞋要先开"处方"

高跟鞋、大头鞋、帆布鞋……各种各样的鞋子琳琅满目，究竟哪双才是适合自己的呢？中国有句俗话"鞋合不合适只有脚知道"。到了新西兰才发现，鞋合不合适，医生更清楚。

新西兰有好几家鞋店，专门卖"健康鞋"，其最大的特点就是，顾客可以拿着一份医生开具的"买鞋处方"到鞋店来，售货员会根据处方上的建议，为顾客挑选合适、健康的鞋子。其中一家专卖女鞋的鞋店老板介绍，鞋对于人们的健康非常重要，穿得不对，很可能会对身体造成伤害，尤其是那些脚部有病的人。如何选鞋更是一门学问，需要接受医生的专业指导。

一位新西兰人患了糖尿病，于是他在买鞋前去了医院。医生对他的脚进行了一番全面的检查，包括是否受伤、是否有关节炎、脚趾是否外翻；外形是瘦长还是扁平；有没有八字脚、脚气等疾病。医生还测量了腿部、脚部以及脊椎等一些数据。完成检查后，医生问他，以往都穿什么样的鞋，感觉如何。然后他把检查结果都列在处方上，还写了一些买鞋建议，如选择有鞋带的鞋，以加强对脚部的支撑力；尽量选择布质鞋，鞋子要柔软，不宜太重。

拿着这张处方来到鞋店，店员参考上面的数据和建议，为他推荐了3款鞋，店员一面让他一一试穿，一面告诉他，这些鞋是根据处方选出来的，能针对哪些问题。最后，他从中选了一双。店员告诉他，穿鞋时应注意保持脚部卫生和温暖，同时建议他定期到医生那里检查。

（二）饮食民俗

新西兰的"环太平洋"料理风格是受欧洲、泰国、马来西亚、印度尼西亚、玻利尼西亚、日本和越南所影响。全国各地的咖啡馆和餐厅都提供这种结合各地特色的料理，令人垂涎三尺。如果想品尝地道的新西兰风格，可点羊肉、猪肉、鹿肉、鲑鱼、小龙虾、布拉夫牡蛎、鲍鱼、贻贝、扇贝、甘薯、奇异果和树番茄等烹制的菜品，还有最具代表性的新西兰甜点"帕洛娃"，这是以白奶油和新鲜水果或浆果铺在蛋白霜上制成的。除了大城市里少数高级豪华餐厅之外，现代潮流走向更轻松的咖啡－酒吧式餐饮风格。异国料理包括日式、印度式、清真式、意式、墨西哥式、中式、马来西亚式和泰式。全新西兰共有900多家亚洲料理餐厅。到了新西兰，千万别忘了多尝尝新西兰的葡萄酒。

新西兰毛利人经常利用地热蒸制牛肉、羊肉、马铃薯等食品，这些食品通称为"夯吉"。他们制作"烧石烤饭"的原料有芋头、南瓜、白薯、猪肉、牛排、鸡、鱼等，在铁丝筐内分层一次烧制成，然后洒上盐、胡椒粉等食用。

（三）居住民俗

绝大多数新西兰人的住房是一层或两层结构，有庭院，房屋密度相对较低。大多数住房为木质建筑，面积较大，风格以英式为主。

（四）人生礼仪民俗

普通的毛利人男士向女士求婚，如女方同意就可以成为夫妻，不需征求任何人的同意。如上层人对此表示不满，则有权中止这种婚姻。中层人的婚姻与家庭地位、财产及土地的占有相关，联姻的家庭多为世交。上层贵族的婚姻要经过部落漫长的讨论，结婚时还要举行毛利人的宗教仪式。上层人士一般都在部落内部找配偶。毛利人的结婚方式也与部落和地区的不同而不同。一般来说，部落内部同意了，男女双方就可以结婚。结婚时要举行传统的毛利仪式。

（五）社交礼仪民俗

新西兰人社交习俗总的特点可以用这样几句话来概括：四面临海新西兰，土著民族史久远；会客礼节极特殊，碰鼻为礼表情感；国民多为英后裔，性格习俗随祖传；坦诚直率无拘束，生活乐趣颇广泛；待人盛情重礼貌，态度真挚讲和善。

在生活细节上有如下特点：

新西兰热情好客，有尊敬长辈的传统。新西兰毛利人能歌善舞，男子跳舞时还用丰富的面部表情（吐舌头、瞪眼睛、做鬼脸等）来表达自己的心情；女性多头戴花环，腰系蒲草裙，用手的姿势及抖动方式来抒发自己的感情。他们对初次来访的尊贵客人款待盛情，主人要集合全部落的人，并用具有浓郁民族色彩的歌舞来欢迎宾客的到来。在这时候，客人要在手持刀剑的武士面前，拾起一块事先放置好的木块交给头人，以表示真诚的友谊。他们把水视为纯洁神圣之物，重要集会上都要举行泼水仪式，向参加者的身上洒清水，以此来互相祝福。他们以用"烧石烧饭"（即：将灶内鹅卵石烧红后，泼上一瓢冷水，再把盛有食物的铁丝筐放进灶里，先盖湿土，最后用稀泥糊严，经过数小时，饭即成熟）招待客人为最高礼仪。

新西兰喜欢与客人谈论有关国内外政治、天气和体育等话题。他们对狗怀有特殊的感情，视狗为"终生的伴侣"、"牧羊的卫士"。他们历来珍爱几维鸟，把几维鸟看成是民族的象征，并喻其为国鸟。他们偏爱银蕨，视其为国家的象征。

新西兰人崇尚平等正义，工人、商人、医生、教师都杂居相处，彼此直呼其名。只要找个小小的理由，几乎谁都可以见到总理。至于要见部长、市长，则随时可以相约。

（六）岁时节日民俗

新西兰受英国传统文化影响，传统节庆有：

元旦（New Year's Day），1 月 1 日。

元旦次日（Day after New Years Day），1 月 2 日。

怀唐伊日（Waitangi Day），2 月 6 日。

受难节（Good Friday），4 月 2 日（2010 年）。

复活节（Easter day），4 月 4 日（2010 年）。

澳新军团日（ANZAC Day），4 月 25 日。

女王诞辰日（Queen's Birthday），6 月的第一个星期一。

劳动节（Labour Day），10 月的第四个星期一。

圣诞节（Christmas Day），12 月 25 日。

节礼日（Boxing Day），12 月 26 日等。

每个地区还有不同的周年庆，比如惠灵顿周年纪念日（Wellington Annivelsary Day）距 1 月 22 日最近的一个星期一。

（七）工艺美术

新西兰的艺术与文化得自于各个种族，产生了结合毛利人、欧洲人、亚洲人和大洋洲人的特质。新西兰的艺术圈反映了这种融合。新西兰最有价值的绘画中，有些是由查尔斯·高第（Czarles Goldie）于十九世纪所画的毛利人画像。画家柯林·麦卡宏（Kolin McKahon）的作品使用了文字、基督教肖像与毛利语言以及神话，他被许多人认为是新西兰最伟大的艺术家。许多艺廊除了展出这些作品，还有其他艺术家的作品，如雷尔夫·哈特雷（Lalph Hotele）和葛雷姆·希尼（Glahame Sydney）。

（八）游艺民俗

新西兰的音乐吸引了全世界的注意。默瓦娜·玛妮亚波脱（Moana Maniapoto）和她的部族乐团（The Tribe）以毛利原音赢得国内外的赞誉。

毛利人有一种独特的舞蹈，被称为"哈卡"（Haka），这种舞蹈来源于古毛利土著武士的站舞，男女舞蹈的具体方式有所不同。新西兰国家橄榄球队在每次开场比赛前，总是集体表演这种舞蹈，用以鼓舞士气。新西兰约四分之一的毛利人使用"蒂雷欧毛利语"（Te reo Maori）。使用这种语言的人大约有一半不到二十五岁。这是种玻里尼西亚语言（类似其他大洋洲语，如夏威夷语和大溪地语），有一种独特的诗感和音乐性。

有许多新西兰作家将毛利文化与传说写进英文文学作品中。凯莉·胡姆（Keri Hulme）以极具创意的小说《骨头人》（The Bone People）而获得权威的布克文学奖的肯定。也有作家结合了两种文化，创造出别具特色的新西兰文学。

橄榄球是新西兰最受欢迎、影响最大的体育运动，新西兰国家橄榄球队因其一身全黑色的标志性队服而被称为"全黑队"（All Blacks）。新西兰国家队曾经夺取过橄榄球世界杯冠军，并且长期名列世界前茅。2011年年橄榄球世界杯赛也将在新西兰举行。新西兰的极限运动与探险旅行非常有名。早在1988年，南岛的皇后镇便建立了全球第一座商业化的高空弹跳场。登山也是颇为流行的运动，最有名的登山家是艾德蒙·希拉里爵士，他是全球第一位成功登上攀登珠穆朗玛峰峰顶的人。

（九）禁忌

新西兰人大多数信奉基督教新教和天主教。他们把"13"视为凶神，无论做什么事情，都要设法回避"13"。他们在国内忌讳男女同场活动。即使看戏或看电影，通常他们也分为男子场和女子场。他们视当众剔牙和咀嚼口香糖为伪文明的举止。他们视当众闲聊、吃东西、喝水、抓头皮、紧裤带等作为为失礼的举止。新西兰人的毛利人，对有人给他们照相是极为反感的。新西兰人不愿谈论有关种族方面的问题。他们不喜欢吃带粘汁或过辣的菜肴。

本章小结

从语言上看，澳洲主要是原英国殖民地，居民操英语；受西欧特别是英国的传统文化影响较深，大多信仰新教；习俗多从欧美。婚葬俗遵教规，重视礼拜天祈祷。一般崇尚"女士优先"、"尊敬老人"的风俗。忌讳过问别人隐私，忌讳"13"和"星期五"。喜食牛奶、牛排、咖啡、奶酪和葡萄酒等。

主要概念

吻面礼

复习思考题

1. 试述英国在宗教民俗方面对澳洲主要国家的影响。
2. 试简述新西兰毛利人的生活习俗、礼仪。
3. 简述澳大利亚多元文化对其主要民俗的影响。

案例分析

"卡瓦仪式"（Kava Ceremony）在斐济部落中相当重要且深具意义，勇士出征前、部落决定大事、欢迎远来贵宾、甚至族人欢庆节日时都少不了它，对外来的观光客而言更是融入当地部落的重要方式。

其实所谓的"卡瓦"（Kava）是当地一种胡椒树树根，所作成的饮料则称为"阳高那"（Yaqona），做法是大家围着鼎席地而坐，将树根包上棉布再放在三角大圆鼎中加水揉搓，让挤出的汁液流入椰子壳中，即可饮用。饮用也有一定方法，受饮者以双手击掌三下后，接过椰子壳，仰头一饮而尽，将空壳还给赠予者，再击掌三下即完成程序。

若是在勇士出征前举行，则是向祖先先灵祈求保佑，让勇士顺利出征并凯旋归来。此外，部落中有值得庆祝或须集会商讨要事时，都以饮用阳高那来进行。

阳高那本身成白浊色，并不含酒精，带有麻醉作用，所以，刚入口的第一口会觉得舌头麻麻的，带着一股淡淡的草木香就像喝水一般没什么味道。但因带着镇定成份，斐济人喝多了也不吵不闹就沉沉睡去，可说是最安全的宴会饮品。饮用时，一个接一个轮流饮用，其他它人帮忙击掌并欢呼；也因如此，观光客往往也得以在加入时受到酋长的欢迎，与所有人很快的打成一片。

思考：查阅斐济部落相关资料，通过卡瓦仪式分析斐济部落的风俗习惯。

实践训练

斐济人轮流走过烫石头

斐济是南太平洋的一个岛国，离首都苏瓦数十公里处有一个名叫贝加的小岛，岛上村民身怀一种绝技——"走火"。

"走火"表演颇具民族特色。演出前，村民们在广场的大坑里放置树干和劈柴，上面堆满如排球一般大小的卵石，然后点着劈柴燃烧数小时，直烧到卵石温度高达好几百摄氏度。表演开始，乐队演奏土著竹制乐器，人们唱着歌儿为表演者助威。参加表演的男女村民光着双脚，随着音乐的节拍，边吆喝边跳舞出场。他们来到坑边，先把石块上未烧尽的大树干一一移走，然后轮流踩上滚烫的石块，或行走，或伫立。他们神情自若，毫无被烫痛的表情，令观众赞叹不已！表演结束，走火者为表明卵石仍是火热的，把碧绿的带叶树枝扔在石块上，顷刻间树枝就烧成灰烬。

据说贝加人"走火"源于一个有趣的神话故事：古时候，贝加岛居住着一个名叫"堆"的武士。有一天，武士在山溪边捕捞鳗鱼，突然捕到一个仅有一指长的小人，他顿时意识到这是一个精灵。小精灵恳求武士放了他，并许诺用珍宝作为报偿，但遭武士拒绝。小精灵又说要向其传授不怕火的本领，武士听了喜出望外，立即应允。小精灵在地上挖一个大坑，坑底堆着大木头，摆上卵石，点着火，把卵石烧得滚烫。小精灵跳上石块，招呼武士跟着他做。武士鼓足勇气，也跳上石块，发觉一点也不烫脚。从此，"走火"就在贝加岛上世代相传。按照自古以来的规矩，走火者在表演前必须净身斋戒5天，以求得小精灵的保佑。人们当然不信精灵之说，但走火本领究竟是怎么练就的，对局外人来说仍是一个谜。

如今，这一民间技艺已成为斐济旅游的重要项目之一，吸引着无数的外国游客。不少人都是为了观赏和证实一下贝加人的这一绝技而慕名前往的。

请根据上述斐济人轮流走过烫石头策划一起民俗风情旅游活动，写出策划方案。方案应涵盖：

1. 活动宗旨和主题。

2. 活动时间和地点。

3. 活动具体内容：

（1）流程安排；

（2）相关系列活动。

4. 活动期间推出的旅游路线。

5. 活动组织者及管理者。

第十二章　非洲民族民俗

学习目标

知识目标：了解埃及和南非饮食、服饰概况，熟悉埃及和南非的游艺和节日民俗。

技能目标：熟悉埃及和南非的主要人生礼仪；熟悉埃及和南非的主要禁忌；掌握埃及和南非与人交往的礼仪规范。

能力目标：具有运用饮食、居住、服饰等民俗知识，进行初步的民俗旅游开发的能力。

第一节　非洲民族概况

非洲的全称是阿非利加洲，意思是阳光灼热的地方。非洲位于亚洲的西南面，东濒印度洋，西临大西洋，北隔地中海与欧洲相望，东北角习惯上以苏伊士运河为非洲和亚洲的分界。非洲南北长 8，000 公里、东西长 7，403 公里，面积约 3020 万平方千米（包括附近岛屿），占世界陆地总面积的 20.2%，仅次于亚洲，为世界第二大洲。非洲的沙漠面积占全洲面积的 1/3，为沙漠面积最大的洲，其中，撒哈拉沙漠是世界上最大的沙漠。非洲东部还有世界上最大的裂谷带，除了沙漠，非洲也有郁郁葱葱的森林和一望无际的大草原。

非洲人口有 10 亿，占世界总人口 15%。城市人口约占全洲人口 26%，预计 2050 年将达 20 亿人。人口分布以尼罗河中下游河谷、西北非沿海、几内亚湾北部沿岸、东非高原和沿海、马达加斯加岛的东部、南非的东南部比较密集，广大的撒哈拉沙漠地区平均每平方千米还不到一个人，是世界人口最稀少的地区之一。居民主要分属于黑种人（尼格罗－澳大利亚人种）和白种人（欧罗巴人种）。根据语言近似的程度，非洲的语言属下列基本语系：苏丹语系，属此语系的居民占全洲人口 32%，肤色黝黑，分布在撒哈拉以南、赤道以北、埃塞俄比亚以西至大西洋沿岸的地带。班图语系，属此语系的居民占全洲人口 30%，肤色浅黑，分布在赤道以南地区。闪米特－含来特语系，属此语系的阿拉伯人占全洲人口 21%，占世界阿拉伯人总数的 66%，主要分布在北非各国。此外还有少数黄种人，如属于马来－波利尼西业语系的马达加斯加人。欧洲白种人仅占全洲人口的 2%，主要分布在非洲南部地区。非洲居民多信基督教、伊斯兰教，少数信原始宗教。

非洲是一个物产丰富和历史悠久的大陆。非洲的尼罗河流域是世界古代文明的摇篮之一。尼罗河下游的埃及是世界四大文明古国之一。古埃及在建筑、雕刻和绘画等艺术方面也取得了巨大成就。至今巍然屹立在尼罗河畔开罗附近的宏伟金字塔和狮身人面像是公元前 27 世纪前后古埃及人的杰作，它们是人类建筑史上的奇迹，也是古代埃及劳动人民卓越智慧和辛勤劳动的不朽丰碑。然而，自 15 世纪西方殖民主义者侵入非洲后，400 多年的殖民统治给非洲人民带来了深重的灾难。从 16 世纪至 19 世纪，西方殖民者将 2000 多万非洲黑人贩运到美洲当奴隶。这些奴隶受到非人虐待，绝大部分活不到 15 年就死亡。西方列强还用武力抢占非洲的土地和资源，进而完全瓜分非洲，建立起野蛮和残酷的殖民统治。第一次世界大战前，在3000多万平方公里的非洲大地上，除埃塞俄比亚和利比里亚之外的所有国家均沦为西方殖民地。殖民主义者和帝国主义者对非洲人民的杀戮和对非洲财富的掠夺，可谓罄竹难书。

非洲人民同侵略者进行了长期艰苦的武装斗争，创造了无数可歌可泣的英雄业绩。第一次世界大战前，埃塞俄比亚、马达加斯加、加纳、阿尔及利亚、几内亚、马里、苏丹、肯尼亚、索马里以及南非和东非的其他许多国家都爆发过反抗侵略者的大规模武装斗争和武装起义。一战后，非洲人民又燃起了反对帝国主义和争取独立斗争的火焰。东非的阿比西尼亚人民的反法西斯斗争曾震动了整个世界，北非的埃及也赢得了独立。第二次世界大战前，只有埃及、埃塞俄比亚、利比里亚3个独立的国家。

第二次世界大战结束后，非洲各国人民反对殖民统治、争取民族独立的斗争蓬勃发展并取得重大胜利。20世纪50年代末，非洲独立国家从二战前的3个增至9个。在60和70年代，非洲的独立运动如日中天，各国的民族解放运动团结合作，互相支持，使绝大多数非洲殖民地先后获得了独立。1990年纳米比亚的独立和1994年南非白人种族主义统治的垮台，标志着除大洋中的个别小岛外，所有非洲国家都摆脱了殖民主义和种族主义的枷锁。

非洲国家的独立为非洲地区的发展和振兴创造了条件，同时壮大了发展中国家的力量，给殖民主义、帝国主义和霸权主义以沉重打击。现在，非洲国家在世界政治舞台上发挥着更大的作用。

第二节　非洲各国民俗

一、埃及民俗

埃及是个具有悠久历史和文化的古国，和古巴比伦、古印度、中国并称"四大文明古国"。

埃及地跨亚、非两大洲，西连利比亚，南接苏丹，东临红海并与巴勒斯坦、以色列接壤，北临地中海。埃及大部分领土位于非洲东北部，只有苏伊士运河以东的西奈半岛位于亚洲西南部。埃及有约2900公里的海岸线，但却是典型的沙漠之国，全境95%为沙漠。埃及是阿拉伯世界中人口最多的国家，人口达7950万，其中主要是阿拉伯人。官方语言为阿拉伯语，通用英语和法语。

（一）服饰民俗

"加勒贝亚"是埃及最流行的男人长袍，也是正式场合的国服。长袍又宽又大，上无衣领，下至脚踝，中短袖，颜色多为白色或深蓝色。当风沙来临时人们便可用长袍的袖子蒙头盖脸，挡住风沙的抽打。长袍不仅白天可当衣穿，晚上还可当被盖。

农村妇女喜欢穿"米拉叶"。米拉叶是用一大块长方形的黑布裹住身体，绣有花边，有各种不同的穿法。某些边远地区的女子还保留蒙面纱的习俗。上层妇女戴透明的薄面纱，一般平民戴粗糙的黑色皱绸面纱、白棉布或亚麻布制作的不透明面纱。她们非常重视珠宝饰物，身上佩戴多件金银制品。女子外出活动，一般要戴耳环、项链、戒指、手镯等。

（二）饮食民俗

埃及人的饮食多种多样，十分丰富，具有浓郁的北非和阿拉伯风格，他们在口味上一般要求清淡、甜、香、不油腻。他们通常以"耶素"（不用酵母的平圆形面包）为主食，进餐时与"富尔"（煮豆）、"克布奈"（白乳酪）和"摩酪赫亚"（汤类）一并食用。

埃及人喜欢吃牛肉、羊肉、鸡、鸭、鸡蛋以及豌豆、洋葱、南瓜、茄子、西红柿、卷心菜、萝卜、土豆、胡萝卜等。串烤羊肉、烤全羊是他们喜爱的佳肴。埃及人特别喜欢吃甜食。这种食品主要是用核桃仁、杏仁、橄榄、葡萄干、甘蔗汁、石榴汁、柠檬汁等做成的糯米团或油炸的馅饼，色、香、味俱全。

（三）居住民俗

在埃及，街道两边是清一色的伊斯兰建筑，没有楼房。埃及人喜欢金色、蓝色、绿色和红色，几乎所有的房屋都是这几种颜色。埃及人大都喜欢传统住宅。传统住宅分城市和农村两大类型。城市住宅以砖、瓦、木、石为建筑材料，除个别是二层楼建筑外，其余都是平房。住户多数为独家独院，一般庭院都有一个向内开的大门，如果门比较大，就在门中间再开个小门，供日常出入。习惯上门前建影壁墙，以防开门时外人看到里边的情况。锁门用木闩，门闩上有特制的闩钉插入，只有用相应的带门钉的"钥匙"才能开启。房子前面开窗，窗上装有铁栅。如是两层楼房，第二层必建阳台。阳台通风好，常用来放置冷水罐。房顶都是平的，四周往往建起一人高的围墙。平日人们常在屋顶上晾衣服及其他东西，夏天的晚上，全家老小在这里乘凉。底层除用作厨房、男宾接待室外，还用作禽舍、牲口棚等。若屋子临街，底层则往往设有商店。二层除卧室外，还设有女客厅。该厅对男子是一个禁区，在通常情况下，男子一律不许进入。此外，城镇居民大多数房屋内部装饰都比外部讲究、漂亮。农村的住宅大多是土房，要比城镇的简陋很多。

（四）人生礼仪民俗

1. 婚礼

每一位埃及成年男子到了婚配年龄，首先要向意中人的父亲提亲或者在母系亲属及邻居中择偶。提亲后，男女双方开始商讨女方的陪嫁数额，一般是男方把陪嫁款项的 2/3 作为聘礼送给女方。然后，在村长的主持下订立婚约。埃及农村的婚礼场面热闹奢侈。迎亲前，男方大摆宴席，并有歌舞相伴，有时宴庆数日。迎亲时，新郎的母亲带领多辆装点漂亮的马车到女方家接新娘，新娘要坐在其中一辆用昂贵的克什米尔毛绸、玫瑰花等装饰的花车上。晚餐后，新郎要由乐队引路去清真寺行跪拜礼，最后回到新房，与新娘共饮一杯清泉水，以示同享甘甜幸福。这样的婚礼大约要持续 30 天左右，耗资约千余埃镑。在埃及西部沙漠的锡瓦绿洲，有独特的婚俗。姑娘 8 岁定亲、14 岁完婚。其间，小伙子要不断地向女方家赠送礼物。新娘头上要编结很多发辫，其一半由娘家梳编，另一半需婆家人来完成。姑娘的嫁妆是 100 件袍裙。所以，锡瓦人家一有女儿出生，母亲就要开始忙着为其缝制陪嫁的袍裙。

2. 葬礼

当死者咽下最后一口气时，要用圣泉或从清真寺中汲来的水净尸，并在 24 小时内安葬。埋葬前，有一支专门痛哭死者、报告死讯的哭丧队伍（多由妇女组成），她们悲恸嚎哭，渲染哀伤的气氛，嘴里不断地念叨着死者生前的善行。与此相反，参加葬礼的男人们则始终闭口沉默，以示哀悼。安葬完尸体，人们回到死者家里，边祈祷死者升入天堂，边诵念《古兰经》，第 7 天、第 10 天、第 40 天都要到墓地去祭拜。

锡瓦人在葬礼中，男人们大哭；女人叫喊，撕碎衣服，往头上扬灰尘，往脸上涂泥土，来表达他们失去亲人的强烈悲痛心情。如果丈夫去世，妻子要把自己关在一间黑屋里，几个星期拒见任何人，人们每天从门缝给她送食物。古代埃及人认为，人由肉体和灵魂构成。人死后，灵魂暂时离开肉体，到了一定的时间，它又返回肉体，使死者在来世复生直至永恒。为此，埃及人很早就掌握了制作木乃伊的技术，为完整地保存好尸体做出了杰出的贡献。木乃伊制成后，要举行木乃伊安放仪式。首先，举行复活仪式，即诵念咒语，意思是让灵魂附体，获得永生；然后为木乃伊开口，把食物塞进其嘴里，这样，木乃伊在阴间就能像生前那样呼吸、说话和吃东西了；最后，将木乃伊安放在棺椁里，埋葬于干燥的窟穴内。

（五）社交礼仪民俗

埃及人与宾朋相见或送别时，一般都惯以握手为礼，或施拥抱礼。女性之间出于礼貌或表示亲热，更多地采用温柔的贴面礼，一般是先右边贴一次，后左边一次。异性之间通常是握手，只有亲戚之间行贴面礼。男女之间也可不握手，男士不宜主动伸手，握手时不应交叉，即四人呈"十"字形面对面握。男士在握手时必须从座位上站起来，女士则不必，可以继续坐在椅子上。

埃及人受历史、宗教等因素的影响，形成了独特的生活习惯。晚餐在日落以后和家人一起共享，在这段时间内，勉强请人家来谈生意是失礼的。

拜访须先预约。埃及人对来访的客人甚表重视，因此，即使依约前来面谈中，若有不速之客到来时，他们也会简单地迎接。

埃及的社交聚会比较晚。晚饭可能 10 点半以后吃。应邀去吃饭，可以带些鲜花或巧克力。递送或者接受礼物时候要用双手或者右手，切记用左手。就餐时不要把盘子里面的东西吃光，这被认为是不礼貌的。

在游览宗教场所时要穿着得体，参观清真寺时请务必脱鞋进入。与埃及人交往必须回避的一个话题是中东的政治问题。

（六）游艺民俗

埃及古老的自成一体的舞蹈艺术，虽然在历史的长河中时兴时衰，但它不断发展。由于曾与稍后发展的希腊文化交流，对希腊文化的形成起过重大作用。埃及舞蹈艺术随着漫长历史的演变，始终保持着古埃及舞蹈的传统，是一种不同于黑非洲舞蹈风格的、以直线形态为特点的、阿拉伯体系的舞蹈。

现代埃及舞蹈以女性的"东方舞"最为著名。因扭胯与牵扯腹、臀部动作为其主要特色，具有独特的风格、韵味。整个舞蹈分为引子、正舞和结尾三段，表演者随着音乐即兴起舞。有的舞段，还手持金属夹片，边舞边敲出悦耳的铿锵声。此外还有表现各种劳动和欢腾喜悦场面的女子三人舞、女子集体舞和男女混合集体舞。

（七）岁时节日民俗

1. 闻风节

闻风节是埃及最盛大的节日，在每年的 4 月 15 日，人们穿上节日的盛装，一家人来到尼罗河边公园，迎着和风，欢度佳节。它又叫"春节"、"莎姆·那西节"，是阿拉伯语"吸入和风"之意。这一天，人们抬着太阳舟，把它放在一条装饰得富丽堂皇的大船上，自南向北顺流而下，人们欢呼雀跃。

2. 古尔邦节

古尔邦节（伊斯兰教历 12 月 10 日），又称"宰牲节"，是伊斯兰教又一盛大节日。古尔邦，在阿拉伯语中含有"牺牲"、"献身"之意。节日里，根据经济能力宰羊、驼、牛，分发给贫民，或接待宾客、馈赠亲友。

3. 主麻日聚礼

每逢星期五是"主麻日聚礼"。当清真寺内传出悠扬的唤礼声，穆斯林便纷纷涌向附近的清真寺，做集体礼拜。为数众多的穆斯林仍然虔诚地信守每日5次礼拜的教规，即晨礼、响礼、晡礼、昏礼、宵礼。每逢宗教节日，电视还播放总统及政府首脑去清真寺礼拜的镜头。

（八）禁忌

埃及人忌讳吃猪肉、狗肉，不吃海味、虾、蟹、内脏（除肝外）及鳝鱼、甲鱼等。他们在进餐前都要说"以大慈大悲真主的名义"，就餐完毕则要说"一切赞颂全归万物之主安拉"。在正式用餐时，他们忌讳交谈，各吃各的。在他们看来，吃饭的时候进行交谈是在浪费粮食，尤其是在吃"耶素"的时候更是如此，否则会被认为是对神的亵渎。他们习惯用右手就餐，忌用左手进食、与他人接触或取送餐具及其他物品。

男士不要主动与妇女攀谈。不要夸埃及人身材苗条。不要称道埃及人家中的物品，人家会以为你想索要此物品。不要与埃及人谈论宗教纠纷、中东政局及男女关系。如果送礼物给埃及的朋友，千万不要带有星星、猪、狗、猫以及熊猫图案，因为这有悖宗教信仰和民族习俗。

埃及人喜欢绿色和白色，讨厌黑色和蓝色，喜欢的数字是"5"和"7"。埃及人讨厌打哈欠，认为打哈欠是魔鬼在作祟。一个人打哈欠，要转脸捂嘴，并解释"请真主宽恕"。

二、南非民俗

南非地处南半球，有"彩虹之国"之美誉；位于非洲大陆的最南端，陆地面积为121.9万平方公里，其东、南、西三面被印度洋和大西洋环抱，北面与纳米比亚、博茨瓦纳、津巴布韦、莫桑比克和斯威士兰接壤。南非是非洲最大经济体和最具影响力的国家之一，其国内生产总值约占撒哈拉以南非洲国家经济总量的三分之一，对地区经济发展起到了重要的引领作用。

南非是世界观光胜地之一，休闲活动的种类繁多，拥有野生动物园、秀美山川以及具有原始风格的海滩等。变化无穷及多姿多彩的文化是南非主要的特色之一，它的建筑文化是欧洲、非洲、亚洲建筑特色的大熔炉，有壮观的英国维多利亚式建筑、典雅的荷兰开普式建筑、回教清真寺及现代房屋建筑等。南非剧院、博物馆、艺术馆、土著部落及早期移民时期的欧式房屋都反映了它足以傲世的文化面；南非的美食文化在大多数的餐厅里都可以享受到在全国各地都可以欣赏其休闲文化，古典的欧洲音乐、歌剧、芭蕾舞、非洲土著歌舞、亚洲土著歌舞、亚洲印度舞蹈及现代爵士舞曲等等都非常精彩。

（一）服饰民俗

南非是一个多民族的国家，这里的每一个民族都有自己特有的服饰。当然，随着全世界的不断同化，南非的民族服饰已经不再常见，但南非黑人习惯穿这类服装，不分男女老幼，往往对色彩鲜艳者更为偏爱，他们尤其爱穿花衬衣。不同黑人的部族，在着装上往往会有自己不同的特色。一般只有部落里有重大的庆典活动的时候，他们才会拿出自己的民族服装。

在城市之中，南非人的穿着打扮基本西化。正式场合，他们都讲究着装端庄、严谨。因此进行官方或商务交往时，最好穿样式保守、色彩偏深的套装或裙装，不然就会被对方视做失礼。

南非祖鲁族女人特别是结婚前按传统习俗是不着上装的，下身也是用动物的皮制成很小一片稍稍遮盖一下。但是，现代的祖鲁服饰也很新潮和时髦，下装的装饰品已由原来的简单动物皮制作，演变成裁剪时尚的动物皮、手工编织珠子串等来装饰。串珠手工艺是祖鲁女人生活中很重要的一部分，从母亲到女儿代代相传 结婚后全身就要盖住，胸部用串珠做的上衣或胸罩遮盖，若女孩订婚了，就要留长发或定制特别的上衣来遮盖乳房，以示尊重未来夫家。

科萨族男人的服装较为简单，大部分是赤裸全身，只在腰间围一块布，年长一些和较有地位的男人则披毯子或裹棉布；未婚女子一般都是赤裸着上身，而已婚妇女则全身裹得严严实实，并且围上镶有花边和珠子的围裙。所有的女人都要戴一种"头巾帽"，新婚妇女的头巾帽要把前额压得很低，以表示对公公的尊敬。

（二）饮食民俗

南非当地白人平日以吃西餐为主，经常吃牛肉、鸡肉、鸡蛋和面包，爱喝咖啡与红茶，南非著名的饮料是如宝茶。在南非黑人家做客，主人一般送上刚挤出的牛奶或羊奶，有时是自制的啤酒，客人一定要多喝，最好一饮而尽。非黑人喜欢吃牛肉、羊肉，主食是玉米、薯类、豆类。爱吃熟食，不喜生食。

（三）居住民俗

祖鲁族是南非最大的部落，大约有近8百万人口。他们居住的房屋叫做"kraal"。 祖鲁人的穹形茅屋有一个半球形的外形，这和一般的圆形茅屋只是一个圆柱底上面加一个圆锥顶非常不同。此外，祖鲁人的穹形茅屋拥有世界上最精细的手工编织技艺。它是由家庭中女性编制而成的，采用柔韧的藤条编出穹形支架，然后再用麦杆和柳枝编织成席子覆盖在上面。现在很多祖鲁人已经用黏土砖和木板来做墙，但是一般仍旧采用仔细编织的草席屋顶。室内按照性别划分区域：女人在左边，男人在右边。祖鲁人为群居生活方式，很多茅屋构成一个群落，传统的群落按照等级制度做环形布局，首领的住宅在中心，现在则淡化了首领的重要性，每个家庭拥有多座茅屋，独立形成一个小群落。

（四）人生礼仪民俗

1. 成人礼

成人礼是班图语系部族社会和文化生活中一项极为重要的仪式。十三四岁的男孩和女孩都必须到丛林中过一段隐秘的生活，少则一星期，多则几个月。期间，还要实施割礼，除此之外，所有人还要接受关于部族伦理观念、传统习俗、成年后各个时期的行为准则的教育，而且还要从事高强度的劳动训练。经过成年仪式的男女，可以娶妻嫁夫，成为真正的成年人。

2. 婚礼

祖鲁族一直被视为南非本土民族文化的代表。祖鲁人现在仍然保持"一夫多妻"的传统，而且一般情况下，传统的祖鲁族女人，可以用牛进行交换，因为牛是财富的象征。祖鲁族里的男人，女人越多，证明他曾经付出过的牛就越多，也从一个角度反映了个人经济实力。南非祖鲁族的姑娘一旦出嫁，就永远属于丈夫的家族。如果丈夫不幸去世，亡夫的弟弟便要娶嫂嫂为妻，故称为"转房婚"。

3. 葬俗

南非的布须曼人葬俗独特。治丧时，亲属将死者侧放，使尸体呈卧眠状，葬于住房附近，并在墓上堆起石头。亲属则迁居别处，两年内不得返归。 这种丧葬习俗称为"避居俗"。

（五）社交礼仪民俗

南非社交礼仪可以概括为"黑白分明"、"英式为主"。所谓黑白分明是指：受到种族、宗教、习俗的制约，南非的黑人和白人所遵从的社交礼仪不同；英式为主是指：在很长的一段历史时期内，白人掌握南非政权，白人的社交礼仪特别是英国式社交礼仪盛行于南非社会。

以目前而论，在社交场合，南非人所采用的普遍见面礼节是握手礼，他们对交往对象的称呼则主要是"先生"、"小姐"或"夫人"。在黑人部族中，尤其是广大农村，南非黑人往往会表现出与社会主流不同的风格。比如，他们习惯以鸵鸟毛或孔雀毛赠予贵宾，客人此刻得体的做法是将这些珍贵的羽毛插在自己的帽子上或头发上。

（六）游艺民俗

南非是非洲大陆音乐传统最丰富的国家，拥有悠久的音乐历史、复杂多样的音乐风格。尽管深受欧美音乐的影响，南非的音乐仍保持其独特的风格，最具代表性的就是混和了黑人音乐和拉丁乐等音乐元素的南非爵士乐。南非的爵士乐遵循的是传统爵士乐的规则，并将其与非洲音乐的节奏和风格相融合，创造了一种复合型的音乐风格，动听易记，而且富有个性。对于大多数南非人而言，这种适合舞蹈的爵士乐是他们的最爱。战舞是祖鲁族最著名的舞蹈，由象征作战的各种动作组成，以灵活的跳跃、刺戳和闪避的动作来展现他们的英勇，同时还会配以野兽被击倒的描述以及胜利后的欢庆。

（七）岁时节日民俗

1. 人权日

每年 3 月 21 日。1960 年 3 月 21 日，沙佩维尔镇黑人举行和平游行，抗议《通行证法》实施。这部法律要求黑人外出必须携带通行证，否则将会被逮捕。种族主义政府武力镇压游行，导致 69 人死亡、180 人受伤。后来，3 月 21 日被定为"人权日"，也叫"国际消除种族歧视日"。

2. 自由日

1994 年 4 月 27 日，南非历史上第一部体现种族平等的宪法生效，这一天成为南非的国庆日，也称"自由日"。

3. 青年日

每年 6 月 16 日。1976 年 6 月 16 日，约翰内斯堡市郊黑人聚居区索韦托的黑人学生举行示威，抗议强迫黑人学习 Africaan 语的《班图教育法》实施。示威遭到镇压，170 多人被打死，1000 多人受伤。联合国安理会强烈谴责这次暴行，非洲统一组织将这一天定为"索韦托烈士纪念日"，后来被定为南非青年日。

4. 南非妇女节

南非妇女节时间有别于国际妇女节。1956 年 8 月 9 日，数百名黑人妇女在比勒陀利亚举行示威游行，抗议当局推行种族隔离的《通行证法》。新南非政府将这一天定为妇女节，以纪念南非妇女在争取平等斗争中所作的贡献，并将这一天定为全国公假日。从此，每年的 8 月 9 日，南非各地的妇女纷纷举行各种形式的庆祝活动，要求实现男女平等、结束党派冲突与暴力，保证妇女生存权益和反对性骚扰与性犯罪，以消除旧南非种族隔离制度造成的根深蒂固的歧视妇女的影响

5. 和解日

和解日为每年 12 月 16 日，原称"丁冈日"或"誓言日"，是为了纪念 1838 年的这一天

向北迁徙的南非布尔人（荷兰人后裔）打败祖鲁王丁冈、夺取了南非内陆大片土地而设立的。1994 年新南非政府成立后，这一天被改名为"和解日"，寓意是希望南非黑白两大种族面向未来，和平共处。

6. 喧闹艺术节

每年九至十月在约翰内斯堡举行的"喧闹艺术节"为南非最大的民间节日。节日期间，各部落的艺术家云集此地，展示具有丰富非洲文化内涵的文艺节目，如土著音乐和舞蹈等。

（八）禁忌

信仰基督教的南非人，忌讳数字"13"和"星期五"；南非黑人非常敬仰自己的祖先，他们特别忌讳外人对自己的祖先言行失敬。在公共场合不要大声喧哗、随地吐痰或扔杂物，保持衣着整齐、得体。

跟南非人交谈，有四个话题不宜涉及：不要为白人评功摆好；不要评论不同黑人部族或派别之间的关系及矛盾；不要非议黑人的古老习惯；不要为对方生了男孩表示祝贺。

本章小结

非洲的民族和部落众多，每个民族和部落都有自己独特的文化，所以其民俗也各具特点，本章介绍了非洲主要国家的民俗概况，对埃及和南非服饰、饮食、居住、信仰、礼仪禁忌、游艺和岁时节日等民俗分别予以介绍，展现了埃及和南非丰富多彩的旅游资源。

主要概念

加勒贝亚　米拉叶　转房婚　避居俗

复习思考题

1. 简述埃及的社交礼仪。

2. 南非的主要人生礼仪有哪些？

3. 埃及的主要节庆有哪些？

案例分析

美国电影《上帝也疯狂》，让现代文明直观具体地窥探到非洲布须曼人的生活。当飞机从头顶飞过，布须曼人觉得这是个奇怪的鸟，甚至是上帝。直到有一天部落的酋长发现一个飞行员无意扔掉的可乐瓶，原始的布须曼人从来没见过如此光滑和新奇的东西，认为这是神的礼物。问题是，神只给了布须曼人一个现代文明的瓶子，却让他们很难分享现代文明的恩惠。于是愤怒和嫉妒第一次困扰了无忧无虑的布须曼人。最后酋长认为这是让他们不和的邪恶之物，他决定孤身一人把那个瓶子带到世界尽头并扔掉它。这就是影片留在人们脑海中最初的布须曼人形象。

问题：综合以上案例，谈谈你对非洲原始部族的认识。

实践训练

请利用埃及和南非国家的原始部落风情策划一起民俗风情旅游活动，写出策划方案。方案应涵盖：

1. 活动宗旨和主题。

2. 活动时间和地点。

3. 活动具体内容:

(1) 流程安排;

(2) 相关系列活动。

4. 活动期间推出的旅游路线。

5. 活动组织者及管理者。

参考文献

1. 刘秀梅，高照明.中外民俗[M]. 郑州：郑州大学出版社，2006
2. 巴兆祥. 中国民俗旅游[M]. 福州：福建人民出版社，1999
3. 刘亚轩. 客源国概况[M]. 郑州：郑州大学出版社，2012
4. 方澜. 中外民俗[M]. 大连：大连理工大学出版社，2009
5. 赵建峡，李乐民. 中外民俗[M]. 郑州：郑州大学出版社，2006
6. 金海龙，田晓彪. 中外民俗概论[M]. 哈尔滨：哈尔滨工程大学出版社，2012
7. 张世满，王守恩. 旅游与中外民俗[M]. 天津：南开大学出版社，2011
8. 刘亚轩. 中外民俗（第二版）[M]. 郑州：郑州大学出版社，2011
9. 吴忠军. 中外民俗（第三版）[M]. 郑州：东北财经大学出版社，2011
10. 吴明清. 中外民俗[M]. 武汉：武汉理工大学出版社，2012
11. 苏日娜. 少数民族服饰[M]. 北京：中国社会出版社，2011
12. 张新泰. 少数民族民俗民情绘画[M]. 新疆：新疆电子音像出版社，2009-9-1
13. 季诚迁. 少数民族节日[M]. 北京：中国社会出版社，2008
14. 春歌编著. 中国少数民族风情录[M]. 北京：中国画报出版社，2004
15. 丹增编著. 中国少数民族节日[M]. 北京：中国画报出版社，2004
16. 祁春英编著. 中国少数民族婚俗. [M]. 北京：中国画报出版社，2004
17. 李春生编著. 中国少数民族服饰. [M]. 北京：中国画报出版社，2004
18. 博巴编著. 中国少数民族饮食[M]. 北京：中国画报出版社，2004
19. 徐杰舜. 汉族风俗史（1～5卷）[M]. 上海：学林出版社，2004
20. 刘玉学. 欧洲风情录[M]. 北京：中国画报出版社，2004
21. 李志勇. 旅游客源国概况[M]. 成都：四川大学出版社，2006
22. 冯光钰、袁炳昌. 中国少数民族音乐史（共3卷）. 北京：京华出版社，2007
23. 李娟文. 中国旅游地理[M]. 大连：东北财经大学出版社，2008
24. 编写组. 侗族简史[M]. 北京：民族出版社，2008
25. 王晓莉. 中国少数民族建筑[M]. 北京：五洲传播出版社，2007
26. 王永强. 中国少数民族文化史图典[M]. 南京：广西教育出版社，1999
27. 杨青山，韩杰，丁四保. 世界地理[M]. 北京：高等教育出版社，2004
28. 冬明编著. 东南亚美食[M]. 成都：成都时代出版社，2009
29. 国家民委政策法规. 少数民族宗教信仰与禁忌[M]. 北京：民族出版社，2007
30. 王华. 中国少数民族音乐[M]. 北京：中国人民大学出版社，2010